促进劳动力市场平衡，推动经济高质量发展

U0646121

2018

中国劳动力市场发展报告

——高质量发展进程中的劳动力市场平衡性

China Labor Market Development Report 2018:
The Balance of Labor Market in the Process of High-quality Development

赖德胜　孟大虎　李长安　王　琦　等　著

北京师范大学出版集团
BEIJING NORMAL UNIVERSITY PUBLISHING GROUP
北京师范大学出版社

图书在版编目(CIP)数据

2018 中国劳动力市场发展报告——高质量发展进程中的劳动力市场平衡性/赖德胜，孟大虎，李长安，王琦等著. —北京：北京师范大学出版社，2019.2

ISBN 978-7-303-24442-3

Ⅰ.①2… Ⅱ.①赖…②孟…③李…④王… Ⅲ.劳动力市场—研究报告—中国—2018 Ⅳ.①F249.212

中国版本图书馆 CIP 数据核字(2018)第 276939 号

营 销 中 心 电 话 010-58805072 58807651
北师大出版社高等教育与学术著作分社 http://xueda.bnup.com

2018 ZHONGGUO LAODONGLI SHICHANG FAZHAN
BAOGAO——GAOZHILIANG FAZHAN JINCHENG ZHONG DE
LAODONGLI SHICHANG PINGHENGXING

出版发行：北京师范大学出版社 www.bnup.com
　　　　　北京市海淀区新街口外大街 19 号
　　　　　邮政编码：100875
印　　刷：北京京师印务有限公司
经　　销：全国新华书店
开　　本：787 mm×1092 mm　1/16
印　　张：21
字　　数：400 千字
版　　次：2019 年 2 月第 1 版
印　　次：2019 年 2 月第 1 次印刷
定　　价：106.00 元

策划编辑：马洪立　　　　　　　　责任编辑：戴 轶
美术编辑：李向昕　　　　　　　　装帧设计：李向昕
责任校对：段立超　　　　　　　　责任印制：马 洁

课题总顾问

赵人伟（中国社会科学院荣誉学部委员）

课题顾问（以姓氏音序排序）

吕国泉（中华全国总工会政策研究室主任）

莫　荣（中国劳动和社会保障科学研究院副院长）

彭永涛（国家统计局人口与就业统计司副司长）

王亚栋（国际劳工组织中国就业政策高级官员）

杨宜勇（国家发展和改革委员会社会发展研究所所长）

余兴安（中国人事科学研究院院长）

张　莹（国家人力资源和社会保障部就业促进司司长）

张车伟（中国社会科学院人口与劳动经济研究所所长）

课题负责人

赖德胜（北京师范大学经济与工商管理学院院长
　　　　北京师范大学劳动力市场研究中心主任）

报告撰稿人（以姓氏音序排序）

常欣扬（北京师范大学实习研究员）

陈建伟（对外经济贸易大学副研究员）

邓力源（成都理工大学讲师）

高春雷（北京市工会干部学院助理研究员）

高　曼（北京师范大学博士生）

韩丽丽（北京师范大学助理研究员）

纪雯雯（中国劳动关系学院讲师）

赖德胜（北京师范大学教授）

李　飚（郑州大学讲师）

李长安（对外经济贸易大学教授）

廖　娟（首都师范大学副教授）

刘亚红（北京交通大学博士生）

孟大虎（北京师范大学编审）

欧阳任飞（北京师范大学研究生）

盛　伟（西南财经大学博士生）

石丹淅（三峡大学副教授）

苏丽锋（对外经济贸易大学副研究员）

唐代盛（北京交通大学教授）

王　琦（北京联合大学讲师）

张爱芹（北京师范大学副研究员）

张　力（北京交通大学教授）

郑艳婷（北京师范大学副教授）

朱　敏（北京师范大学讲师）

摘　要

我国经济发展进入了新时代，基本特征就是已由高速增长阶段转向高质量发展阶段。推动高质量发展是当前和今后一个时期确定发展思路、制定经济政策、实施宏观调控的根本要求。

同时，党的十九大报告指出，我国社会主要矛盾已经转化为人民日益增长的美好生活需要和不平衡不充分的发展之间的矛盾。劳动力市场平衡性直接影响经济活动全局。劳动力市场是劳动要素的生产、交换与分配的市场，而劳动和资本的有机结合直接决定生产活动的边界，因此，劳动力市场直接影响经济活动全局的平衡性状况。劳动力市场不平衡性凸显的是劳动力市场发育过程中的不全面、不协调，包括劳动力的供需结构、劳动要素的相对价格、流动性以及政策干预等方面。

改革开放40年来，我国劳动力供给从结构性过剩转向结构性短缺，高技能劳动力短缺与低技能劳动力结构性失业共存；受劳动力市场分割等因素的影响，劳动力市场同工同酬的实现存在较大的障碍，城乡之间、区域之间和行业之间的工资差异非常明显，收入分配差距仍然在高位徘徊；劳动力市场的高流动性逐渐降低，劳动力流动的户籍障碍依然没有完全化解；劳动力市场调控政策取得了明显进展，社会保障基本实现了对劳动人口的全覆盖，但是社保覆盖水平的不平衡问题依然突出。上述四个方面的问题，反映了劳动力市场不平衡性的四大内容，同时也影响着经济发展平衡性与充分性目标的实现。

基于上述理解，本报告围绕劳动力市场的供给需求、价格、流动性和政府治理四个方面，构建了由4个二级指标、9个三级指标形成的中国劳动力市场平衡性指数。本报告利用该指数测度了近十年来中国劳动力市场平衡性状况，认为体现出如下八大特征：第一，劳动力市场平衡性呈上升趋势，2007—2016年，中国劳动力市场平衡性指数呈现上升趋势，从2007年的53.6上升至2016年的64.7；第二，区域劳动力市场平衡性差异显著，我们的一个判断是，经过40年改革开放的实践探索，中国的劳动力市场已经走出了无发展的绝对平衡阶段，正在向更高质量均衡发展阶段迈进，在这一循序渐进调整的过程中，出现局部不均衡问题是不可避免的；第三，劳动力市场回复到相对平衡状态的能力较强，政府在积极作为，旨在"熨平"短期经济波动对劳动力市场的影响，指数值在 1～2 年内能回复到冲击发生前的水平，并在之后呈现继续上升趋势；第四，"高技岗难求"与"金饭碗不金"现象并存，最突出的现象就是部分行业高级技术岗位招人难，而部分可能被新兴技术取代的行业面临垄断性收入下降和失业风险；第五，政府调控引起劳动力市场供需指数较大波动，劳动力市场供需指数体现出政府的积极作为，也体现了危机期间的过度调节问题；第六，经济发展成果的分享性提高但收入不平衡依然明显；第七，有序流动成为劳动力市场平衡性的"调节器"；第八，社会保险体系是促进劳动力市场平衡的有效手段。

本报告认为，为实现劳动力市场平衡发展和充分就业，可以从如下五个方面进行政策选择：第一，坚持扩大就业与提高就业质量并举，在实现比较充分就业的同时推动实现更高质量就业；第二，推动城乡和区域平衡发展，弥合劳动力市场鸿沟；第三，消除性别歧视，实现劳动力市场性别平等；第四，提高劳动力素质，补齐技术进步的洼地；第五，缩小收入分配差距，在提高效率的同时实现公平。

Abstract

China's economy has entered into a New Era, with the economic transformed from high speed growth to high quality development. Improving high quality development is the radical requirement of today and tomorrow to confirm development thread, to make economic policy and to implement macro control.

At the same time, as the report of the 19th National Congress of the Communist Party of China has mentioned, the main contradiction of our society has transformed into the growing demand of people with the unbalanced and insufficient development. The balance of labor market directly impacts the overall economic activity. Labor market is the market where the production, exchanging and allocation of labor factors happened. Meanwhile, the combination of labor and capital decided the border of production activity. As a result, the labor market has a direct influence on the overall economic balance. The unbalance of labor market reflects the incomplete and discordance in the process of labor market development, which includes the demand and supply of labor, the relative price of labor factor, the mobility of labor and the government intervention.

Forty years since the reform and opening-up in China, the supply of labor has turned from structural surplus to structural shortage, the shortage of high skilled labor and the unemployment of low skill labor coexist. Meanwhile, labor market segmentation is a big obstacle of the one price law of labor. There exists distinct income gap between rural and urban, among different regions and different industries at a high level. Moreover, the mobility of labor is decreasing gradually, the barrier of household registration system on labor mobility is still obvious. Finally, the labor market regulatory policies have made great progress, social insurance has covered all labor in general. However, the level of social insurance is still unbalanced. These four problems mentioned above reflects four main content of labor market unbalance and impact the goal realization of the balance and sufficient economic development.

Based on the above understanding and referring to the demand and supply of labor market, price, mobility and government management, this report builds the Labor Market Balance Index System which includes four second tier index and nine third tier index. Measuring by the Labor Market Balance Index System, this report summarized eight characteristics of China's labor market balance condition in recent ten years. Firstly, the balance of labor market has been increasing. From 2007 to 2016, the Balance Index has increased from 53.6 in 2007 to 64.7 in 2016. Secondly, there are remarkable balance difference between regions. We can conclude that with forty years practical exploration of reform and opening-up, China's labor market has stepped from absolute balance under no development to high quality balance development. During this evolutionary process, it is inevitable to meet the problem of local unbalance. Thirdly, the labor market has strong ability to recover to relative balance state. The government is taking positive action to smooth the influence of labor market caused by short-term economic fluctuations. The Index can recover to the previous level before the shock in one or two years and keep increasing after that. Fourthly, "High Skill Thirsty"and "Golden Bowl Rusting"coexist. The most obvious phenomenon is that some industries are hard to fill the high skill vacancy, at the same time, some industries are under the threat of being replaced by emerging technology, thus facing the challenge of monopolistic income decreasing and unemployment risks. Fifthly, the government regulations give rise to big variations of the Labor Market Demand and Supply Index. The variation of the Index reflects the government's active behavior as well as the over control during crisis. Sixthly, inclusive economic growth expanded although income distribution unbalance is still obvious. Seventhly, orderly flow of labor is the adjuster of labor market balance. Eighthly, social welfare system is an effective tool to improve labor market balance.

As a result, this report concludes that in order to achieve the balanced development of labor market and full employment, we can make policy selection in five aspects. Firstly, continue expand employment as well as improve employment quality, promote to meet high quality employment along with full employment. Secondly, promote balanced development of rural and urban as well as different regions, fill the gap between labor market. Thirdly, eliminate gender discrimination and realize gender equality in the labor market. Fourthly, improve the quality of labor, fill the valley of technology progress. Fifthly, close income distribution gap, realize fairness when improving efficiency.

目　录

Contents

Part 3. International Comparison

第一篇

在高质量发展进程中找寻
劳动力市场平衡性坐标

第一章

高质量发展与劳动力市场平衡性：国际经验与中国道路

党的十九大报告提出，中国特色社会主义进入新时代，社会主要矛盾已经转化为人民日益增长的美好生活需要和不平衡不充分的发展之间的矛盾。这一论断，成为新时期我国发展劳动力市场促进高质量发展的判断坐标和设计改革方略的关键依据。技术和市场的力量导致劳动力市场结构性失衡，劳动供需、技能型与非技能型劳动相对工资、劳动者产业和地区流动、劳动力市场政策传导机制等方面都受到影响，劳动力市场发展不平衡不充分成为制约就业质量提高和高质量增长的重要因素。综合国内外经验来看，实现劳动力市场发展的平衡性是迈向高质量增长道路的关键。

第一节　建设新时代的劳动力市场平衡性

>>一、劳动力市场不平衡是经济发展不平衡的主要方面<<

(一)新时代中国社会发展主要矛盾转换

对我国社会主要矛盾的描述，是党的十九大提出的重大理论创新，深刻揭示了我国现阶段经济社会发展总体环境与发展新特点、新内涵与新变化。这意味着，改革开放 40 年时间里，我国生产力、综合国力和人民生活水平都实现了巨大的历史性跨越，人民的需要越来越呈现出多样化、多层次共存的态势，但是要素配置和生产活动仍然没有适应人民需要的变化。

中国特色社会主义进入了新的发展阶段，中华民族迎来了从站起来、富起来到强起来的历史飞跃。站在新的历史起点上，面对以"不平衡不充分"为关键特征的社会主要矛盾，我们必须把劳动力市场改革和发展的主线与基本国情结合起来，深化劳动力要素市场结构性改革，为实现"两个一百年"奋斗目标奠定坚实的经济基础。这就需要以"不平衡"为关键词，重新审视我国劳动力市场发育的全过程。

（二）劳动力市场平衡性关乎经济全局

劳动力市场平衡性直接影响经济活动全局。人民不断追求美好生活的过程，就是人民需要的实现过程，而这一追求过程又为促进社会全面发展提供了动力；发展的不平衡不充分是在追求美好生活的过程中出现的问题，它受到发展的市场手段和技术工具的冲击。社会发展是由物质生产的发展与人自身的发展所组成的有机整体，其中生产是社会发展基础性和决定性的因素，社会发展的不平衡首先就体现为经济生产活动和供给侧的不平衡性。劳动力市场是劳动要素的生产、交换与分配的市场，而劳动和资本的有机结合直接决定生产活动的边界，因此，劳动力市场直接影响经济活动全局的平衡性状况。

劳动力市场不平衡性凸显的是劳动力市场发育过程中的不全面、不协调，包括劳动力的供需结构、劳动要素的相对价格、流动性以及政策干预等方面。改革开放 40 年来，我国劳动力供给从结构性过剩转向结构性短缺，高技能劳动力短缺与低技能劳动力结构性失业共存；受劳动力市场分割等因素的影响，劳动力市场一价定律的实现存在较大的障碍，城乡之间、区域之间和行业之间的工资差异非常明显，收入分配差距仍然在高位徘徊；劳动力市场的高流动性逐渐降低，劳动力流动的户籍障碍依然没有完全化解；劳动力市场调控政策取得了明显进展，社会保障基本实现了对劳动人口的全覆盖，但是社保覆盖水平的不平衡问题依然突出。上述四个方面的问题，反映了劳动力市场不平衡性的四大内容，同时也影响着经济发展平衡性与充分性目标的实现。

>>二、技术进步冲击劳动力市场平衡性<<

（一）技术进步导致劳动力市场供求非均衡

劳动力市场供求均衡，是指在价格因素的引导下，劳动力市场的供给和需求在一定时期内保持相对均衡的态势。劳动力市场从均衡到非均衡，是动态的发展过程。在新古典经济环境假定下，给定市场的竞争性价格，没有外力的冲击不会使得劳动力市场均衡转向非均衡。

技术进步将经济中的生产可能性边界向外移动，出现新的生产机会。竞争性的市场环境下，新的获利机会必将激励更多的生产者进入新技术应用领域，创造新的就业岗位，产生新的劳动需求，由此破坏既有的劳动力供给均衡状态。随着劳动要素加速向新生产领域转移，新生产岗位的利润逐渐下降，新的生产机会也因充分竞争而变得不再有利可图，由此导致劳动需求回复到均衡状态。

中国城市经济发展过程中出现的就业极化现象，表明了劳动力市场供求非均衡性发展态势。在技术进步速率快、劳动生产率稳步提高的中心城市，就业机会不断涌现，就业规模不断扩大；而在广阔的中西部偏远城市和农村地区，劳动力市场需求增长缓慢，就业机会不多。

(二)技术进步导致劳动力市场工资不平等

在劳动力市场不完全信息竞争条件下，技术进步将导致劳动力市场工资不平等。原因在于，劳动力市场总是存在着信息不对称和搜寻摩擦，事前完全相同的劳动者也可能匹配到不同技术水平的工作岗位，从而形成不同的生产力和工资差异，劳动力市场收入不平等也由此得以持续。

在理论研究中，技能偏向型技术进步引起的技能工资溢价和工资不平等问题一直受到研究者的重点关注。由于技术进步总是体现为一定的技能偏向，它有利于提升高技能劳动者的边际生产率，从而提高其工资水平。随着新技术的大量应用，对高技能劳动力的需求上升。因此，技术进步既提高了高技能劳动力的需求，又提升了高技能劳动力的相对工资水平，形成了持续的劳动力市场工资不平等。

(三)技术进步影响劳动力市场流动性

劳动力市场流动性有多种表现形式，包括区域和城乡间的流动、产业部门和行业间的流动、工作岗位和职业间的流动。

技术进步会产生创造性破坏效应，它总是会在创造一些新工作岗位的同时，消灭一些生产区域或传统行业的工作岗位，导致部分职业消失。因此，技术进步对劳动力市场的流动性影响是显而易见的。一般地，在技术进步速度相对较快的时期，劳动力市场的流动距离较长，流动范围较宽，流动规模相对较大；而在技术进步相对停滞的时期，劳动力流动距离减少，流动规模也趋于下降。

>>三、迈向高质量增长需要保持劳动力市场平衡性<<

影响经济发展质量的因素很多，直接因素可能包括人力资本积累和生产率进步，但是根本的因素还是制度，尤其是劳动力市场制度主导下的劳动力市场发展平衡性。

(一)保持劳动力规模适度增长提升经济发展质量

必要的劳动人口规模增长率是保持经济增长高质量的前提。

市场范围和市场规模扩大是现代经济增长的典型事实，而人口规模很大程度上决定了市场规模。琼斯和罗默(Jones and Romer，2010)[①]基于现代经济增长的新变化特征，提出了新卡尔多事实：市场范围扩大；经济增长加速；经济增长速度尤其是人均 GDP 的增长速度存在明显差异；较大的收入和全要素生产率差异；劳动者人均人力资本积累增加；相对工资的长期稳定。由人口规模扩大形成的市场规模效应，是决定分工和增长水平的关键因素。

人口规模决定了经济潜在的技术可能性边界与前沿。内生增长理论强调，人力资本积累是技术进步和持续增长的重要影响因素，而人力资本的积累规模直接依赖于人口规模。可以近似地认为，经济中的每个个体都具备发明创造新技术的潜能，它独立于人口规模。因此，劳动力资源规模越庞大的经济体，发明新技术、改进新工艺的概率也越高，也就是说，技术进步的结果与人口规模呈正相关关系，历史增长的数据也表明，世界人口增长速率与人口规模水平呈近似的比例关系，技术进步速率并不独立于人口规模。[②] 某种程度上可以认为，人口资源的发展速率取决于经济发展初始阶段的人口资源储备规模，初始人口规模越大的经济体越可能达到更高的技术水平和实现更高的收入水平。

不过，人口结构过于老龄化将会降低生产率增长。瓦西卢克(Wasiluk，2013)[③]研究了企业层面和宏观经济层面劳动力的老龄化对生产率的影响。他通过构建一个动态模型，分析了企业对老龄化劳动力的雇佣决策和技术选择，结果发现雇佣更多年长劳动者的企业比那些雇佣更多年轻劳动力的企业，升级其企业技术的频率更低，对更便宜的旧有技术的偏好更强。原因在于，高龄劳动力的预期职业生涯更短，这使得企业在雇佣高龄劳动力并进行技术投资的时候有所顾虑。作者用模型对德国的劳动力市场发展进行了预测，结果发现在 2010—2025 年，劳动力老龄化降低了大约 0.25 个生产率的年均增长点。

因此，经济需要保持适度的人口增长，以维持人口规模和结构的稳定，从而

---

① Jones and Romer，"The New Kaldor Facts：Ideas，Institutions，Population，and Human Capital，"*American Economic Journal：Macroeconomics*，2010，2(1)，pp. 224-245.

② Kremer，Michael，"Population Growth and Technological Change：One Million B. C. to 1990，"*The Quarterly Journal of Economics*，1993，108(3)，pp. 681-716.

③ Wasiluk，K.，"Technology Adoption and Demographic Change，"Working Paper，2013.

推动实现高质量发展。

(二)控制收入分配不平等提升经济发展质量

收入分配与经济增长之间的关系一直受到研究者们的关注。一方面，经济增长会影响收入分配，库兹涅茨曲线表明，经济发展过程与收入分配呈倒 U 形的关系。另一方面，收入分配的平等程度将影响经济增长的持续性和增长质量。本部分重点讨论收入分配不平等对增长的作用机制。早期的研究指出，不平等对经济发展可能会有积极影响，前提是收入和财富集中到储蓄率高的资本家手中，进而扩大社会积累和投资，从而促进经济增长。此后很多研究都逆转了这一结论。

第一，收入分配不平等可能会损害人力资本积累，从而降低长期的经济增长持续性。在一个信贷市场不完善的市场里，由于信息不对称和人力资本不可分割，初始的收入和财富的分配不平等将导致多重均衡，收入分配不平等将阻碍低收入群体的人力资本投资，进而损害社会总体人力资本积累，降低长期增长率和人均收入水平。[1]

第二，相对于市场性的不平等(market inequality)，结构性的不平等(structural inequality)对增长的阻碍作用更明显。[2] 研究发现，结构性的不平等是由一些非市场性的历史性的因素所造成的，比如，对殖民地的征服、奴隶制度、土地掠夺，它创造了阻碍市场竞争性发展的力量；市场性的平等是由市场因素所导致的，在自由市场上的竞争成功与否常常是决定结果不平等的主要原因，体现为个体、企业、城市以及区域之间的结果不平等。因此，市场性的不平等对增长的效应是模糊的，而结构性不平等会阻碍经济增长。

第三，收入分配不平等的累积可能会扭曲资本积累，损害生产能力投资的前景和机会，从而导致生产性资本与非生产性资本之间的恶性关系。能投入生产过程的资本与不能生产的资本，影响着不平等与增长的关系。2008 年爆发的全球金融危机最终传递到实体经济，已经被解释为需要新型银行和金融系统的监管，来重建经济中实体经济与金融部门的健康关系。在阿门多拉等人(Amendola et al.，2017)的论文中[3]，作者提出了一个不一样的观点，认为金融危机和随之而

---

① Galor, O., Zeira, J., "Income Distribution and Macroeconomics," *The Review of Economic Studies*, 1993, 60(1), pp. 35-52.

② Easterly, W., "Inequality does Cause Underdevelopment: Insights from a New Instrument," *Journal of Development Economics*, 2007, 84(2), pp. 755-776.

③ Amendola, M., Gaffard, J., Patriarca, F., "Inequality and Growth: The Perverse Relation between the Productive and the Non-productive Assets of the Economy," *Journal of Evolutionary Economics*, 2017, 27(3), pp. 531-554.

来的实体经济危机根源于西方国家近 30 年来收入不平等的强劲增长。不平等程度的上升造成了总量需求不足的危机，强烈削弱了生产能力投资（investment in productive capacities）的前景和机会，迫使资源转移到其他的用途，因此发展出一个产能性资产与非产能性资产之间的恶性关系。在这一背景下，要推动经济从危机中复苏，就是要重建社会正义的分配条件，这不能通过一个减轻私人或政府公共债务权重的政策来实现，而是要通过对非生产性部门的收入税来实现再分配，一个细调微调应该能阻止超额税收从积极效应转入负效应。

（三）适度干预劳动力市场提升经济发展质量

21 世纪以来，对劳动力市场的政策干预成为宏观经济学研究领域讨论的重点。无论是新凯恩斯主义模型，还是实际经济周期模型，都开始讨论引入劳动力信息不对称、搜寻摩擦和政策干预后的失业与经济周期波动特征。综合经济合作与发展组织（OECD）、欧盟官方以及主要研究文献，与劳动力市场相关的政策和制度大致可以总结为以下四类。[1]

一是保障劳动者社会经济权利的法律制度，包括保障劳动者自由迁移、自由居住、自由择业和公平就业权利的法律和制度，这是最基本的制度保障。以 2007 年欧盟各国签字生效的《欧盟基本权利宪章》为例，该宪章提出了 54 项保障自由、平等的经济和社会权益的公民权利条款，包括自由选择职业和参加工作的权利，劳资双方就工资等问题进行的集体谈判和协商权，公平和公正的工作环境。

二是对就业者的保护。从劳动者就业关系的开始到结束的全过程，都由法律保障劳动者的正当权益。例如，各国法律普遍规定，劳动者就业需要签订劳动合同。各国还专门制定了约束企业解雇行为的法律，明确规定企业解雇一个人以上需要经过一定的程序，提前通知员工和政府相关单位。

三是相关社会保障政策，包括失业、养老、医疗、工伤等社会保险。其中对就业影响最大的是失业保险。在一些经济合作与发展组织成员国里，政府除了通过限定失业保险享受资格与失业保险资金的筹集方式外，还通过保险金支付水平和支付期限等方式，保障失业者的正常生活，促进社会再就业。

四是由政府出资提供的各项就业促进和保障项目（非失业保险和养老金之类）。例如，针对特定人群的就业保障项目，失业率上升时的就业提升计划，对劳动力再就业的培训项目等。根据这些支出项目的特点，又可以将这些支出分为主动型支出和被动型支出。主动型支出包括为求职者和转换工作者提供培训、咨

---

① 赖德胜、陈建伟：《劳动力市场制度与创新型国家——OECD 成员国的经验与启示》，载《社会科学辑刊》，2012(4)。

询的服务性支出，创造新的就业岗位、激励人们参加工作等方面的支出。被动型支出的范围则比较狭窄，主要包括对不工作的人的收入补助，以及对提前退休人员进行的支付。

欧洲国家干预劳动力市场有其深刻的历史经济根源。早在 20 世纪 30 年代前后，一场深刻的金融和经济危机袭击了欧洲各国，导致失业率迅速上升，贫穷、不平等愈演愈烈，成为社会不稳定的根源。第二次世界大战结束后，欧美国家开始深刻认识到自由放任的劳动力市场存在着严重的市场缺陷。于是，一些欧洲国家开始提出福利国家建设的口号，福利制度建设开始向欧美国家扩散，劳动者权益得到了有效保护，国家的长治久安根基也越来越稳固。不过，不同国家因国情的差异，采取不同的劳动力市场政策和制度，从而形成差异化的结果。

一般地，政府对劳动力市场的干预可能会改变劳动者和企业的激励，可能会改变劳资双方谈判的力量对比，可能会提升劳动力市场的信息透明度和降低交易成本，从而影响经济运行。研究表明，严格的劳动力市场规制可能会降低收入分配不平等，但是对就业和失业的影响则比较模糊，国家间劳动力市场制度的差异可能是解释国家间经济绩效差异的非常重要的因素。[1]

适度的失业保障能够改善社会整体福利。根据阿西莫格鲁（Acemoglu，2001）的研究[2]，在一个非竞争性的劳动力市场上，自由放任的劳动力市场均衡导致低效率的就业结果，市场存在相对更多的低工资工作；而引入适当的劳动力市场政策干预，包括构建最低工资制度和失业保险制度，可能会通过保障失业者的利益来淘汰低工资水平的工作而改变就业结构，从而改善社会整体福利。

(四)促进劳动力市场流动提升经济发展质量

在不同的地理空间、产业和职业之间配置劳动要素，是劳动力市场的重要功能。运行良好的劳动力市场，能够及时地将市场的价格信号和就业机会传递给工人，从而引导工人的流动。[3] 竞争性劳动力市场上，工资和劳动力流动之间存在着双向因果关系，相对工资是劳动力流动的重要决定因素，而相对工资本身又可能是劳动力流动引起的。增强劳动力流动的益处是显而易见的，当经济存在摩擦性失业时，通过促进劳动力流动来满足劳动需求的转移，能够有效降低失业水

---

① Freeman, R. B., "Labor Market Institutions around the World," NBER Working Paper, No. 13242, 2007.

② Acemoglu, D., "Good Jobs Versus Bad Jobs," *Journal of Labor Economics*, 2001, 19(1), pp. 1-21.

③ Severn, A. K., "Upward Labor Mobility: Opportunity or Incentive," *The Quarterly Journal of Economics*, 1968, 82(1), pp. 143-151.

平。另外，如果劳动者与岗位之间存在错配，积极促进劳动力流动和再配置，有助于降低劳动要素配置扭曲和改善生产效率。研究表明，通过匹配专用型信息和劳动力流动改善劳动者与岗位的匹配，所产生的社会价值相当于 GNP 的 6%～9%。[①]

城镇化是劳动力流动促进经济发展的重要渠道。经济发展过程中，人口、就业和生产的空间分布也会随之变化，一个最显著的变化特征是不断提升的城镇化。世界银行的统计数据显示，在 1950 年到 2010 年的 60 年时间里，城镇地区的人口从 7.32 亿人上升到 34 亿人，城镇化率也从 30%以下上升到 50%以上。从全世界范围来看，大部分国家的政府非常关注国内人口的地理分布，而其中许多政策制定者事实上实施了降低国内人口流动和迁移的政策。城镇化的进程中，既有工业化也有无工业化的城市化，而城市规模也发展各异，理解部门和地区发展的特征很重要。对于广大发展中国家，促进劳动力流动和城镇化，是推动经济发展的重要手段。劳动力从农村地区和农业部门向城镇地区和工业部门的流动，促成了城市化和现代工业部门的崛起。

劳动力流动对高质量增长非常重要，但是劳动力流动往往存在着各种成本和障碍，劳动力流动的益处不能完全发挥出来。在一个两部门就业模型框架下，定量估计发现直接的流动成本(精神和货币)高达平均年收入的 50%～75%；如果将劳动力部门转移和流动的成本降为 0，两个部门的产出都将在现有水平上翻倍。[②]因此，降低劳动力流动障碍有助于提升经济发展质量。

第二节　美欧经济增长及其劳动力市场平衡性比较

20 世纪下半叶以来，全球经济经历了广泛持续的增长，但是高质量的增长并不普遍。即便是美欧发达国家之间，也呈现出不同的增长质量。比较美国与欧洲的发展过程可知，美国经济增长比欧洲更平稳、更可持续、更高质量，美国劳动力市场能够从经济危机中快速复苏，而欧洲则经历了更为严重的结构性失业问题。经济发展质量差异，与劳动力市场平衡性发展特征密切相关。欧洲与美国相比，具有更严格的就业保护制度、更慷慨的失业保险、更高的劳动税负。尽管欧洲的收入分配不平等程度更低，但是严苛的劳动力市场制度和过度干预市场，人口规模增长更低，使得欧洲经济增长质量相对弱于美国。这对我国迈向高质量发展提供了重要政策参考。

① Jovanovic, B., Moffitt, R., "An Estimate of a Sectoral Model of Labor Mobility," *Journal of Political Economy*, 1990, 98(4), pp. 827-852.

② Lee, D., Wolpin, K.I., "Intersectoral Labor Mobility and the Growth of the Service Sector," *Econometrica*, 2006, 74(1), pp. 1-46.

>>一、美国与欧洲的经济增长<<

20世纪70年代的石油危机冲击，打破了战后美国和欧洲持续近30年的经济繁荣。美欧各国出台了多样化政策来应对冲击，劳动力市场就业和保障制度相应发生了较大变化。此后，美国和欧洲的增长开始出现分化，最终产生了不同的长期经济增长绩效。比较看来，欧洲严格的就业保护、较高的劳动税负，导致劳动力市场发展失去平衡。

（一）经济增长的一般特征

在比较分析美国与欧洲的经济增长路径之前，有必要简单地总结提炼经济增长的特征事实。已经有大量研究者们对经济的发展特征进行了总结，其中最广为人所知的就是卡尔多事实（Kaldor facts）和库兹涅茨事实（Kuznets facts）。

卡尔多事实与均衡增长路径：卡尔多（Kaldor，1961）[①]提出了经济增长中的六大特征化事实，概括为卡尔多事实，包括：总产出和劳动生产率分别以一个大致恒定的速率增长；工人人均资本量持续上升；资本的实际回报率或实际利率大致保持不变；资本产出比大致保持不变；收入中利润的份额与产出中投资贡献的份额高度相关，国民收入中的劳动和资本收入份额大致保持相对不变；世界上经济快速发展的国家间，增长率存在2%～5%的差异。新古典增长理论的发展，成功地解释了卡尔多事实，经济增长的这些特征也进入了教科书。

库兹涅茨事实与经济结构转型：卡尔多事实集中于经济增长的总量特征，伴随着总量增长和人均收入的增加，库兹涅茨事实则涉及经济内部的生产结构逐渐从农业转向非农业，从工业转向服务业，尤其是劳动力在农业部门和非农部门间的分布，以及经济结构转型，生产单位规模发生变化，生产单位从自然人式企业（personal enterprise）转向非自然人式企业组织（impersonal organization of economic firms），相应地劳动者的职业地位发生变化，消费结构发生变化。农业部门的产出份额和就业份额逐渐下降，取而代之的是工业和服务业部门产出和就业份额的上升，与消费者在不同产品和服务间支出份额的变化等特征，被概括为库兹涅茨事实（Kongsamut，Rebelo and Xie，2001）[②]。

可以看到，高质量的经济增长，既体现为人均产出的稳定持续增长特征，又有经济结构转型升级的事实，从第二产业为主的经济结构向第三产业逐渐转型。

---

① Kaldor，N. *Capital Accumulation and Economic Growth*，London：Macmillan，1961.

② Kongsamut，P.，Rebelo，S.，Xie，D.，"Beyond Balanced Growth," *The Review of Economic Studies*，2001，68(4)，pp. 869-882.

（二）美国与欧洲经济：相似的增长经历

1. 人均产出持续增长

第二次世界大战之后的美国与欧洲经济，其增长路径具有较大的相似性，主要体现为稳定持续的人均收入增长。图 1-1 报告了美国与欧洲自 20 世纪 60 年代以来人均 GDP 发展趋势。

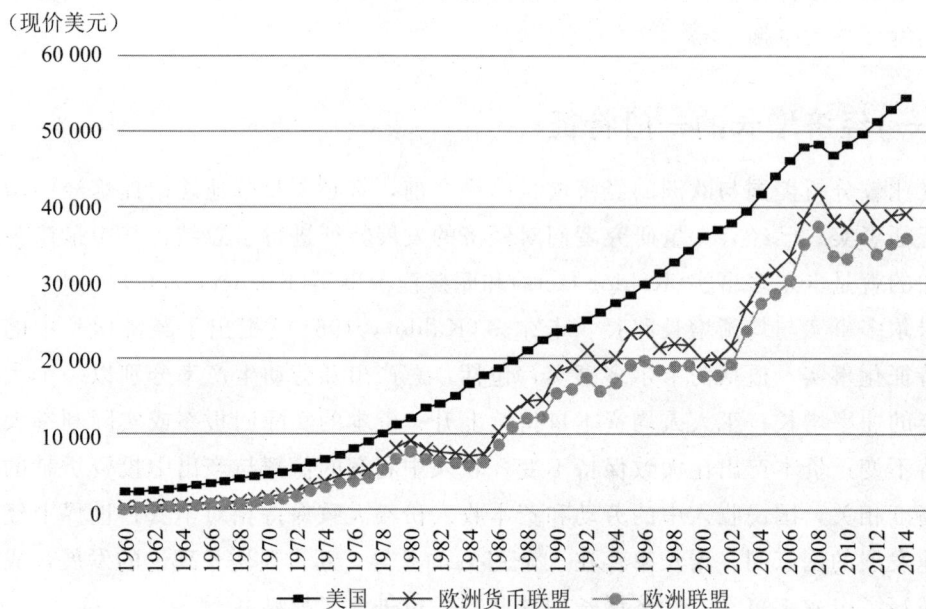

（现价美元）

图 1-1　1960—2014 年美国与欧洲人均 GDP

数据来源：世界银行发展数据库（世界发展指标）。

图 1-1 的趋势表明，美国和欧洲联盟的经济发展总体保持了稳定向上的趋势，欧洲的经济波动性更强。其中，欧洲货币联盟（1999 年欧洲货币联盟启动）的发展水平稍高于欧洲联盟（1993 年欧盟正式诞生），但是低于美国。尽管总体趋势向上，但是欧洲与美国的发展还是出现了显著的分岔，具体可以分为以下几个阶段：第一阶段，在 20 世纪 80 年代以前，欧洲的发展节奏基本与美国保持一致；第二阶段，1980—1986 年，欧洲的发展陷入停滞不前的困境，而美国经济在调整之后继续向前；第三阶段，1987—1994 年前后，欧洲经济重回增长的轨道，此后欧洲经济再度进入调整期，直到 2000 年；第四阶段，2001 年后，欧洲经济出现加速增长的迹象，与美国的差距开始缩小，但是 2008 年的金融危机中断了欧洲经济向美国收敛的态势，欧洲与美国的人均 GDP 差距被进一步拉大。

2. 经济结构持续转型

经济结构转型的一般规律是，在工业化的前中期，第二产业增加值占 GDP

的比重逐渐上升，第一产业增加值占比逐渐下降；随着工业进程不断推进和人均收入水平提高，服务业增加值占比逐渐上升，而工业增加值占比有所下降并趋于稳定。图 1-2 报告了美国与欧盟的服务业增加值占 GDP 的比重。

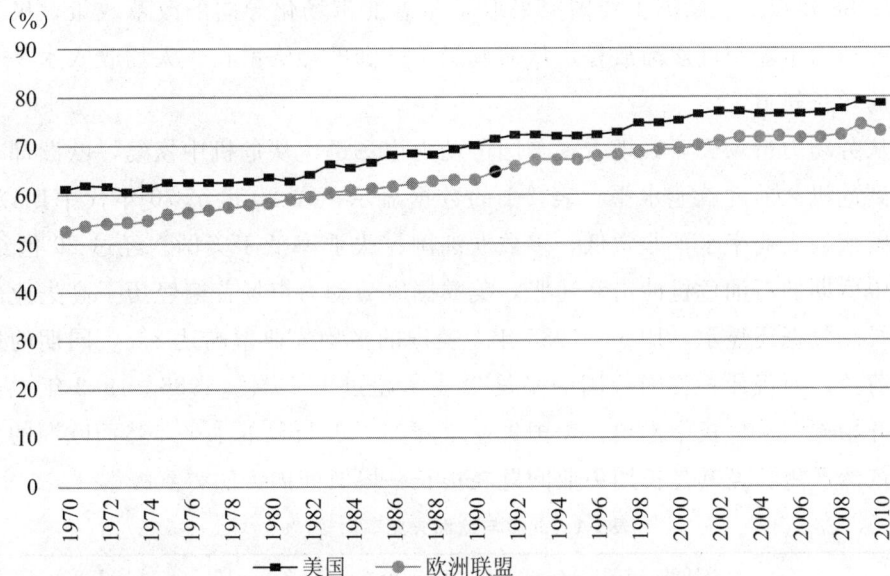

图 1-2　1970—2010 年美国与欧盟服务业增加值占 GDP 的比重

数据来源：世界银行发展数据库(世界发展指标)。

图 1-2 显示，美国自 20 世纪 70 年代开始，服务业增加值占 GDP 的比重就超过了 60%，稳步增长到 80 年代的 70% 左右。相比之下，欧盟范围内服务业增加值占比的发展趋势与美国保持一致，但是服务业占比要显著地低于美国，二者之间的结构差异一直维持到 2010 年。

>>二、美国与欧洲的劳动力市场<<

(一)美国与欧洲劳动力市场：不同的失业表现

劳动力市场平衡性主要包括劳动力市场容纳的劳动参与规模、就业与失业状况、收入分配以及劳动力市场流动性。比较美欧经济增长绩效和增长质量的差异，需要在一个经济周期的视角下，考察经济萧条后经济体如何从危机中复苏。一个增长质量更高的经济体，能够更好地承受各种因素的冲击，能够较好地从经济危机中复苏。20 世纪 70 年代爆发的石油危机对美欧发达国家形成了较大的冲击，导致高通胀高失业并存的滞胀。各国的经济制度有差异，由此导致 80 年代美国与欧洲增长绩效开始分化。在 20 世纪 70 年代之前，欧洲福利国家的失业率一直较低，然而危机之后的福利国家劳动力市场遭遇大面积失业危机，长期无法恢复。

从人均收入水平看，20 世纪 80 年代之后美国逐渐扩大了与欧洲国家的差距。直到 1986 年以后，欧洲主要国家采取了显著的市场化导向的改革政策，极为严苛的劳动力市场制度逐渐放松，从而刺激了欧洲的经济增长，人均收入水平重回稳定的增长轨道。

从劳动力市场失业表现看，美国劳动力市场迅速从危机中恢复，欧洲却难以恢复到危机之前的就业水平。表 1-1 的数据显示，在 20 世纪 70 年代中期以前，欧洲国家的失业率水平非常低，多数欧洲国家失业率低于美国。经过 20 世纪 70 年代中后期的石油危机冲击和通胀，美欧国家劳动力市场普遍经历了高失业的发展阶段。数据还显示，1980—1985 年，美国的平均失业率高达 8%，同期的比利时、荷兰、西班牙、英国等国的平均失业率超过了 10%。1986—1992 年，美欧经济开始逐渐从危机中走出，美国失业率降到了 6.13% 的水平，然而欧洲的失业问题依然严重，尤其是长期失业问题在很长一段时间内无法得到缓解。

表 1-1　北美与欧洲失业率比较（%）

	1969—1973	1974—1979	1980—1985	1986—1992
美国	4.86	6.68	8.00	6.13
加拿大	5.56	7.17	9.88	9.00
比利时	2.38	6.32	11.28	8.86
丹麦	0.95	6.02	10.00	9.72
法国	2.52	4.52	8.32	9.86
西德	0.84	3.20	5.95	5.49
爱尔兰	5.76	6.77	11.64	15.59
意大利	5.74	6.56	8.58	10.57
荷兰	2.05	5.05	10.05	8.31
西班牙	2.74	5.27	16.58	18.13
英国	3.39	5.04	10.48	8.94
奥地利	1.40	1.78	3.23	3.45
芬兰	2.34	4.53	5.60	6.01
挪威	1.66	1.82	2.55	4.11
瑞典	2.22	1.88	2.83	2.37
瑞士	0.01	1.08	1.92	2.31

数据来源：Bean, C. R., "European Unemployment: A Survey," *Journal of Economic Literature*, 1994, 32(2), pp.573-619.

图 1-3 进一步报告了 21 世纪以来美国与欧盟（28 国）的失业率对比。尽管

2008 年席卷全球的金融危机重创美欧国家的经济，美国失业率上升到接近 10％
的高位，与欧洲失业率持平，但 2010 年之后，美国经济复苏进程加快，劳动力
市场失业率连年下降，而欧盟 28 国的平均失业率在 2013 年前后达到高峰，欧洲
劳动力市场的滞后效应非常显著。

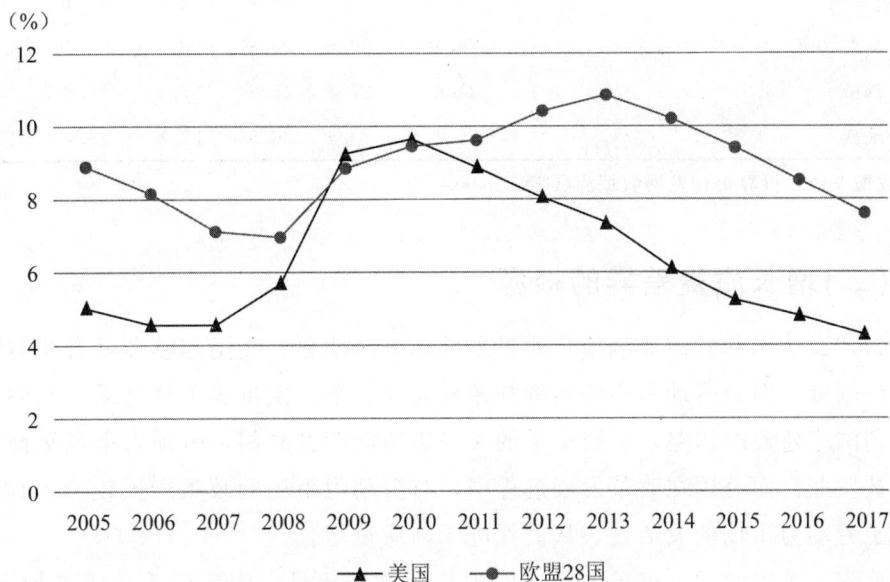

图 1-3　2005—2017 年美国与欧洲的失业率

数据来源：OECD. stat.

从收入分配看，美国收入分配基尼系数一直高于欧洲，表明美国的收入分配
不平等程度高于欧洲。数据显示，1986 年美国的基尼系数指数已经达到了 37.5，
2004 年达到了 40.5；而欧洲的德国、希腊、意大利等国的基尼系数指数显著低
于美国，而丹麦、挪威、瑞典等福利国家的基尼系数更低（见表 1-2）。

表 1-2　美国与欧洲国家收入分配基尼系数比较

	1986	1991	2000	2004	2007	2010	2013	2014	2015
美国	37.5	38.2	40.4	40.5	41.1	40.4	41		41.5
加拿大		31.0	33.3	33.7	33.8	33.6	34.0		
瑞士				34.3	32.6	32.5	32.5		
德国		29.2	28.8	30.4	31.3	30.2	31.1		31.7
丹麦				24.9	26.2	27.2	28.5	28.4	28.2
西班牙				33.3	34.1	35.2	36.2	36.1	36.2
芬兰				27.9	28.3	27.7	27.2	26.8	27.1
法国				30.6	32.4	33.7	32.5	32.3	32.7
英国				36.0	35.7	34.4	33.2	34.0	33.2

	1986	1991	2000	2004	2007	2010	2013	2014	2015
希腊				33.6	34	34.1	36.1	35.8	36.0
爱尔兰				33.6	31.9	32.3	33.5	31.9	
意大利				34.3	32.9	34.7	34.9	34.7	
荷兰				29.8	29.6	27.8	28.1	28.6	29.3
挪威				31.6	27.1	25.7	26.4	26.8	27.5
瑞典				26.1	26.4	26.5	27.8	28.4	29.2

数据来源：世界银行发展数据库(GINI Index)。

(二)增长质量差异的根源

为什么美国和欧洲经济增长质量差异越来越明显？美国与欧洲具有相似的政治经济制度，但是劳动力市场治理却差异较大。第二次世界大战之后，欧洲走向了福利国家建设的道路，劳资关系的天平逐渐向劳方倾斜，劳动力市场平衡性也逐渐被扭曲。而美国在改革发展进程中，对劳动力市场的政策干预较少，有效地保护了劳动力市场的灵活性，从而促进了高质量增长。

首先，美国劳动力市场的就业保护相对欧洲更低，失业保险政策更加谨慎。在 20 世纪 70 年代以前，欧洲的失业率低于美国，美国的人岗分离频率高于欧洲，表明美国的劳动力市场更具灵活性。经历经济冲击后，欧洲失业率不断上升并超过了美国失业率，欧洲失业者的平均失业期限高于美国，表明欧洲失业者就业发生率更低，失业者搜寻工作的激励不足，这与欧洲福利国家模式慷慨的失业保险金政策密不可分。有研究通过构建一般均衡的搜寻模型[①]，将解雇成本和政府失业保险金引入均衡的摩擦和结构性失业率的决定机制，发现欧洲严格的就业保护导致企业雇主面临较高的解雇成本，而慷慨的失业保险金延长了失业期限，造成了失业者技能更大的损失，进一步限制了失业者未来再就业的能力。

其次，美国劳动者面临的税收负担轻于欧洲，税收再分配活动对劳动供给的负效应弱于欧洲。美国的收入分配差距高于欧洲水平，这很大程度上归于收入税的再分配力度差异。在美国，劳动者需要缴纳个人收入税和工薪税。尽管工薪税由雇主和雇员共同负担，且雇主的负担比例稍高于雇员，但是最终结果是劳动者的薪资下降。从 OECD 各国劳动者税负比较来看，美国劳动者的平均税负要低于

[①] Ljungqvist，L.，Sargent，T.J.，"Two Questions about European Unemployment," *Econometrica*，2008，76(1)，pp. 1-29.

OECD 平均水平①，平均意义上税收负担相当于劳动者工作收入的近三分之一。北欧四国、法国、德国、西班牙、意大利、比利时等国家，工薪者面临的平均税率更高。在许多欧洲国家，政府推行许多政策项目，这些项目的成本最终由劳动者负担。尽管欧洲各国收入分配差距更小，但劳动者过重的税收负担对劳动供给的负效应也非常显著。在 20 世纪 70 年代乃至更早以前，欧洲劳动者的平均劳动时间要长于美国。90 年代以后，美国劳动者比德国、法国、意大利等国劳动者的平均工作时间长 50%，研究表明劳动收入的有效边际税率是解释劳动时间差异的重要机制②，美国在 1986 年的个人收入税收改革对延长劳动工作时间非常重要。

另外，美国的福利制度建设相比欧洲更具有灵活性，政府对经济的不当干预更少。

第三节　迈向高质量发展中的劳动力市场平衡性：中国经验

与美欧国家相比，中国经济高速增长进程中的劳动力市场改革与平衡性有着不一样的发展历史。

>>一、改革开放以来中国劳动力市场平衡性的发展经验<<

(一)改革农村经济体制，激活劳动力供给存量

在改革开放初期，大量的人口分布在乡村地区，而高生产率的工业部门在城镇地区，城市经济体制具有鲜明的计划经济体制传统。城市企业部门的投资、雇佣和生产决策都受到集中计划的管制，企业的自由裁量空间非常小。长期计划经济体制形成的城乡二元结构，不仅限制了城市的扩张，还阻碍了农村劳动力的流动，城乡之间以及城市内部的劳动力市场制度性分割，割裂了城市区域间市场的融合与流动。尽管新中国成立 30 多年来稳定发展的局面使得人口规模激增，但是巨大的人口规模没有形成人力资源优势，无法转换为经济投入要素和实现潜在的产出。因此，激活经济总体的劳动力存量供给成为经济腾飞的必要准备。

---

① Kyle Pomerleau，Kevin Adams，"Fiscal Fact No. 522：A Comparison of the Tax Burden on Labor in the OECD"，2016.

② Prescott，E. C.，"Why Do Americans Work So Much More than Europeans," *Federal Reserve Bank of Minneapolis Quarterly Review*，2004，28(1)，pp. 2-13.

农村经济体制改革迅速打开了局面，农村劳动力的生产积极性被极大地激发，农业部门的产出和生产率增长迅速，同时产生了大量农村剩余劳动力，为城镇地区工业生产扩张奠定了劳动力存量规模基础。研究也表明，改革开放初期的体制改革为农村的劳动力转向高附加值的工业生产和服务创造了条件。[①] 20 世纪 80 年代兴起的乡镇企业，吸引了大量的农村剩余劳动力，推动了私营经济的成长。从一定程度上说，农村经济改革对中国经济起飞的意义，并不亚于外商投资流入对中国经济的贡献。而农村改革之后启动的城市经济体制转轨，将改革的重心拉回到城镇地区。国有企业破产改制逐渐深入，市场经济活力被激发出来，加之国家控制的金融体制开始不断向城镇地区生产部门输入资本，城市经济迅速发展并替代了乡镇企业对农村剩余劳动力的吸纳作用。20 世纪 90 年代中期以后，乡镇企业衰落，城市经济迅猛发展。到了 21 世纪初，东南沿海地区在竞争农村劳动力的构成中感受到了劳动力短缺带来的压力，农民工的工资开始上涨，刘易斯转折点来临，这一切发生在改革开放后短短 30 年的时间里。

(二)迅速普及基础教育，提升劳动力供给质量

通行的观点认为，中国的基础设施建设推动了中国经济腾飞，然而实际上是中国的基础教育普及对中国经济长期持续增长更为重要。在进行中印比较的时候，尽管印度的私有化和市场经济成长并不弱于中国，但是中国的真正优势是教育水平，特别是基础教育，而不是基础设施。[②]

中国基础教育的扩张是从 20 世纪 80 年代中期以后启动的。1985 年中共中央颁布了《关于教育体制改革的决定》，随后全国人大在 1986 年通过了《中华人民共和国义务教育法》，明确了地方办基础教育的原则。1986 年国务院决定在城市和农村地区分别开征教育费附加，并决定通过以财政经费为主、多样化经费来源为保障的义务教育筹资机制，为各级政府举办教育而筹集资金。基础教育在地方政府的大力支持下，进入了快速发展通道。

随着 20 世纪末高等教育扩招政策的实施，基础教育持续稳定发展，不仅全国青年人口的受教育水平极大地提高，性别间受教育水平的差异也不断缩小，甚至在此后显示出性别逆转的趋势。根据 2015 年全国 1‰人口抽样调查的分年龄阶段人口受教育水平，统计得到的分年龄分性别平均受教育年限数据报告在图 1-4 中。数据清晰地显示，20 岁左右人口的平均受教育年限达到了 13 年(大学一年级)，而且此后世代出生的人口一直保持着教育水平稳步提高的态势，这表明 90

---

① 黄亚生：《中国经济是如何起飞的？》，载《经济社会体制比较》，2013(2)。
② 黄亚生：《印度离中国还有多远？——从经济表现、体制影响、发展现状预测两国前景》，载《人民论坛·学术前沿》，2013(19)。

年代中期以后出生的人群较大比例实现了普及高中阶段教育。就教育的性别差异而言，16～24 岁年龄段女性平均受教育年限要高于男性，而高于此年龄段的男性人口平均受教育年限显著地高于女性。

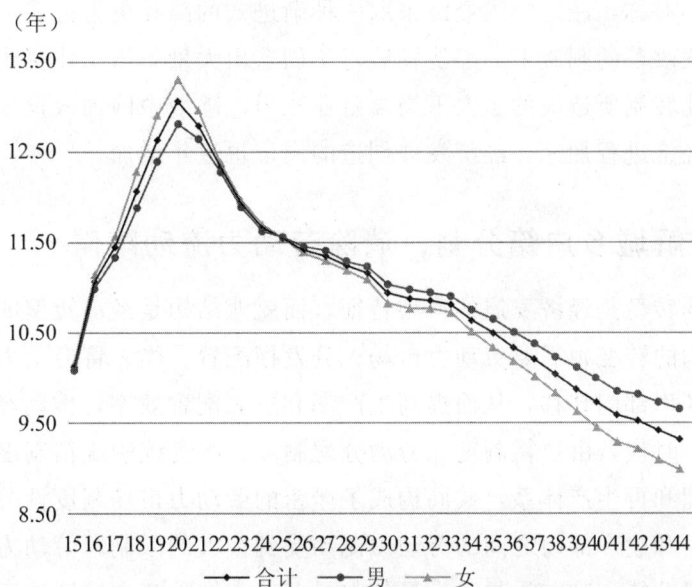

图 1-4　分年龄分性别人口平均受教育年限

数据来源：《全国 1‰人口抽样调查资料 2015》。

（三）有序市场经济转轨，扩大劳动力有效需求

扩大劳动力市场需求一直是向市场经济转轨过程中的重要政策议题，关系到经济转轨能否顺利实现。20 世纪 90 年代初，随着国务院开始在若干城市地区试行国有企业兼并破产，转换企业经营机制，破产企业职工转移安置的压力开始出现，导致城镇劳动就业压力陡增。为了保障企业兼并重组过程中职工再就业和转移就业的顺利进行，国务院以规范性文件的形式出台了一系列政策，如《国务院批转劳动部关于劳动就业工作情况和下一步工作意见报告的通知》。随着经济改革和企业转制加速推进，城镇失业职工逐渐增多，劳动部门统计的数据显示仅企业失业职工在 1994 年就达到了 180 万人，企业富余职工中待岗放长假的人数也达到了 300 万人。1995 年国务院办公厅转发《劳动部关于实施再就业工程报告的通知》，明确提出实施再就业工程的七点意见，计划从 1995 年开始的 5 年时间内，组织 800 万失业职工和企业富余职工参加再就业工程。

回顾 20 世纪 90 年代改革历程，我们不难发现，改革明显带有渐进推进的增量改革特征，这也是国内外学界关于中国经济改革的共识。与东欧转型国家的休克疗法相比，中国经济改革的总体步骤显得温和。为什么中国经济改革表现出渐

进式特征？这与中国改革开放初期特定的历史条件、资源禀赋和社会激励结构密不可分。从商品经济发展到市场经济，从计划手段到市场手段配置资源的转型不是一蹴而就的，财产权利边界的确定也需要一个过程，要素价格和生产效率的信息分布也极不对称，注定中国经济采取一种渐进式的路径更为稳妥。

在渐进式改革的刺激下，经济发展每年创造出大量新增工作岗位，有力地消化了国有企业转制所造成的工人下岗再就业压力。随着中国加入世界贸易组织和融入全球化经济进程加速，经济发展创造的岗位也逐年增加。

（四）破解城乡户籍分割，消除劳动力流动障碍

经济结构转型是经济发展的典型特征，而就业结构是经济转型的必然组成部分。就业结构的转变则需要劳动力市场充分发挥配置功能，将劳动力从低生产率部门向高生产率部门转移，从而提高生产率和资源配置效率，推动经济发展。然而，计划经济时代，由户籍制度、劳动分配制度、粮食统购统销制度等构成的劳动力要素分配和再生产体系，共同构成了严密的劳动力市场制度性分割。城乡之间、地区之间和生产部门之间的劳动力流动受到极大的限制，劳动力市场也丧失了流动和配置功能。其结果是，大量的农村劳动力被隔离在城镇地区和工业部门之外，而城市企业存在着大量的在职性冗员，潜在的劳动力资源不能得到很好的再配置，造成巨大的人力浪费。

消除城乡之间劳动力要素流动障碍的改革聚焦于户籍制度改革，而户籍制度改革是从取消小城镇落户限制过渡到城市地区的。早在 1984 年 10 月，国务院出台了《关于农民进入集镇落户问题的通知》，允许农民自理口粮进集镇落户。1985 年出台的《公安部关于城镇暂住人口管理的暂行规定》，进一步放开了城市暂住人口管理制度。1997 年国务院批转了公安部关于户籍制度改革试点方案的意见，明确了农村人口向小城镇转移落户的条件；1998 年国务院批转公安部的《关于解决当前户口管理工作中的几个突出问题的意见》，明确了直系亲属在城市地区落户的条件规定。2001 年发布的《关于推进小城镇户籍管理制度改革的意见》，明确了小城镇常住户口不再实行计划指标管理，全面放开小城镇落户。2010 年之后，中央开始明确提出引导非农产业和农村人口有序向中小城市和建制镇转移。2013 年党的十八届三中全会出台的《中共中央关于全面深化改革若干重大问题的决定》，确立了户籍制度改革的路线图，"全面放开建制镇和小城市落户限制，有序放开中等城市落户限制，合理确定大城市落户条件，严格控制特大城市人口规模"。随着中央进一步提出新型城镇化目标，户籍制度改革重点突出转移农业人口，优先解决进城时间长、就业能力强的劳动人口落户问题。2014 年，国务院印发《关于进一步推进户籍制度改革的意见》，将户籍制度改革、实现常住人口有

序市民化和推进城镇基本公共服务常住人口全覆盖结合起来。至此，户籍制度逐渐剥离了公共服务附加功能，回归了人口管理服务的功能。

（五）建立现代收入分配体系，激发劳动力创新创业

改革开放至今，我国国民经济发展和劳动力市场发育取得显著进展，很大程度上要归因于收入分配改革激发了社会活力，激励着市场资源有效配置到收益最大化的生产活动，激励劳动者创新创业，从而实现经济快速增长和收入迅速提高。计划经济时代的收入分配由非市场力量决定，"大锅饭"和"平均主义"盛行。市场激励功能受到传统经济体制的极大阻碍，劳动者创新创业的积极性与可能性边界都被极大压缩。为了打破"大锅饭"和"平均主义"对劳动力创新创业的桎梏，政府一直将收入分配体制改革列为改革的重点领域。1982年党的十二大提出，"在经济和社会生活中坚持按劳分配制度和其他各项社会主义制度"。打破"大锅饭"和"平均主义"，搞好按劳分配制度，是改革开放初期收入分配体制改革的主要任务。1993年中共中央出台的《关于建立社会主义市场经济体制若干问题的决定》，进一步加快了改革步伐，并要求"建立以按劳分配为主体，效率优先、兼顾公平的收入分配制度，鼓励一部分地区一部分人先富起来，走共同富裕的道路"。党的十六大提出要"深化分配制度改革"，2003年通过的《关于完善社会主义市场经济体制若干问题的决定》，提出"以共同富裕为目标，扩大中等收入者比重，提高低收入者水平，调节过高收入，取缔非法收入。加强对垄断行业收入分配的监管。健全个人收入监测办法，强化个人所得税监管"。党的十八大指出，"实现发展成果由人民共享，必须深化收入分配制度改革"。党的十九大指出，中国特色社会主义进入新时代，要贯彻新发展理念、建设现代化经济体系。现代化经济体系，是由社会经济活动各个环节、各个层面、各个领域的相互关系和内在联系构成的一个有机整体，其中现代收入分配体系是重要一环。

总结我国改革开放以来的收入分配体制改革历程及其经济绩效，以下几个方面的经验非常重要。

一是扩大人力资本要素参与国民收入初次分配的体制机制，有效实现人力资本回报与经济保持同步增长。人力资本回报率与资本回报率的不平衡，是导致收入分配恶化的重要原因。20世纪下半叶美欧国家收入分配与经济结构变动的规律表明，只有保障人力资本的足额回报，才能够激励社会劳动者持续提高健康水平和知识技能，从而形成人力资本积累驱动的内生发展机制，促进劳动者创新创业。改革开放以来，我国的工资制度不断完善，各地最低工资水平与经济发展和物价水平保持了协同增长；工会和劳工维权制度不断健全，劳动者合法权益得到了有效保护；劳动力市场的流动性障碍逐渐消除，有效引导人力资本快速积累和

实现有效配置，发挥人力资本促进高质量增长的积极作用。这些措施都有助于提高劳动收入在国民收入初次分配中的比重。

二是逐渐形成低收入家庭参与国民收入再分配的多层次政策组合，通过二次分配实现社会公平。福利经济学的一种理论观点认为，社会整体的福利水平取决于社会最低收入群体的福利。中央提出的精准扶贫、精准脱贫，正是将公共政策定位于社会中最贫困的群体，以提升贫困人口的实际生活水平来提高整体社会的福利。

三是不断完善直接税制度，有效平衡各生产要素参与国民收入分配的税负水平，实现税负公平。直接税制度关系到国民收入初次分配环节的不同要素参与分配所负担的相对税负，会对要素所有者产生不同的激励效应。实现生产要素的税负公平，能够有效避免要素收入分配结构扭曲所引起的要素积累和配置偏离社会有效水平，从而实现经济社会高质量的均衡发展。我国自 1980 年出台个人所得税以来，先后六次对其进行了修改。2018 年，个税迎来了第七次大修。此次大修不仅进一步调整了个税起征点，还增加了教育、医疗、住房贷款利息或住房租金的抵扣条款。

（六）坚持就业优先战略，保障劳动力就业质量

我国扩大就业和就业优先战略的制定和提出，是从应对全国性的就业问题演化而来的，并带有深刻的经济转型特征。具体而言，可以从以下几个方面来分析。

第一，注重产业协调，强调以扩大就业为重点发展服务业。早在 1998 年，国家发展计划委员会就出台了《关于发展第三产业扩大就业的指导意见》，明确提出要在 2000 年左右争取实现第三产业从业人员占全社会从业人员的比重提高到 30%左右，从而为国有企业下岗职工的分流安置和再就业创造必要条件。而实际上到 2000 年，服务业就业人员占全部就业人员的比重仍然不足 30%，服务业对就业的拉动作用还不明显。中央审时度势，在深化改革的同时突出重点，将发展劳动密集型产业，特别是劳动密集型服务业作为解决就业的主渠道。2002 年 4 月国务院召开的全国服务业（第三产业）工作电视电话会议强调，在"十五"时期服务业从业人员增长率保持 4%以上，新增从业人员争取达到 4 500 万人，并且提出了支持下岗人员再就业的优惠政策。党的十六大提出，"国家实行促进就业的长期战略和政策。各级政府必须把改善创业环境和增加就业岗位作为重要职责"。此后，扩大就业和再就业的工作重点在于改善就业环境、增加就业岗位，促进下岗失业人员和困难群体就业与再就业。

第二，适时出台法律，将扩大就业战略纳入依法治国的发展轨道。就业是民

生之本，促进就业和再就业是一项系统工程，需要由国家立法来加以推动。党的十七大明确提出，"实施扩大就业的发展战略，促进以创业带动就业"。2007年全国人大常委会通过的《中华人民共和国就业促进法》（以下简称《就业促进法》）第二条明确规定，国家把扩大就业放在经济社会发展的突出位置，实施积极的就业政策，坚持劳动者自主择业、市场调节就业、政府促进就业的方针，多渠道扩大就业。不仅如此，该法更是明确将扩大就业作为县级以上人民政府的经济和社会发展重要目标，纳入国民经济和社会发展规划。2015年，全国人大常委会进一步修改完善了《就业促进法》。在中央颁布法律之后，劳动和社会保障部门连同其他政府部门，就贯彻落实法律出台了相应的配套措施。

第三，实施扩大就业的积极财政政策，配合实施扩大就业发展战略。主要措施包括：一是由中央财政安排就业补助金，用于提高劳动者职业技能和就业能力，扶持劳动者自主创业，补贴就业困难人员的就业，扶持公共就业服务等；二是根据2007年颁布的《残疾人就业条例》，加强残疾人就业保障金的预算管理，专项支持残疾人职业培训，并对安置残疾人就业的用人单位给予补贴或税收优惠；三是出台专项支持计划，鼓励和引导高校毕业生面向基层就业，如"大学生志愿服务西部计划""选聘高校毕业生到村任职"等；四是根据农村转移劳动力的特点，提供免费的公共就业服务，不断完善职业培训补贴办法，如2004年开始实施的"农村劳动力转移培训阳光工程"，推进农村劳动力的有序转移。另外，财政部门还根据《就业促进法》的要求，加强了对零就业家庭的就业援助。

第四，加大金融信贷支持，促进中小企业发展和创业带动就业。由于信贷市场不完善，中小企业和创业者普遍面临着信贷约束而发展受限。因此，加大对中小企业和创业企业的融资支持有助于扩大就业政策的实施。

>>二、全球视野下的中国劳动力市场改革<<

改革开放40年里，中国劳动力市场从计划经济时代的严重二元分割走向了开放统一、竞争有序的灵活稳定性市场，城乡劳动力基本实现了市场主导的就业配置机制，劳动力市场改革成为驱动中国经济市场化转型与持续增长的重要政策工具。与此同时，美欧国家也经历了广泛的劳动力市场改革。20世纪70年代的石油危机和宏观经济滞胀，90年代新经济崛起，2008年爆发的金融危机引起主权债务危机和经济下行，无一例外地构成了美欧国家劳动力市场改革的重要背景。劳动力市场改革不仅是政策制定的中心议题，也是研究者们关注的焦点。一国的劳动力制度与经济绩效有非常密切的关系①，因此，理解劳动力市场改革的性质及其影响具有重大的理论和政策意义。

美欧国家近 20 年来劳动力改革的一个贯穿始终的鲜明特征就是增强市场灵活性。第二次世界大战以后欧洲国家经济复苏与持续繁荣，福利国家建设极大地增强了劳动力市场稳定性，这造成了较高的解雇成本和工资向下黏性，损失了劳动力市场根据经济形势变化而灵活调整的能力。包括德国在 20 世纪 90 年代以来和 2015 年前后启动的劳动力市场改革②、东亚日本和韩国在亚洲金融风暴后启动的改革③、西班牙和意大利在 2012 年以来财政紧缩背景下启动的劳动力市场改革④，都有释放市场灵活调整能力的成分。尽管都是灵活性为主，但不同国家有不同的政策制定机制和问题背景，采取的政策路径也有差别，包括就业保护、工资谈判、社会保险和就业岗位创造政策方面。这意味着，如果仅仅用灵活性改革来概括美欧国家的改革之路，可能会过于简化政府在劳动力市场改革模式和路径决策时面临的经济环境约束，甚至可能会误解整个改革过程。

中国的劳动力市场改革 40 年的历程，也体现出一个鲜明的特征，即市场化导向。但是，仅仅用市场化改革来理解中国的劳动力市场转型，显然是过于简单化的。因为在改革开放初期，中国劳动力要素配置存在严重的城乡和部门分割，尤其是制度性分割⑤限制了劳动力的流动；而计划经济管制下的工资制度导致脑体收入倒挂，劳动力市场的配置和激励功能严重缺失。因此，理解中国劳动力市场制度性分割及其转型的性质，是理解整个劳动力市场改革史的关键。更为重要的是，中国转型大环境面临的经济自由化与维护社会秩序稳定性之间存在两难权衡，极大地考验了政策制定者如何选择劳动力市场化改革路径的智慧。包括农村改革和农业剩余劳动力向城镇部门转移、城镇下岗职工再就业、大学生群体的就业问题、金融危机后的农村返乡劳动力就业问题，都对劳动力市场改革带来了挑

---

① Nickell, S., Layard, R., "Labor Market Institutions and Economic Performance," In: Ashenfelter, O., Card, D. eds, *Handbooks of Labour Economics*, Amsterdam: Elsevier, 1999, pp. 3029-3084.

② Giannelli, G. C., U. Jaenichen and C. Villosio, "Have Labor Market Reforms at the Turn of the Millennium Changed the Job and Employment Durations of New Entrants?: A Comparative Study for Germany and Italy,"*Journal of Labor Research*, 2012, 33(2), pp. 143-172. Weber, E., "The Labour Market in Germany: Reforms, Recession and Robustness,"*De Economist*, 2015, 163 (4), pp. 461-472.

③ Yun, J., "Labour Market Reforms in Japan and the Republic of Korea: A Comparative Case Study of Policy-Making in the 2000s,"*International Labour Review*, 2011, 150(3-4), pp. 387-403.

④ Picot, G., Tassinari, A., "All of One Kind? Labour Market Reforms under Austerity in Italy and Spain,"*Socio-Economic Review*, 2017, 15(2), pp. 461-482.

⑤ 赖德胜：《论劳动力市场的制度性分割》，载《经济科学》，1999(6)。

战。尽管如此，到 2017 年，中国已经形成了超过 7.7 亿就业规模的劳动力市场，就业形势稳定，城镇登记失业率连续 5 年控制在 4.1％以内，第三产业吸纳就业的比例达到了 44.9％；社会保障制度运行平稳，2017 年年末基本养老保险金累计结存达到 50 202 亿元。[①]

———

① 人力资源和社会保障部：《2017 年度人力资源和社会保障事业发展统计公报》，http://www. mohrss. gov. cn/SYrlzyhshbzb/zwgk/szrs/tjgb/201805/W020180521567611022649. pdf，2018-08-01.

第二章

中国劳动力市场平衡性

千钧将一羽,轻重在平衡,习近平总书记强调:"全面"是发展的平衡性、协调性、可持续性。劳动力市场发展同样存在平衡性、协调性和可持续性的问题。其中,平衡性主要强调劳动力供给和需求平衡,工资作为价格信号能敏锐反映供需波动,劳动者可以自由流动,政府有能力解决劳动力市场失灵问题,市场能够实现从非均衡到均衡的调整,即劳动力市场的供需平衡、价格平衡、劳动者合理流动、政府治理水平良好。本章将构建劳动力市场平衡性指数,从供需、价格、流动性、政府治理四个方面度量劳动力市场平衡性水平。研究发现:中国劳动力市场平衡性呈现上升趋势,但该趋势并非线性的,当市场受到来自国际国内的经济、政策、技术等方面冲击的时候,总指数和二级指数会有不同程度的波动。不过指数在短期内能够回到原有水平并继续上升趋势,劳动力市场应对冲击的能力较强。进一步深入研究发现,区域劳动力市场不平衡性差异显著;就业极化、产业调整等新变化导致大数据等行业"高技岗难求"、金融等行业"金饭碗不金";遇到经济危机或者政策调整期,劳动力市场供需指数波动明显;劳动力市场价格指数呈上升趋势,经济发展的分享性有所体现,但在个别行业、个别部门存在局部价格不平衡问题;区域有序流动已经成为劳动力市场趋向平衡的"调节器";建设完备的社会保险体系是政府治理的有效手段,不过存在收支增长不稳定、缴费监督不足等问题。

第一节　劳动力市场平衡性的研究基础

>>一、关注劳动力市场平衡性的必要性<<

平衡性、协调性、可持续性中,平衡性是协调性和可持续性的前提和基础。

提升劳动力市场平衡性水平的主旨在于保障劳动力市场健康、均衡发展，缩短城乡间、区域间、行业间劳动力市场发展差距，满足各群体劳动者日益增长的就业质量提升需求以及因技术冲击、经济衰退、伤病等各种宏、微观原因形成的就业保障需求。协调性则主要强调城乡、区域、国内外劳动力市场的联动、一体化发展及优势互补。可持续性包括劳动力市场在较长时间、较大范围实现平稳、协调发展。当前，劳动力市场主要目标已经发生变化，从原来的保就业到后来的促就业，再到提升就业质量，最终实现体面就业，科学测度、客观分析、有效提升劳动力市场平衡性水平是一项实现劳动力市场健康发展、保障劳动者权益的重要工作。

从基本需求来讲，中国需要一个平衡性强的劳动力市场保障非劳动年龄段人口"老有所依、少有所养"，这些人是曾经的劳动者或未来的劳动者，是就业年龄段劳动者重要的家庭成员，一个相对均衡的劳动力市场有利于物质财富迅速增长、初次分配更加合理、新生人力资本有效蓄积、退出劳动力市场者预期风险降低、社会家庭和谐。因此，劳动力市场平衡性问题既是关乎劳动者本身的问题，也是关乎全体人民福祉的问题。如图 2-1 所示，2007—2016 年，中国总抚养比呈现先下降再上升的趋势，2007 年为 37.9，之后持续下降，2010 年达到谷底，为34.2，2016 年恢复到 2007 年水平。2012 年，受生育率下降、人口老龄化等因素影响，我国的劳动年龄人口总量在 20 年内第一次出现下降，劳动力供给增长放缓。随着"二孩"政策放开和老龄人口增加，抚养比还将在未来一段时期内呈现持续上升趋势，这意味着劳动年龄人口的负担会增加。在这样的背景下，实现劳动力市场动态均衡下的螺旋式发展尤显重要。

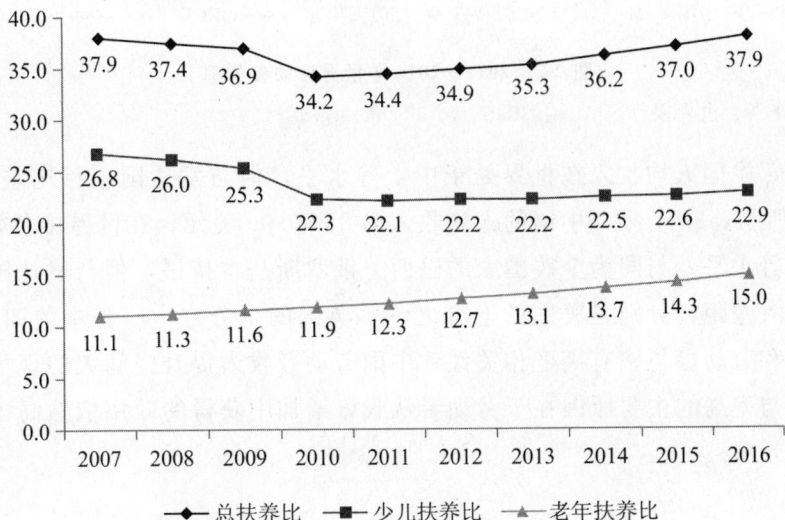

图 2-1　2007—2016 年中国总抚养比、少儿抚养比及老年抚养比

数据来源：2008—2017 年《中国人口和就业统计年鉴》。

从理论上来讲，劳动力市场平衡性指数测度的是相对水平，或者说其三级指标的数据表现形式为比率或者倍率。不过需要特别说明的是，测度劳动力市场平衡性之前，关注绝对水平是必要的。或者说，厘清劳动力市场的平衡性是低水平的稳定还是高水平的均衡是这项应用研究的基础。

第一，中国劳动参与率高于世界平均水平。如图 2-2 所示，2016 年，中国劳动参与率为 70.9%，比世界平均水平高 6.6 个百分点，比 OECD 国家高 10.9 个百分点。微观层面，劳动参与率受个人保留工资、教育年限、家庭收入规模等因素影响，宏观层面则受劳动力市场供需、社会保障水平等因素影响。中国劳动参与率高一方面体现了劳动者对于工作收入的选择偏好强于闲暇，收入水平尚未达到工资背弯曲线转折点，参与经济活动的积极性高；另一方面则反映了国家在促进充分就业方面成效显著，社会保障政策更倾向于基础性保障，而福利性保障相对较弱。

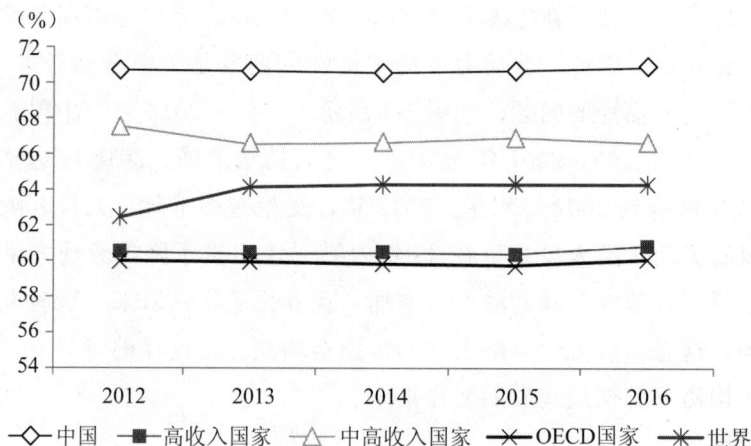

图 2-2　2012—2016 年世界劳动参与率

数据来源：世界银行，https://data.worldbank.org/。

第二，中国人均收入在世界处于中上等水平，但与发达国家相比差距较大。如图 2-3 所示，2016 年，中国的人均收入为 8 280.09 美元，在世界排名第 73 位，处于中上等水平。与同为金砖国家的巴西、俄罗斯基本持平，但与发达国家或地区存在较大差距，分别是美国的七分之一、英国的六分之一、日本的四分之一。人均收入和劳动参与率有高度相关性，中国劳动者收入提升空间大的现实再次印证劳动参与率高的主要原因在于劳动者从收入增加中获得的效用依然高于闲暇减少损失的效用。

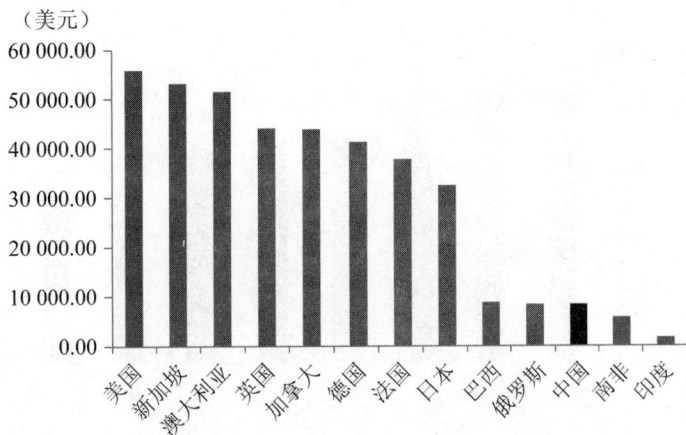

图 2-3　2016 年世界部分国家人均收入

数据来源：世界银行，https://data. worldbank.org/。

第三，中国劳动者工作时间长。如图 2-4 所示，中国劳动者年平均工作时间①约为 2 167 小时，比 OECD 国家均值高出近 400 小时，按《中华人民共和国劳动法》每天八小时标准工作时间计，中国劳动者每年比 OECD 国家多工作约 50 天。工作日加班现象非常普遍，2016 年，46.7% 的劳动者每周加班 2～5 小时。除了日常加班之外，工作时间差异还体现在年假方面，中国劳动者法定节假日和 OECD 国家差异不大，但人均带薪年假长度不到世界平均水平的一半，不到 OECD 国家平均水平的五分之二。当然，工作时间短并非所有发达国家的专属特征，韩国劳动者年均工作时间达到 2 124 小时，勤奋是亚洲劳动者的共同点。不过可以认为，工人没有足够多的灵活时间平衡工作和家庭生活，或其享有的工作权益能够在不同工作间或工作和人力资本增进之间移植、配置的自由度不够。工作时间过长背后的最根本原因还在于发展的不充分性制约了生活和工作的平衡性协调。

第四，中国高级人力资源储备达到中高收入国家平均水平，但与发达国家差距较大。如表 2-1 所示，2010 年，中国达到世界银行划定的"中高收入"的起点线，当年，每百万人中 R&D 人员数约为 903 人，超过中高收入国家水平的 886 人。2015 年，中国每百万人中 R&D 人员数增至约 1 177 人，依然高于中高收入国家水平，但是与高收入国家相去甚远，仅为其平均水平的四分之一。R&D 人

---

①　根据 OECD 网站介绍，计算在内的实际工作小时包括全职员工、兼职员工的正常工作时间、加班时间(无论是否有加班费)、本职工作外职业的工作时间。按照这一标准，北京师范大学劳动力市场研究中心根据中国国家统计局公布的中国劳动者周工作时间，考虑劳动者平均工作年限及对应年假时间、法定假期，估计了劳动者年工作时间。中国的数据是 2016 年的，OECD 国家的数据是 2015 年的。

（小时）

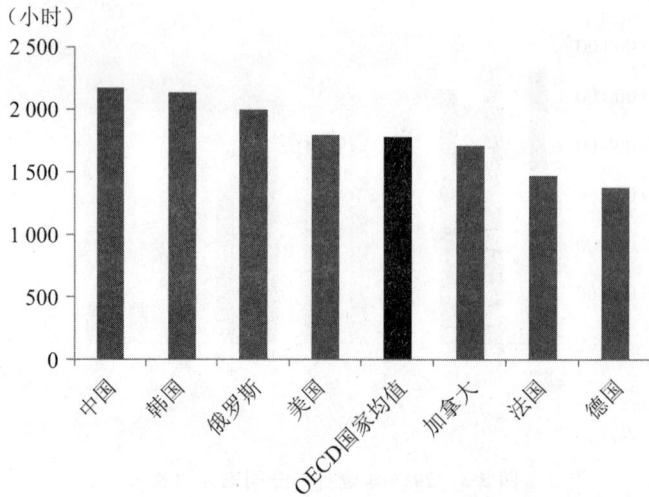

图 2-4　世界部分国家年工作时间

数据来源：OECD. stat.

员数量代表了劳动力市场的高技能劳动者供给情况，是创新的核心驱动力，是劳动者整体收入水平持续上升的内在推动力。可以认为，与发达国家相比，中国高级人力资源的储备情况并不乐观。

表 2-1　2010—2015 年世界部分国家或地区每百万人中 R&D 人员数（人）

国家或地区	2010	2011	2012	2013	2014	2015
中国	902.96	977.68	1 035.88	1 089.19	1 113.07	1 176.58
俄罗斯	3 087.99	3 125.30	3 093.56	3 073.09	3 101.63	3 131.11
英国	4 091.18	3 979.38	4 029.28	4 185.69	4 299.36	4 470.78
美国	3 868.57	4 011.33	4 015.89	4 117.67	4 231.99	—
日本	5 152.63	5 160.20	5 083.75	5 201.32	5 386.15	5 230.72
韩国	5 380.28	5 853.33	6 361.60	6 456.63	6 899.00	7 087.35
中等收入国家	519.19	546.18	569.56	592.46	607.53	628.36
中高收入国家	886.16	939.09	978.58	1 017.53	1 038.89	1 076.09
高收入国家	3 735.43	3 824.72	3 891.37	3 973.60	4 075.72	4 150.99
世界	1 020.31	1 051.93	1 076.70	1 103.37	1 127.13	1 150.76

注：世界银行最新数据汇总至 2015 年；"—"表示数据缺失。

数据来源：世界银行，https://data.worldbank.org/。

以小窥大，从以上几个指标变动特征不难发现，如果通过构建指数体系发现中国的劳动力市场平衡性较好，那么这种平衡肯定不是低水平的稳定，但亦未达到高水平的均衡。事实上，就绝对收入水平而言，从中高水平到高水平的飞跃要难于从低水平到中高水平的过渡，中国劳动力市场未来的发展将面临来自国际国内环境的更严峻的挑战。跨越中等收入陷阱的难点之一在于如何从均衡中求发展、如何在权衡中谋进步，这是建立这套指数体系最核心的价值所在。

>> 二、劳动力市场平衡性问题的理论基础 <<

从现有文献来看，研究劳动力市场平衡性问题的学者大多以均衡分析为基本框架，探析劳动力市场变化特征，视角多样、工具各异，不过细分梳理不难发现，这些文献主要从四个方面，即供需、价格、流动和政府干预剖析了劳动力市场运行情况。

本报告从市场平衡性的视角理解市场运行，把市场分成三个圈层。第一圈层是供需和价格层。一个平衡的劳动力市场的第一层体现为供需平衡和劳动力价格合理，第一圈层也是决定劳动力市场平衡性水平的最核心圈层。劳动力供需水平决定供需价格，而供需价格反作用于供需。在核心圈层，供需指数比价格指数更为敏感，所以供需指数可以作为研判政府是否存在过度调节的工具。第二圈层是流动层。当劳动力市场出现供需不均衡、劳动者收入差距过大，流动就出现了。供给量大的岗位会有劳动者流出，供给量小的岗位会有劳动者流入；有职位者希望获得更高收入，通过异地就业、人力资本增进、改变就业方式甚至寻租等各种途径进行职位再搜寻，进而流动到新岗位。如果没有受到外界冲击，市场可以通过流动实现供需均衡与价格合理条件下的平衡。第三圈层是社会治理层。社会治理层在劳动力市场平衡性系统中起到了"保温层"和"抗风险层"的作用。三个圈层相互作用，构成有机整体。中国劳动力市场不平衡性表现在第一圈层，第三圈层是政府可参与的部分，第一、第二圈层是政府密切关注且通过间接调控维持其平衡性的部分（见图2-5）。

(一)劳动力供需

劳动力市场供需变化是西方经济学家非常关注的问题，他们对劳动力市场的理论研究也不断深入。我国关于劳动力与劳动力市场问题研究的大量涌现是从改革开放后开始的。改革开放使我国经济结构发生巨大变化，雇工现象出现，人们不得不面对劳动力问题的"禁区"。进入21世纪，伴随着劳动力市场供需关系出现的新变化，人们开始更深入地研究劳动力市场的供给与需求问题。由于我国是传统农业大国，改革开放前80%的劳动力被束缚在农业生产领域，改革开放后大量农业剩余劳动力开始向城镇转移，因此，城市劳动力市场一直是供大于求的，学者们关注的焦点是扩大就业。然而，从2003年开始，广东珠江三角洲地区出现"民工荒"，2004年开始大学生就业越来越难，于是对劳动力供需关系的

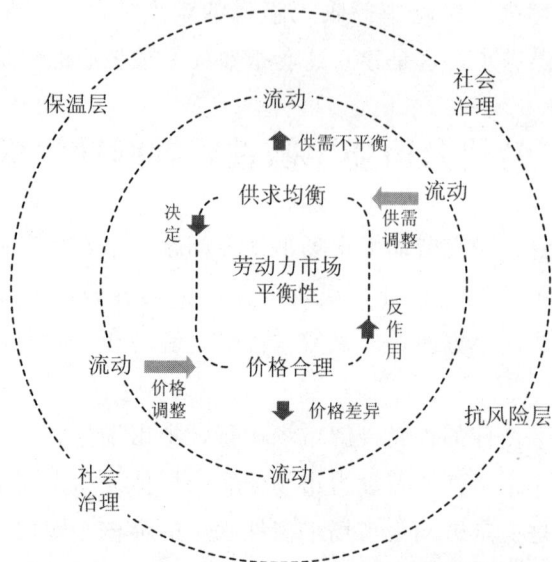

图 2-5 劳动力市场平衡性指标体系构建模型

研究成为学术热点。在中国知网上搜索关键词"劳动力供需"的结果显示，2003 年以来，发表劳动力供需相关论文 660 多篇，借供需分析工具探析充分就业问题是主要研究方向（赵凯、高友笙、黄志国，2016）[①]，代表性成果有蒋茜、孙兵（2011）的我国劳动力市场的供需趋势预测，方行明、韩晓娜（2013）的劳动力供需形势转折之下的就业结构与产业结构调整，王欢等（2014）的人口结构转变、产业及就业结构调整背景下劳动力供需关系分析，刘丽（2017）的高等教育与劳动力市场的供需关系分析等。

我国大多数学者在考虑劳动市场的供需状况时，往往通过失业率进行考量。然而，中国在 2018 年才开始公开调查发布失业率，因此无法进行时间序列对比。由国家统计局与人力资源和社会保障部共同收集与发布的中国官方失业率数字为城镇登记失业率，等于登记失业人员除以城镇劳动人口。其中，登记失业人员必须符合以下条件[②]：（1）非农业户口；（2）在一定年龄内（男性为 16～50 岁，女性为 16～45 岁）；（3）有劳动能力；（4）无业而要求就业，并在当地就业服务机构进行求职登记。城镇劳动人口包括：（1）城镇单位从业人员（扣除使用的农村劳动力、聘用的离退休人员、港澳台及外方人员）；（2）城镇单位中的不在岗职工；（3）城镇私营业主、个体户主；（4）城镇私营企业和个体从业人员；（5）城镇失业人员。

很多学者提出通过城镇登记失业率对劳动力市场供需变化进行衡量的弊端。

---

① 赵凯、高友笙、黄志国：《中国劳动力市场均衡及失业问题研究》，载《统计研究》，2016（5）。

② 张车伟：《失业率定义的国际比较及中国城镇失业率》，载《世界经济》，2003（5）。

如张车伟(2003)认为，城镇登记失业率仅仅把那些到就业服务机构求职登记的无工作者视为失业人员，而那些没有去登记的失业人员被排除在失业者统计之外，因此它会低估真实的失业程度。同时，城镇登记失业率不是用与国际接轨的调查方法得到的，因此很难说明中国城镇的真实失业状况。在通常的失业率统计中，那些被认为已经退出劳动力市场的人中仍然有相当数量的人在一定程度上附着于劳动力市场，即那些没有工作、想工作但没有找工作的人，由于这些人在失业率统计中被排除在外，到目前为止世界上并没有一个被所有人都认可的失业率定义。有研究指出，在这些边际附着者中，有些人即使按照现在的失业率标准，也应该被包括在失业者之内，如那些"等待群体"（等待被原雇主召回、等待开始一份新的工作等），因为从对劳动力市场的附着程度来看，这些人更接近于失业者而不是非经济活动人口(Riddell，2000)[1]。当然，"受挫的劳动者"也有充分的理由包括在失业者之中(OECD，1987，1995)[2][3]，现有的调查失业率由于没有包括这一部分人，常常被认为无法反映真实的失业状况。可见，准确地统计失业率是一件非常困难的事情。[4]

我国公布的失业率，不仅定义不与国际接轨，而且仅为年度指标。因此，完善并充分利用一个优良指标——求人倍率（即劳动力市场上需求人数与求职人数的比值）的数据，更显得非常紧迫、重要。胡雁情、卿石松(2015)认为，劳动力的需求和供给共同决定了市场上劳动力的紧缺程度，单方面的求职人数或者需求人数都无法判断市场上是"就业难"还是"用工荒"，用求人倍率来表现劳动力市场工人的供需状况是十分恰当并具说服力的。邱红(2011)在其研究中分析中国劳动力市场的供需变化时，通过利用全国劳动力市场监测数据统计的用工需求信息和劳动者个人求职信息，根据公式"需求人数/求职人数"，计算得出 2001—2009 年每年各季度的求人倍率。其结果显示 2001 年以来我国劳动力市场的求人倍率总体表现为不断攀升的态势，主要得益于我国经济的持续高速增长，企业用工需求人数不断增加；在性别和年龄方面，劳动力供需也呈现出明显特征：女性劳动力的求人倍率明显高于男性，年轻劳动力的求人倍率明显高于高年龄组；劳动力市场供需变化还表现出很明显的文化、技能特征，在各学历组（分为初中以下，高中，职高、技校、中专，大专，大学，硕士以上六个组别）求人倍率中，表现最

---

① Riddell，W. Craig，"Measuring Unemployment and Structural Unemployment,"*Canadian Public Policy*，2000，Vol. XXVI Supplement，pp. 101-108.

② OECD，"On the Margin of the Labor Force: An Analysis of Discouraged Workers and other Non-participants,"*Employment Outlook*，1987，September，pp. 142-170.

③ OECD，"Supplementary Measures of Labour Market Slack,"*Employment Outlook*，1995，July，pp. 43-49.

④ 张车伟：《失业率定义的国际比较及中国城镇失业率》，载《世界经济》，2003(5).

好的是职高、技校、中专组，对高技能人才的需求非常旺盛；同时，劳动力供需也显现出显著的职业和地区差异。[①]

求人倍率反映的是对应于每个求职劳动者，劳动力市场中所能提供的岗位需求数。求人倍率既是反映劳动力市场供需状况的重要指标，也是反映整个经济景气状况的重要指标，是劳动力市场在一个统计周期内工作岗位数与求职人数之比。从理论上讲，求人倍率可以反映一个统计周期内劳动力市场的供需状况。求人倍率小于1时，劳动力市场上求职人数多于需求人数，反映当期劳动力市场供大于求，部分人无法找到工作；反之，求人倍率大于1时，劳动力市场上求职人数少于需求人数，反映当期劳动力市场供小于求，会出现职位空缺；如果求人倍率等于1，则劳动力市场上求职人数等于需求人数，反映当期劳动力市场供需平衡。李文溥、陈贵富（2010）[②]利用福建省城镇劳动力市场监测数据来考察城镇劳动力市场的供需变化特征时，主要观察求人倍率［＝需求人数/求职人数］指标，认为这是了解劳动力市场状况的重要指标。

几乎所有发达国家都公布了求人数的月度统计，并且都有了很长的历史。美国劳动局对于求人的定义如下：某个公司或机构存在空缺的就业岗位。需要满足的条件是：（1）这个岗位有工作可干；（2）这份工作能在30天之内开始做；（3）雇主在积极地招聘人来做这项工作。发达国家中对于比率的计算因分母的不同而分成了两种，日本计算的是求人倍率（＝求人数/求职者数），而美欧国家计算的是求人率［＝求人数/（求人数＋就业人数）］。具体地，日本求人倍率的统计有两项，一个是有效求人倍率，另一个是新增求人倍率。此处的"有效"不是我们通常统计调查中删除一些不合要求的无效问卷之后剩下的有效样本的概念，而是与求人（求职）活动的有效期限相关联的概念。

$$有效求人倍率 = \frac{月内有效求人数}{月内有效求职者数}$$

$$新增求人倍率 = \frac{新增求人数}{新增求职者数}$$

日本的求人倍率可以直接反映出供需双方的差距有多大，而美欧的求人率只反映了劳动需求状况，通常还需要通过与失业率相比较才能考察供需差距。求人倍率统计的一个特点是通常求职者数大于失业人数，因为求职者中除了失业者以外，还有现在有工作但是也同时在找更满意的或第二份工作的人。另一个特点是，求人数很可能低于实际数，因为雇主经常可能在不申报的情况下寻找或找到了合适的人。许多欧洲国家要求雇主必须向政府申报求人数，因此，理论上这些

---

① 邱红：《中国劳动力市场供求变化分析》，博士学位论文，吉林大学，2011。

② 李文溥、陈贵富：《工资水平、劳动力供求结构与产业发展型式——以福建省为例》，载《厦门大学学报（哲学社会科学版）》，2010（5）。

国家的求人数统计要精确得多。

王新梅(2012)[1]参照日本给出了上面两个公式中我国这项统计的名称,将有效求人数(求职者数)定义为"仍在有效期内,并且因为岗位还没满或仍没找到工作所以还没有取消申请,求人(求职)仍然有效,同时符合职业介绍所规定的职业的求人(求职)数",并指出原则上有效期限是申请者申报的期限,对于没有申报期限的、将有效期看作是下个月的月末。另外,当求职者本人希望延期时,均可延长 1 个月。季度有效求人(求职)数是指上季度结余的有效求人(求职)数与本季度新增求人(求职)数的合计数。

(二)收入差距

伴随着中国经济的高速增长,尤其是改革开放以来的 30 年,居民收入差距不断扩大,居民收入的基尼系数不断上升。根据世界银行的估计,20 世纪 70 年代末、80 年代初中国居民收入的基尼系数大约为 0.3,到了 20 世纪 90 年代末超过了 0.4。根据国家统计局的估计,2003—2008 年中国居民收入的基尼系数是不断上升的,从 0.479 上升到 0.491,这 30 年收入差距的扩大速度是前所未有的。从 2008 年以后,基尼系数出现下降的势头,2010 年为 0.481,2015 年为 0.462。可见,我国收入差距的扩大趋势自 2008 年以来虽有所缓解,但是仍处于较高水平(李实,2018)[2]。

首先,城乡收入差距扩大是收入差距扩大最重要的影响因素。如果把公费医疗、失业保险等非货币因素考虑在内,中国的城乡收入差距可能是世界上最高的。要解释和减少中国居民的收入差距必须从解释和减少城乡收入差距入手。同时,城乡之间差异的存在,不仅是社会和政治不稳定的潜在因素,而且更重要的是会造成经济效率的损失。韩其恒、李俊青(2011)[3]在其研究中分析城乡收入差距的基本动态特征时,重点考察了工资(指劳动工资)和收入(指在工资的基础上再加上资产性收入后形成的总收入)两个变量的城乡收入差距,分别基于人均工资的城乡比和人均收入的城乡比进行了统计分析,得出城乡工资和收入差距基本呈现出单调递增且经济发展后期的城乡工资(收入)差距远远大于经济发展早期的城乡收入差距的结论。孙焕芳、梁敏(2018)[4]在其研究中以城乡收入比作为衡量

---

①　王新梅:《衡量劳动市场供求状况的另一个指标:求人倍率》,载《统计研究》,2012(2)。

②　李实:《当前中国的收入分配状况》,载《学术界(月刊)》,2018(3)。

③　韩其恒、李俊青:《二元经济下的中国城乡收入差距的动态演化研究》,载《金融研究》,2011(8)。

④　孙焕芳、梁敏:《基于 ESDA 的中国城乡收入差距时空分异格局分析》,载《地理空间信息》,2018(5)。

城乡收入差距的指标，以 2002—2014 年中国 339 个地级及以上城市的城乡居民收入比作为基础数据，综合运用空间自相关、空间变异函数、克里格插值等方法，分析了中国地级及以上城市城乡收入差距的空间分布格局与演变特征。结果表明，2002—2006 年中国地级及以上城市城乡收入差距呈不断扩大的趋势；中国城乡收入差距的空间集聚程度明显，西部和中部地区是城乡收入差距较大的热点地区，东部地区为冷点地区，说明中国城乡收入差距地区发展不平衡；中国城乡收入差距存在明显的空间异质性，即各地区城乡收入差距高低的相互作用和联动效应较为显著。需要特别提及的是，该研究中作为城乡收入差距衡量指标的城乡收入比，由城镇居民可支配收入对农民人均纯收入的比值得出。其次，行业差异和所有制差异造成的工资差异也是学者关注的主要方面，因为行业和所有制差异背后，是人力资本差异、垄断资源差异的较量。严兵等(2014)[1]研究指出行业间人力资本差异是造成行业收入差距的重要原因且贡献趋于上升态势。岳希明、蔡萌(2015)[2]采用以多重分位数回归为基础的 Machado-Mata 反事实分解方法研究了垄断行业不同收入水平从业人员的收入不合理程度存在异质性，认为政府部门在从整体水平上管控垄断国有企业高收入的同时应该重点管控管理层的高收入。也有学者研究交叉因素影响。齐亚强、梁童心(2016)[3]通过拟合交叉分类多层模型考察地区和行业双重分割对收入的影响，结果显示地区差异和行业差异都是导致收入不平等的重要来源。刘瑞明等(2017)[4]从行业分割、户籍壁垒等多个角度解释了就业市场中不同群体、不同时期的人力资本积累的差异性与阶层分化，证明社会中的人力资本积累和阶层形成良性分布是修正扭曲的就业市场的途径。

(三)劳动力流动

劳动者流动性问题不仅是重要的理论问题，也是社会主义建设中的现实问题。王效民(1985)[5]认为由于多方面的原因，我国劳动者的流动受到阻碍，流动渠道不畅通，存在很多弊病。社会生活中一方面存在着很多人不能心情舒畅地发挥自己的制造才能的现象，另一方面又存在着大量不称职者占据着工作岗位的奇怪现象。上述现象已经成为现实生活中不能回避的重大问题，成为经济体制政策

① 严兵、冼国明、韩剑：《制造业行业收入不平等变动趋势及成因分解》，载《世界经济》，2014(12)。

② 岳希明、蔡萌：《垄断行业高收入不合理程度研究》，载《中国工业经济》，2015(5)。

③ 齐亚强、梁童心：《地区差异还是行业差异？——双重劳动力市场分割与收入不平等》，载《社会学研究》，2016(1)。

④ 刘瑞明、亢延锟、黄维乔：《就业市场扭曲、人力资本积累与阶层分化》，载《经济学动态》，2017(8)。

⑤ 王效民：《论劳动者的流动性》，载《经济问题》，1985(9)。

应当解决的重大课题之一。因为，归根结底，劳动者是生产力中最积极的因素，一切工作最终都是由劳动者来完成的。可见，我们不能低估劳动者流动性问题的社会作用。

很多学者探究劳动者流动的影响因素。例如，王春光（2003）[①]从代际职业流动和代内职业流动角度，分析家庭背景、户籍制度、所有制等先赋因素对职业流动的影响，从而折射出职业流动中的一些不平等。通过对数据的分析发现，尽管改革开放以来，市场因素对就业分配的配置作用越来越大，但是对职业的合理流动的制度性限制以及结构性限制依然存在，从而产生社会不平等问题。与王春光等学者对于影响劳动者流动的外在性因素的考虑视角不同，一些学者着重从劳动者自身的内在因素出发，对影响其职业流动性因素进行了一系列研究，并取得一定的成果。如有研究显示，不同性别之间的职业流动性存在显著差异（Loprest et al.，1992）[②]。然而，也有学者的研究得出了与此不一致的检验结果：性别对劳动者职业流动的影响并不显著，认为可能是女性更强的职业流动风险厌恶和对女性的就业歧视两个方面共同作用导致了职业流动性总体上无性别差异性（吴永球、陈仲常，2007）[③]。同时，吴永球、陈仲常（2007）还在其劳动者流动性影响因素的研究中加入了婚姻状况、收入等变量，也得出与以往经验研究较为一致的结论：已婚者比未婚者拥有更低的职业流动；收入越高的群体拥有更低的流动性，而低收入者拥有较高的职业流动性（Farber et al.，1998）[④]。

（四）政府治理

对我国这样一个人口大国而言，提高政府治理水平，有效解决劳动力市场失灵问题，促进劳动者流动以实现劳动力的有效使用进而实现劳动力市场的均衡状态，将是一项长期而艰巨的任务。在这个过程中，关键是培育和完善劳动力市场。我国劳动力市场从发展类型上看应是政府主导型的，其孕育、产生、发展和完善的整个过程都与政府的政策推动密不可分，政府在我国劳动力市场今后的发展和完善中仍需发挥重要作用。要想使某个具有公共特性的产品或服务在全社会得以普及，政府部门主要有两个途径：一是政府直接提供该产品，如公共品，这

---

① 王春光：《中国职业流动中的社会不平等问题研究》，载《中国人口科学》，2003（2）。

② Loprest, Pamela J.，"Gender Differences in Wage Growth and Job Mobility," *American Economic Review*，1992，82（2），pp. 526-532。

③ 吴永球、陈仲常：《中国城镇居民的职业流动性研究——来自微观数据的经验分析》，载《市场与人口分析》，2007（5）。

④ Farber, Henry S.，"Mobility and Stability：The Dynamics of Job Change in Labor Markets,"Working Paper 400，Princeton University，Department of Economics-Industrial Relations Section，1998.

种途径的实现需要政府充足的财政投入作为保证；二是政府强制其他社会主体提供，如以养老保险、医疗保险、工伤保险为内容的社会保障，其主要出资者为企业而非政府，这种途径被认为是政府在财政困难时期行之有效的公共品提供方法。[1] 萨默斯（Summers，1989）[2]认为，政府对公共产品的财政投入最终会转化为企业的税收，进而使劳动需求曲线下降，在任意工资水平下企业愿意雇佣的劳动人数减少，在这样的情况下，新的劳动力市场均衡表现为工资下降，就业减少，企业和员工各自分担一部分税收；然而，如果政府强制企业向员工提供社会保障，则在企业负担增加使劳动需求曲线下降的同时，员工还可能将社会保障的增加视为福利的增进，因此虽然每一个工资水平下所对应的劳动需求减少，但此时劳动供给量却增加了，劳动供给曲线向右平移，劳动市场的均衡表现为工资较前一种情况更低，但就业有所回升，无疑后一种方法更有利于促进就业。

在政府制定和颁发的政策中，致力于抓住人民最关心、最直接、最现实的利益问题的社会保障制度与劳动力市场的健全和完善具有十分密切的关系。党的十七大报告明确提出，加快建立覆盖城乡居民的社会保障体系，要以社会保险、社会救助、社会福利为基础，以基本养老、基本医疗、最低生活保障制度为重点，以慈善事业、商业保险为补充，加快完善社会保障体系，给我国社会保障未来的发展指明了基本方向。党的十九大报告提出，加强社会保障体系建设，按照兜底线、织密网、建机制的要求，全面建成覆盖全民、城乡统筹、权责清晰、保障适度、可持续的多层次社会保障体系。全面实施全民参保计划，尽快实现养老保险全国统筹，完善统一的城乡居民基本医疗保险制度和大病保险制。社会保障是一个多层次体系，它首先可分为社会保险（分为养老、医疗、失业、工伤、生育五个险种）、社会救助（分为城乡居民最低生活保障、教育救助、医疗救助、司法救助、住房救助等）和社会福利（分为老年人福利、残疾人福利、孤残儿童福利等）等部分。在这样众多的项目中，养老、医疗、最低生活保障是每一个城乡居民都需要的，覆盖范围较为广泛，其他项目保障对象则是特定人群。

在实际研究中，很多学者将养老保险、医疗保险、工伤保险等险种的缴纳情况与劳动力市场联系起来进行实证分析，以期探究社会保障体系对劳动力市场发展状况的影响效应。例如，马双等（2014）[3]通过全国各地/市养老保险企业缴费比率随时间的外生变动趋势来识别养老保险企业缴费的影响，结果显示，社会养

---

① 马双、孟宪芮、甘犁：《养老保险企业缴费对员工工资、就业的影响分析》，载《经济学（季刊）》，2014(3)。

② Summers, L., "Some Simple Economics of Mandated Benefits," *American Economic Review*，1989, 79(2), pp. 177-183.

③ 马双、孟宪芮、甘犁：《养老保险企业缴费对员工工资、就业的影响分析》，载《经济学（季刊）》，2014(3)。

老保险未使得企业在职工工资与福利之间转换，养老保险企业缴费比例每增加 1
个百分点，员工工资和员工福利将分别减少 0.6%，员工工资与福利的加总量将
减少 0.7%，企业雇佣人数将减少 0.8%；对不同类型的企业，养老保险的影响
存在差异。对低技术水平企业，养老保险企业缴费比例上涨的挤出效应较弱。

　　工伤保险制度是社会保险法领域中较为成熟、模式较为统一的制度，也是最
具有法律元素的制度。《中华人民共和国社会保险法》和新《工伤保险条例》关于工
伤保险的修订体现了立法理念的创新，使工伤保险成为真正意义上的社会保险，
使劳动者的权利真正成为社会权，这是一个最根本的、巨大的进步（杨思斌，
2011）[1]。实行了工伤保险，使职工受到工伤后的基本生活、伤残抚恤有了基本
保障，企业尤其是中小企业，不至于在瞬间背负巨大经济压力；工伤保险有一系
列工伤救治、伤残鉴定等制度规范，依法依规行事也可减少赔偿矛盾，对于企业
妥善处理事故和恢复生产，甚至维护社会安定、促进劳动力市场健康稳定发展都
意义重大（李青青、李菲，2018）[2]。

　　失业保险是解决失业所产生的不利因素的社会机制，对一国的社会保障和福
利水平有重要的作用。失业保险对失业持续时间的影响一直是西方失业研究的重
点。莫滕森（Mortensen，1977）[3]的动态搜寻理论认为失业保险金给付水平提高
或者给付期限的增加会提高失业者的保留工资水平，降低工作搜寻强度，使得失
业持续时间延长。莫菲特、尼克尔森（Moffitt and Nicholson，1982）[4]认为失业保
险是对失业者的一种补贴，属于个人的非劳动收入，会对劳动者的就业行为产生
纯收入效应，从而增加劳动者对闲暇的需求，减少劳动供给。夏默、维宁
（Shimer and Werning，2008）[5]对工人的失业保险最优设计进行了研究，他们的
研究结果表明，失业政策能够确保工人有足够的流动性以满足他们的生活必需和
提供失业补贴以应对不确定的失业持续时间。徐晓莉等（2012）[6]对我国失业保险
与失业率之间的关系进行了研究，结果显示，我国失业保险与城镇失业率之间存

---

　　① 杨思斌：《我国工伤保险制度的重大发展与理念创新》，载《中国劳动关系学院学报》，
2011（4）。

　　② 李青青、李菲：《浅谈企业工伤事故处理及维权》，载《现代经济信息》，2018（5）。

　　③ Mortensen，D.，"Unemployment Insurance and Job Search Decisions,"*Industrial Relations
Review*，1977，30（4），pp. 505-517.

　　④ Robert Moffitt，Waiter Nicholson，"The Effect of Unemployment Insurance on Unemployment：
The Case of Federal Supplemental Benefit,"*The Review of Economics and Statistics*，1982，64（1），
pp. 1-11.

　　⑤ Robert Shimer and Iván Werning，"Liquidity and Insurance for the Unemployed," *The
American Economic Review*，2008，98（5），pp. 1922-1942.

　　⑥ 徐晓莉、张玲、马晓琴：《我国失业保险支出与城镇失业率关系研究——基于误差修正模
型的分析》，载《人口与经济》，2012（2）。

在着双向格兰杰因果关系，即失业保险支出的增加会导致城镇失业率的增加，城镇失业率的增加会引起失业保险支出的增加；另外，我国失业保险支出的变动对城镇失业率的影响是正激励与负激励并存。

通过以上研究不难发现，对劳动力市场总体及细分领域的研究已经非常充分，可谓汗牛充栋。应用较广的指标主要有中国就业景气指数[①]，该指数旨在反映就业市场上职位空缺与求职人数的比例变化，即求人倍率的波动，在一定程度上能够起到监测中国就业市场景气程度以及就业信心的作用。除此以外，还有一些报告为了进行年度对比和量化研究设计了简单指数，如人力资源和社会保障部劳动科学研究所课题组发布了 2012 年劳务用工景气指数[②]，该指数计算方法是用劳务用工数上升的企业所占百分比与劳务用工数下降的企业所占百分比做差，目的在于测度劳务用工就业形势。国际上正在使用的综合性指标也较少，具有代表性的有就业市场状况指数（Labor Market Conditions Index，LMCI），该指数从 2014 年开始由美联储发布，共包含 19 个就业相关指标，旨在综合反映美国劳动力市场数据波动并为决策提供参考。这些指数或是研究某一时期、某一国家和地区的具体问题，或是研究劳动力市场总体运行状况，但是目前并没有一个综合指标评判劳动力市场的平衡性水平。

另外，一些细节性的问题尚待借助数据工具深入讨论。第一，改革开放 40 年来，从总量、区域、分行业、分人群数据来看，中国的劳动力市场是否得到了充分发展，或者说，劳动力市场平衡性水平的基础是否已经打牢？第二，从供需来看，充分就业一直是包括中国在内的很多国家追求的宏观经济指标，劳动力市场均衡首先体现为劳动力供需平衡，但是当冲击来临，国家的刺激性政策是短期的应急措施，还是能维持劳动力市场持久均衡的武器？第三，从收入差异的角度来看，政府向来关注的垄断造成的分割问题是劳动力市场发展不平衡的特征，这一特征变化趋势如何，换而言之，收入差异是否在合理区间，是否除了体现劳动者人力资本差异，还透露出其他违背市场运行规律的问题？第四，从流动性上来看，中国的劳动力市场是否已经摆脱基于城镇化进程的低水平均衡？[③] 第五，从政府治理上来看，国家政策是否做到了维护秩序、扫清障碍与基础保障并举？鉴于此，在第二节中，本报告构建了劳动力市场平衡性指数，用以综合度量劳动力市场平衡性水平。

---

① 耿林、毛宇飞：《中国就业景气指数的构建、预测及就业形势判断——基于网络招聘大数据的研究》，载《中国人民大学学报》，2017(6)。

② 人力资源和社会保障部劳动科学研究所课题组：《2012 年中国劳务用工行业就业指数报告》，载《经济研究参考》，2013(33)。

③ 陆铭、蒋仕卿、陈钊、佐藤宏：《摆脱城市化的低水平均衡——制度推动、社会互动与劳动力流动》，载《复旦学报（社会科学版）》，2013(3)。

第二节　中国劳动力市场平衡性指数

>>一、指标体系的搭建<<

鉴于以上部分的文献总结和本研究的目的，本报告设计了四个二级指标，分别为劳动力供需指数、价格指数、流动性指数和政府治理指数。现对二级指标的选取原因、目的、指标基本特征进行描述（见表 2-2）。

表 2-2　中国劳动力市场平衡性指标体系说明

一级指标	二级指标	三级指标	权重	数据来源
中国劳动力市场平衡性指数（Labor Market Balance Index，LMBI）	供需指数	城镇登记失业率(%)	15%	2008—2017 年《中国统计年鉴》
		求人倍率	15%	2008—2017 年《中国劳动统计年鉴》
	价格指数	城乡收入比	10%	2008—2017 年《中国统计年鉴》
		不同所有制企业劳动者工资比	10%	2008—2017 年《中国人口和就业统计年鉴》，年鉴中，2009 年后为平均工资，2009 年前为平均劳动报酬
		不同部门劳动者工资比	10%	
	流动性指数	流动人口占总人口(当地常住人口)的比(%)	20%	全国数据中，十年的总人口数据以及 2010—2016 年流动人口数据均来自《中国统计年鉴》，而 2007—2009 年的流动人口数据来自《国民经济和社会发展统计公报》；分省(市、自治区)数据中，当年跨省(市、自治区)流动人口总数借用国务院发展研究中心信息网数据
	政府治理指数	养老保险覆盖率(%)	10%	2008—2017 年《中国人口和就业统计年鉴》
		工伤保险覆盖率(%)	5%	
		失业保险覆盖率(%)	5%	

(一)供需指数

判断劳动力市场是否处于平衡状态的首要指标是供给和需求，供需是决定价格的本质因素，是劳动力流动的前提，是国家进行政府治理的参照系。

劳动力供需指数权重为 30%，包括城镇登记失业率和求人倍率，二者权重均为 15％。

第一，城镇登记失业率。根据国家统计局的指标解释，城镇登记失业人员指有非农业户口、有劳动能力、无业而要求就业并在当地劳动保障部门进行失业登记的就业年龄段人员。

城镇登记失业率＝报告期末城镇登记失业人数/（期末城镇从业人员总数＋期末实有城镇登记人数）

城镇登记失业率存在高估失业水平、导致奥肯定律在中国适用性差、影响宏观经济周期分析等一系列的问题。[①] 学界一致认为调查失业率才能真正反映劳动力市场失业变动情况，国家统计局也在积极启动失业率调查工作，并从 2018 年开始正式发布城镇调查失业率数据。短期看，城镇登记失业率较为平稳，不过，作为长期以来一直使用的指标，城镇登记失业率可以在一定程度上反映劳动力市场受到冲击状态下的波动情况，在经济危机发生的时候能体现劳动力供需变化的突变，具有一定的研究价值。[②] 失业率是反映劳动力市场就业失业结构特征的重要指标，因为历史数据不足、指标存在缺陷，将城镇登记失业率排除在指标体系之外，显然也是核心信息的损失。因此，本报告还是把城镇登记失业率作为测度供需指数的三级指标，在今后指数持续发布过程中用调查失业率逐步替代城镇登记失业率并重新调整权重，使计算更加科学合理。另外，从历史数据来看，城镇登记失业率也能在一定程度上反映几次明显的就业冲击。

1978 年之前，中国劳动力市场经历了计划政策指导下的供需绝对均衡阶段。在这一时期，劳动力需求是政府根据就业年龄段劳动人口设定的，劳动者求职意愿服从于国家计划安排，劳动力市场处于"绝对平衡"状态，失业率为 0，自然失业率指标不适用，统计失业率价值不大。1978 年之后，知青返城待就业者多，城市出现大批待就业人员，城镇登记失业率一度上升到 5.5％。国家推行劳动部门介绍就业与自愿组织起来就业、自谋职业相结合的措施促进就业，城镇登记失业率下降。1992 年，中国共产党第十四次全国代表大会建立了市场经济体制，"个人自主择业、市场调节就业、政府促进就业"的方针确立，劳动者开始逐渐适应市场化的职位搜寻模式。市场放开，城镇登记失业率缓步上升，在 1999 年达到 3.1％。亚洲金融危机导致 2000 年后城镇登记失业率持续上升，2003 年出现阶段性峰值，为 4.3％。之后指标值略有下降，2008 年全球金融危机再次导致 2009 年出现新的阶段性峰值，为 4.3％（见图 2-6）。

---

① 卢锋、刘晓光、姜志霄、张杰平：《劳动力市场与中国宏观经济周期：兼谈奥肯定律在中国》，载《中国社会科学》，2015(12)。

② 杨宜勇、顾严：《我国扩大就业潜力的对策研究》，载《宏观经济管理》，2007(6)。

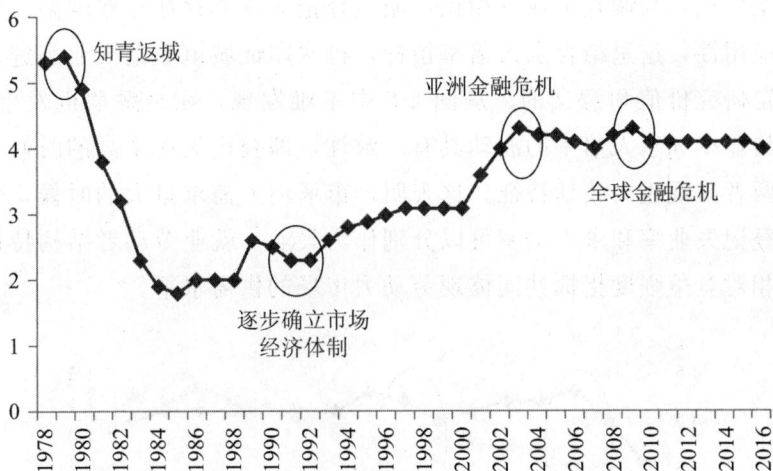

图 2-6 1978—2016 年城镇登记失业率(%)

数据来源：1999—2017 年《中国劳动统计年鉴》。

第二，求人倍率。求人倍率＝有效需求人数/有效求职人数。求人倍率是居中型指标，即指标值越接近 1，认为劳动力市场越均衡；指标值与 1 的差距大，说明供需不均衡，大于 1 表明劳动力市场供小于求，反之，小于 1 则表明供大于求。由于国家统计工作的客观条件限制，在 2001 年之后，才出现求人倍率的统计并形成常态。从历史数据来看，求人倍率出现过两次较为明显的波动，一是 2001—2003 年，受亚洲金融危机的影响，求人倍率一度小于 0.9，劳动力的供给大于需求，相应地，失业率较高。二是 2008 年金融危机期间，求人倍率再次降至 0.9 以下。显然，劳动力市场均衡性受国际市场影响。为了更清晰地反映求人倍率的波动情况，图 2-7 给出了从 2001 年到 2016 年各季度指标值，两次大的波谷的出现都是危机发生时期。

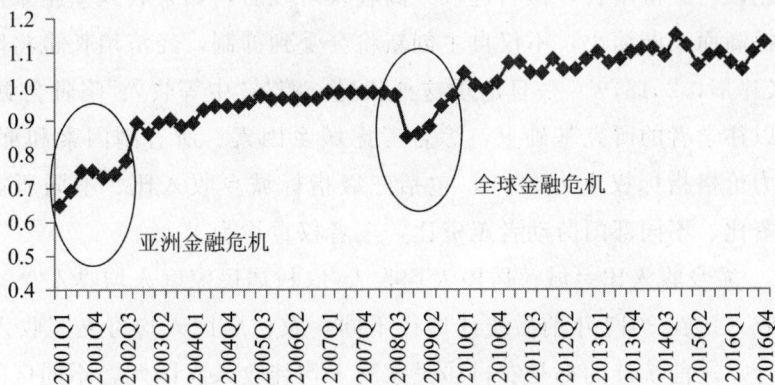

图 2-7 2001—2016 年求人倍率季度波动情况

数据来源：人力资源和社会保障部。

如前文所述，与调查失业率相比，城镇登记失业率存在一些缺陷。为了验证数据的可应用性，这里结合求人倍率指标，再次印证城镇登记失业率进入指标体系是有一定研究价值和意义的。从图 2-8 中不难发现，在金融危机发生的时候，城镇登记失业率和求人倍率的波动具有一致性，即登记失业率高的时候，求人倍率较低，两者呈现逆向波动特征。这表明，市场用人需求量大的时候，失业率也低。城镇登记失业率和求人倍率可以分别作为失业、就业劳动者结构特征指标和就业岗位相对竞争强度指标共同体现劳动力市场的供需水平。

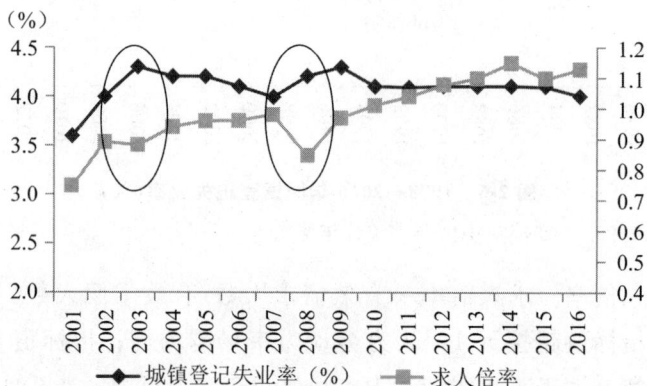

图 2-8　2001—2016 年全国劳动力市场平衡性三级指标对比：城镇登记失业率和求人倍率

（二）价格指数

如果说收入是劳动力市场价格信号的传递者，收入差距则是劳动力市场平衡性水平的"显示器"，其短期和长期波动情况在一定程度上体现了一个劳动力市场的健康水平。更重要的，当经济体处于中低收入阶段时，收入差距的扩大并不会抑制自主创新与经济增长；但当进入中高收入阶段后，如果收入差距未能随着收入水平的提高而不断缩小，不仅自主创新将会受到抑制，经济增长也将陷入停滞（程文、张建华，2018）①。一旦出现这种状况，跨越"中等收入"陷阱会更为困难。因此，在以往学者的研究基础上，综合考虑城乡因素、所有制因素和部门因素，设置劳动力价格指标权重为 30%，包括三级指标城乡收入比、不同所有制企业劳动者工资比、不同部门劳动者工资比，三者权重均为 10%。

城乡收入比＝城镇居民人均收入/农村居民家庭人均收入

城乡收入比在 2013 年前后统计口径不同，农村居民人均可支配收入从 2013 年才有统计，之前统计的都是农村居民家庭人均纯收入。因此，不同区间段指标

---

① 程文、张建华：《收入水平、收入差距与自主创新——兼论"中等收入陷阱"的形成与跨越》，载《经济研究》，2018(4)。

名称略有差异，2007—2012 年，城乡收入比为城镇居民人均可支配收入与农村居民家庭人均纯收入之比；2013—2016 年，城乡收入比为城镇居民人均可支配收入与农村居民人均可支配收入之比。

不同所有制企业劳动者工资比＝城镇国有单位就业人员平均工资/城镇其他（私人）单位就业人员平均工资

不同部门劳动者工资比＝城镇金融行业就业人员平均工资/城镇制造业就业人员平均工资

其中，平均工资指单位就业人员在一定时期内平均每人所得的货币工资额。它表明一定时期职工工资收入的高低程度，是反映就业人员工资水平的主要指标。

平均工资＝报告期实际支付的全部就业人员工资总额/报告期全部就业人员人数

从历史数据来看，我国劳动者收入差距有其特殊变化路径，大致经历了几个过程：1978 年之前的绝对平均、1979—2009 年的差距扩大、2010 年之后的缓慢缩小。

第一阶段：1949 年到 1978 年，劳动力市场绝对静态，劳动者收入绝对平均。新中国成立后，计划经济体制背景下，城乡市场二元化、生产资料公有化、用人制度集中化、分配制度统一化，按劳分配处于主导地位，劳动力市场几乎不存在波动，处于绝对固化状态。在这期间，收入差距作为测度劳动力市场平衡性水平的功能并没有充分体现出来。

首先，城乡之间收入差距较大，而城乡内部收入平均。1978 年，中国农村居民家庭人均纯收入为 133.6 元，而城市居民家庭人均可支配收入为 343.4 元。然而，就农村和城市内部来看，农村居民基尼系数约为 0.21，城市居民约为 0.16。[①] 根据国际标准，基尼系数在 0.2 以下，表示居民收入分配绝对平均，在 0.2～0.3 之间表示比较平均。城乡执行两套分配制度——农村工分制和城市"八级制"，在双重标准下，城乡市场是存在制度性分割的[②]，由此导致城市或乡村各自市场内部收入的绝对平均以及城乡市场之间收入的不平均。其次，所有企业归国家和集体管理，不存在所有制企业之间的收入差异评价与测度问题。再次，不同部门间收入差距非常小，劳动者收入基本在同一层面，不同行业的属性特征和生产率差异很难通过工资差距体现。从以上三个视角来看，简单判定改革开放前劳动力市场是绝对平衡的或者绝对不平衡的并没有实质性意义，因为这种差距

---

① 孙殿明、韩金华：《建国 60 年来我国居民收入分配差距演变轨迹及原因研究》，载《中央财经大学学报》，2010(5)。

② 赖德胜：《教育扩展与收入不平等》，载《经济研究》，1997(10)。

对于测度劳动力市场平衡性特征已经失真。"公平优先"的平均主义分配原则使收入差距过小,挫伤了劳动者的生产积极性,阻碍了生产力发展水平的提高。尽管实现了人人就业,但并没有实现劳动力资源优化配置、生产力水平与劳动者收入匹配意义下的动态均衡。

第二阶段:1979—2009 年,劳动力市场受到政策影响和经济危机冲击,劳动者不合理收入差距持续扩大。显然,经济体制改革有利于摆脱平均主义桎梏,提高了生产率,促进了社会经济发展,从这一视角来看,出现收入差异是劳动力市场突破绝对平均、趋于动态平衡的表现。

但是,造成收入差距的原因除了劳动力市场竞争形成的生产率差异之外,还有诸多不利于劳动力市场稳定性和均衡性的因素。首先,双轨制改革导致原材料市场、产品市场、金融市场等其他市场形成价差,这为寻租者找到了机会,原材料、产品价格差异以及利率差等最终映射在劳动力市场上,即表现为收入差距。这既是劳动力市场非平衡的表征,也是改革带来的阵痛。其次,资本密集型部门优先发展、户籍隔离以及其他一系列城市偏向型制度安排导致城市化水平的相对下降、城乡收入差距扩大[①],中国的城乡收入比由 1985 年的 2.1 上升至 2009 年的 3.33,上升幅度超过 50%。再次,经济波动对收入差距的影响显著。中国经历了 1998 年和 2008 年两次大的金融危机,危机导致的信贷配给效应使得偏向国企的信贷配给遏制了非国企职工的收入增长。2008 年的金融危机通过投机行为提高了金融业收入水平,与此同时,借助各种金融资产及其衍生品获取高额利润者往往是剩余价值的主导者,他们利用资金优势获得了比普通劳动者更高的收入。[②] 与 2007 年相比,2008 年、2009 年金融业与制造业城镇就业人员名义工资之比分别上升了 6.1% 和 8.2%,可以证实,从收入差距方面表现出来的劳动力市场的不均衡性往往出现在金融危机之时。事实上,收入差距和金融危机的影响机制是双向的,正如刘鹤(2012)[③]所言,收入分配差距是经济危机爆发的前兆。这意味着,由于垄断、制度性原因等非合理因素造成的收入分配差距过大不仅是劳动力市场不平衡性的体现,也是整个经济体系不平衡性的特征。

第三阶段:2010 年至今,劳动力市场开始向阶段性均衡趋近。2009 年,中国城乡收入比达到 3.33,为改革开放后最高值。2010 年出现下降,2012 年降至 3.10。2012 年以后,统计口径发生变化,不过城乡收入比持续缓慢下降的趋势是存在的,2016 年,该指标降至 2.72。行业收入比的峰值出现在 2010 年,达到

---

① 陈斌开、林毅夫:《发展战略、城市化与中国城乡收入差距》,载《中国社会科学》,2013(4)。

② 朱奎:《经济危机的收入不平等效应:基于 2008 年美国金融危机》,载《马克思主义研究》,2016(10)。

③ 刘鹤:《两次全球大危机的比较研究》,7~8 页,北京,中国经济出版社,2012。

2.27，之后呈现逐年下降趋势。国有和私人制造业企业收入比的峰值出现在2009年，达到1.87，之后略有波动，但整体呈缓慢下降态势，2016年为1.45。除了上述三个指标之外，基尼系数的变动也呈现类似特征。2008年中国基尼系数曾一度上升至0.491，此后开始连续七年回落，2010年为0.481，基本恢复至金融危机前的水平，2015年降至0.462，2016年基本保持稳定，为0.465。

尽管整体态势向好，但中国仍是收入差距较大国家。[①] 从三级指标来看，2007—2016年的10年间，各指标变化略有差异，不过劳动力市场价格不平衡问题逐渐改善的趋势依然可以由数据特征表现出来(见图2-9)。

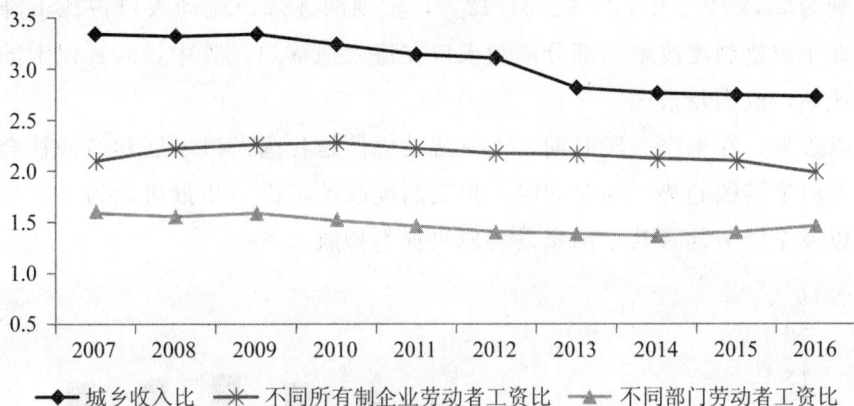

图 2-9　2007—2016 年城乡收入差异、部门和所有制间工资差异对比

数据来源：2007—2016 年《国民经济和社会发展统计公报》、2008—2017 年《中国统计年鉴》。

（三）流动性指数

流动是实现人力资本结构调整和有效配置的重要途径，是推动劳动力市场从不平衡到平衡的动力。中华人民共和国成立以来，劳动力市场发生翻天覆地的变化。从改革开放前的限制流动，到21世纪初的自由流动，到现如今的有序流动，流动人口已经颇具规模。在这个过程中，户籍制度改革使得户口的"身份"发生了变化，从彰显市民优越性的标签转变为代表城镇居民福利的象征，再转变为全体劳动者共享社会经济发展和劳动力市场变革成果的抓手。

流动性指数权重为20%，这里在计算劳动力市场平衡性指数的过程中，分全国指标和分省指标来计算，其中，全国指标的计算方法如下：

流动人口占总人口的比＝当年全国流动人口总数/当年年末总人口数

分省(市、自治区)指标计算方法如下：

---

① 吴伟：《我国居民收入差距研究——基于扣除生活成本地区差异的方法》，载《调研世界》，2016(7)。

流动人口占当地常住人口的比＝当年跨省(市、自治区)流动人口总数/当年年末省(市、自治区)常住人口数

分省(市、自治区)指标的分母是年末常住人口，这是和全国指标的差异。

《2007 年国民经济和社会发展统计公报》数据显示，全国流动人口 1.47 亿人，其中跨省(市、自治区)流动人口 4 779 万人。之后，流动人口规模连续七年递增，在 2014 年达到顶峰，为 2.53 亿人；2016 年年底，流动人口规模为 2.45 亿人，比 2015 年年末减少了 171 万人，这是中国流动人口连续第二年下降(见图 2-10)。与之相对应的是人户分离人口的变动，2014—2016 年，人户分离人口占总人口的比分别为 21.79%、21.39%、21.12%，实现两连降。流动人口占比下降的主要原因在于户籍制度改革，部分流动人口在流入地落户，其中，90% 以上的人落户地在城镇，成为新市民。

可以预见，在未来一段时期，人口流动仍然是我国人口发展和经济社会发展过程中不可逆转的趋势。与此同时，户籍制度改革将进一步推进，为人力资本优化配置以及全体劳动者共享国家发展成果保驾护航。

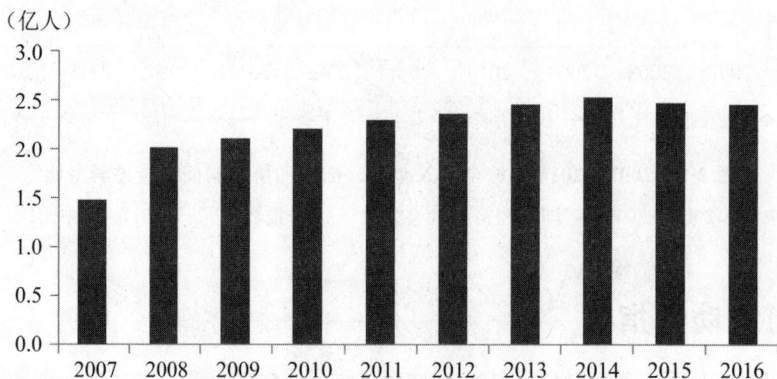

图 2-10　2007—2016 年中国流动人口规模

数据来源：2007—2016 年《国民经济和社会发展统计公报》、2008—2017 年《中国统计年鉴》。

(四)政府治理指数

社会保险属于社会治理的范畴，就劳动力市场平衡性问题而言，社会保险有调节收入分配[①]、降低市场风险[②]的作用，是影响劳动力市场价格运行机制的主要因素。报告选择养老、工伤和失业保险覆盖率作为三级指标，三个指标的权重

[①]　王延中、龙玉其、江翠萍、徐强：《中国社会保障收入再分配效应研究——以社会保险为例》，载《经济研究》，2016(2)；高文书：《社会保障对收入分配差距的调节效应——基于陕西省宝鸡市住户调查数据的实证研究》，载《社会保障研究》，2012(4)。

[②]　关博：《社会保障制度面临收入再分配"短板"》，载《人民日报》，2016-09-26。

分别为 10%、5% 和 5%。具体计算方法如下。

养老保险覆盖率＝城镇参加养老保险人数/年末总人口数

工伤保险覆盖率＝参加工伤保险人数/年末总人口数

失业保险覆盖率＝参加失业保险人数/年末总人口数

之所以选择养老、工伤和失业保险覆盖率作为三级指标，是因为从市场规制的视角来看，这三个指标综合考虑了劳动者的社会属性和经济属性。设计有利于提升劳动力市场平衡性水平的治理手段一般会关注三个问题：第一，利于构建基本的社会价值规范体系；第二，能够满足基本的人权保障；第三，审慎对待冲击可能导致的市场稳定性和灵活性双降的措施。

基于以上理论研究基础，首先，本报告选取养老保险覆盖率作为代表基本社会价值规范层面的指标。从家庭养老到社会辅助养老是传统核心价值观的继承与革新。孝道是中国古代社会的基本道德规范，在现代化的中国，这一基本道德规范有了新的表现形式。宪法不仅将赡养父母列为儿女的义务，而且将其体现在公共福利事业中，养老保险则是体现这一基本社会价值规范的落脚点之一。其次，选取工伤保险覆盖率作为代表基本人权保障的指标。工伤保险是世界上较早产生的社会保险项目并在第二次世界大战后进入国际人权谱系。从本质上看，工伤保险是一种与劳动契约关系发生有关的，当劳动者基本生命健康权、生存权和劳动权利受影响时的救助、补偿与保障措施，是有关劳动安全的基本劳动保护措施，属于基本的人权保障范畴。再次，选取失业保险覆盖率作为代表防范外部冲击的指标。当受到冲击时，如经济危机、技术革新、政策变更，劳动者面临失业风险，劳动力市场稳定性水平下降。如果失业的劳动者彻底失去生活保障，无机会流动或恢复原有岗位，劳动力市场可能出现人力资本闲置造成的"死角"，不稳定压力固化，市场灵活性降低。失业保险包括两个基本层面：一是为失业劳动者及家庭提供基本生活保障，二是通过专业训练、职业介绍等途径为劳动者再就业创造条件。前者体现了失业保险的社会功能，后者则体现了其经济功能。另外，本部分没有用医疗保险覆盖率，原因在于城市医疗保险和农村合作医疗已经基本实现全覆盖，再将这个数值几乎等于 1 的指标放入其中意义不大。

新中国成立后，中国的社会保险制度经历了从无到有，保险险种实现了从单一到多样的进步，为劳动力市场的稳定运行提供了保障，其作用特征在不同历史阶段有着显著差异。

第一阶段，新中国成立初至 20 世纪 60 年代中期，与计划经济劳动力市场相适应的保障系统建立。这一时期，社会保险主要指劳动保险。1949 年，中国人民政治协商会议通过《共同纲领》，提出要在我国"逐步实行劳动保险制度"。在此纲领指导下，1951 年，《中华人民共和国劳动保险条例》颁布，这是新中国第一部关于社会保险的法规文件，对我国社会保险制度的建设以及实践产生了深远影响，标志着保险制度从无到有，劳动者权益保障走上了有制度、有组织、有监管的路程。

1965 年，卫生部、财政部发布《关于改进公费医疗管理问题的通知》，劳动部、全国总工会发出了《关于改进企业职工劳保医疗制度几个问题的通知》，这是城乡医疗保险制度的雏形；1958 年，全国人民代表大会常务委员会批准了《国务院关于工人、职员退职处理的暂行规定（草案）》，事实上，这是一个退休制度，可被视为养老保险制度的萌芽。到 60 年代中期，我国已经建立起与计划经济相适应的社会保障制度。虽然劳动力市场开放程度不高，但这些措施成为统筹配置与用工以及防范市场风险的手段。

第二阶段，"文化大革命"时期，社会保障体系发展趋缓，唯有农村合作医疗成为后期借鉴的蓝本。1969 年国有企业开始停止提取劳动保险金，之后各级劳动保障部门、工会基本处于瘫痪状态。尽管如此，农村合作医疗制度一枝独秀，到 1976 年，农村合作医疗制度的参合率已达到 90％以上，在农村基本上能做到"小病不出队，中病不出社，大病不出县"。农村合作医疗模式在"文化大革命"之后逐渐淡出，并于 2002 年再次被启动。目前，乡村已经基本实现"新农合"全覆盖，参合率达到 99％以上，被世界银行和世界卫生组织誉为"发展中国家解决卫生经费的唯一范例"。可以说，20 世纪 70 年代的农村合作医疗模式对"新农合"有一定的启发意义。

第三阶段，"文化大革命"后至 20 世纪 80 年代末，现代社会保障体系的探索阶段。1978 年 3 月，五届全国人大一次会议通过了《中华人民共和国宪法》，其中的第 48 条至第 50 条对劳动者的福利，劳动者在年老、疾病或者丧失劳动能力时的物质帮助等保障问题做出了规定。1978 年 6 月 2 日国务院颁布《关于安置老弱病残干部的暂行办法》《关于工人退休、退职的暂行办法》，这两个办法的颁布标志着国家恢复重建退休制度。1980 年 10 月 7 日，国务院发布的《关于老干部离职休养的暂行规定》确立了我国特殊的养老制度——离休制度。1980 年 3 月，国家劳动总局、全国总工会联合发布《关于整顿与加强劳动保险工作的通知》，国营企业和集体企业开始依照通知的相关规定对由于"文化大革命"中断的企业社会保险工作进行了全面整顿和恢复，国家开始逐步建立国家、企业、个人共同负担社会保障制度。1986 年，对劳动合同制工人退休养老实行社会统筹制度，正式开启社会保险改革的征程。

第四阶段，20 世纪 90 年代初至今，现代化多层次社会保障体系全面建设阶段。1993 年，中国共产党十四届三中全会明确阐述了建立多层次的社会保障体系的社会保障制度目标和路径。全国人大、国务院相继出台了一系列法律、法规，并确立了社会统筹和个人账户相结合的养老保险制度改革方案。紧接着，在国企改革、城镇失业率上升、生活困难人员增多背景下，我国建立了下岗职工基本生活保障、失业保障、城镇居民最低生活保障制度，保障下岗职工、失业人员及城镇困难家庭的生活。之后，一系列针对性强的社会保障政策、措施相继出台。2003年，新型农村合作医疗制度在全国部分县（市）开始试点；2006年，国务院颁布《关于解决农民工问题的若干意见》，提出积极、稳妥地解决农民工社会保障问题；2007年，全国农村建立最低生活保障制度；2011年，国家开始实施《中华人民共和国社会保险法》，以法律的形式确保覆盖城乡居民的社会保障体系顺畅运行；2017年，党的十九大报告明确指出"加强社会保障体系建设"，实施"全民参保计划"，"尽快实现养老保险全国统筹"，"完善失业、工伤保险制度"。2016年11月，国际社会保障协会第32届全球大会授予中国政府"社会保障杰出成就奖"。

政策影响加之企业和劳动者参保意识提升，参保率上升趋势显著。2007—2016年，劳动者参加保险人数呈现增加趋势，养老保险增幅最大（见图2-11）。从总体趋势上看，年末参加养老、工伤和医疗保险的人数均呈现增长趋势，年平均增长速度分别为17.9%、6.7%和5.0%。参加社会基本养老保险人数增加较快，其中，2010年、2011年和2012年成为集中参保年，参保人数环比增速分别达到52.8%、71.1%和30.0%。

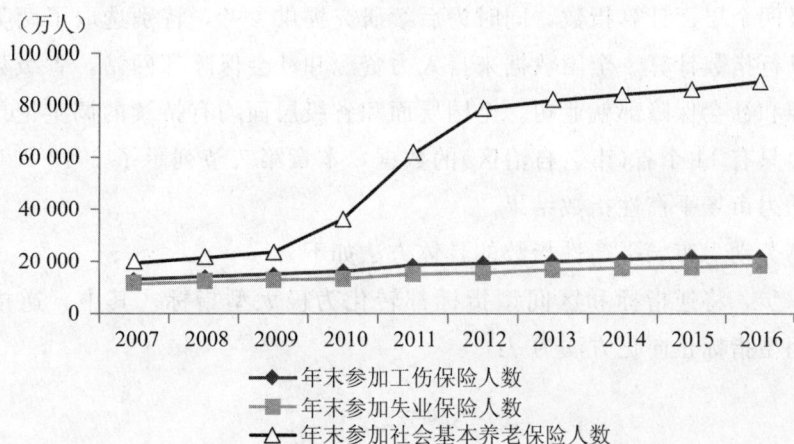

图2-11　2007—2016年中国参加基本养老、工伤和失业保险人数

数据来源：2008—2017年《中国统计年鉴》。

>>二、指标的特性及计算方法<<

中国劳动力市场平衡性指数的指标构成和使用方法有如下几个特点。

第一，综合性。劳动力市场平衡性指数（LMBI）覆盖面较宽，二级指数由四个指标构成，为劳动力市场供需指数、价格指数、流动性指数和政府治理指数，它们分别代表了劳动力市场供需状况、工资价格稳定性、劳动力配置情况以及政府的调控效应，即关乎劳动力市场的数量、价格差异、流动与治理。三级指标从不同角度支撑二级指标，满足综合性原则，形成一个较为完整的综合模型。

第二，简明性。LMBI 为测度劳动力市场的平衡性水平提供了一个综合性的描述，一方面，剔除了个别追迹指标的杂音；另一方面，三级指标选择了通过官方网站及官方途径可获取的、省（市、自治区）有统计记录的 9 个变量，考虑了数据可得性强、真实性强、指标数量适中、可比性强的原则。

第三，针对性。LMBI 中，劳动力市场供需、工资价格两个二级指标的权重较高，原因在于数量和价格是体现劳动力市场平衡性的核心，其组成的二维坐标系内，两个指标动态稳定在某一点即表现为市场均衡。而流动性和政府治理是劳动力市场从不平衡到平衡这一动态过程的重要推力和实现路径。

第四，趋势性。LMBI 公布的是一定时间内的动态波动值，而非水平值。比如，在确定劳动力市场供需这一二级指标的子指标过程中，会考虑传统指标的缺陷，选择求人倍率且增加其权重来解决城镇登记失业率低估真实失业程度、反映总体失业状况敏感度弱的问题。

数据可得性是本研究遇到的难点问题，尤以求人倍率为甚。本研究为了从全国和省级两个层面计算指数，同时为后续研究提供参考，特别选取了两类官方数据分别进行指数计算。全国数据来自人力资源和社会保障部网站，省级数据来自人力资源和社会保障部就业司。全国层面和省级层面均有持续的调查记录，但是省级层面只有 11 个省（市、自治区）的数据，本章第三节列示了 2012—2016 年各地区劳动力市场平衡性指数结果。

计算劳动力市场平衡性指数的具体方法如下。

第一步，将逆指标和区间型指标都转化为极大型指标。其中，逆指标取倒数；区间型指标正向化方法为[①]：

$$x'_j = \frac{1}{|x_i - k| + 1}$$

其中，x_i 为三级指标值，为了规避极端值的影响，这里对集中趋势指标的选取进行了调整，计算供需指标时，求人倍率 k 为 1，计算流动性指标时，流动人口比率 k 为中位数。

第二步，用功效系数法对数据进行无量纲化处理。

第三步，根据指标的重要程度确定权重。具体的，上文已经阐释，采用专家赋权法确定指标权重。课题组邀请了国内外 20 名劳动经济领域专家对该指标进

---

① 参见邱东：《多指标综合评价方法的系统分析》，北京，中国统计出版社，1991；胡永宏：《综合评价方法》，北京，科学出版社，2000。

行赋权，最终讨论达成一致意见。这里不再赘述。

第四步，用加权平均法计算评价总指数。计算出来的劳动力市场平衡性指数是一个正指标，该数值越大，说明劳动力市场平衡性越好。

第三节 中国劳动力市场平衡性特征

报告测度了10年的劳动力市场平衡性，研究发现：中国的劳动力市场的均衡性是较好的，不过依然存在动态提升空间。随着国力增强、劳动者收入提高、脱贫工作深入、社会福利改善，劳动力市场也将发生一系列连锁反应，将会走向新的更高层次的均衡。2011年之后，劳动力市场形有波动、势仍平稳的状况是多重因素叠加的结果。其中，有些不平衡是为了向更高质量平衡调整的、暂时性的不均衡，有些不平衡则是影响劳动力市场健康发展的、短期内难以调整的不均衡。根据马歇尔的价值均衡理论，劳动力供给和需求达到均衡时，价格（工资）也同时达到均衡[1]，尽管竞争市场的理论假设非常严苛，但是对于更加完善的劳动力市场而言，这一理论的现实指导意义也是客观存在的。较改革开放初期，我国劳动力市场开放度、成熟度都有了显著提升。[2] 本报告借助人力资源和社会保障部和国家统计局数据，分别计算了全国和11个省（市、自治区）的劳动力市场平衡性指数，尽管存在数据可得性限制，但是全国和部分地区的指标计算结构仍反映了诸多借助单一指标难以发现的劳动力市场平衡性方面存在的特性和问题。具体来看，体现为以下八个方面。

>>一、劳动力市场平衡性呈上升趋势<<

如图2-12所示，2007—2016年，中国劳动力市场平衡性指数呈现上升趋势，从2007年的53.6上升至2016年的64.7。[3] 受到金融危机影响，2008年指数值下降，并在2010年恢复，以后年份虽然略有波动，但整体呈现稳步上升趋势。与此同时，四个二级指标中，除了供需指数略有下降之外，其他指数均呈现上升趋势。可以认为，中国劳动力市场依然存在着不充分和不平衡的问题，但整体发展态势是向好的。

---

① 参见［英］马歇尔：《经济学原理》，陈良璧译，北京，商务印书馆，1965。

② 田永坡：《中国劳动力市场的成熟度测度：2000～2014》，载《改革》，2016(10)。

③ 这里借助综合评价方法求得百分制计的劳动力市场平衡性指数，但是指标值只是一个相对水平，基于排序的比较是可以的，不能简单地进行绝对量对比或做差。

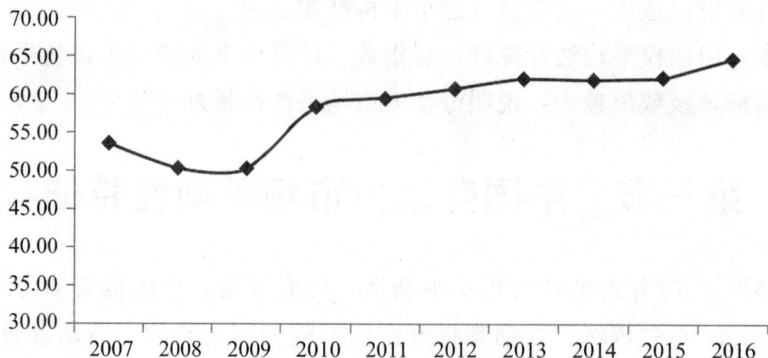

图2-12 2007—2016年中国劳动力市场平衡性指数(总指数)

劳动力市场平衡性指数趋势向好离不开科学的顶层设计和有效的政策措施。从理论上讲,同时考虑人作为"劳动者"的经济属性和作为"劳动人民"的社会属性去研究劳动力市场平衡性问题并进行顶层设计是两个基本出发点;从具体实践来看,充分发挥市场自适应机制和提升政府解决市场失灵的能力是两个主要途径,满足劳动者日益增长的经济需求和社会需求、实现劳动力市场的健康稳定发展是两个最终落脚点。

从具体实践来看,2008年,人事部和劳动部合并,机构改革成效显著。根据国务院办公厅印发的《关于人力资源和社会保障部、国家公务员局"三定"规定》,人社部内设机构减少为23个,缩减了5个。同时,人社部新设6个司局,部分原有的职能部门进一步扩充。新部门在规范市场、放权减政、保障运行等方面作用更加突出。

从大方针上来看,充分就业和高质量就业的目标明晰。2010年年初,国家在"十二五"规划建议中提出就业优先战略。2012年1月,发布了首部由国务院批转的就业促进专项计划《促进就业规划(2011—2015年)》。党的十八大明确提出实现更高质量就业、促进就业体系更加完善的目标,十九大又在此基础上增加了"就业是最大的民生"的表述,凸显劳动者的双重角色,作为经济属性的"劳动力"和作为社会属性的"人民"都足以体现其在劳动力市场实现平衡过程中的主体地位。大政方针的设计使具体措施更加有的放矢。国务院2015年发布的《关于进一步做好新形势下就业创业工作的意见》以及2017年发布的《关于做好当前和今后一段时期就业创业工作的意见》是十八大理念的具体化,包括鼓励劳动者到中小微企业就业,促进高科技企业及相关产业链企业吸纳就业,推进创业带动就业,推进职业技能培训,促进大学生、农村转移人口和生活困难地区就业年龄人口就业,深化收入分配制度改革等系列内容,这些政策直接影响劳动力市场平衡性水平。

从具体政策措施来看,2007—2016年10年间,一系列有利于劳动力市场平衡发展的政策措施相继出台。特别是金融危机之后,政策导向更加鲜明。一是政府为了保障劳动力市场机制正常运转和发挥功能而进行科学的制度安排，旨在促进劳动力市场的发育与成熟，具体在明晰运行规则、维护市场秩序、促进公平竞争等方面做出努力。二是从总体上进行宏观调控以弥补劳动力市场缺陷。具体表现为政府明确"守夜人"职责，厘清干预边界，在二次收入分配、促进劳动力合理流动、社会保障等方面提高行政能力，积极解决市场失灵问题。这里将具有以上两种导向特征的政策措施分别称为"促运转"型政策和"补短板"型政策。

"促运转"为主型政策中，以保障劳动力市场价格机制有效运行、保障初次分配的合规性以及市场信号的客观性为主要内容，从本质上看，这是政府做减法的过程，通过借力市场机制，即"看不见的手"提高劳动力市场平衡性水平。第一，为了保障初次分配的公平性，国家在2015年发布了《关于深化中央管理企业负责人薪酬制度改革的意见》，削减国有企业高层管理者凭借制度性垄断获得的高收入。在2017年发布了《保障农民工工资支付工作考核办法》，为解决拖欠农民工工资问题、维护农民工劳动报酬权益提供了规范参考，农民工付出劳动、雇主支付工资、生产人工成本入账、生产得以进行，劳动力市场的交易与生产部门的流程对接是规范市场秩序下应有的正常活动，需要进行秩序维护。第二，为了保障分散信息通过价格机制得到有效利用，实现劳动力市场资源在不同所有制企业、不同产业、不同人群、不同地区劳动力市场的均衡配置，2017年发布《进一步减少和规范职业资格许可和认定事项的改革方案》，减少含金量低的证书信号对市场的干扰。在2018年发布《关于改革国有企业工资决定机制的意见》，旨在减少所有制因素造成的行政性束缚对工资决定机制的负面影响。第三，为了保障劳动者的自由流动和劳动力市场活力，2014年国务院发布《关于进一步推进户籍制度改革的意见》。

"补短板"为主型政策中，以促进人力资本供给结构的合理化、通过二次分配缩小收入差距、缩小区域间社会保障差异、提升失业者就业能力、协调劳动关系为主要内容，这是政府做加法的过程，政府集中力量办大事，即借力"看得见的手"提高劳动力市场平衡性。第一，优化人力资本供给结构。优化人力资本供给结构是实现劳动力市场供需均衡的前提，国家在2018年推出了《关于推行终身职业技能培训制度的意见》，"建立并推行覆盖城乡全体劳动者、贯穿劳动者学习工作终身、适应就业创业和人才成长需要"的劳动者培训体系，帮助劳动者提升应对技术冲击、产业政策调整等失业风险的能力。第二，减轻市场优胜劣汰的竞争机制对失业劳动者、伤病劳动者等其他弱势群体的挤压，促进体面就业。公平竞争存在闭环，即公平竞争与淘汰落后是一个问题的两个矛盾对立面，当弱势群体被市场过度挤压时，社会不和谐、不稳定因素出现，竞争机制建立起来的劳动力市场的平衡性可能会因此遭到破坏。国家借助失业保险金为失业者提供保障，借助税收提高弱势人群的收入，实现收入分配的二次调节，相关文件包括《关于继续实施支持和促进重点群体创业就业有关税收政策的通知》等。第三，借助合理、健全的社会保障制度以及有效的劳动争议协商措施达到维护稳定和降低风险的目的，相关文件包括《关于建立统一的城乡居民基本养老保险制度的意见》《企业劳动争议协商调解规定》等。措施汇总见表2-3。

表2-3　有关劳动力市场平衡性政策措施汇总

政策方向	名　称	作　用
大方针：充分就业和高质量就业	《促进就业规划（2011—2015年）》（国发〔2012〕6号）《关于进一步做好新形势下就业创业工作的意见》（国发〔2015〕23号）《关于做好当前和今后一段时期就业创业工作的意见》（国发〔2017〕28号）	解决不充分性问题
促运转为主	《关于深化中央管理企业负责人薪酬制度改革的意见》（中发〔2014〕12号）	初次分配：削减垄断造成的高收入
	《保障农民工工资支付工作考核办法》（国办发〔2017〕96号）	初次分配：保障低收入者劳动所得
	《进一步减少和规范职业资格许可和认定事项的改革方案》（人社部发〔2017〕2号）	增强证书信号的正确性，维护市场规则
	《关于改革国有企业工资决定机制的意见》（国发〔2018〕16号）	价格机制有效运行，促进公平竞争
	《关于进一步推进户籍制度改革的意见》（国发〔2014〕25号）	减少流动性障碍
补短板为主	《关于推行终身职业技能培训制度的意见》（国发〔2018〕11号）	优化人力资本供给结构
	《关于继续实施支持和促进重点群体创业就业有关税收政策的通知》（财税〔2017〕49号）	重点人群二次分配倾斜
	《关于建立统一的城乡居民基本养老保险制度的意见》（国发〔2014〕8号）《关于建立城乡居民基本养老保险待遇确定和基础养老金正常调整机制的指导意见》（人社部发〔2018〕21号）	确保各地养老金按时足额发放，合理均衡地区间基金负担，实现财政负担可控
	《关于工伤保险待遇调整和确定机制的指导意见》（人社部发〔2017〕58号）	健康生命权、生存权、劳动权保障
	《关于失业保险支持参保职工提升职业技能有关问题的通知》（人社部发〔2017〕40号）《关于调整失业保险金标准的指导意见》（人社部发〔2017〕71号）《人力资源社会保障部办公厅关于实施失业保险援企稳岗"护航行动"的通知》（人社厅发〔2017〕129号）	为失业者提供基本生活保障，提高再就业技能，提供再就业机会
	《企业劳动争议协商调解规定》（人社部发〔2011〕17号）	劳动关系协调

资料来源：人力资源和社会保障部、国务院办公厅网站。

>>二、区域劳动力市场平衡性差异显著<<

目前，中国劳动力市场的不充分性是制约其高质量平衡发展的因素。尽管市场平衡性水平整体向好，但是解决不充分性问题、为高质量均衡发展扫清障碍和提供保障工作任务艰巨。如前文所述，从广义上看，劳动力市场平衡包括无发展的绝对平衡和有发展的动态平衡，无发展的绝对平衡体现为无流动、无差异、无保障的完全平均，有发展的动态平衡体现为适度流动、合理差异、保障充分的相对稳定。而狭义上的平衡仅指有发展的动态平衡。显然，我国追求的是狭义上的均衡，经过40年改革开放的实践探索，中国的劳动力市场已经走出了无发展的绝对平衡阶段，正在向更高质量均衡发展阶段迈进，在这一循序渐进调整过程中，出现局部不均衡问题是不可避免的。

在11个省（市、自治区）中，广东、江苏、上海、浙江的劳动力市场平衡性指数较高，且2012—2016年5年的数据呈现小幅波动或者上升趋势。这些地区经济发展水平好、产业结构相对合理、人民收入基本达到中等发达国家水平、社会民生问题得到较好解决，其劳动力市场吸纳力强、价格信号敏感、开放度高、流动性强、政府治理水平高。但是，四省市劳动力市场平衡性指数在时间上的波动特征迥异。广东较为平稳，指数值在64~69波动；江苏、浙江呈现上升趋势，江苏从2012年的54上升至2016年的61，浙江则从42上升至54；虽然上海的指数较高，但是呈现下降趋势，从2012年的74下降到2016年的57。上海指标走势特征与其劳动力市场求人倍率上升有直接关系，2013年12月，求人倍率为1.03，到2014年同期，该指标已经上升至1.65。高端人才需求旺盛是导致这一现象的主要原因之一，高端人才，特别是拥有国际化背景的领军人才数量严重不足。与此同时，近年来，上海旨在通过减少流动人口解决"大城市病"的政策措施导致了劳动力市场低技能劳动人口减少，甚至难以满足高技能劳动者对一般技能劳动者的在生活和工作方面的基本需求。

中西部地区劳动力市场平衡性指数较低，不过大部分地区呈现上升态势。劳动力市场的平衡性和经济发展水平相关，这些地区经济发展水平弱于粤、苏、沪、浙，但各具特色，主要有以下几种发展模式：一是依靠承接第一梯队产业转移获得新的发展机会；二是借力"中国制造2025""长江经济带战略"等新的发展机会崛起；三是依靠自有禀赋优先发展旅游、服务等优势产业。殊途同归，不同发展模式均带动了当地劳动力市场用人需求扩张和劳动者收入水平的提高，向好的发展态势有助于政府获得资源并提升治理水平。

重庆、陕西、江西等省市是劳动力市场平衡性指数较低的地区，其劳动力市场的人才吸纳能力略弱。部分省份的禀赋不足、资源匮乏；部分省份与国家接轨的战略调整尚未真正开始，劳动力市场开放度低。这些地区大多属于脱贫攻坚战重点关注地区，劳动力市场不够成熟，甚至处于疲软状态，量、价信号不敏感。另外，河南等地的劳动力市场平衡性指数出现了小幅下降趋势，原因在于这些省份曾经一度依靠资源垄断或重工业优势获得发展机会，然而近年来，随着国家战略调整，很多产业被整合，新的产业格局在构建之中，劳动力市场稳定性不够。总之，经过改革开放 40 年的发展，中国的劳动力市场更加成熟，但是由于地理空间大，人口、资源分布及经济发展水平差异大，各地区劳动力市场发展不平衡。这与一些学者(田永坡，2016)的最新研究结果具有一致性，中国劳动力市场呈现一种正金字塔型的结构，少数地区的劳动力市场成熟度高，大多数省份处于中等或者中等以下水平。不过，随着国家"一带一路"倡议、产业梯度转移等的稳步推进，劳动力市场会向平衡状态调整。部分省(市、自治区)劳动力市场平衡性指数见表 2-4。

表 2-4　2012—2016 年部分省(市、自治区)劳动力市场平衡性指数

省(市、自治区)	2012	2013	2014	2015	2016
广东	67	69	69	64	67
江苏	54	64	61	59	61
上海	74	73	60	54	57
浙江	42	45	45	50	54
山东	57	57	57	51	51
福建	44	53	52	49	50
河南	50	50	50	52	46
安徽	40	46	46	45	45
江西	47	50	45	45	44
陕西	34	34	41	37	35
重庆	37	30	33	30	29

　　需要说明的是，为了验证指数计算结果的科学性和稳健性，从人力资源和社会保障部官方网站、各省(市、自治区)人社部门网站以及新闻网站中搜索数据再次进行指数计算[①]，研究发现，用 31 个省(市、自治区)劳动力市场均衡性指数判断各地区劳动力市场情况，按照平衡性程度由强到弱，大致可分为四个梯队。第一梯队：劳动力市场均衡性强，包括北京、天津、广东、上海、江苏、浙江等。其均衡性指数在 50 以上。借助官方数据计算的劳动力市场均衡性指数较高的几个省(市、自治区)均在此梯队中。第二梯队：劳动力市场均衡性较强，包括海

---

　　① 这种计算存在一定问题，各网站求人倍率数据计算口径、计算方法是有差异的，在没找到更好方法的前提下，用该数据进行稳健性检验也不失为一种途径。

南、辽宁、湖北、山东、河北、福建、湖南等。其均衡性指数在 40～50 之间。第三梯队：劳动力市场均衡性一般，包括甘肃、内蒙古、河南、山西、陕西、宁夏、黑龙江、广西。其均衡性指数在 30～40 之间。第四梯队：劳动力市场均衡性较弱，包括四川、青海、西藏、新疆、云南、贵州。其均衡性指数在 30 以下。官方和非官方数据相互印证，得到的结果相对稳健。

>>三、劳动力市场回到相对平衡状态的能力较强<<

应对冲击的能力也是考量中国劳动力市场健康水平的重要内容。本报告研究发现，中国劳动力市场从冲击中回到相对平衡状态的能力较强，政府在积极作为，旨在"熨平"短期经济波动对劳动力市场的影响。劳动力市场可能会受到来自国内外经济和社会环境的冲击，平衡性水平存在降低风险，劳动力市场平衡性指数可以刻画这些冲击。通过研究不难发现，指数值在 1～3 年内能回到冲击发生前的水平，并在之后呈现继续上升趋势。

如图 2-13 所示，劳动力市场平衡性指数对经济、政策冲击反应较为敏感，其上升趋势是非线性的，2007—2016 年的 10 年间出现了两次波动。一次是较为明显的国际冲击，2008 年金融危机爆发，企业用人需求降低、各行业失业率上升、靠失业救济和失业保险维持生活的劳动者数量增加，劳动力市场平衡性指数下降，2009 年探底，之后缓步回升。另外一次是国内冲击，在 2014 年，劳动力市场平衡性指数从 68.1 下降到 65.7，政策因素占主导。2013 年，《国务院关于化解产能严重过剩矛盾的指导意见》发布，要求重点推动山东、河北、辽宁、山西等地区产业结构调整，充分发挥地方政府的积极性，优化产业空间布局。重点行业和重点区域劳动力市场受到政策冲击，总指数略有下降，但并不显著。不过从供需指数、价格指数以及流动性指数的变动中可以抓捕到其影响效应。

从二级指数来看，部分产业退出导致劳动力市场局部供需不平衡，供需指数下降，从 2013 年的 55.6 下降到 2014 年的 52.1。与此同时，岗位黏性和工资黏性效应凸显，价格指数和流动性指数比供需指数的波动滞后。供需决定价格，劳动者收入指数从 2014 年的 66.0 下降到 2015 年的 61.5。前期国际市场冲击的负面影响需要消化期，2011 年以后，全球金融危机对中国劳动力市场的滞后影响开始逐渐减弱。其次，政策层面对劳动力市场趋向均衡的负向效应减弱，其减弱力量源自两重因素：一方面是政策落实期的结束，另一方面是新政策调整的逆向作用。尽管收入差距仍在不合理区间，但是已经在各个指标上呈现缓步收窄的特征。流动是实现新的均衡的有效途径，部分劳动者需要流动到其他岗位需求量大的地区才能找到新工作，劳动力市场流动性增强，流动性指数从 2014 年的 65.7上升到 2016 年的 68.3。

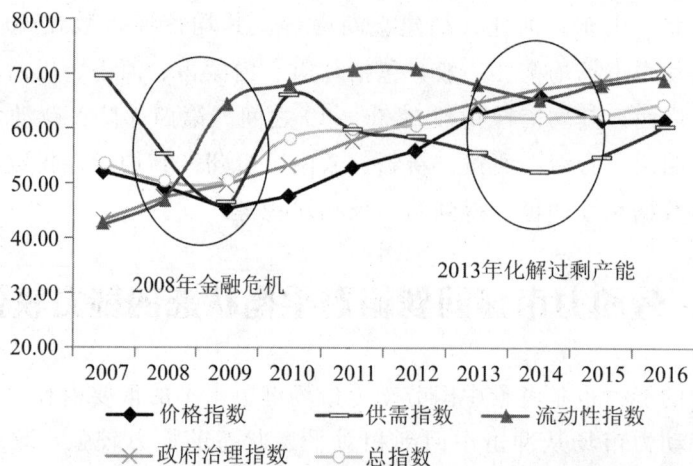

图 2-13 2007—2016 年中国劳动力市场平衡性指数

　　冲击发生之后，劳动力市场平衡性总指数及二级指数回到冲击前的时间在1～3 年之间。2007—2016 年的两次冲击中，以 2008 年全球金融危机的影响最为显著，劳动力市场平衡性指数在 2008 年降到谷底，为 50.4，之后在 2010 年回复到 58.8，与 2007 年的水平基本持平。第二次冲击持续时间更短，劳动力市场平衡性指数在 2014 年略有下降，之后回复到冲击前的水平，波动不显著且波动期只有一年。从二级指标来看，首先，对冲击反应最为敏感的供需指数在 2009 年降至最低，为 46.4，在 2010 年基本回复到危机前水平，为 68.1，与总指数一样，也是两年回复至原有水平。第二次冲击对供需指数的影响在 2015 年回复到 2013 年以前的水平，回复期为两年。其次，价格指数受到 2008 年金融危机冲击之后的第三年回复到原有水平，而从第二次冲击中回复到原有水平的时间为两年。流动性指数和政府治理指数受非市场因素的影响较为显著，而且总指数的平滑效应主要靠流动性指数和政府治理指数拉动，或者说总指数之所以较供需指数和价格指数更加平缓，原因在于有序流动和高质量政府治理有利于提升劳动者应对冲击的能力。图 2-14 对总指数、供需指数和价格指数的回复周期进行了对比。

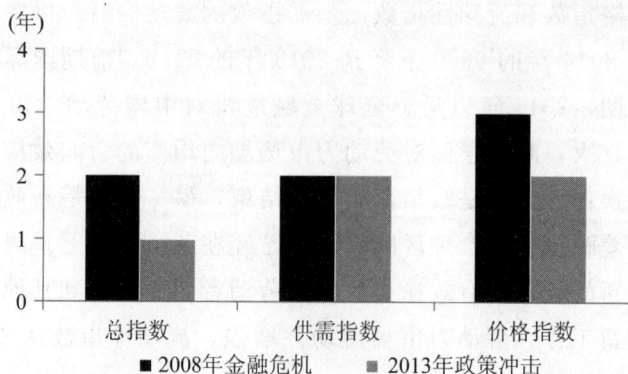

图 2-14 2007—2016 年中国劳动力市场平衡性指数遇到冲击后回复到原有水平所需年限

总之,市场机制的健全和政府治理水平的提升有利于缩短劳动力市场回复到新的动态平衡的时间。当市场遇到冲击时,劳动力市场平衡性指数在短期内出现下降趋势,不过劳动者能很快通过职位搜寻获得新的就业机会,行业间、区域间劳动力流动性增强,政府通过各种渠道促进就业,为失业人群提供基本生活保障,劳动力市场平衡性指数回复。通过简单的国际对比不难发现,2008 年金融危机对中国劳动力市场平衡性指数的影响就持续了 2~3 年,2011 年之后,劳动力市场的供需、价格指数均回复到危机前水平。而希腊等很多西欧发达国家就业不景气的现状都持续了 4~6 年。尽管中国劳动力市场存在局部灵活性偏高和安全性不足的现象[1],但是整体向好趋势是显著的[2],因为中国劳动力市场凭借产业布局广、产业链延展程度高、区域协调空间大、保障基础有力等优势可以迅速从危机中走出来。

>>四、"高技岗难求"与"金饭碗不金"现象并存<<

劳动力市场平衡性水平除了受外来冲击、局部地区发展不充分等因素影响之外,还会受到技术变革、产业调整的影响,相比前者,后者影响的持续期更长、影响范围更广、波及劳动者更多。最突出的现象就是部分行业高级技术岗位招人难,而部分可能被新兴技术取代的行业面临垄断性收入下降和失业风险。

技术变革引发"高技岗难求"。新技术变化导致的就业技术极化现象在城市地区已经出现,部分行业一岗难求。而求人倍率往往与流动性水平具有高度相关性,劳动者一旦获取到超过现有薪酬水平的岗位求人信息,流动到高薪酬岗位的可能性增加。例如,2016 年,数据分析人才的供给指数仅为 0.05,数据分析师属于高度稀缺岗位,而大数据分析师的平均跳槽速度为 19.8 个月。[3] 2007 年以来,高级技师、技师和高级工程师的求人倍率较高,连续 10 年在 2~3.5 之间波动,劳动力需求大于供给。

技术变革引发"低技岗需求增加"。新技术的变化导致高技能劳动力和低技能劳动力需求双涨、中等技能劳动力需求缩减的现象。该现象在城市尤为突出,且呈现高技术劳动者需求增加先行,低技术劳动者延迟跟进的特征。显然,高技术产业带动产业链向纵向延伸、横向拓展,以高技术为依托的产业群逐渐形成,最

---

① 张原、沈琴琴:《平衡中国劳动力市场的灵活安全性——理论指标、实证研究及政策选择》,载《经济评论》,2012(4)。

② 参见王章佩:《中国劳动力市场的灵活性与安全性平衡研究》,北京,人民出版社,2017。

③ 新华网:《夯实智能化作战大数据人才基础》,http://www.xinhuanet.com/mil/2018-06/14/c_129894394.htm,2018-06-14。

终带动中低端产业发展，于是，产业链传导的时间效应显现。与此同时，2017年，包括保洁、保安、餐厅服务员等在内的简单体力劳动者需求增加，求人倍率超过 2.0；财会人员、银行坐柜职员、行政办公人员、速记员等职业的用人需求相对较小，市场处于饱和甚至超饱和状态，"一技在手，不愁吃穿"的局面已经被打破，原来的部分高收入岗位被机器取代。不过只有北京、深圳等规模较大城市出现了就业极化现象，各地人才需求特征差异很大。

产业结构调整引发人才需求结构调整。产业结构调整抑制采矿、初级产品制造、批发零售等行业劳动者需求，刺激高端制造业、信息传输计算机服务和软件业、教育等行业就业人口增加。如图 2-15 所示，从三次产业从业人数来看，产业结构调整可分成两个阶段，2012 年是分水岭。2007 年，第二产业就业人员数为 20 186 万人，之后持续增长，2012 年增至 23 241 万人，之后出现缓慢下降趋势，2016 年降至 22 350 万人。2007—2016 年，第三产业劳动者从业人员数连续10 年呈现递增态势，其中，信息传输、计算机服务和软件业城镇单位就业人员数年均增速达到 10.3％。2007—2011 年，第三产业劳动者从业人数年均增速为2.8％，2012—2016 年，平均增速为 5.1％。同时，2012 年也是第二产业就业人员数由增转降的拐点年。

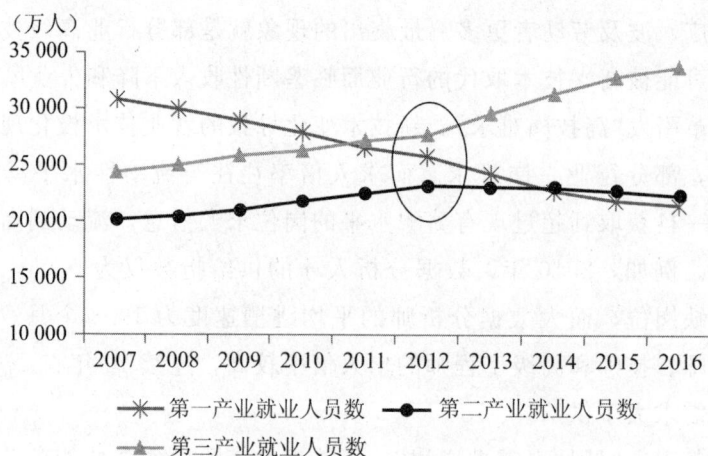

图 2-15　2007—2016 年三次产业就业人员数

数据来源：2008—2017 年《中国劳动统计年鉴》。

产业结构调整导致曾经的"金饭碗"——银行业收入下降。如图 2-16 所示，2016 年，非农行业中，金融业"收入"老大的身份被信息传输、计算机服务和软件业替代。2016 年，信息传输、计算机服务和软件业城镇单位就业人员年平均工资为 122 478 元，超过金融业的 117 418 元，成为收入最高的行业。互联网、人工智能、大数据、云计算等新兴行业无一不和信息传输、计算机服务和软件业直接相关，行业规模迅速扩展。这一发展态势还将继续，以互联网企业为例，

2017 年，我国规模以上互联网企业业务收入为 7 101 亿元，比上年增长 20.8%，增速同比提高 3.4 个百分点。可以预见，无重大经济冲击的情况下，未来 10 年，行业两位数增长态势将持续。近五年来，住宿和餐饮业一直是平均收入最低的行业，进入门槛低、竞争性特征突出、劳动者供给充足决定了这样的市场表现。收入最高行业的城镇单位就业人员年平均工资是住宿和餐饮业的 2.8～3 倍，各年略有差异，但并不显著。

（元）

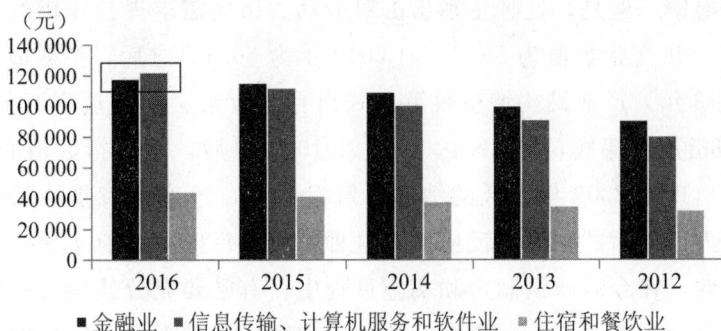

图 2-16　2012—2016 年三行业城镇单位就业人员年平均工资

数据来源：2013—2017 年《中国劳动统计年鉴》，工业和信息化部。

高技岗难求、低技岗需求增加、第三产业从业者增加、昔日"金饭碗"不再光亮如初，这些现象与劳动力市场平衡性水平高度相关，是科技发展的必然结果，且大趋势不可逆转。如前三次科技革命，技术变革在短期内对劳动力市场平衡性产生负向影响，但长期会助力劳动力市场调整至更高质量的动态平衡。因此，政府能干预的范围很窄，能在一定程度上缩减劳动力市场回复动态平衡的时间。例如，在保障公平竞争、规避潜在人为风险方面，政府可在传统金融企业和互联网金融企业之间、传统出租车行业和网约车行业之间做出权衡；在维护市场秩序方面，政府可在新兴职业人群，如网络店主、快递/送餐员等劳动者群体的合同规制方面给予辅助；在基本权益保障方面，政府可在新兴劳动者群中构建新的保险模式、提升弱势群体保障力度。

>>五、政府调控引起劳动力市场供需指数较大波动<<

劳动力市场供需指数体现出政府的积极作为，也体现了危机期间的过度调节问题。四个二级指数中，劳动力市场供需指数的波动最为敏感，2008 年金融危机之后，GDP 增长率出现了过冲效应（overshooting）[①]，"四万亿计划"是这一效

[①]　Wen, Y., Wu, J., "Withstanding Great Recession Like China,"Working Paper, 2014.

应产生的原因之一。从劳动力市场平衡性指数来看，过冲效应并不明显，但是供需指数刻画了该特征。如图 2-17 所示，2010 年，供需指数值从 2009 年的 46.2 提高到 66.1。"四万亿大礼包"基本是通过国有企业来实施的，而国有企业在经济中占有了足够大的比例，政府可以控制这些企业强行提高投资，包括基础设施建设在内的很多工程吸纳了大量临时性劳动力，进而实现劳动力需求在短期内的增加，政府主动"出击"应对金融危机反映了其经济作为，以及使经济尽快从危机中复苏的迫切愿望。但是，这种主动出击对劳动力市场需求提拉作用的可持续期有限。2011 年，供需指数值为 59.8，而 2010 年为 66.1。之后，指数值呈现继续下降趋势，2013 年，产业结构调整政策正式出台，政策影响与过度调节效应叠加，2014 年供需指数值探底，为 52.1。不过 2010 年以后，虽然指数值有一定波动，但是并没有出现比 2009 年更低的情况。可以认为，过度调节是特殊时期个别政策波及劳动力市场后的临时性反应，且这种临时性反应对政府主导的国有制企业可能更加奏效，在今后政策制定和实施过程中，有必要充分认识政策实施对象特征。总体而言，过度调节在短期内给劳动力市场平衡性带来一定影响。

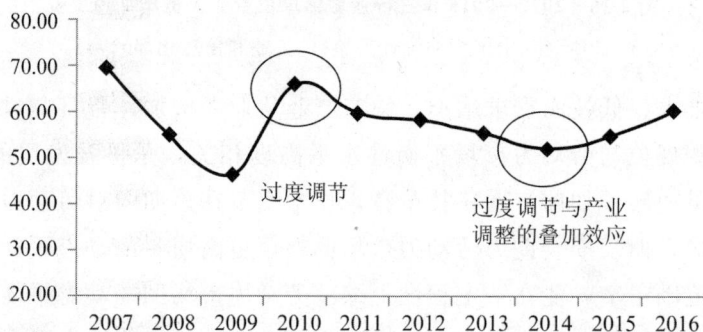

图 2-17　2007—2016 年劳动力市场供需指数

2015 年之后，供需指数逐年上升，这与国家宏观经济规划以及促进充分就业的"组合拳"策略有关。

第一，区域经济发展提升西部劳动力市场用人需求。2013 年 9 月，国家提出建设"新丝绸之路经济带"的合作倡议。2014 年，西部地区求人倍率呈现上升趋势，并超过中东部地区。之后的一年多时间内，由于正式文件未出台，市场投资预期不明朗，劳动力市场需求有小幅波动。2015 年 3 月 28 日，国家发展改革委、外交部、商务部联合发布了《推动共建丝绸之路经济带和 21 世纪海上丝绸之路的愿景与行动》。"一带一路"经济区开放后，承包工程项目突破 3 000 个。2015 年，中国企业共对相关 49 个国家进行了直接投资，投资额同比增长 18.2％。[①] 强劲

---

① 人民网：《商务部：2015 年我国企业对"一带一路"国家投资增 18.2％》，http://finance.people.com.cn/n1/2016/0120/c1004-28070428.html，2016-01-20。

的投资带动力导致西部劳动力市场需求持续上涨，求人倍率从 2015 年第二季度的 1.08 提高到 2017 年第四季度的 1.29，且高于中东部地区（见图 2-18）。

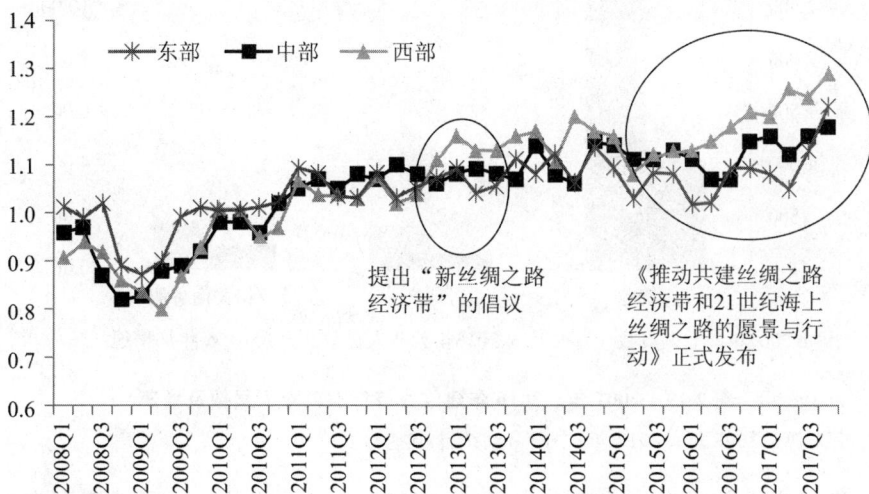

图 2-18　2008 年第一季度—2017 年第四季度东、中、西部劳动力市场求人倍率
数据来源：人力资源和社会保障部。

第二，个别市场的非合理化发展诱发劳动力市场供需波动，以房地产市场最为典型。2007 年，中国房地产开发投资规模为 167 348.2 亿元，2016 年达到 587 857.2 亿元，年均增速达到 15.0%。投资规模的扩张伴随着企业扩张，2007 年，全国房地产企业数为 6.3 万家，到 2016 年已经增至 9.5 万家，年均增速为 4.8%。企业扩张撬动劳动力市场需求，房地产企业从业人员数从 2007 年的 166.5 万人增至 2016 年的 431.7 万人，年均增速达到 11.17%。作为不可贸易部门的房地产业，其扩张对劳动密集型产业的影响十分显著（范言慧、席丹、殷琳，2013）①。产业上游的建筑业以及下游的租赁及相关服务业劳动力市场都受到直接影响。相比房地产业，建筑业对劳动力的吸纳力更强，行业从业人员数从 2007 年的 1 050.8 万人增加到 2016 年的 2 724.7 万人，年均增速与房地产业持平。另外，租赁及相关商务服务业从业人员数从 2007 年的 247.2 万人增加到 2016 年的 488.4 万人，年均增速为 7.86%（见图 2-19）。

为促进充分就业，国家从两方面入手，一方面"管住闲不住的手"，另一方面"放任能伸进去的脚"。

第一，技术手段。从科学监测失业率入手提高劳动力市场供需监测能力。统计局提出就业登记、失业监测制度建设，为动态关注劳动力市场供需平衡奠定了

---

①　范言慧、席丹、殷琳：《繁荣与衰落：中国房地产业扩张与"荷兰病"》，载《世界经济》，2013(11)。

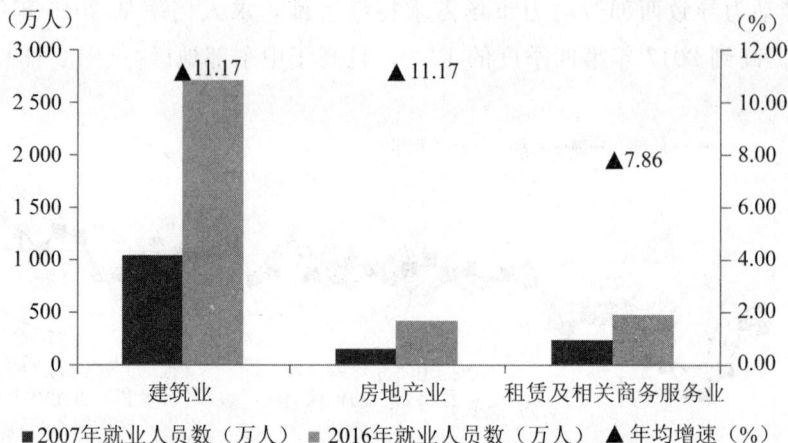

图 2-19　2007 年、2016 年建筑业等行业就业人员数及增速

数据来源：2008 年、2017 年《中国劳动统计年鉴》。

基础，已经启动的调查失业率数据显示，2018 年 1 至 3 月，全国城镇调查失业率分别为 5.0％、5.0％和 5.1％，该数据更加客观地刻画了自然失业率，指标统计方法和国际接轨、可比性强，长期的数据积累对制定更加科学的就业政策、应对劳动力市场冲击、促进劳动力市场实现高质量供需平衡提供依据。

第二，行政手段。取消部分职业资格许可和认定事项、缩减职业资格鉴定机构，清除影响供需平衡的干扰信号，降低政府管理成本。从 2015 年开始，国家先后分多个批次取消数百项职业资格许可和认定事项，削减了 70％以上。与此同时，职业技能鉴定机构大幅缩减，从 2015 年的 12 156 个减少到 2016 年的 8 224 个，下降了 32.3％。但是，取消职业资格并没有降低劳动者参加职业资格考试的热情，报名参考人员数和获得证书人员数减少幅度要远远低于职业技能鉴定机构缩减幅度，含金量高的职业资格认证依然"火爆"。2016 年，共有 1 755 万人参加了职业技能鉴定，较 2015 年下降了 7.3％。1 446 万人取得不同等级职业资格证书，较 2015 年下降了 6.0％。其中，取得行业高级技师职业资格的有 47 万人，与 2015 年基本持平，这说明缺口大的高级技能岗位薪酬吸引力强，市场无形的手影响着劳动者技能考试选择偏好。另外，2016 年，全国共有 1 150 多万人报名参加专业技术人员资格考试，206 万人取得资格证书。截至 2016 年年底，全国累计共有 2 358 万人取得各类专业技术人员资格证书。因此，政府改变统一管理模式，取消部分含金量不高的职业资格认证，改由企业、行业组织按照岗位条件和职业标准进行管理并自主评价，并没有降低职业岗位的标准要求，而是加快简政放权、突出市场导向的选择(见图 2-20)。

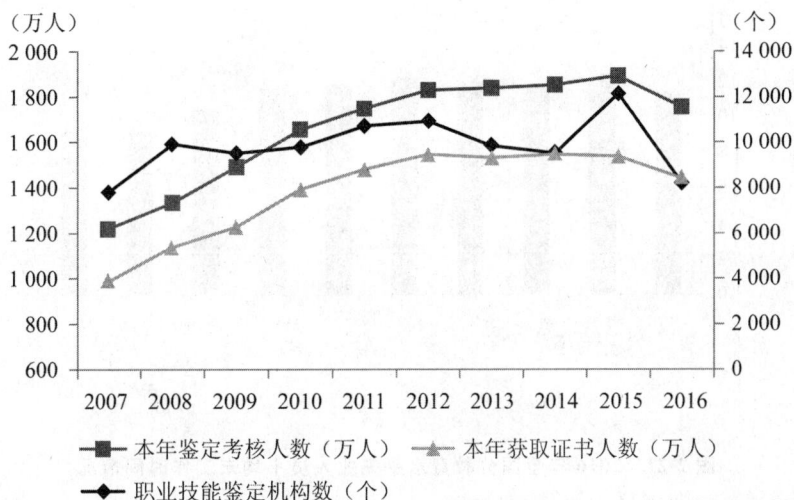

图 2-20　2007—2016 年全国职业技能鉴定机构数及考核、获取证书人员情况

数据来源：2008—2017 年《中国劳动统计年鉴》。

第三，教育手段。高考扩招积蓄的人力资本在新时代发挥着不可替代的作用，成为劳动力市场人才结构调整最有力的助推器，降低失业人员工作搜寻时间最长效的途径，实现劳动力市场高水平供需均衡最重要的抓手。1999 年的扩招计划让更多的人拥有接受高等教育的机会，自由选择学校和教育服务。在之后的近 20 年时间内，尽管存在大学生就业难等现实问题，但是劳动者素质提升和人才结构的改善是迎接新经济、新业态的法宝，在未来，这种正效应会更为突出。2016 年，城镇失业人员平均未工作时间为 11.5 个月，其中，大学本科及以上学历失业劳动者为 9.2 个月，大学专科学历失业劳动者为 10.4 个月，显著低于其他学历劳动者(见图 2-21)。从工作时间构成指标来看，大学本科失业者中，未工作时间为 2～3 个月者占比最高，为 24.8％；研究生及以上学历失业者中，也是该时间占比最高，为 27.8％；其他学历失业者中，未工作时间为 7～12 个月者占比最高，均超过 20％。尽管高等教育扩招在每年的毕业季会增加劳动力市场高学历劳动者供给，但是接受了高等教育的人在劳动力市场上的竞争力更强，失业后再就业能力更强，其工作搜寻时间更短。这一结论与大学毕业生半年后就业率远高于初次就业率的现象具有一致性。

第四，培训手段。失业者的培训工作主要靠政府托底保障。作为理性"经济人"的民办培训机构不会付出更多成本到支付能力较弱的劳动者身上，只有通过政府购买或者政府承办培训机构的办法解决市场失灵问题。2016 年年末，全国共有就业训练中心 2 741 所，民办培训机构 19 463 所。全年共组织各类职业培训 1 775 万人次，其中，就业技能培训 959 万人次，岗位技能提升培训 551 万人次，创业培训 230 万人次，其他培训 35 万人次。从培训人员类别来看，就业训练中

（月）

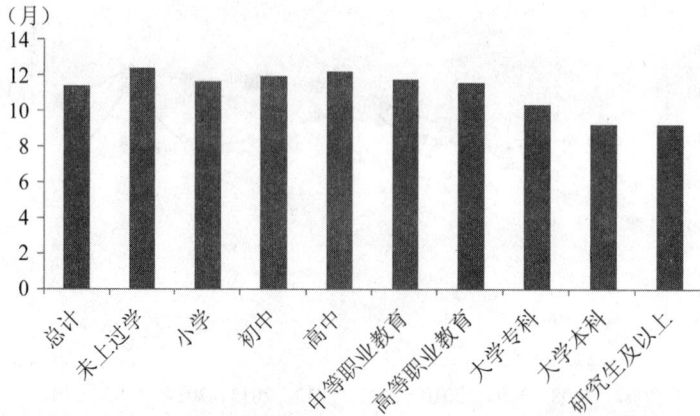

图 2-21　2016 年全国分教育水平失业人员平均未工作时间情况

数据来源：2017 年《中国劳动统计年鉴》。

心和民办培训机构存在明显差异。全年各类职业培训中，就业训练中心培训农村劳动者占比 42％，城镇登记失业人员占比 28％，在职职工占比 14％。民办培训机构培训农村劳动者占比 37％，比就业训练中心低 5 个百分点；城镇登记失业人员占比 11％，比就业训练中心低 17 个百分点；在职职工占比 32％，比就业训练中心高 18 个百分点（见图 2-22）。民办培训机构在培训失业人员、农村劳动者方面的贡献不足，而在培训在职职工方面成绩显著。这是市场规律决定的，对企业而言，在职者是利润创造者，失业者被市场竞争机制淘汰，而对社会而言，失业者属于弱势群体，对弱势群体的培训工作需要政府托底保障。

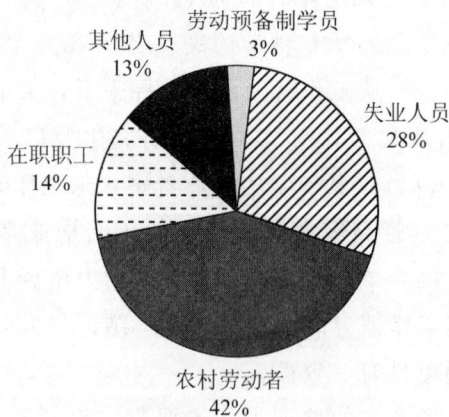

图 2-22(a)　2016 年就业训练中心培训劳动者类型分布

数据来源：国务院发展研究中心信息网。

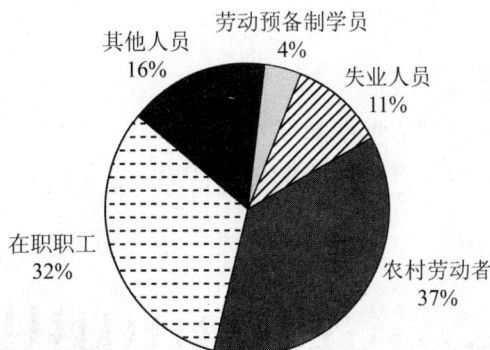

图 2-22(b)　2016 年民办培训机构培训劳动者类型分布

数据来源：国务院发展研究中心信息网。

与此同时，专业技术人才知识更新工程继续推进，全年举办 300 期高级研修班，培训高层次专业技术人才 2.1 万人次，开展急需紧缺人才培养培训和岗位培训 127.35 万人次。2016 年新建国家级专业技术人员继续教育基地 20 家，总数达120 家。另外，国家还提出推进公共就业服务体系建设，加强职位搜寻人群和失业人群的就业指导和就业促进工作，促进劳动力市场供需平衡。

第五，第三方力量。借力工会开展充分就业工作也是促进劳动力市场供需平衡的重要举措。工会在降低失业方面有一定的积极作用。截至 2016 年年末，工会开办职业介绍机构 1 634 个，其中，获得政府有关部门资质认定的机构有 709个。全年成功介绍就业 120 万人次，其中，农民工 51 万人次、失业人员 34 万人次。分省(市、自治区)来看，广东省在这方面的工作成绩最为突出。2016 年年末，广东共有 393 个工会开办的职业介绍机构(见图 2-23)，成功介绍 2.7 万人次就业。工会是三方协调机制得以实现的关键力量，开办职业介绍机构的优势在于了解企业需求、能深挖失业劳动者就业潜力。

从 10 年的数据中总结规律，不难发现：宏观经济政策、劳动力市场制度变革和经济危机是影响劳动力市场较大规模供需变化的主要因素。基于人力资本质量增进的内在调节机制助力劳动力市场横向层次结构调整，基于景气指标监测和市场秩序的维护助力劳动力市场纵向时间动态调整。

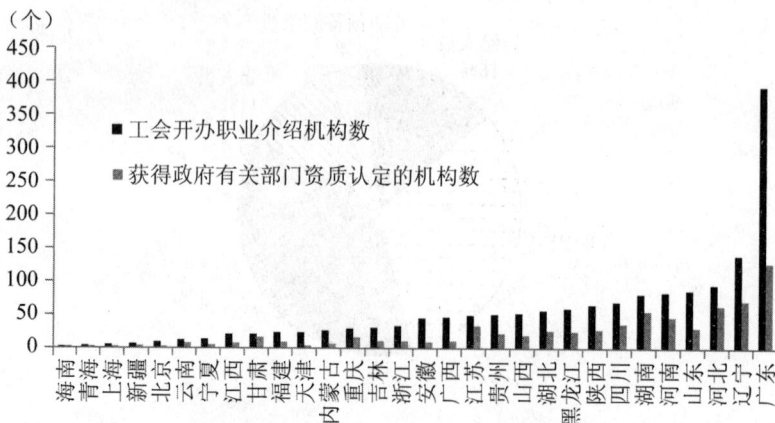

**图 2-23 2016 年各省(市、自治区)工会开办职业介绍机构数和
获得政府有关部门资质认定的机构数**

数据来源：2017 年《中国劳动统计年鉴》。

>>六、经济发展成果的分享性提高，
但收入不平衡依然明显<<

与劳动力市场平衡性指数变化趋势类似，价格指数呈现递增趋势，从 2007 年的 51.9 上升至 2016 年的 61.7，三级指标均为测度收入差异的变量，价格指数的变动特征表明经济发展的分享性明显提高。这与蔡昉(2017)[①]针对城乡劳动者的研究结论具有一致性。

与劳动力市场平衡性指数波动特征类似，这种趋势也是非线性的，价格不平衡性问题尚存。量、价波动是具有关联性和相互影响的。价格指数的波动特征比供需指数更为平缓，原因在于供需变化是引起价格变化的基本因素，因此，供需指数的波动往往超前于价格指数，这里不再对基本理论进行赘述。从二级指标劳动力市场价格指数来看，受金融危机影响，2008 年，价格指数下降到 49.6，2009 年探底，为 45.2。之后持续上升，直至 2014 年达到顶峰，为 66.0，2015 年降至 61.5，2016 年与上年基本持平(见图 2-24)。该指标与中国家庭追踪调查的微观家庭调查数据(2016)[②]结果呼应，中国在缩小收入差距上取得了一定成绩，劳动力市场在价格方面的表现逐渐趋于稳定。

---

① 蔡昉：《拨开迷雾，读懂中国经济》，http://www.rmlt.com.cn/2017/1009/498516.shtml，2017-10-09。

② 参见顾佳峰：《减少不平等与可持续发展》，北京，社会科学文献出版社，2016。

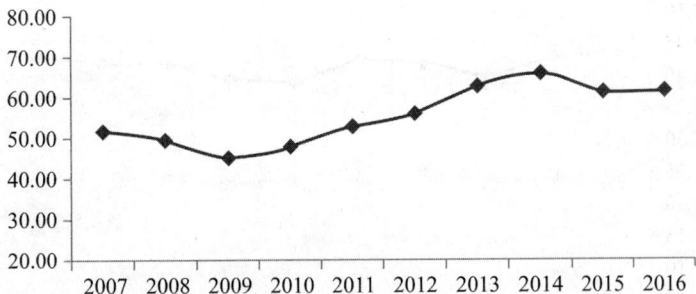

图 2-24　2007—2016 年劳动力市场价格指数

十三届全国人大一次会议的政府工作报告中提到，中国居民收入年均增长7.4％、超过经济增速，中国拥有世界上人口最多的中等收入群体。这是关乎劳动者收入总量水平最宏观、最概括的表述，总量水平向好的研判是合理的。但通过计算劳动力市场价格指数发现，相对水平差异的形成除了受人力资本水平差异等内生因素影响之外，还有制度垄断、行业发展不平衡等外生因素的影响。正如库兹涅茨所言，贫富差距的短期恶化可能是特殊发展时期的特殊现象。[1]　在改革开放 40 年的今天，国家或地区劳动者收入已经达到中高水平，忽视经济发展的分享性，必然难以实现改革、发展与稳定的协调统一。而经济发展分享性最核心的内容就是劳动者收入差异的合理性问题。关注趋势和波动性是报告研究价格指数的主要方面。

具体来看，第一，西部地区正在借"一带一路"倡议的"东风"实现与东部发达地区劳动者收入差距的缩小，但是东北地区略显滞后。2007—2014 年，东部地区与西部地区的收入比维持在 1.24 左右；2015 年出现突变，指标值下降至1.17。这与劳动力市场价格指数在同年反映出来的特征具有一致性，"一带一路"倡议促进西部地区用人需求的增加同时体现为劳动力价格的上涨。与此同时，2014 年长江经济带战略的全面实施深化了东西部区域合作[2]，为西部地区劳动力市场发展带来的机会。与西部地区形成对比的是东北地区，2007—2016 年，东部地区与东北地区的平均收入比为 1.42，年度指标略有波动但变化不大，且2012 年以后呈现缓慢上升趋势（见图 2-25）。收入是劳动力市场的信号，同时也是经济发展的信号。东三省的 GDP 增速在全国排位靠后，传统产业占比高且退出困难，新兴产业发展不足、难以推进与区域周边国家的联系等历史和现实原因影响东北地区劳动力市场健康发展。

---

① 　陈宗胜：《关于收入差别倒 U 曲线及两极分化研究中的几个方法问题》，载《中国社会科学》，2002(5)。

② 　参见姚慧琴等：《西部蓝皮书：中国西部发展报告(2015)》，北京，社会科学文献出版社，2015。

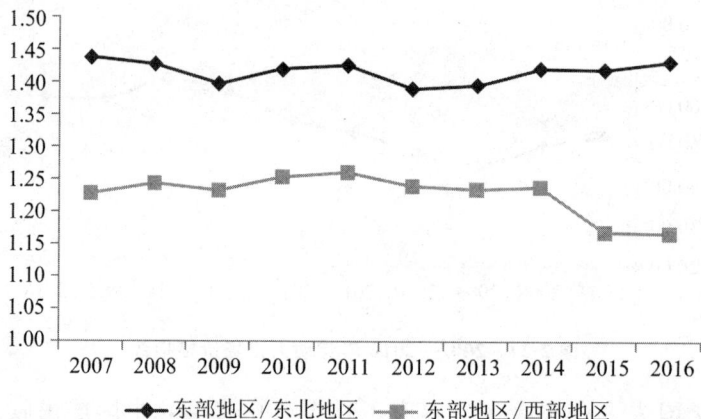

图 2-25　2007—2016 年东部地区与东北和西部地区城镇单位就业人员平均工资比

注：具体指标计算方法为东部地区城镇单位就业人员平均工资除以东北（西部）地区城镇单位就业人员平均工资。

数据来源：2008—2017 年《中国统计年鉴》。

不过，真正实现西部崛起，西部劳动力市场发展跟进东部地区步伐，提升劳动者素质是核心。从 2016 年分地区就业人员受教育程度构成来看，低于平均水平的地区中，东北地区和西部地区占多数，具体包括东北地区的吉林、黑龙江，西部地区的云南、贵州、四川等（见图 2-26）。

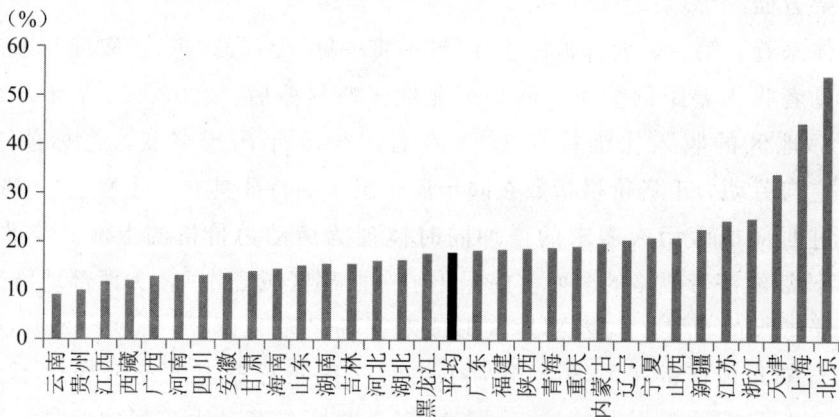

图 2-26　2016 年分地区就业人员受教育程度构成

数据来源：2017 年《中国人口和就业统计年鉴》。

综合来看，尽管东部地区与西部地区的收入差距在缩小，劳动力市场价格指数呈现上升趋势，但是，应重点关注少数民族地区、东北地区城乡收入扩大的问题。而不同所有制之间、不同部门之间收入差距扩大的地区均属中西部较不发达地区，其劳动力市场开放度和成熟度还在提升，这些地区正在经历借力非均衡发展"做大蛋糕"的过程。差距缩小的省（市、自治区）又可分为两种类型：一是改革开放硕果颇丰、"蛋糕"已经做大的发达地区，如广东、北京、上海、江苏等，这些地区经过一段时期的财富积累之后开始考虑合理分配蛋糕的问题，劳动力市场分割壁垒缩减、融合性增强。二是试图通过和谐发展实现"做大蛋糕"和"合理分配蛋糕"同步进行的较发达地区，这些地区正在开拓旅游、绿色农业、海洋生物医药等现代产业，发掘新兴市场，尽管经济发展水平不敌前一类地区，但在产业定位和产业格局调整上方向明确，如福建、海南、安徽、山东等。

第二，劳动力市场价格指数提高的主要原因之一在于城乡收入差距缩小。从全国范围来看，农民收入提高的平均速度比城镇居民高 2～3 个百分点。与 2011 年相比，2016 年八成以上的地区城乡收入差距都在缩减。鉴于统计口径的差异，比较 2013 年和 2016 年的城乡收入比，这一特征更为明显，31 个省（市、自治区）中，只有吉林和新疆城乡收入比在扩大，分别从 2013 年的 2.18、2.69，扩大到 2016 年的 2.19、2.80，扩大幅度很小，但这两个省区一个是少数民族地区、一个是经济发展迟缓地区，有必要持续关注其扩大趋势（见图 2-27）。总之，无论是全国数据，还是地区数据，都可以证明城乡收入缩减的事实，中国城乡劳动力市场的价格平衡性水平在提高。在中国，收入差距往往与经济增长、收入再分配和社会保障、公共产品和基础设施以及其他制度方面因素有关（王小鲁、樊纲，2005）①。城乡差距缩小是经济增长和制度放开双因素共同作用的结果，在未来，差距缩小趋势会持续，主要有以下原因：首先，随着城乡一体化进程推进，大规模农林牧渔业劳动者向城市转移，有利于农村开展适度规模经营及农民增收。其次，贫困问题也是农村问题，政府扶贫攻坚力度加大，2013—2017 年五年时间内，贫困人口减少 6 800 多万人，易地扶贫搬迁 830 万人，贫困发生率由 10.2% 下降到 3.1%，随着脱贫攻坚战的推进，城乡劳动者收入差距会持续缩小。再次，在新阶段，政府更有能力将公共资源向农村倾斜，借二次分配调节弥补历史原因造成的城乡禀赋缺陷，缩小城乡收入差距。

第三，部门间工资差异也在缩小，技术进步、产业调整以及政府调控等综合因素影响工资差异。具体来看，超过三分之二的省（市、自治区）金融和制造业工资差距都在缩减。与 2011 年相比，2016 年有 21 个省（市、自治区）金融和制造业工资差距呈现缩减趋势。其中，北京、广东、上海、江苏的行业间差距缩减较明显，四省市的部门间收入比分别从 2011 年的 3.04、2.97、2.77、2.29 下降到 2016 年的 2.45、2.17、2.34、1.83。行业间工资差距呈扩大趋势的地区包括江西、河南、陕西、甘肃、宁夏等 10 个中西部内陆省份（见图 2-28）。

---

① 王小鲁、樊纲：《中国收入差距的走势和影响因素分析》，载《经济研究》，2005(10)。

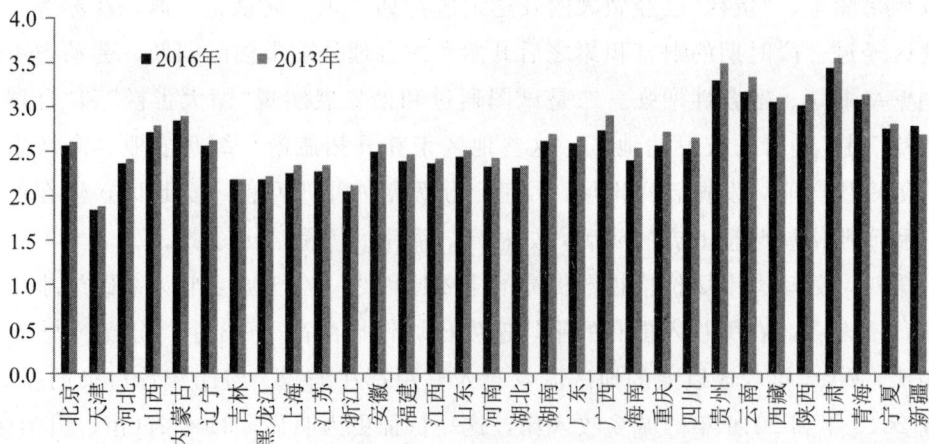

图 2-27　2013 年、2016 年分地区城乡收入差异对比

注：之所以对比 2016 年和 2013 年的数据，原因在于 2012 年之前，国家统计局统计的都是农村居民纯收入，之后改为农村居民可支配收入，所以 2016 年和 2013 年数据的可比性更强。

数据来源：2013 年、2016 年《国民经济和社会发展统计公报》，2014 年、2017 年《中国统计年鉴》。

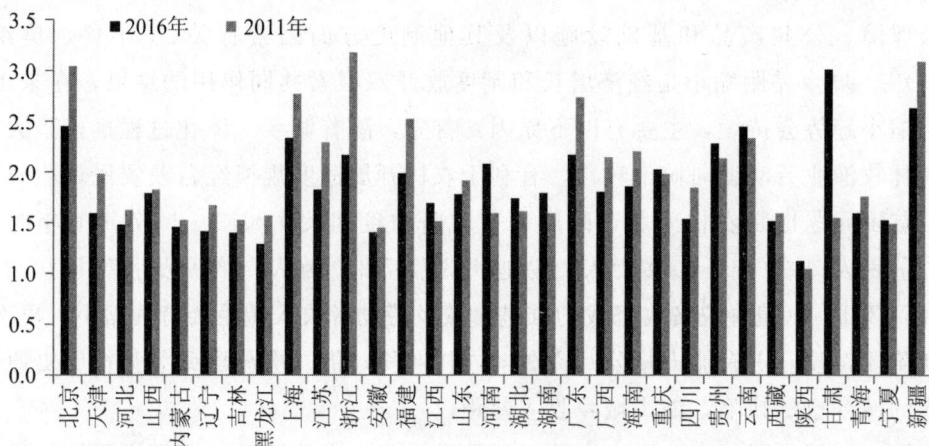

图 2-28　2011 年、2016 年分地区部门收入差异对比

数据来源：2011、2016 年《国民经济和社会发展统计公报》，2012、2017 年《中国统计年鉴》。

　　部门间工资差异体现了初次分配的结果。从产业视角来看，高技术产业发展，中等技能劳动者分流，体力劳动者工资上涨；从政府视角来看，加快调整最低工资标准等"提低"措施、调整个人所得税等"扩中"措施、规范国有企业负责人薪酬等"控高"措施对扭转部门间工资差异产生了重要影响。以行业差异为特征的劳动力市场分割（赖德胜，1998）①导致不同劳动力市场工资的不平衡分配（周云

---

　　① 赖德胜：《教育、劳动力市场与收入分配》，载《经济研究》，1998(5)。

波、田柳、陈岑，2017)①。在改革开放的前 30 年，行业垄断已经成为历史"顽疾"，是影响劳动力市场平衡性问题的主要因素之一。不过最近几年，这种现象略有改善，科技革命和产业结构调整是主要因素，辅以政府有力的二次调控手段，行业差距缓步收窄的趋势还会持续。

第四，国有企业和私营企业间的收入差距缩小，但部分地区、部分行业的国有垄断企业依然优势显著。超过三分之二的国有企业和私营企业之间的收入差距缩减。分地区来看，与 2011 年相比，2016 年国有企业和私营企业收入比下降的省(市、自治区)有 22 个，其中，上海、北京、天津、江苏下降幅度较大，分别从 2011 年的 3.23、2.29、2.17 和 2.02，下降到 2016 年的 2.40、1.90、1.88 和1.89。国有企业和私营企业收入比上升的地区包括内蒙古、吉林、辽宁、重庆、四川等 9 个省(市、自治区)，同样，类似行业间收入差距区域分布特征，这些省(市、自治区)均属中西部内陆地区。

与此同时，20 世纪 90 年代，所有制分割向行业分割转化(聂盛，2004)②的特征依然存在。从整体水平来看，金融行业收入优势已经被信息传输、计算机服务和软件业超越，但是分企业所有制性质来看，国有单位金融业收入依然高于信息传输、计算机服务和软件业，"收入老大"的身份尚在。如表 2-5 所示，2012年，金融业国有城镇单位就业人员年平均工资是国有信息传输、计算机服务和软件业的 1.44 倍，2014 年增至 1.49 倍，达到峰值，2016 年降至 1.32 倍。2012年，金融业私营城镇单位就业人员年平均工资是私营信息传输、计算机服务和软件业的 83%，2016 年，该指标降至 79%。因此，从本质上讲，金融业"收入老大"的身份被信息传输、计算机服务和软件业替代的现象是私营金融业企业相对收入下降以及私营信息传输、计算机服务和软件业绝对收入上升的结果，而金融行业的垄断地位依然存在。当然，企业规模和市场地位差异是客观存在的，像中国工商银行这样的行业巨头在金融智能化、综合管理方面占优，且其内部也引入竞争机制实现良性发展。但不可否认，劳动力市场在行业间的分割特征依然显著，国有单位借助资本垄断获取较高超额利润的问题尚存。同时，历史原因造成的行政性行业垄断产生的"滚雪球"效应也会在长期发挥作用。换言之，国有单位并非停滞不前，凭借历史资本积累与私营单位在技术、管理等各层面的竞争优势会在一定时期内持续，但竞争格局也不会一成不变，求创新、求人才是企业提升竞争力的核心。

① 周云波、田柳、陈岑：《经济发展中的技术创新、技术溢出与行业收入差距演变——对 U型假说的理论解释与实证检验》，载《管理世界》，2017(11)。

② 聂盛：《我国经济转型期间的劳动力市场分割：从所有制分割到行业分割》，载《当代经济科学》，2004(6)。

表 2-5　2012—2016 年分单位所有制性质金融业及信息传输、
计算机服务和软件业城镇单位就业人员年平均工资(元)

年份	国有单位			私营单位		
	信息传输、计算机服务和软件业	金融业	收入比	信息传输、计算机服务和软件业	金融业	收入比
2012	57 056	82 040	1.44	39 518	32 696	0.83
2013	60 182	87 732	1.46	44 060	37 253	0.85
2014	63 629	94 943	1.49	51 044	41 553	0.81
2015	69 858	100 672	1.44	57 719	44 898	0.78
2016	77 402	102 117	1.32	63 578	50 366	0.79

注：收入比＝金融业城镇单位就业人员年平均工资/信息传输、计算机服务和软件业城镇单位就业人员年平均工资。

数据来源：2013—2017 年《中国劳动统计年鉴》。

>>七、有序流动成为劳动力市场平衡性的"调节器"<<

区域有序流动已经成为劳动力市场趋向平衡的"调节器"，流动性指数从 2007 年的 43.0 提高到 2016 年的 69.5(见图 2-29)。10 年间，指数值出现两次跳跃，一次是 2009 年，从 46.7 增加到 67.8。金融危机发生后，很多劳动者下岗，他们开始进行工作搜寻，其中很多人在短期内流向政府四万亿刺激的领域和地区。无论对未来的预期如何，至少在短期，"吃蛋糕者"大多为国有企业，这些企业行为与政府保持一致，就业刺激效应显现，较快的工作和劳动力再分配在一定程度上反映了新工作机遇出现的速度较快。另一次是 2015 年，从 2014 年的 65.1 增加到 68.4。从流动人口总量上来看，2015 年流动人口绝对量减少，不过这种减少是向均衡迈进的合理化减少。流动性水平是居中型指标，相应地，流动性指数上升。辨析其内在原因，不难发现：一方面，户籍政策改革为劳动力流动扫清障碍，成为促进劳动力市场合理流动的有效抓手。另一方面，流动本身是有成本的，只有流动收益高于流动成本或者说流动净收益高于非流动净收益的前提下，劳动者才会选择流动，流动性指数上升的另外一个原因在于人口流出地劳动力需求增加，劳动者选择回乡创业或就业能获得更高收益，这与人口流出地的经济发展水平相关。从这个意义上讲，劳动力市场充分性和均衡性特征与经济发展的充分性和均衡性是高度相关的。

从理论上讲，没有政府干预的情况下，流动主要源于生产特征、禀赋差异以及市场内部竞争机制等自然因素，劳动者流动与价格和供需有直接关系，主要包括以下几个方面：(1)不同部门间分工特征造成的生产效率差异以及由此引致下

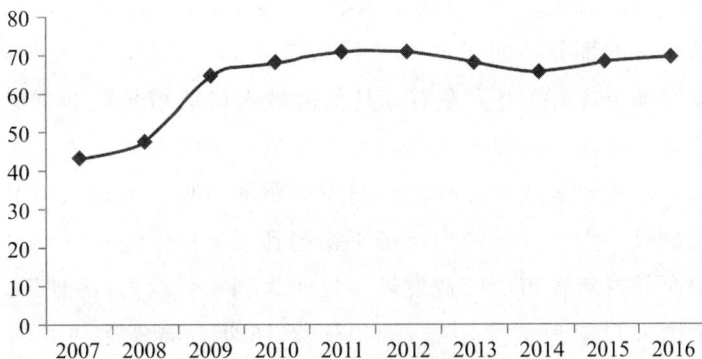

图 2-29 2007—2016 年劳动力市场流动性指数

的劳动者生产能力的差异。由于部门所处产业链层级不同，对劳动者技能水平需求不同，显然，处于产业链低端的行业吸纳更多低技能劳动者，处于产业链高端的行业更多吸纳高技能劳动者，于是流动效应产生（彭国华，2015）[①]。市场规律定价情况下，高技能劳动者收入高于低技能劳动者，最终体现为部门间工资差异。（2）不同地区市场内企业是否拥有生产要素及生产要素的质量。如果不同地区在禀赋资源方面存在差异，其所在地市场内企业拥有生产要素的数量和质量是参差不齐的，这就会导致生产效率差异，最终体现在区域劳动者流动及就业质量上。（3）市场规律作用下，企业间竞争—垄断—打破垄断的竞争，这一循环过程导致暂时性的利润差，并由此间接引发劳动者收入差异。这些自然因素导致的收入差异在短期内客观存在，市场"自处理"机制下的流动效应可以实现长期差异处在合理区间，并保持平衡与动态稳定。纵观中国劳动力市场的变化，除了以上因素之外，还有一些其他因素导致劳动力流动。比如不同地区所采取的收入分配政策不同，收入差距在一定程度上体现了区域内不同行业、所有制企业以及城乡差异，有差异就会有流动。总之，跨省流动与省域间经济差异高度相关，呈现经济发达地区劳动者流入、经济落后地区劳动者流出的特征。探讨人口区域流动特征有助于分析劳动力市场均衡性水平，人口代表了劳动力市场规模，人口在空间的流动和分布的地域就是最珍贵的资源。[②]

从实际数据来看（见表 2-6），第一，东部沿海地区凭借经济实力成为流动劳动力的"蓄水池"，吸引大量非户籍人口入住。2007—2016 年，广东一直位居流入人口大省之首。2007—2011 年，广东省常住非户籍人口数连续五年呈现递增状态，从 2007 年的约 1 504 万人增加到 2011 年的约 1 983 万人，之后略有减少，

---

① 彭国华：《技术能力匹配、劳动力流动与中国地区差距》，载《经济研究》，2015(1)。

② 张耀军、巫锡炜、张敏敏：《省级区域人口吸引力对主体功能区规划的影响与启示》，载《人口研究》，2016(2)。

2016 年降至约 1 834 万人。《广东统计年鉴》数据显示，该省人口增长最多的区域是位于珠三角地带的部分，2000 年有常住人口 4 290 万人，2016 年则达到 5 998 万人，人口净增加了 1 700 万人左右，其他区域人口的增长则非常平缓。除此以外，上海、北京、浙江、天津、江苏也是人口流入主要地区，输送了一半以上的跨省流动人口。这些地区凭借强劲的经济发展驱动力吸引大量人口涌入，迅速填补劳动力市场缺口，为促进劳动力市场平衡起到了积极作用。

第二，中西部内陆省市因产业发展不足成为剩余劳动力"高地"，引致人口流出。河南是全国人口第一大流出省，2007—2016 年，异地居住的河南籍人口数一直呈现递增状态，从 2007 年的 1 003 万人增加到 2016 年的约 1 838 万人。河南省人口流出最多的区域是豫南和豫东地区，其流出人口占全省流出人口的比达到 55.6%。① 其中，周口、商丘、驻马店等都是主要人口流出地。另外，贵州、四川、广西、江西、河北等省区也基本呈现流出人口逐年增加的趋势。这些地区或是禀赋资源不足、经济发展滞后，或是受到周边地区虹吸效应的影响，劳动力市场需求不足、工资水平相对较低，劳动者试图通过流动改变工作状态、改善生活水平。

第三，部分地区搭乘国家改革列车崛起，已经成为新的人口吸纳地或呈现流出人口递减趋势。海南是较为典型的地区，2015 年，海南从人口净流出地变成人口净流入地，常住非户籍人口为 3.33 万人，且在 2016 年迅速增加，达到 14.82 万人，环比增速超过 400%。另外，受"一带一路"倡议、长江经济带发展战略等宏观政策以及当地人才引进政策影响②，湖北、重庆等地加快经济发展，呈现流出人口减少的特征。异地居住的湖北籍人口从 2007 年的 385.91 万人减少到 2016 年的 271.76 万人，异地居住的重庆籍人口从 2007 年的 419.32 万人减少到 2016 年的 344.11 万人。这一特征与上文提到的求人倍率的变动有相似性。

第四，部分人口流出省份所辖重点城市成为劳动力跨省"节流"和保障劳动力市场均衡的稳定器。截至 2016 年年末，中国有 14 个城市的常住人口超过 1 000 万人，这其中除了四大直辖市之外，还包括成都、哈尔滨、石家庄、保定等这些非发达、人口流出省份的重点城市，政府政策支持、新产业引入、新区建设都促使这些城市成为落后地区经济发展的引擎和保障劳动力市场平衡的稳定器，甚至对其所在省的人口流出趋势有逆向"节流"效应。另外，这些城市成为劳动者省内流动的主要目的地，对区域内劳动力市场均衡配置以及城市化进程起到了推动作用。

① 详见 2008—2017 年《河南统计年鉴》。
② 湖南省出台了《关于深化人才引进人才评价机制改革推动创新驱动发展的若干意见》等政策措施，重庆市印发了《重庆市引进高层次人才若干优惠政策规定》等政策文件。

表 2-6　2007—2016 年 15 个省(市、自治区)流动人口情况(万人)

地区	2007 年	2008 年	2009 年	2010 年	2011 年	2012 年	2013 年	2014 年	2015 年	2016 年
广东	1 503.95	1 625.91	1 764.02	1 919.45	1 983.45	1 956.81	1 884.54	1 837.12	1 840.62	1 834.10
上海	685.14	749.96	809.30	890.68	934.68	960.64	982.66	987.31	972.03	971.69
北京	459.75	538.72	612.48	700.30	757.30	788.08	797.17	817.32	825.73	813.49
浙江	495.66	524.15	559.82	699.05	715.05	695.69	671.11	648.82	665.66	679.15
天津	150.86	201.73	243.31	309.44	365.44	412.60	465.25	498.65	520.10	517.60
江苏	368.92	373.37	390.77	402.41	432.41	405.75	322.16	275.31	258.41	223.34
海南	−4.26	−10.73	−15.56	−27.09	−19.09	−20.82	−13.91	−13.34	3.33	14.82
河北	−88.56	−148.86	−182.54	−104.05	−57.05	−56.76	−170.23	−208.74	−224.81	−232.27
湖北	−385.91	−399.79	−421.88	−420.95	−390.95	−385.06	−371.59	−346.33	−286.91	−271.76
重庆	−419.32	−418.05	−416.61	−418.61	−384.45	−384.39	−388.25	−384.20	−354.84	−344.11
江西	−160.66	−182.24	−201.34	−231.55	−205.55	−248.56	−297.14	−381.27	−375.21	−393.58
广西	−293.33	−324.17	−347.64	−721.43	−686.43	−686.64	−702.29	−721.49	−722.23	−741.12
四川	−688.17	−769.79	−799.62	−956.24	−951.27	−982.39	−1 025.66	−1 019.08	−898.04	−875.03
贵州	−353.04	−440.75	−553.78	−710.00	−720.00	−754.44	−784.15	−817.49	−865.33	−897.80
河南	−1 003.00	−1 086.36	−1 176.43	−1 394.63	−1 411.63	−1 516.45	−1 625.87	−1 665.65	−1 736.99	−1 838.42

注：表中计算的流动人口数据实质上是常住非户籍人口数，计算方法是用当地当年常住人口数减去当地当年户籍人口数，负数表示该地是人口流出地，正数表明该地是人口流入地。

数据来源：国务院发展研究中心信息网、2008—2017 年《中国统计年鉴》。

从分省数据来看，人口流动是部分发展较快地区虹吸效应的体现。从二级指标来看，中国劳动力市场流动性水平呈现上升趋势。城乡流动的"单边"流向特征需要持续关注，一旦该趋势继续下去，劳动力市场产生连锁逆向影响效应，最终体现为供需和价格波动。

城乡流动呈现农村到城市的"单边"流向特征，流动将持续，问题易频发。1998—2017 年的 20 年间，城镇就业人员数呈现线性递增特征，而农村就业人员数呈现线性递减特征(见图 2-30)。2014 年，城镇就业人员数首次超过农村，达到 39 310 万人。大规模的劳动力迁徙成为城市迅速发展、农业产业技术升级、农村富余劳动力转移的重要推动力，受流动因素影响最为直接的指标是城镇化率。2017 年中国常住人口城镇化率达到 58.5%①，户籍人口城镇化率 42.4%。发达国家的城镇化率在 80% 左右②，按照这个标准，农村到城市的"单边"流动状况在未来几年会持续。不过，这种流动在促进城乡劳动力市场有效配置和均衡发展的

———————

① 根据常住人口计算所得数据。

② 世界银行数据。

同时，也存在一系列问题。一是农村劳动力流向城市的过程中，土地开发速度远快于户籍人口城市化进程，且土地资源分配的非均衡性导致很多流向城市的农村劳动力成为工作地和家庭所在地分离人群，社会融合性差。二是流入城市的劳动力在工资、工时、社会保障等方面与城市原有劳动力差异显著。三是中国部分地区的劳动力迁徙和现代化进程不匹配，前者要慢于后者。一方面，有迁徙能力的劳动者需具备一定的技能和城镇生活能力，而达到相应人力资本水平的农村劳动者供给数量有限；另一方面，"大城市病"让部分城市管理者捉襟见肘，并采取限制策略解决该问题，但这些策略往往影响劳动力市场自适应功能的有效实现。

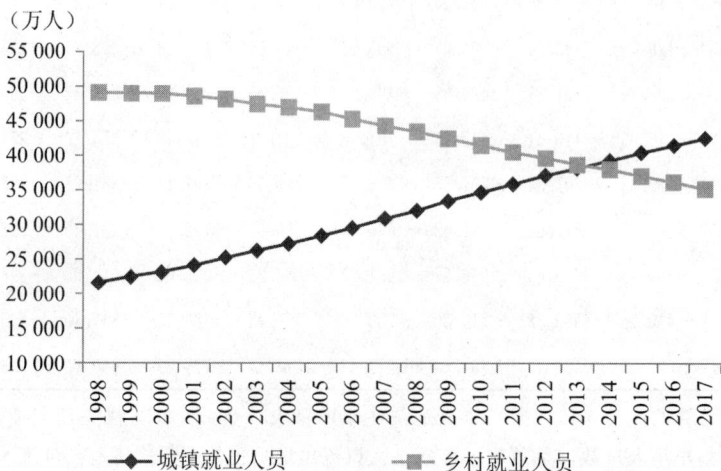

图 2-30　1998—2017 年中国城镇和乡村就业人员情况

数据来源：1999—2018 年《中国劳动统计年鉴》、2017 年《国民经济和社会发展统计公报》。

>>八、社会保险体系是促进劳动力市场平衡的有效手段<<

中国已经织就了世界上最大的社会保障网。以不同种类社会保险为指数计算基础的政府治理指数呈现线性递增趋势，从 2007 年的 43.1 增加到 2016 年的 71.0（见图 2-31）。在诸多与劳动力市场相关的政府治理指标中，社保覆盖情况是唯一关系劳动者终生职业与生活保障、通过政府强制力搭建起来的多方共建且运行较为稳定的变量。政府治理指数是几个二级指数中唯一对内部和外部冲击均不敏感的指标。代表政府治理水平的社会保险体系保障劳动力市场平衡性如同大气层保护地球，参保权益约定植根于劳动合同之中，签订劳动合同属劳动力市场范畴的行为，而权益实现则表现在劳动力市场范畴之外，社会保险是劳动者防范劳动力市场风险的基础性保障。中国的社保体系基本实现了两项任务：一是在参保权益约定环节保障财政负担、企业负担和个人负担的合理性，二是在权益兑现环节，保险金能抵御通货膨胀带来的基金贬值风险。

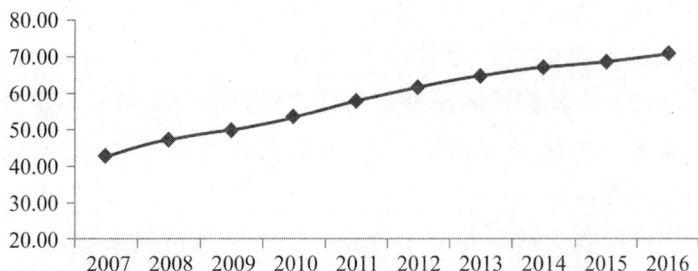

图 2-31 2007—2016 年劳动力市场政府治理指数

从其他相关指标来看，劳动力市场政府治理水平在提升。社会保险相关案件受理数呈现下降趋势，这说明以社会保险为核心的、关于劳动者切身利益的基础社会治理系统已经搭建完成。2016 年，劳动报酬案件受理数占当期劳动人事争议案件受理数的 41.7%，劳动合同案件受理数占比为 22.8%，社会保险案件受理数占比为 17.6%。在三种案件中，唯有社会保险类案件呈现下降趋势，建设相对健全的社会保险体系并切实发挥其劳动力市场"稳定器"效应，是政府治理能力和治理质量提升的体现，也是减少劳动力市场摩擦的重要手段（见图 2-32）。

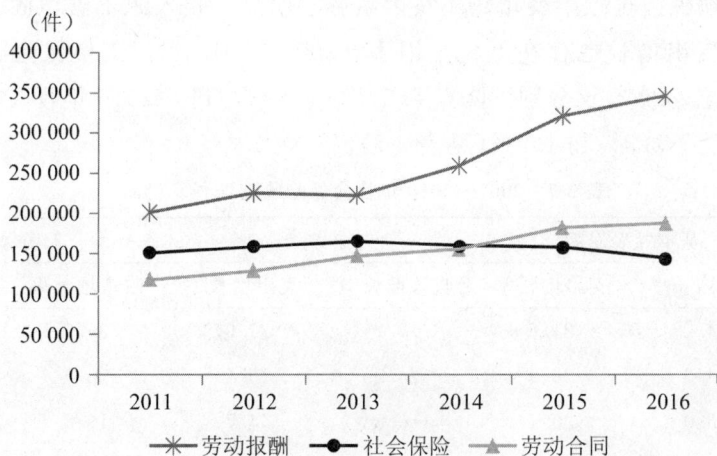

图 2-32 2011—2016 年劳动人事争议案件受理情况

数据来源：2012—2017 年《中国劳动统计年鉴》。

劳动报酬和劳动合同案件均呈现上升趋势，这表明关乎收入公平分配、劳动力市场秩序维护等方面的工作还有待加强，这与上文的研究结论一致。事实上，社会治理本身包括但不限于社会保险，社会保险是社会治理指标中最基础、最重要的变量之一。除了保险覆盖率，保险金的收支和使用也是社会治理水平的体现。中国劳动力市场的社会治理任务依然艰巨，政府进行社会治理的过程中还有一些问题需要关注。

第一，基本养老保险、工伤保险和失业保险覆盖率提升空间较大，政府投入比例还可继续上调。政府每年对社会保障的投入在 10% 上下波动，但是很多西方国家每年对社会保障的投入维持在 40% 左右，大多新兴国家也都在 20%～30% 之间，我国对社会保障投入不够。而社会保障的资金来源不足必然会导致资金的供给小于需求，导致"上保险"成为企业与劳动者进行议价的筹码，而非一般理论意义上的基础保障。

第二，社会保险收支情况并非十分稳定。从结余情况来看，基本养老保险、失业保险和工伤保险每年都是收大于支的，但是收支增长率并不稳定。其中，养老保险的收入增长率和支出增长率差异不大，二者呈同向波动，但是失业保险和工伤保险的收支增长率波动变化较大。2007—2016 年，失业保险收入增长率和支出增长率皮尔逊相关系数为 -0.79，收入减少伴随支出增长。2009 年、2015 年、2016 年的反向变动特征表现最为突出。2009 年，受金融危机影响，失业保险金收入环比增长为 -0.8%，同年，保险支出环比增长 44.7%。2015 年，失业保险收入环比增长率为 -0.9%，同年，保险金支出环比增长 19.8%；2016 年，失业保险金收入和支出环比增长率分别为 -10.2% 和 32.6%。支出的不稳定增长体现了劳动力市场冲击，这与经济环境、技术冲击、政策影响有关，而收入的不稳定增长说明保险金缴纳受市场不良因素影响明显、收入源不够稳固。工伤保险收入增长和支出增长也存在不稳定因素，2007—2014 年，工伤保险收支都是两位数增长状态，2015 年分别下降至 8.5% 和 6.8%，到了 2016 年收入和支出环比增长率分别为 -2.3% 和 1.9%（见表 2-7）。

表 2-7　2007—2016 年社会保险收支增长率（%）

年份	基本养老保险		失业保险		工伤保险	
	收入增长率	支出增长率	收入增长率	支出增长率	收入增长率	支出增长率
2007	24.2	21.8	17.2	9.9	36.0	28.3
2008	24.3	23.9	24.0	16.4	30.9	44.4
2009	18.0	20.4	-0.8	44.7	10.8	22.7
2010	20.7	20.9	12.0	15.4	18.7	23.6
2011	29.8	24.2	42.1	2.2	63.7	48.9
2012	21.2	25.1	23.4	4.1	12.9	41.9
2013	13.3	18.6	13.2	18.0	16.7	18.7
2014	11.7	17.7	7.1	15.6	13.0	16.3
2015	16.6	19.7	-0.9	19.8	8.5	6.8
2016	18.0	21.8	-10.2	32.6	-2.3	1.9

数据来源：2008—2017 年《中国劳动统计年鉴》。

第三，缴费不规范、农村缴费意愿低。不规范缴费现象存在，漏缴、逃缴问题突出。2015 年，共督促 3.9 万户用人单位办理社保登记，督促 4.6 万户用人单位为 100.3 万名劳动者补缴社会保险费 21.3 亿元，追缴骗取的社会保险待遇或基金支出 526.8 万元。2016 年略有好转，督促补缴、追缴单位户数、劳动者人数均呈下降趋势，共督促 3 万户用人单位办理社保登记，督促 3.8 万户用人单位为 63.3 万名劳动者补缴社会保险费 17.3 亿元，追缴骗取的社会保险待遇或基金支出 261.6 万元。[①] 漏缴、逃缴的现象大多出现在农村乡镇，以农业生产为主业的农民无固定收入、无固定雇主，靠村委会监督缴纳社会保险，他们受经济条件的限制或者观念影响，不愿意主动缴费。因此，从管理模式到具体工作，我国社会保障制度的完善仍然任重道远。

---

① 详见 2015 年、2016 年《人力资源和社会保障事业发展统计公报》。

第三章

致力于提高劳动力市场平衡性和充分性的政策选择

在本报告中的前两章中,我们从国际经验和中国道路两方面探讨了高质量发展与劳动力市场平衡性,并针对中国劳动力市场平衡性进行了分析。本章的任务是,通过当前我国劳动力市场发展不平衡、不充分的形势判断,给出本报告关于致力于提高劳动力市场平衡性和充分性的政策选择主张。具体而言,本章的篇幅安排如下:在第一节中,针对当前我国劳动力市场发展不平衡、不充分进行探讨,多方面、多维度地进行形势分析;在上述形势背景下,结合第二章内容,我们在第二节中给出了实现劳动力市场平衡发展和充分就业的政策措施,提出五点建设性建议。

第一节 发展不平衡、不充分是当前中国劳动力市场的主要矛盾

在上一章中我们提到,中国劳动力市场整体向好,但仍存在上升空间。深入来看,我国劳动力市场中发展不平衡、不充分的问题依然存在,甚至可视之为当前劳动力市场的主要矛盾。前者主要表现在城乡、地区、行业等的不平衡,以及收入分配、性别、劳务输入输出上的不平衡;后者多表现为就业的不充分,应对人工智能、机器人等技术进步的技能发展不充分,就业质量不高,劳动力专业与岗位错配产生的利用不充分等。

>>一、城乡、地区和行业间发展不平衡,就业极化现象存在<<

城乡间在就业人员总量上渐趋均衡,但在工资水平方面仍呈现出一定差异。

2005 年年末，乡村就业人员有 46 258 万人，而城镇就业人员为 28 389 万人，仅占乡村就业人数的六成左右。此后，乡村就业人数逐年下降，城镇就业人数平稳上升，两者于 2013 年达到持平，分别为 38 737 万人和 38 240 万人。此后城镇就业人数反超乡村，并有差距拉大的趋势，但我国 12 年来就业人员总数一直向稳，未出现较大波动，于 70 000 万人至 80 000 万人间缓慢提升（见图 3-1）。

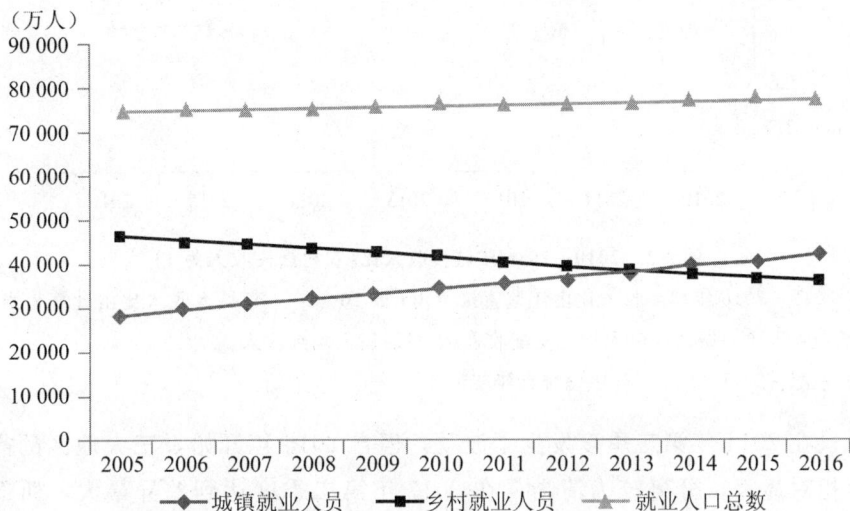

图 3-1　2005—2016 年全国城镇与乡村就业人员数

数据来源：2006—2017 年《中国统计年鉴》。

　　城镇就业人数的不断增长与我国城镇化发展密切相关。2011 年，我国城镇人口首次超过农村人口，这标志着我国城镇化发展进入了一个新阶段。2014 年，我国开始以城乡统筹、城乡一体为特征的新型城镇化建设的综合试点工作，着重城镇化发展的健康与质量，这对城乡劳动力市场的平衡发展可谓利好。尽管如此，城乡就业人员在收入上的差距仍然存在。根据国家统计局的统计，2010 年我国城乡收入比为 3.23，并至 2013 年一直维持在 3 倍水平，2014 年下落为 2.97，2015 年与 2016 年收入比相近，为 2.73 和 2.72。总体来看，近 7 年来城乡收入比持续下降，尤其在 2015 年下降幅度最大，而后较为稳定（见图 3-2）。

　　此外，我国东部、中部和西部地区的求人倍率存在较大差距，西部地区几乎一直高于其他地区，需求缺口较大，东部的需求缺口最小；各地区长期以来较为平稳，但近期有整体上升趋势，求职人数愈加低于岗位空缺数。由图 3-3 可知，西部地区除了 2014 年第四季度、2015 年第二季度以外，求人倍率一直高于东部和中部，最低 1.08，最高 1.29；东部地区除 2013 年第三季度、2014 年第二季度、2016 年第三季度以及 2017 年第四季度以外，求人倍率皆低于中部和西部地区，由 1.06 波动上升到 1.22；中部地区一直处于中间位置，变化不大。比较来看，2013 年第三季度至 2015 年第四季度，东部、中部和西部地区需求缺口相差

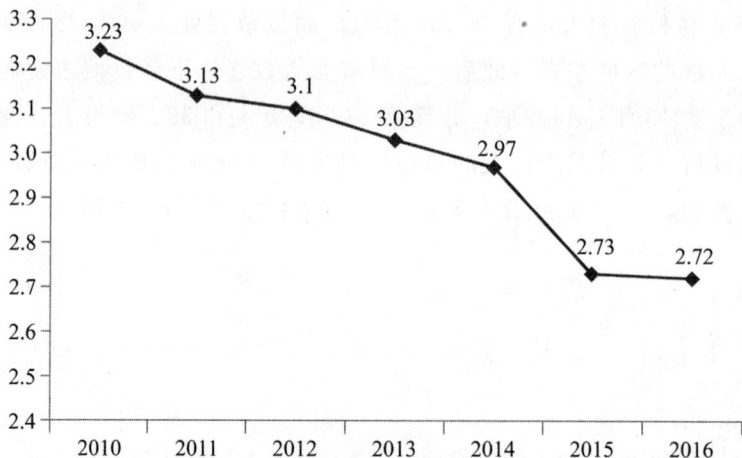

图 3-2　2010—2016 年城乡收入比(农村居民收入为 1)

注:2012—2016 年城乡收入比由年鉴直接给出;2010—2011 年城乡收入比由计算得出,计算公式:城乡收入比＝城镇居民人均可支配收入/农村居民人均纯收入。

数据来源:2011—2017 年《中国统计年鉴》。

不大,只在 2014 年第三季度发生了波动,但自 2016 年开始,三大地区的需求缺口差异相对显著,分离较为清晰,在 2017 年第二季度达到差异最大,西部高于东部 0.21,而后趋于收紧态势。在发展过程中,各地区都存在一定波动,也均在 2017 年年末达到各自最高值,西部在"一带一路"倡议带动下促生出更大的人才需求,但碍于自身发展水平和条件难以一时满足,尚需由其他途径进行贴补。

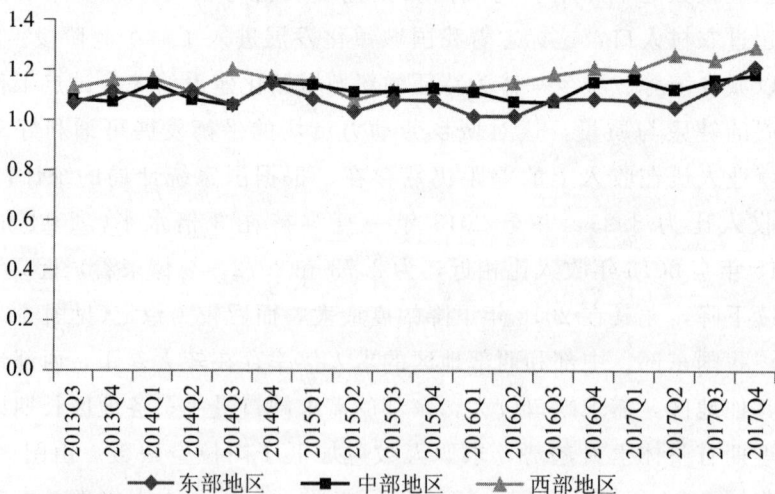

图 3-3　2013 年第三季度至 2017 年第四季度东中西部的求人倍率

注:此处求人倍率为岗位空缺与求职人数的比率＝需求人数/求职人数,表明市场中每个求职者所对应的岗位空缺数。

数据来源:人力资源和社会保障部。

　　劳动力市场在行业间的不平衡发展也较为明显。企业扩张撬动劳动力市场需求，以房地产业为代表的部门非均衡性发展，进一步诱发了劳动力市场的非均衡性波动，由于行业间的互联性，这种波动也会波及其他多个行业，尤其对劳动密集型产业影响显著。同时，除了行业间的就业供需波动，行业间的工资差异也相对较大。2015年金融业以及信息传输、软件和信息技术服务业两者遥遥领先，金融业尚得头筹，但在2016年的非农行业中，已被后者反超。但国有企业金融业的收入仍居首位。同时，科学研究和技术服务业，电力、热力、燃气及水生产和供应等行业的平均收入紧随其后，农、林、牧、渔业，住宿和餐饮业，水利、环境和公共设施管理业，居民服务、修理和其他服务业等工资水平较低，与其他行业存在较大差距（见图3-4）。

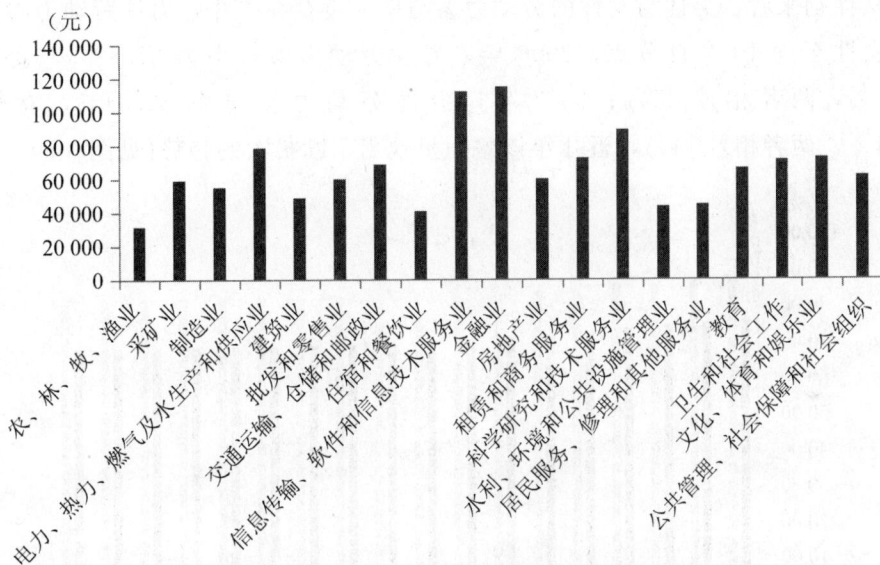

图 3-4　2015 年分行业城镇单位平均工资

数据来源：2016 年《中国劳动统计年鉴》。

　　与此同时，就业技术"极化"现象已经出现，并有延伸态势，空间"极化"现象凸显。技术进步对中等技能岗位的挤出效应初显，而高技能和低技能岗位的需求将大量增加，这将由发达城市逐渐向外延伸，影响其他地区的劳动力市场。同时，东部地区仍是主要劳动力吸纳地，造成了地理空间上的不均衡。

>>二、收入分配、性别与劳务输入输出
方面亦发展不平衡<<

　　收入分配涉及城乡、地区以及不同群体间居民收入差距等多个方面，近年来

这些差距仍较大。全国居民收入的基尼系数在 2012 年时为 0.474，一直到 2015 年逐年下降到 0.462，2016 年略有反弹，达到 0.465，都高于 0.4 的警戒线，收入分配发展形势严峻。2016 年我国低收入户(20%)人均可支配收入为 5 528.7 元，高收入户(20%)人均可支配收入为 59 259.5 元，是低收入户的 10 倍之多，而近几年也均为如此高的比例，收入分配上存在较大失衡。同时，前文也提及了城乡收入比，城镇居民收入一般为农村居民收入的 3 倍左右，东部地区经济实力远高于中部和西部地区，2016 年东部地区人均可支配收入为 30 654.7 元，居于首位，高于东北地区 22 351.5 元；其次是中部地区，为 20 006.2 元，西部地区最低，为 18 406.8 元。[①] 东部地区约为其他地区人均可支配收入的 1.5 倍，就劳动力市场而言，这可能会进一步影响劳动力的流动与不稳定性。

从性别来看，男性与女性的劳动力参与率一直存在差距，男性劳动力参与率高于女性至少 10 个百分点。2000 年，男性劳动力参与率为 87.82%，女性为 76.82%，两者相差 11%；2017 年，男性劳动力参与率 82.84%，女性为 68.84%，两者相差 14%，近几年该差距呈现出不断扩大的趋势(见图 3-5)。

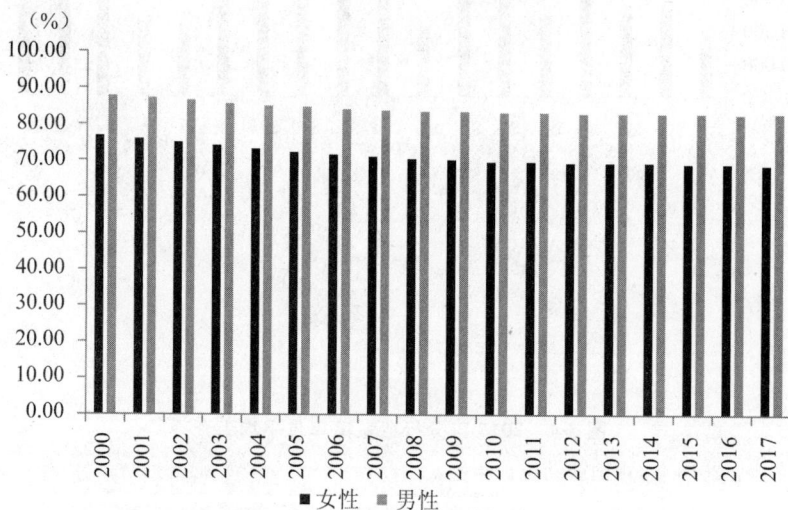

图 3-5　2000—2017 年男性、女性劳动力参与率

(占 15～64 岁同性别人口的百分比，模拟国际劳工组织估计)

数据来源：世界银行。

同时，从男性与女性的失业率来看，男性失业率一直高于女性，基本保持 1 个百分点的差距，但总体趋势趋同。2000—2007 年，两者失业率一直下降，并于 2007 年达到 18 年来的最低点；2008 年受金融危机的影响，失业率陡升，出现了一定波动，而后缓慢提升。从 2016 年开始，男性失业率与女性失业率的差距

① 数据来自《中国统计年鉴》。

开始缩小，2017年进一步紧缩，但男性失业率略有下降态势，女性失业率略有上升，性别歧视仍是劳动力市场中的典型歧视(见图3-6)。有关学者的调查发现，在城市中女性的平均工资比男性低30％，而且女性被解雇的概率更大。[1] 智联招聘发布的《2017中国女性职场现状调查报告》显示，超八成女性认为在就业中存在歧视，其中，22％的女性认为就业中性别歧视现象严重，59％的女性认为在就业中存在一般性别歧视，仅有2％的女性认为在就业中完全不存在性别歧视。[2] 除了劳动参与，在工资水平、岗位晋升等方面，女性劳动者也一直处于弱势。

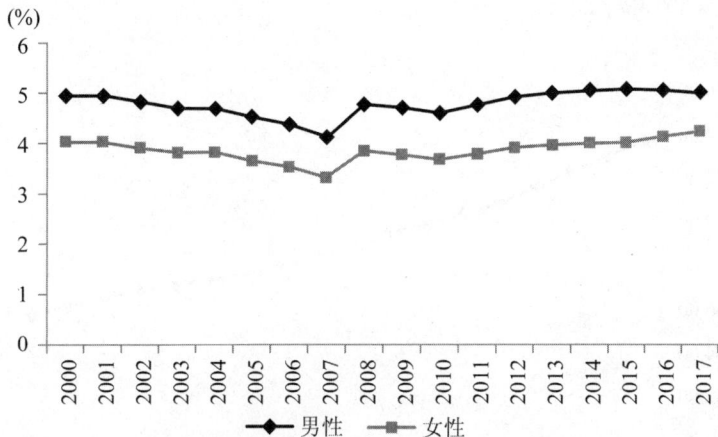

图3-6　2000—2017年男性、女性失业人数占同性别劳动力比例
(模拟国际劳工组织估计)

数据来源：世界银行。

除收入分配、性别以外，劳务输入输出也是不能忽视的一个方面。在上一章中，我们提到了劳动力在地区间的流动，城乡间存在农村流向城市的单向流动，东部沿海地区凭借其优越的条件和实力，吸引着大量劳动力的涌入，而中西部地区多为劳动力外流区。随着国家新政策的颁布和实施，部分地区转变身份，成为新的人口流入区，部分重点城市也成为所在省的"节流器"。有序的劳动力流动能够较好地平衡劳动力市场的供给与需求，但无序的流动不仅会造成供需失衡，更可能引致其他发展问题，给流入地和流出地均造成负面影响。

---

[1]　李长安：《就业要实现"体面" 必须消除歧视存在》，http://career.eol.cn/news/201604/t20160420_1388965.shtml，2016-04-20。

[2]　光明网：《智联招聘发布2017中国女性职场现状调查报告》，http://it.gmw.cn/2017-03/07/content_23909844.htm，2017-03-07。

>>三、就业与应对技术进步的技能发展不充分<<

我国 15 岁及以上的人口中，就业人口所占比例逐年下降。2000 年，我国 15 岁及以上总就业人口比例为 73.72%，在 2006 年下降到 70% 以下，为 69.88%。2017 年，该比例继续下降为 65.71%，也就是说，在 15 岁及以上的每 100 个人中，只有不到 66 个人参与就业，而这一状况在未来一段时间并没有减缓的态势，甚至会更低（见图 3-7）。

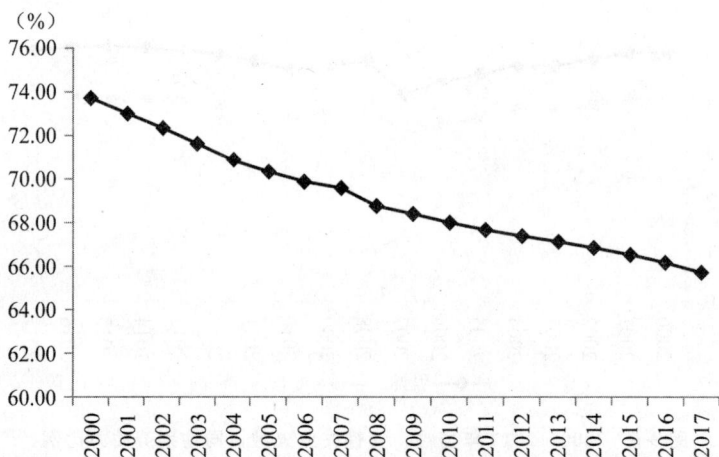

图 3-7 2000—2017 年 15 岁及以上总就业人口比例（模拟国际劳工组织估计）

数据来源：世界银行。

目前，我国劳动力供给较大，而需求减少。从劳动力群体来看，主要是毕业生和农村劳动力。毕业生包括每年 700 多万的高校毕业生，以及 500 多万的中等院校毕业生，而我国现在的经济活动人口数有 7 亿多，其中农村劳动力高达 3 亿多。[①] 随着我国经济增速放缓，技术进步对就业岗位的冲击，以及供给侧改革背景下的减员增加，我国就业需求降低，与提升的就业供给量形成反差，造成就业的进一步不充分。

同时，人工智能、机器人等技术进步对劳动力市场的影响初显。随着劳动力成本的增加，部分企业开始引进机器人代工，一方面带动了高技能岗位需求的增加，另一方面挤压了部分中等技能就业岗位，就业"极化"现象明显。就目前来说，机器人已由枯燥危险、不适宜人类完成的任务逐步涉猎到制造业、服务业、医疗保健、国防以及空间探索等领域，并有引发新兴产业和新型业态的趋势，创

---

① 求是网：《新形势下我国就业工作的新挑战》，http://www.qstheory.cn/zhuanqu/qsft/2016-09/21/c_1119599417.htm，2016-09-21。

造了一系列与之有关的就业岗位。而这些就业岗位也对从业者的技能提出了新要求，多涉及专业技能培训、机器人租赁、自动化发展等有关的工程、金融、租赁、培训等新的就业领域。

但当前我国劳动力素质与这些新型岗位需求尚不匹配。国内缺乏精通人工智能和机器人领域的相关高技能人才，即使部分企业已引进该类技术用于生产，但多为从国外进口的机器人产品，而非国产，这只会带动国外就业水平的不断提升，而非国内就业水平。目前，国内存在人工智能和机器人领域的较大人才需求缺口，兼顾相关技术研制操作与企业工艺特点的复合型人才、技术研究领军型人才及中高端专业技术人才较为稀缺。技术进步对其他岗位的挤出作用，也使部分劳动者面临较大失业风险，而该风险或许将在较长一段时间里存在。

>>四、就业质量不高，劳动力专业与
岗位错配产生的利用不充分<<

就业质量是一个综合性的概念，包含了工资收入、社会保障、劳动保护、职业发展等多个方面的内容。其中，就业岗位的稳定性是衡量就业质量的一个重要指标。

从我国的具体情况来看，以微观指标来衡量的就业稳定性并不乐观。根据全球著名的人力资源咨询公司怡安翰威特对我国 3 000 余家企业的调研结果，2016年中国企业员工离职率高达 20.8％，其中主动离职率为 14.9％，被动离职率为5.9％。从行业来看，酒店行业员工离职率最高（43.4％），互联网次之（36％），地产、零售、物流和消费品行业的离职率也高于全国平均水平；前程无忧发布的《2017 离职与调薪调研报告》显示，2016 年我国员工整体流动性明显上升，平均离职率为 20.1％。其中主动离职率整体达到 16.0％，被动离职率为 4.1％。从各行业员工离职率来看，高科技、制造业、消费品行业的员工离职率依然较高，分别为 25.1％、24.4％和 21.1％。① 这不仅对劳动者本人造成经济损失，也不利于企业稳定生产经营。

此外，我国劳动者工资收入不高，总体而言仍处于较低水平；社会保障覆盖面不全，保障水平低，不少劳动者并不能享受到"五险两金"的充分保护；超时工作现象普遍。根据国家统计局《2016 年农民工监测调查报告》，日从业时间超过 8小时的农民工占 64.4％，周从业时间超过 44 小时的农民工占 78.4％；白领阶层

---

① 李长安：《以稳定就业为抓手，推动实现更高质量就业》，http://opinion.china.com.cn/opinion_78_173978.html，2017-11-04。

加班现象也同样十分突出。[①] 而这些都说明我国就业质量不高，尚存在很大的提升空间。

针对毕业生群体来说，所学专业与就业岗位错配的现象比较严重，而这在另一方面造成了高等教育资源的浪费与就业的低效。有学者研究发现，近三成的毕业生就业时专业与岗位不匹配。国外研究显示，欧美发达国家毕业生的不匹配情况较低，大多位于 10％～20％之间，而我国达到了 33.3％，比例偏高。[②] 由中国社会科学院社会学研究所组织撰写的《社会蓝皮书：2017 年中国社会形势分析与预测》报告中提到，2011—2015 届中国大学毕业生工作与专业相关度由 64％提高到 66％，有小幅上升，但仍旧有很大提升空间。[③] 就业岗位与专业的相关性也因专业的不同而不同。一般来说，医学、工学、教育学、法学等专业技术较强领域的毕业生，出现岗位与专业不匹配的情况比较小，相关度较高，而理学、农学、历史学等相关度较低。目前我国处于经济转型的关键期，产业更新换代加快，新领域、新技能、新业态将不断出现于人们的视野中，成为未来发展的新方向，这与高等教育领域中的传统专业结构不可避免地发生错位、摩擦甚至脱节，而对于毕业生劳动力群体来说，这将对其就业机会与就业质量产生直接而强有力的影响。

第二节　实现劳动力市场平衡发展和充分就业的政策措施

针对上述分析，结合第二章对我国劳动力市场平衡发展的论述，在本节中，我们将从扩大就业与提高就业质量、推动城乡平衡发展、消除性别歧视、提升劳动力素质、缩小收入分配差距等多个方面，为实现劳动力市场平衡发展和充分就业提出五点政策建议。

≫一、坚持扩大就业与提高就业质量并举，在实现比较充分就业的同时推动实现更高质量就业≪

就业是最大的民生。十九大报告中提到，要坚持就业优先战略和积极就业政

---

① 李长安：《就业表现应由量向质转变》，http://opinion. huanqiu. com/hqpl/2017-07/10951843. html，2017-07-08。

② 刘扬：《大学专业与工作匹配研究：基于大学毕业生就业调查的实证分析》，载《清华大学教育研究》，2010(6)。

③ 中国新闻网：《蓝皮书：中国高校毕业生工作与专业相关度仅为 65％》，http://www. chinanews. com/sh/2016/12-21/8100207. shtml，2016-12-21。

策，实现更高质量和更充分就业。这就要求就业的"质"与"量"齐头并进，而非单纯追求失业率的降低。低质量就业水平下，单纯扩大就业规模，提升就业数量，不仅无法带来产出的增长，更会给人力资源带来极大浪费，甚至进一步影响人力资源的投资。因此，坚持扩大就业与提高就业质量并举，不仅是时代进步与发展的要求，更是我国当前经济转型升级的亟须条件，顺应了人民日益增长的美好生活需要。

充分就业是做好就业工作的首要。这不仅包括劳动机会的获得，更包括人力资源得到充分挖掘与利用，促进高校毕业生等青年群体、农民工群体等多渠道就业创业。近几年，我国在就业数量扩张上总体稳定向前，但就劳动者个体来说，找工作容易，找好工作难，能在岗位上充分发挥自身价值的就业量，远远低于不断上升的就业量。新旧动能转换背景下，劳动力供给与需求间难免发生错位，在对传统产业造成冲击的同时，也创造出来一批新兴产业就业机会，需要劳动力市场及时进行调节，来顺应时代发展。针对特定时期可能出现的矛盾，我们应继续坚持扩大就业政策，促进就业市场稳定，尽量避免不必要的波动。

2016年12月，人力资源社会保障部、财政部、国务院扶贫办专门出台了《关于切实做好就业扶贫工作的指导意见》，提出了通过开发岗位、劳务协作、技能培训、就业服务、权益维护等措施，带动促进1 000万贫困人口脱贫的战略目标。2017年1月，国务院通过的《"十三五"促进就业规划》又明确提出了"推进就业扶贫"的政策要求。可见，通过就业缓解贫困是整个扶贫战略的重要一环，也是贫困劳动者主动凭借自己劳动脱离贫困的主要途径。许多研究都发现，宏观上一国的失业率与贫困发生率之间存在着很强的正相关性，即失业率越高，贫困发生率也越高。微观上来说，家庭成员的就业率与其贫困发生率同样存在着明显的正相关性。事实上，那些"零就业"家庭很多也就是贫困家庭。[①] 因此，扩大就业对我国扶贫工作亦具有相当重要的价值与意义。

就业质量的提高是持续的过程。在低生产力水平阶段，就业质量的提升诉求主要在于正规就业、安全的环境、职业健康及其他基本权益方面；而生产力发展水平较高时，则更看重就业发展性、成就感和价值感，涉及价值实现、工作生活平衡等领域。智联招聘对9万多名2017届应届大学生的调查发现，有55.9%的毕业生认为能够"不断学习新东西、获得成长"的工作是理想工作，居于首位。其次是"待遇好"和"行业/公司发展有潜力"，比例分别为52.2%和34.9%，这是历年大学生就业意愿调查以来，自我成长首次超过对待遇的关注，成为大学生求职

---

① 李长安：《充分发挥就业扶贫积极效应》，http://www.cssn.cn/jjx/jjx_gzf/201702/t20170223_3427089.shtml，2017-02-23。

时最看重的因素①，这也反映出劳动者在新时代下对就业质量的新诉求。政府要着重打造实现劳动力自身价值的工作环境，会"引人"更会"用人"，实现人尽其才，才能为经济社会发展提供持久动力。

>>二、推动城乡和区域平衡发展，弥合劳动力市场鸿沟<<

继续推动城乡劳动力市场的平衡发展，创造公平的就业环境，缩小城乡劳动力的收入差距，实现城乡统筹共进。2017 年年末，我国农民工总量达到 2.87 亿人，比上年增长 1.7%，其中外出农民工 1.72 亿人，增长 1.5%，改变了前两年外出农民工数量接近零增长甚至一度出现负增长的态势，推动城镇化率提高到 58.5%。农村劳动力的转移就业提升了乡村居民的经济收入，进一步缩小了城乡居民收入差距，有利于新型城镇化的建设与发展。2017 年印发的《"十三五"促进就业规划》中提到，要拓宽农村劳动力转移就业渠道，建立健全城乡劳动者平等就业制度，引导农村劳动力外出就业、就地就近就业，并促进农村贫困劳动力转移就业。但城乡"二元结构"对城乡发展影响颇深，在解决城乡生态环境共治、基础设施相通、公共服务共享以及生产要素顺畅流动等方面，政府还需进一步努力。对于进城就业的农民工，不仅要给予和营造公平公正的就业环境，更要共享社会保障福利，推进农民工市民化与城市人乡居化的实现，带动人才、知识技术、资金等双向流动，优化资源配置。

同时，多措并举加快新农村建设，助力乡村振兴，避免农村凋敝。城镇化的不断深入吸引着越来越多的农村劳动力转移，在城市实现就业，乡村优质劳动力在城镇定居，农村剩余劳动力相对薄弱，甚至"空化"，不利于农村的长远发展。城乡融合是现代化的必由之路，城乡必须实现良性互动，才能助推我国的发展进程。因此，在当前产业升级与转型的关键期，乡村也应抓住时机，引进先进技术，实现新型农业的转型，鼓励支持基于乡村特色的产业筹备与共建，以第一产业带动非农产业，拓展农产品加工、旅游文化、电商物流等创新创业，活跃乡村劳动力市场，吸引农民工返乡就业，加强就业技能培训，提升农民就业能力，更好地投入适应当前快速发展的劳动力市场，平衡城乡统筹进步。

针对区域劳动力市场不平衡的问题，以解决劳动力市场的极化现象入手，缓解劳动力过分集中于少数中心城市的趋势，按照全国主体功能区规划的要求，打造若干个新的"就业中心"。与此同时，加快产业梯度转移的步伐，带动劳动力由东部向中西部转移。经过多年的粗放式增长之后，东部沿海地区的资源、能源、

① 李长安：《人才竞争重在改善用人环境》，http://baijiahao.baidu.com/s?id=160040709738 2179375&wfr=spider&for=pc，2018-05-14。

土地、劳动力等生产要素供给日益趋紧，逐渐出现产品竞争力减弱、经济效率下滑、资源环境承载力接近饱和等突出问题。与此同时，中西部地区承接条件日益完备。由于生产要素和资源禀赋的差异，各地区之间存在产业梯度差。随着时间的推移及生命周期阶段的变化，生产活动逐渐从高梯度地区向低梯度地区转移。中低梯度地区通过接受扩散或寻找机会跳跃发展并反梯度推移求得发展。与东部沿海地区不同，我国中西部地区的加工贸易直到 20 世纪末才开始加速。概括说来，中西部地区已具备生产要素成本低、资源能源丰富、投资环境明显改善等优势，积极承接东部沿海地区梯度转移的条件已成熟。产业梯度转移必然带动劳动力的大转移，流动人口的流动方向由此也发生了诸多的变化。国家统计局发布的《2017 年农民工监测调查报告》显示，从输出地看，东部地区农民工 10 430 万人，仅比上年增长 0.3％，占农民工总量的 36.4％；中部地区农民工 9 450 万人，增长 1.8％，占农民工总量的 33％；而西部地区农民工 7 814 万人，增长 3.3％，占农民工总量的 27.3％；东北地区农民工 958 万人，比上年增加 29 万人，增长 3.1％，占农民工总量的 3.3％。西部地区农民工人数增长明显快于其他地区，西部地区农民工增量占新增农民工的 52.2％。

>>三、消除性别歧视，实现劳动力市场性别平等<<

消除性别歧视是个长期的过程，但却在当前社会发展中格外紧迫和必需。进一步建立和完善反就业歧视的法律法规，创造公平就业的制度性环境，是实现劳动力市场性别平等的最有效和根本之路。性别歧视不仅对被歧视者造成不公，使其难以获得平等的就业机会和同工同酬的福利待遇，而且也造成了国民经济损失，由此引发的劳资纠纷和冲突也不在少数，给企业主本身及社会稳定均造成损害。[1] 但从我国古代开始，就有男女不平等的思想观念，若要改变观念，则尚需较长的时间，短期内最为有效的方法，则是从法律法规入手，对劳动力市场中的这一现象进行强制规范，为被歧视的女性群体，建立更有力的保护措施，提供更为全面的就业性别歧视的纠纷解决机制，为劳动力市场的健康平衡提供法律保障。

此外，要培养社会性别平等观念，适当分担女性生育成本，在政策上给予女性劳动者更多就业鼓励与关怀。当前，各行各业都经历着日新月异的进步与改变，劳动力市场生态也默默发生着不同于以往的变化，新经济的发展和新行业的兴起，让越来越多的女性可以摆脱家庭与生活的束缚与压力，更好地参与到电商

---

① 李长安：《就业要实现"体面"　必须消除歧视存在》，http://career.eol.cn/news/201604/t20160420_1388965.shtml，2016-04-20。

等新兴工作领域中来。消除性别歧视是对我国人力资源的充分利用，有利于充分就业的实现，能够为社会带来更多的产出与价值，创造更多财富。女性劳动者也应抓住机会，不断提升工作技能，用实际行动展现当代女性的良好风貌，用实力与业绩让社会与他人改观，帮助社会树立正确的用人观。"二孩"政策实施后，女性生育成本再次增加，而这也是用人单位所顾及的问题，政府或社会组织可通过自身方式分担部分女性的生育成本，在政策上给予女性更多关怀与支持，从而进一步调节女性劳动者与用人单位间的紧张关系。

>>四、提高劳动力素质，补齐技术进步的洼地<<

高等院校及时关注劳动力市场的发展动态与需求，尤其在经济结构转型期，密切关注未来发展趋势与方向，据此调整专业结构，一定程度上解决毕业生所学专业与市场需求的错位问题。从目前情况来看，高等院校与劳动力市场间存在一定的信息不对称，市场需求信号未能及时传达给高校，导致毕业生的结构性失业，部分专业市场需求不大，供给大于需求，部分用人单位却招不到人，供不应求。这就使求职者与用人单位均陷入困境，不仅浪费了毕业生的人力资本投资，也给产业的生产发展带来麻烦，影响经济效益。随着技术进步，人工智能、机器人领域急需对口的高技能人才，我国也亟须形成自己的相关产业，来带动出更多技术进步的就业需求，而非仅仅依靠国外进口来拉动国外就业。高科技需要高素质人才，政府在人才培养、科研奖励以及成果转化等方面，应给予更多优惠政策与支持措施，鼓励劳动者创新创业，激励劳动者的自我发展与成长，引导劳动力向国家急需领域服务与贡献。这就需要大力提升劳动力素质，不仅限于高校毕业生，农民工以及其他劳动力均应有"活到老学到老"的精神，树立终身学习的观念，社会要完善终身学习体系与服务，帮助劳动者适应和追赶时代发展。

除提升劳动力的专业技术能力，就业能力与适应能力在现代与未来社会也相当重要，应给予着重培养。部分发达城市就业极化现象初显，技术进步在短期内不可避免地要给传统产业造成一定冲击，造成部分劳动力脱离岗位，暂时失业。这就需要劳动者能够拥有较强的综合素质，不仅能接受失业，更能及时寻求新的就业岗位或行业，迅速适应新环境。在当前经济发展的特殊时期，改革稳步推进，难免会有阵痛，政府要做好劳动者权益保护与培训工作，完善失业保险制度，建立完善人才培养和服务体系，做好就业市场的监测与预警，鼓励创业和再就业，引导劳动力有序流动。

>>五、缩小收入分配差距，在提高效率同时实现公平<<

在初次分配中注重效率，提高劳动报酬在初次分配中所占比重，提高低收入者的收入，增加居民财产性收入。初次分配由市场决定，政府难以从中做出调节，而当前我国收入分配差距虽略有减小，但基尼系数仍超过警戒线，收入差距较大。经验研究表明，过大的收入差距不利于国家跨越"中等收入陷阱"，更会造成一系列社会问题，影响社会稳定。近几年来，我国居民劳动报酬在初次分配中比重下降，而高收入群体中，财产性收入起到了相当大的作用，仅房价的上升就给有房居民积累了很大的财富，而低收入群体的财产性收入作用甚微。提升劳动报酬在初次分配中的比重，能较好地缩小收入差距，但财产性收入也是初次分配的重要来源，要进一步扩充中等收入和低收入群体的财产性收入，更好地发挥该渠道的重要作用，同时提升低收入者的收入，划出最低收入底线。

再分配中更注重公平，建立完善财产税制，加大反腐力度，优化财政支出结构，多倾向民生领域，拓宽财产投资渠道。[1] 再分配中就要充分发挥政府的调控作用，对于高收入群体中的合理收入，改革税收调节制度，着重减少间接税比例，增加直接税占比，保证合理纳税。对于通过贪污腐败等非法途径获得的高收入，严格按照法律进行监管和取缔，营造良好的收入环境。对于低收入群体来说，要进一步加强对困难群体的倾斜，引导其实现自力更生的脱贫与创造财富，提升就业能力，进一步落实精准扶贫政策；要扩大社会保障覆盖面，为居民提供最基本的保障，增加医疗卫生等民生支出，创新宏观调控方式，盘活财政资金存量，优化财政收支结构，发挥效用最大化；还要进一步扩充中等收入群体，拓宽财产投资渠道，提高居民理财水平，并赋予农村居民土地产权，促进土地流转，力促橄榄型分配格局的形成。

---

[1]　金辉：《调整收入分配格局缩小收入差距——访北京师范大学收入分配研究院执行院长李实》，载《经济参考报》，2017-05-18。

第二篇

劳动力市场平衡性专题研究

第四章

三大经济区域转型升级过程中的劳动力市场比较研究

党的十九大报告明确指出,"就业是最大的民生。要坚持就业优先战略和积极就业政策,实现更高质量和更充分就业"。推动高质量发展是当前和今后一个时期确定发展思路、制定经济政策、实施宏观调控的根本要求。本报告前文显示,过去几年,中国劳动力市场平衡性指标逐年上升,劳动力市场应对冲击能力较强,但是局部地区劳动力市场仍然面临发展不充分的问题,个别区域存在局部价格不平衡问题。

区域劳动力状况和变化趋势是劳动力市场是否平衡发展的重要体现。本章具体考察长江三角洲地区(指上海、江苏、浙江)、珠江三角洲地区(仅广东)和京津冀地区(包括北京、天津、河北)三大经济区域的劳动力市场平衡性状况。[①] 这三个地区都是当前我国重要的经济增长地带和产业发展中心,带动了大规模就业,成为改革开放以来劳动力流入的主要地区。同时,这三个地区也是劳动力市场改革的主要阵地。但是,由于地域文化和发展模式等多方面差异,这三大经济区域在劳动力市场改革和带动就业方面的表现不尽相同。因此,系统比较三大经济区域在经济转型升级过程中的劳动力市场平衡性状况,总结劳动力市场改革的优缺点有助于今后进一步完善劳动力市场改革,促进劳动力市场更好地一体化发展。

第一节 三大经济区域经济与社会发展基本情况介绍

区域经济一体化能够增强区域的整体实力和竞争力,长三角、珠三角和京津冀三大经济圈是国内最具经济活力的地区。我们通过 2016 年各省(市、自治区)的统计数据对长三角地区(上海、江苏、浙江)、珠三角地区(广东)和京津冀地区

---

① 为了方便对比,本章所用的数据是沪苏浙三地、广东全省和京津冀三地的数据。

（北京、天津、河北）的经济和社会发展现状进行简要的总结与比较，从而进一步探索三大经济区域劳动力市场改革的启示。

>>一、社会基本概况和发展水平比较<<

我们选取人口素质、城乡结构、社会组织、生态环境以及反映社会负面发展的安全事故等指标，来度量和观察三大经济区域的社会基本情况和发展水平，具体如表 4-1 所示。

表 4-1　2016 年长三角、珠三角、京津冀地区社会基本概况和发展水平比较

项目	长三角	珠三角	京津冀
人口数（万人）	16 009	10 999	11 205
人均受教育年限（年）	10.2	9.6	10.0
大学本科以上占 6 岁以上人口比（%）	9.1	6.6	10.8
全部地级及以上城市数	25	21	13
城市化率（%）	70.5（沪 87.9）	69.2	63.9（冀 53.3）
城乡居民年人均收入比（绝对值之比）	2.2∶1（4.83w/2.20w）	2.6∶1（3.77w/1.45w）	2.3∶1（4.09w/1.81w）
社会组织数（个）	145 811	59 455	36 732
空气质量达标平均天数比（占全年总天数%）	74.8	94.2	56.9
交通事故（起）/死亡数（人）	28 885/9 548	24 773/5 501	13 994/4 680

注：空气质量达标平均天数中直辖市数据直接来自年鉴，河北、江苏、浙江、广东的数据为根据年鉴中的省内重点城市的数据取平均数。

数据来源：2017 年《中国统计年鉴》。

在人口素质方面，依托于江苏和浙江两个腹地，长三角地区的人口数明显高于其他两个经济区域，人均受教育年限也略高于京津冀地区和珠三角地区。由于京津冀地区，特别是北京高校众多，且首都作为国家政治文化中心对高学历、高素质人才有较强吸引力，京津冀地区大学本科以上占 6 岁以上人口超过 10%，远高于珠三角地区 6.6% 的水平，也体现了较高的高等教育素养，能在更大程度上促进经济社会的现代化、高级化发展。

在城乡结构方面，由于长三角地区的经济发展活力较强，因此城市化水平较高，地级以上城市数最多，且城市化率（城镇人口比重）明显高于京津冀地区。值得注意的是，上海在相当大程度上拉高了长三角地区的城市人口比重，而河北则拉低了京津冀地区的城市人口比重。在城乡收入差距方面，长三角和京津冀经济

区域相对接近，珠三角地区略高一些。

在社会组织方面，长三角地区明显发展得更好，组织数接近京津冀地区的 4 倍、珠三角地区的 2.5 倍。侧面说明社会组织的发展与地区开放程度密切相关。政治文化氛围浓厚的地区，不如经济发达地区开放自由，公民能力建设相对滞后，体现一种"强政府—弱社会"的格局。① 在生态环境方面，珠三角地区的空气质量在三大地区中是最好的，京津冀地区最差，2016 年仅有 56.9％的天数空气质量达标，说明大气污染综合防治是系统工程，未来仍需加大治理力度。

从社会发展的负面情况来看，京津冀地区的安全建设明显高于长三角地区和珠三角地区，表明京津冀一体化协同发展战略取得了良好效果。考虑到人口基数，交通事故发生概率最高的是珠三角地区，而珠三角地区的城乡差距在三者中也是最大的，这与城乡差距过大导致社会安全水平偏低的经验结论相一致。

>>二、三大经济区域经济情况比较<<

从表 4-2 看，地区生产总值和人均生产总值都是长三角地区占据优势，其中地区生产总值的优势更为显著。从人均生产总值来看，珠三角地区明显滞后，远低于长三角地区和京津冀地区的水平。但就区域内省市区平均 GDP 增速来看，各地区差别不大，相比于 2012 年，京津冀和长三角地区有所下降，珠三角地区增长明显。

在产业结构方面，"三极"的第一产业均在 5％以下，京津冀更是仅有 1％。从三大产业产值构成来看，三个经济区域都呈现了现代化的"三、二、一"产业产值结构。其中，京津冀地区的三产产值明显高于二产（近 3 倍），而长三角和珠三角的三产略高于二产，表明两个地区刚完成从"二、三、一"产值构成的工业化中期过渡状态向现代化状态的成功转型。值得注意的是，"三极"的产业构成与就业人口构成并未达到一致，长三角和珠三角地区均是第二产业就业人口比重更高，京津冀地区第三产业的就业人口比例也远低于产业比重，表现出了"就业结构的变动滞后于产业结构的调整"的情况。

在外贸依存度方面，珠三角地区进出口总额占地区生产总值的比重明显高于长三角地区，而长三角地区明显高于京津冀地区，充分体现了珠三角地区的外向型经济的特点。从各区域的优势产业和行业来看，长三角地区与珠三角地区类似，第三产业中金融业较为突出，第二产业偏向劳动密集型，但珠三角更偏向贸易类的轻加工业，而长三角优势则在于高新技术产业，因而也更具有发展潜力。

---

① 颜烨、卢芳华：《长三角、珠三角与京津冀的发展比较与思考》，载《北京行政学院学报》，2014(5)。

京津冀地区历来主要依赖于石油、天然气、煤电等资源类产品的开采与加工以及尖端科技的研发。其中，北京近几年正积极将科技与金融产业融合，以鼓励并发展新型金融业态，在新型高新产业和现代服务业等方面也异军突起，发展势头迅猛。

表4-2　2016年长三角、珠三角、京津冀地区经济发展水平比较

项目	长三角	珠三角	京津冀
地区GDP(亿元)/人均GDP(元)	152 818.29/99 455.0	80 854.91/74 016.0	75 624.97/92 104.33
区域内省市区平均GDP比上年增长(%)	7.5 (2012年8.5)	7.4 (2012年6.5)	7.6 (2012年10.4)
三大产业产值结构比	4.1∶42.0∶53.9	4.6∶43.4∶52.0	1.1∶25.5∶73.4
总就业人数(万人)	9 881.46	6 279.22	6 346.47
三大产业就业人数比(%)	13.7∶43.3∶43.0	21.7∶40.5∶37.8	23.6∶30.6∶45.9
外贸依存度(%)	55.3	78.0	37.7
特色优势产业或行业	金融证券、高新技术、机械制造、电子通信、轻工、服装、劳动密集型产业等	金融外贸、电子电器、汽车建材、纺织服装、医药、石化、森工、劳动密集型轻加工、博彩业等	油气开采、煤电开发、燃气产供、信息技术及软件开发、黑金采炼加工、尖端科技、现代服务业等

数据来源：2017年《中国统计年鉴》；颜烨、卢芳华：《长三角、珠三角与京津冀的发展比较与思考》，载《北京行政学院学报》，2014(5)。

第二节　三大经济区域劳动力市场现状

随着现代经济的发展，产业结构变动和劳动力市场的构成变动已成必然。当前中国经济进入新常态，构建现代产业发展体系成为必然趋势，第一、第二产业比重逐步下降，第三产业比重稳步上升。与此同时，产业结构从低级向高级的发展带来了就业结构的变化。改革开放以来至2016年年底，全国第一产业就业比重从70.5%下降到27.7%，而第三产业就业比重从12.2%增长到43.5%，从以第一产业为主转型为以第三产业为主。长三角、珠三角和京津冀三个地区是20世纪末、21世纪初大规模劳动力的迁入地，也是我国重要的产业中心，且地区经济持续高速增长，对劳动力有着集中和吸纳的作用。本部分将从就业构成、就业的行业构成、失业率变化等方面考察三大区域的劳动力市场状况，考虑到外来流动人口在三大经济区人口中占比较大，我们还将进一步关注外来劳动力就业的情况。

>>一、长三角区域性劳动力市场<<

我们将长江三角洲地区的范围界定为上海市、浙江省和江苏省，这三个省市可以看作是广义长三角的核心区。已有研究显示，长三角的劳动力演化在就业总体趋势上遵循三次产业劳动力依次转移的配第—克拉克定律[1]，以及先集聚再辐射扩散的多中心空间结构样式[2]。

(一)就业总量和结构状况

长三角地区对内开放与对外开放并行，市场化程度高，经济高速增长。根据国家统计局网站的数据，2016 年长三角 GDP 总值占全国 GDP 的 20.5%，进出口贸易总额占全国的 34.7%。由表 4-3 可见，自 2005 年以来，长三角地区的第一产业和第二产业占比逐渐下降，第三产业占比不断上升。其中，上海的产业结构已经发展到相对高级的程度，第二产业比重明显下降，从 2005 年的第二、第三产业并驾齐驱发展到第三产业比重远超全国平均水平，这也与其国际经济、金融、贸易中心的定位相一致。浙江和江苏的经济发展由 2005 年主要依靠第二产业的增长，到 2016 年第三产业比重接近全国三产占比 58.2% 的平均水平。2016年，全国第二产业的占比为 37.4，可见相较于其他地区而言，长三角地区的工业化水平仍处于较高的程度。

表 4-3　长三角地区生产总值和就业的产业构成(%)

地区	年份	GDP 构成			就业构成		
		第一产业	第二产业	第三产业	第一产业	第二产业	第三产业
上海	2005	1.0	47.5	51.5	7.1	37.3	55.6
	2010	0.7	42.3	57.0	3.4	40.7	55.9
	2016	0.4	29.8	69.8	3.3	32.9	63.8
浙江	2005	6.7	53.4	39.9	24.5	45.1	30.4
	2010	4.9	51.1	44.0	16.0	49.8	34.2
	2016	4.2	44.8	51.0	12.4	47.4	40.2
江苏	2005	8.0	56.6	35.4	30.9	37.2	31.9
	2010	6.1	52.5	41.4	22.3	42.0	35.7
	2016	5.4	44.1	50.5	17.7	43.0	39.3

数据来源：2017 年《中国统计年鉴》《上海统计年鉴》《浙江统计年鉴》《江苏统计年鉴》。

---

[1]　Colin, C. G., *The Conditions of Economic Progress*, London：Macmillan & Co. Ltd, 1940，pp. 98-112.

[2]　谢茂拾：《我国提前跨入后工业社会就业形态的可行性研判》，载《社会科学》，2011(5)。

随着产业结构的调整，就业结构也发生了相应的变化。而在就业构成方面，上海、浙江和江苏有明显的差异。2005—2016 年，上海的就业人口数从 863.32 万人快速上升到 1 365.24 万人，11 年间增长了 58.1%，相较于 1990—2005 年 15 年间从业人数 9.8% 的增长率，可见增长迅猛。其中，第三产业吸纳劳动力人数最多，早在 2005 年就成为主要的就业领域，并在此后保持逐步增长，十几年间第三产业就业总量增加了 391.32 万人，增长超过 80%。具体到行业，2016 年上海吸纳劳动力前三位的行业是制造业、批发和零售业、租赁和商务服务业。与国际经济、金融、贸易、航运中心相关的行业就业人口提高幅度较大，其中增幅前三的租赁和商务服务业、软件和计算机服务业、交通运输和邮政业的就业人口比重相较于 2005 年分别上升了 83.8%、69.8% 和 17.1%；下降最明显的行业是制造业，与 2005 年相比所占比重下降了 21.5%。

与 2005 年相比，浙江 2016 年第三产业比重超过 50%，产业结构已成功转变为"三、二、一"格局。就业总人数从 2005 年的 3 100.76 万人增加至 2016 年的 3 760.00 万人，增长了 21.3%。就业结构的变化相对于产业结构滞后，仍保持"二、三、一"的构成，其中第三产业比重逐步上升。分行业来看，除了农业、采矿业、水利和制造业的就业比重有所下降外（2005 年分别为 24.55%、0.24%、0.42%、36.76%），其他行业就业均呈上升态势，其中农业就业比重下降幅度最大，从 2005 年的 24.55% 下降了 12 个百分点；而制造业只下降了 0.23 个百分点，可见传统制造业仍是吸纳就业的主要领域，仍需加快转型升级；其他行业，如信息技术、批发零售业、建筑业等就业人员数量增长速度明显，以互联网企业为代表的新兴经济在杭州等地落地也迅速带动了相关产业的发展和从业人员的增多。

2005 年以来，江苏也完成了由第二产业主导向第三产业主导的格局转型，总体结构与浙江相似。在就业总量方面，江苏的规模最大，但增幅最小，2005—2016 年从业人数从 4 578.75 万人增加到 4 758.50 万人，只增长了 4%。从就业结构来看，2005 年的"三足鼎立"之势已消失，但仍未跟上产业结构的变化，依旧是"二、三、一"的格局，且第二产业就业比重逐年上升，可见产业结构的转型升级仍有很长的路要走。

总体来看，对于由产业结构变动引起的就业构成变化，三省市基本相似，第一产业逐渐下降、第三产业逐渐上升，而第二产业就业人口比重略有波动，其中江苏甚至有较大幅度的上升。十几年间，上海就业结构始终保持着"三、二、一"的现代化格局并不断高度化，而浙江和江苏仍处于"二、三、一"的工业化向现代化过渡阶段。上海以服务业为主，江苏和浙江仍是我国重要的制造业省份，且表现出了工业化、服务化的特征（见表 4-4）。

表 4-4　2016 年长三角地区分行业从业人数及构成

行业	上海		浙江		江苏（城镇）	
	人数（万人）	比重（%）	人数（万人）	比重（%）	人数（万人）	比重（%）
总计	1 365.24	100.00	3 760.00	100.00	1 497.30	100.00
农、林、牧、渔业	48.30	3.54	466.24	12.40	5.62	0.38
采矿业	0.04	0.00	2.23	0.06	8.55	0.57
制造业	341.82	25.04	1 373.71	36.53	567.42	37.90
电力、燃气及水生产和供应业	4.83	0.35	14.58	0.39	14.51	0.97
建筑业	106.36	7.79	391.72	10.42	396.77	26.50
交通运输、仓储和邮政业	89.73	6.57	157.92	4.20	49.64	3.32
信息传输、软件和计算机服务业	48.60	3.65	73.57	1.96	27.32	1.82
批发和零售业	239.06	17.51	538.41	14.32	56.11	3.75
住宿和餐饮业	52.22	3.82	115.35	3.07	16.90	1.13
金融业	36.42	2.67	48.61	1.29	38.08	2.54
房地产业	50.01	3.66	45.16	1.20	22.24	1.49
租赁和商务服务业	133.18	9.76	102.15	2.72	29.44	1.97
科学研究和技术服务业	45.75	3.35	42.83	1.14	21.81	1.46
水利、环境和公共设施管理业	20.82	1.53	20.73	0.55	15.44	1.03
居民服务、修理和其他服务业	36.06	2.64	131.56	3.50	3.21	0.21
教育	37.41	2.74	73.77	1.96	94.97	6.34
卫生和社会工作	28.70	2.10	49.75	1.32	49.45	3.30
文化、体育和娱乐业	11.42	0.84	21.14	0.56	7.87	0.53
公共管理、社会保障和社会组织	34.51	2.53	90.57	2.41	71.96	4.81

注：江苏分行业从业人员数据缺失，只有城镇单位就业人员数据，统计口径小于从业人员数统计口径。

数据来源：2017 年《中国统计年鉴》《上海统计年鉴》《浙江统计年鉴》《江苏统计年鉴》。

（二）失业状况

我们以城镇登记失业率这一指标来考察各省区市的失业状况，虽不能完整客观地反映出真实状况，但可从一定程度上说明地方政府出台政策的依据及其所承受的来自失业群体的社会压力。从图 4-1 可以看出，自 1996 年来，长三角地区的城镇登记失业率先升后降，在 2003 年达到最高，并从 2010 年至今保持稳定。前期较大幅度的失业率增长与我国 20 世纪 90 年代国有企业改革和劳动力市场建设有着密切关系，由国企改革导致的大量从业人员下岗、失业，至 2002 年全国范围内的企业就业服务中心基本关闭，失业人数和失业率也相应地达到最高点。

上海作为我国重要的工业城市，长期以来国有企业占比大，而随着国企体制改革的逐渐深入和产业结构的调整升级，在转型的过程中，由国有企业改革引起的隐性失业显性化和产业构成变化引起的结构性失业明显体现出来。江苏和浙江从业人员规模更大，加之地域相比上海广阔，且非国有经济发达，失业人员分布较为分散，因此城镇失业率相对较低。总体来说，上海作为直辖市，虽然失业人员规模较小，但分布集中且失业率长期居高不下，面临的压力更大。

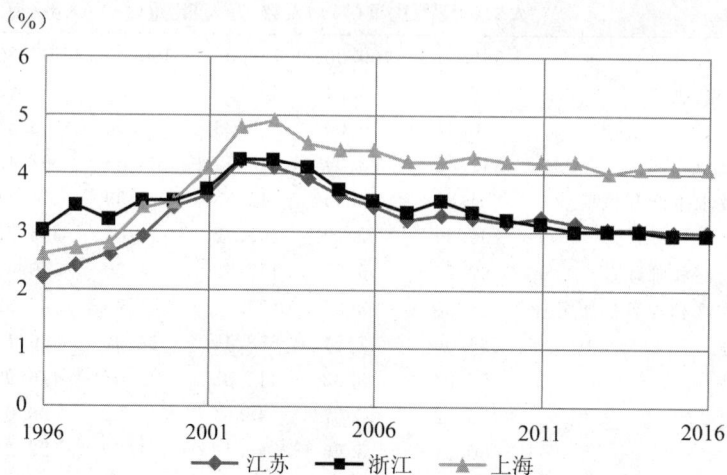

图 4-1 1996—2016 年长三角地区城镇登记失业率

数据来源：相关年度《上海统计年鉴》《浙江统计年鉴》《江苏统计年鉴》。

（三）流动人口及其就业状况

改革开放以来，我国的工业化、城市化进程快速发展，由此带来人口流动规模逐渐扩大。大规模的人口流动改变了我国区域人口的分布和构成，并对生产力、劳动力市场的变化和区域经济发展产生了影响。长期以来，我国人口呈现向东部沿海发达地区集中的流动进程，且趋势逐渐增强，而接受外来人口最集中的区域即为长三角、珠三角和京津冀地区。第六次人口普查数据显示，2000—2010年流入人口增长最多的五个省市（广东、浙江、上海、北京、天津）均位于三大经济区域。[①]

20 世纪 90 年代以来，长三角地区的一体化发展步伐加快，城市群内部的交通和商业网络进一步完善，对外来人口有强大的吸引力，内部的外来人口因寻求就业机会流动更为灵活和快捷。2005 年之后，大城市群省际净迁移格局发生改变，长三角超过了珠三角成为三大城市群中吸引省际人口迁入最多的区域。[②] 此外，由于远郊区的生活成本低于城市中心地区，长三角的大城市流动人口聚集地有向远郊移动的趋向，并且该趋势正在继续强化。第五次人口普查数据显示，长三角地区的外来人口主要为农村劳动力，受教育程度以小学、初中、高中为主，

① 邹湘江：《基于"六普"数据的我国人口流动与分布分析》，载《人口与经济》，2011(6)。
② 毛新雅：《人口迁移与中国城市化区域格局——基于长三角、珠三角和京津冀三大城市群的实证分析》，载《经济研究参考》，2014(57)。

大多数从事制造加工业、建筑业、商业服务业[①]，即外来流动人口主要从事非专业技术类和服务性行业。这些行业的突出特征是薪资低、就业技能要求少、工作强度大且时间长，虽然也是顺应社会发展的需要，但大量流动就业人口均从事较低层次的工作与长三角地区产业和就业转型的期望是相矛盾的，转型升级对劳动力素质有更高的要求。随着新常态下经济转型改革的深入，地方政府纷纷出台优惠政策以吸引高技术水平劳动力，在第六次人口普查中，长三角外来常住人口中各类管理人员、专业技术人员的比重有所上升，职业构成已向高端、技术型发展。

>>二、珠三角区域性劳动力市场<<

珠三角是我国劳动力流动规模最大的地区，大量的劳动力流入对其经济的发展有积极的促进作用。根据研究目的，本报告讨论和观察的珠江三角洲地区仅包括广东省。

(一)就业总量和结构状况

2016 年，广东就业人数为 6 279.22 万人，相较于 2005 年增长了 25%。由表 4-5 可见，自 2005 年以来，珠三角地区的产业结构不断优化升级：第一产业和第二产业的 GDP 占比逐年下降，第三产业比重逐步上升，并在 2013 年年底超过了第二产业，完成"三、二、一"产业结构的转型。从就业构成来看，尚属于"二、三、一"格局，不过第一产业就业比重逐年下降，第三产业就业比重逐年上升，而第二产业就业比重的下降趋势从 2011 年才开始出现，由此可见珠三角地区滞后的就业结构的现代化转型尚需时间。

表 4-5　珠三角地区生产总值和就业的产业构成（%）

地区	年份	GDP 构成			就业构成		
		第一产业	第二产业	第三产业	第一产业	第二产业	第三产业
广东	2005	6.3	50.4	43.3	32.1	38.1	29.8
	2010	5.0	49.6	45.4	24.4	42.4	33.2
	2016	4.6	42.8	52.6	21.7	40.5	37.8

数据来源：2017 年《广东统计年鉴》。

表 4-6 显示了珠三角地区人口的就业行业构成。显而易见，广东是名副其实的制造业大省，从事制造业的就业人员在 2016 年占比 35.52%，相较于 2005 年

[①]　刘乃泉、孙海鸣：《上海产业结构、人口、就业的互动关系研究》，载《财经研究》，2003(1)。

仍旧增长了 2.35 个百分点。

表 4-6　2016 年广东分行业从业人数及构成

行业	广东	
	人数（万人）	比重（％）
总计	6 279.22	100.00
农、林、牧、渔业	1 367.94	21.79
采矿业	13.65	0.22
制造业	2 230.35	35.52
电力、燃气及水生产和供应业	33.93	0.54
建筑业	269.41	4.29
交通运输、仓储和邮政业	186.80	2.97
信息传输、软件和计算机服务业	94.96	1.51
批发和零售业	844.28	13.45
住宿和餐饮业	235.30	3.75
金融业	58.12	0.93
房地产业	108.28	1.72
租赁和商务服务业	164.31	2.62
科学研究和技术服务业	58.35	0.93
水利、环境和公共设施管理业	26.32	0.42
居民服务、修理和其他服务业	175.17	2.79
教育	161.31	2.57
卫生和社会工作	73.06	1.16
文化、体育和娱乐业	29.95	0.48
公共管理、社会保障和社会组织	147.73	2.35

数据来源：2017 年《广东统计年鉴》。

（二）失业状况

广东的城镇登记失业率自 1996 年以来基本维持在 2％～3％（见图 4-2），在 2002 年达到最高值，此后逐年下降，且在近 10 年间稳定在 2.5％左右。广东作为我国改革开放的首要窗口，以出口型制造业为主的民营企业发展带动经济发展，而民营制造业的发展对劳动力有极大的需求，再加上就业受国有企业改革影响不大，因而失业压力较小。

（三）流动人口及其就业状况

改革开放后，作为中国经济增长排头兵的广东成为流动人口的强势吸引中心之一，大量的境外资金投向劳动密集型产业，大规模的劳动力需求市场吸引了无数的外省劳动力进入广东。1990—2005 年，珠三角地区省际净迁移一直居于三大城市群之首，省际净迁移人口从 410.5 万人增长至 2 104.3 万人，15 年间增长

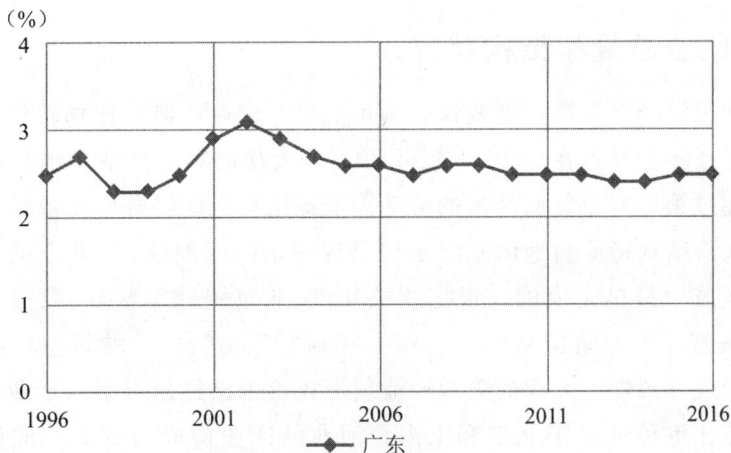

图 4-2　1996—2016 年珠三角地区城镇登记失业率

数据来源：相关年度《广东统计年鉴》。

5.1 倍[①]，是多年来全国最大的人口迁移聚集中心。2008 年以来，受席卷全球的金融危机的影响，珠三角地区的劳动密集型企业效益下滑，减产或停产频发，使得一些外来劳动力回乡或迁往其他区域寻求更好的就业机会。2010 年，第六次人口普查数据显示，广东的流动人口为 3 139.04 万人，占全省常住人口的 30.09%，比 2000 年的流动人口增加了 45.58%；其中来自省外的流动人口高达 2 149.79 万人，比第五次人口普查增加了 42.76%。[②]

近年来，由于产业转型升级和外贸市场缩减等原因，珠三角地区劳动密集型产业对外来务工人员需求的增长减缓。第五和第六次人口普查数据显示，广东对省外流动人口的吸引力呈总体下降趋势，其中对从事制造业和专业技术型职业劳动力的吸引力有较大幅度降低，但因为公务员系统的良好薪资待遇，对行政岗位的吸引力不降反升。[③]

>>三、京津冀区域性劳动力市场<<

现阶段，京津冀区域协同发展已上升为国家战略，也使得京津冀三地劳动力的地缘性合作需求愈发凸显，急需构建劳动力市场一体化格局。

[①] 毛新雅：《人口迁移与中国城市化区域格局——基于长三角、珠三角和京津冀三大城市群的实证分析》，载《经济研究参考》，2014(57)。

[②] 张婷：《劳动力流动对珠三角经济增长影响的研究》，硕士学位论文，暨南大学，2014。

[③] 金万富、周春山：《2000—2010 年广东省对流动人口吸引力变化及影响因素》，载《南方人口》，2016(1)。

（一）就业总量和结构状况

北京和天津经济发展速度较快，两市的第一产业产值占比均较低，北京的第三产业占比逐年上升且在 2016 年超过 80%，天津的第三产业产值比重近几年快速增长并超过第二产业。而两市的劳动力资源结构也能够顺应产业结构调整的趋势，就业人口结构特征与地区职能定位呈现一定的匹配性。[①] 北京的结构转型是三大经济区域中最早完成的。根据相关年度《北京统计年鉴》的数据，北京早在 1994 年即完成了产业结构从"二、三、一"到"三、二、一"的调整，就业结构也随即转化形成一致性。天津的第三产业就业比重也已经超过第二产业，但其第一产业的就业比重仍远高于北京和上海。河北的产业构成与就业构成仍旧保持着"二、三、一"的工业化格局，产业转型步伐在三地中最为缓慢，因第三产业发展缓慢，就业岗位和机会相对较少，导致就业难的社会现象尤为突出（见表 4-7）。

总体来说，北京作为政治、经济和文化中心，产业结构升级最为明显，经济发展速度快且以现代化、信息化程度高。天津作为重要的港口城市，产业结构随着经济发展正在逐步调整，经济结构中的工业化特征也已经随着转型逐渐减弱。河北产业结构优化升级的速度较为缓慢，仍有很大的市场潜力和就业释放空间。

表 4-7　京津冀地区生产总值和就业的产业构成（%）

地区	年份	GDP 构成			就业构成		
		第一产业	第二产业	第三产业	第一产业	第二产业	第三产业
北京	2005	1.3	29.1	69.6	7.1	26.3	66.6
	2010	0.9	24.0	75.1	6.0	19.6	74.4
	2016	0.5	19.3	80.2	4.1	15.8	80.1
天津	2005	2.8	54.9	42.3	15.1	41.9	43.0
	2010	1.5	52.8	45.7	10.1	41.5	48.4
	2016	1.2	42.4	56.4	7.2	34.0	58.8
河北	2005	13.9	52.8	33.3	43.9	29.2	26.9
	2010	12.5	52.6	34.9	37.9	32.3	29.8
	2016	10.9	47.6	41.5	32.7	34.1	33.2

数据来源：相关年度《北京统计年鉴》《天津统计年鉴》《河北经济年鉴》。

分行业来看，三地的就业情况大不相同。自"十二五"规划中明确地提出将生产性服务业和新兴产业作为服务业优化升级的切入点，北京的就业结构加速升级改造，2016 年吸纳就业最多的行业是租赁和商务服务业，且金融业、房地产业等技术服务行业和计算机软件行业增速较大。天津的制造业就业人数占比最高，

---

① 陈红霞、席强敏：《京津冀城市劳动力市场一体化的水平测度与影响因素分析》，载《中国软科学》，2016(2)。

主要通过大型工业项目作为支柱产业来推动产业结构的优化升级，批发零售业就业占比其次。河北的农、林、牧、渔业和制造业吸纳就业人数最多，占比超过50％，就业结构急需转型升级（见表4-8）。

表 4-8 2016年京津冀地区分行业从业人数及构成

行业	北京（法人单位）		天津		河北	
	人数（万人）	比重（%）	人数（万人）	比重（%）	人数（万人）	比重（%）
总计	1 089.7	100.00	902.42	100.00	4 223.95	100.00
农、林、牧、渔业	4.9	0.45	65.10	7.21	1 380	32.67
采矿业	4.6	0.42	8.94	0.99	86.71	2.05
制造业	110.7	10.16	211.85	23.48	861.68	20.40
电力、燃气及水生产和供应业	9.5	0.87	7.09	0.79	38.97	0.92
建筑业	67.7	6.21	78.53	8.70	452.38	10.71
交通运输、仓储和邮政业	64.1	5.88	52.12	5.78	202.18	4.79
信息传输、软件和计算机服务业	92.9	8.53	18.92	2.10	27.68	0.66
批发和零售业	127.5	11.70	145.02	16.07	391.34	9.26
住宿和餐饮业	42.0	3.85	41.99	4.65	179.97	4.26
金融业	53.8	4.94	21.63	2.40	40.05	0.95
房地产业	59.0	5.41	26.54	2.94	20.31	0.48
租赁和商务服务业	168.8	15.49	46.41	5.14	43.86	1.04
科学研究和技术服务业	99.8	9.16	37.69	4.18	19.25	0.46
水利、环境和公共设施管理业	12.8	1.17	7.79	0.86	19.90	0.47
居民服务、修理和其他服务业	18.2	1.67	53.38	5.92	139.77	3.31
教育	52.4	4.81	32.38	3.59	124.74	2.95
卫生和社会工作	30.6	2.81	17.78	1.97	64.23	1.52
文化、体育和娱乐业	23.4	2.15	6.07	0.67	19.72	0.47
公共管理、社会保障和社会组织	47.0	4.31	23.19	2.57	110.88	2.63

注：《北京统计年鉴》中缺失社会从业人员的统计数据，数据范围仅包括法人单位。

数据来源：相关年度《北京统计年鉴》《天津统计年鉴》《河北经济年鉴》。

（二）失业状况

由图4-3可见，北京的失业率基本稳定在2％以下，就业较为充分；天津与河北的城镇登记失业率相当，近年来基本处于3.5％～4％之间。其中，河北因人口基数大，失业人口也相对天津更多，同时还面临大量农村剩余劳动力转移到城市和产业转型带来的阵痛——农民失地失业而城市中的劳动力素质又过低，限制了产业结构和就业结构的优化升级，就业形势较为严峻。

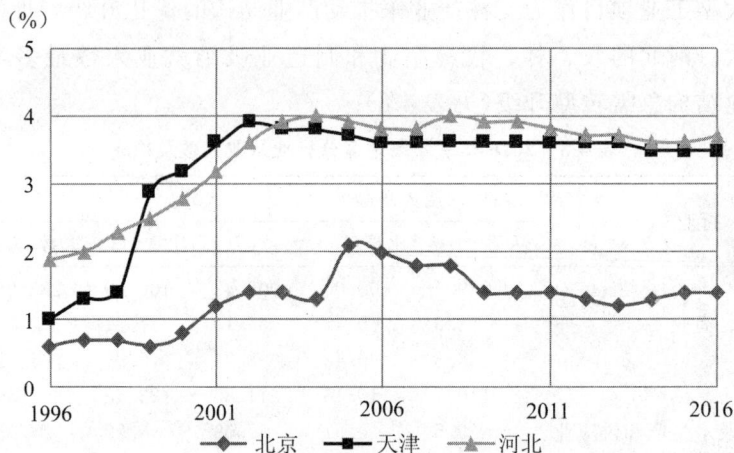

图 4-3   1996—2016 年京津冀地区城镇登记失业率

数据来源：相关年度《北京统计年鉴》《天津统计年鉴》《河北经济年鉴》。

（三）流动人口及其就业状况

2005—2012 年，京津冀地区劳动力市场一体化程度逐步提高，城市宏观产业结构及人力资本和城市间行政阻隔及商品市场一体化是影响京津冀地区劳动力市场一体化的主要因素。[①] 第六次人口普查数据显示，北京的流动人口数量为704.5 万人，占京津冀流动人口总数的 42%，加上天津合计占比 60%。[②] 从人口流向看，不论是京津冀区域内部还是跨区域的人口流动，北京和天津是流动劳动力的聚集地，而河北则是主要的劳动力流出地。河北的流出劳动力进入京津两市的数量之和达到 85% 以上。

京津冀地区劳动力流动呈现流动数量大，单向流动明显，对外吸引度及劳动力素质区域差异显著，家庭化流动趋势明显等特点，未来一段时间，京津还将面临大量劳动力流入的压力。[③] 从流动人口的就业状况来看，2015 年全国流动人口卫生计生动态监测调查显示，京津冀地区城市外来劳动力主要从事商业和服务业，占流动人口总量的 59.5%；其次是生产、运输设备操作人员等和专业技术人员，共计占比 32.4%。[④] 可以看出，京津冀地区的流动人口主要从事第二、第三

---

① 赵金丽、张学波等：《京津冀劳动力市场一体化评价及影响因素》，载《经济地理》，2017(5)。

② 刘爱华：《京津冀流动人口的空间集聚及其影响因素》，载《人口与经济》，2017(6)。

③ 王晋、张惠娜等：《京津冀一体化背景下京津冀劳动力流动特点分析》，载《人力资源管理》，2017(10)。

④ 陈明星、郭莎莎等：《新型城镇化背景下京津冀城市群流动人口特征与格局》，载《地理科学进展》，2018(3)。

产业，而由于劳动力素质偏低，大多从事的是技术含量较低的服务业。

第三节 三大经济区域劳动力市场改革经验总结

对比分析三大经济区域劳动力市场发展的不同情况以及相对应的劳动力市场政策，本节总结出这三个经济区域在劳动力市场改革方面的四点主要经验，以及面临的三个主要问题。

>>一、城市化发展带动城市就业<<

自 1980 年制定并实施"严格控制大城市，合理发展中等城市，积极发展小城镇"的城市发展方针以来，我国城市化率在 2016 年年末达到了 57.4%。[1] 而作为我国经济最为发达的地区，三大经济区域的城市化率均超过 63%（京津沪超过80%），大大高于全国平均水平。城市化水平高意味着经济发展水平高，城乡居民收入也高，对外省劳动力的吸引力明显增强，同时城市化水平高也意味着该地区的现代化、工业化水平高，对劳动力的需求也更旺盛。此外，劳动力迁移的成本也随着城市化进程的推进而下降。

2005—2016 年，我国的城市化率增长了 14.4 个百分点，其中长三角、珠三角、京津冀地区分别上升了 13.1、8.5、14.6 个百分点；同时，长三角、珠三角、京津冀地区就业人口分别增长了 15.7%、25.0%、27.2%，其中城镇从业人数比农村从业人数增长的幅度更大。而根据第六次人口普查数据，接近半数流动人口迁入了这三大经济区域（流入珠三角、长三角和京津冀地区的人口规模分别占全国流入人口的 15.5%、20.0% 和 8%）。由此可见，城市化发展在城镇范围内创造了大量的就业机会，并且随着工业化的发展，劳动力逐渐向第二、第三产业转移，使得劳动力从农村转向城市，人口逐渐在城市聚集。可以说，城市化发展进一步带动了相关城市就业。[2]

>>二、产业集聚吸引不同就业类型<<

随着我国经济的快速发展，城市化进程中逐步产生的产业集聚现象在三大经济区域内尤为突出。这种产业集聚主要表现在地理位置的集中和相似企业的集群两方面。前者的典型例子就是制造业在长三角、珠三角等东部沿海地区的聚集，

---

[1] 数据来源于 2016 年《国民经济和社会发展统计公报》。
[2] 杨宜勇、顾严等：《我国城市化进程与就业增长相关分析》，载《教学与研究》，2005(4)。

而后者的代表则是三大经济区域的高新技术产业区。虽然长三角和珠三角地区的制造业就业人员占所有行业人员的比重在近几年有所下降，但这两个地区仍是我国制造业的集聚地。而同时，三大经济区域(除河北外)是我国高新技术产业发展最迅速、分布最集中的地区，聚集了全国一半以上的高端技术产业。

产业集聚对就业有显著的促进作用。首先，产业集聚扩大了劳动力需求。随着产业集聚的逐步形成，集聚程度不断提高，相对应的产业规模将会扩大，因此对劳动力的需求也会随之更加旺盛，从而促进了当地劳动力的就业。分产业来看，促进就业作用表现最明显的北京、天津和上海的第三产业就业率分别为58.1％、58.8％和46.5％。

迁入地的集聚产业类型也会对流动人口的人力资本水平产生显著影响。大多数的流动人口是以就业机会为目的的劳动力。长三角和珠三角地区的传统产业集聚的行业大多是劳动密集型产业，如加工制造业，产品也以非高端的小商品为主，对就业人员的资质水平要求不高，所以在这些地区受教育程度较低的流动人口也有较多的就业机会。而在北京、上海和天津这三个第三产业发达的地区，高新技术产业发展迅速、集聚明显，吸引了大量的接受过高等教育的劳动力。从就业人口的教育水平来看，北京、天津、上海受过高等教育的比重分别为54.1％、34.3％、44.6％。

>>三、劳动力市场制度改革促进区域内劳动力协调<<

三大经济区域的劳动力市场逐步形成和完善得益于以统筹城乡就业为核心的一系列制度改革措施。统筹城乡就业的目标即消除城镇劳动者与农村劳动者的身份划分，形成城乡一体化的区域性劳动力市场。2006—2008年，全国部分地区开展了统筹城乡就业的试点工作。试点地区皆具有代表性且在就业管理体制、政策等方面进行了创造性的探索，其经验在此后的统筹推行工作中极具参考价值。[1] 例如，各地普遍废除企业招聘时城镇户口优先的歧视性政策，制定了城乡平等的就业政策。加之中央政策的引导，各地区都积极响应并取消了过去的限制外来流动劳动力的政策[2]，尤其是长三角和珠三角地区的核心都市区的政府积极推动并促进区域性人资市场和劳动力市场的整合。

在统筹城乡就业的改革过程中，对于劳动力在就业时面临的公共就业服务、

---

[1]　张丽宾：《我国统筹城乡就业试点的现状分析与政策建议》，载《经济研究参考》，2008(46)。

[2]　马红旗、陈仲常：《我国省际流动人口的特征——基于全国第六次人口普查数据》，载《人口研究》，2012(6)。

社保医保等多方面的综合配套制度改革也同时进行。我国公共就业服务虽然起步晚，发展相对滞后，但是自统筹就业改革开展后，地方政府积极制定、完善职业培训等政策，为全员培训提供保障，特别是农民的技能培训，从而全面提高城乡劳动力素质。例如，江苏以"培训券"为依托，实行农民自主选择参加特定类别培训的服务保障制度，实现扶持政策与整合资源并行，提高了培训和公共服务的质量。

我国社会保障制度的改革在近 10 年来也在不断推进中。随着我国政府对城乡劳动力整合工作的不断推进，三大经济区域已普遍实现了将外来流动劳动力纳入本地城镇劳动力的社会保险体系，并且各地区对社会保障制度也有不同程度的改进。北京和浙江还对医疗保险等制度进行了改进和完善，成为我国最早实现对外来务工的社会保障的省市之一。虽然保险的转接性仍是一大问题，但是其在一定程度上也为流动劳动力提供了保障，农民工参保率也因此得到提高。

>>四、经济发展带动周边地区就业<<

长三角地区劳动力市场一体化早在 2003 年就开始进行，主要体现在人才的自由流动与智力共享方面。随着"泛长三角"概念的普及，安徽和江西两省受到的影响也日益加深。安徽的产业结构与长三角核心地区相似度虽然不高，但是显示出逐年上升的变化趋势，另一方面安徽与长三角地区在产业发展上具有较大的互补性。因此，随着长三角的产业结构升级，安徽承接了部分长三角的产业转移，表现最突出的是皖江城市带，逐步且较快地融入该区域，并在 2011 年正式加入了长三角人才开发一体化的进程。调查显示，安徽自 2013 年起连续四年出现外出人口回流的现象，2015 年回流人口占当年常住人口增量的近三成。与安徽相似，紧靠长三角核心区的江西也积极参与与长三角的产业链整合，外出务工劳动力回流持续进行。

从 2003 年正式提出"泛珠三角"（一般指福建、广东、广西、贵州、海南、湖南、江西、四川、云南九个省区以及香港特别行政区和澳门特别行政区）构想起，珠三角经济区的辐射面逐步扩大，进一步带动了周边省份的经济与就业，并促进了泛珠三角地区的劳动力的协调和统一。周边省份的劳动力流动速度加快，人口持续自西向东迁移，除了流入广东，绝大多数劳动力流入福建。珠三角核心地区对周边省份的劳动力流动的带动作用促进了劳动力资源的有效配置，提高了整个泛珠地区的劳动力素质。

近年来京津冀地区积极参与人才资源合作，但是由于人才一体化起步较晚，区域劳动力市场尚无法满足首都经济圈建设的需要，对周边省份的带动作用不如其他两大区域明显。近几年京津冀区域的产业升级和转移随着众多政策的出台而加速进行，为进一步振兴经济持续下行的东北地区注入强大的动力，将促进东北就业结构的优化并缓解高素质劳动力资源外流的危机。

>>五、区域内发展不平衡<<

在三大经济区域中，长三角地区的一体化进程起步最早且水平最高，从经济总量、产业结构到劳动力市场，皆位于首位，区域发展的均衡性也处于领先地位。就(城镇单位)工资水平来看，该地区是三大经济区域中差异最小的，就业率的方差也相对小(2016年就业率：上海72.9%、江苏81.7%、浙江89.2%)。就业人口的受教育程度也普遍较高，三个省市接受过高等教育的从业人员占比均超过或等于25%(上海44%、江苏25%、浙江25%)。

由于历史和地理因素，珠三角地区的区域内发展不均衡难题尚未解决。虽然自2005年以来珠三角发展不平衡情况出现缓解趋势，特别是自从2013年实施粤东西北地区振兴发展战略以来，粤东西北地区的经济进入快速发展阶段，劳动力市场也相应地迅速发育。但是与珠三角核心地区的广州、深圳相比，粤东西北地区仍是全省劳动力市场的短板，省内区域不平衡的程度仍较高，就业率和劳动者的工资水平远低于珠三角的发达地区。大量劳动力资源都从粤东西北流向珠三角发达地区，其中不乏早期流动的廉价劳动力，还有高素质的就业人员。

三大经济区域中，京津冀是发展不平衡最为严重的地区。其原因主要在于，相较于北京和天津，河北的经济发展缓慢。由于产业结构差距的存在，在就业结构层次上的差异性也极为突出。2016年北京和天津的第三产业就业率均高达58%，而河北同一指标的比率仅为26%。从(城镇单位)就业人员的平均工资来看，北京和天津均处于高薪酬的水平(北京119 928元、天津86 305元)，河北仅为55 334元，低于全国平均水平。从就业人员的受教育程度来看，河北的劳动力资源素质远低于京津，接受过高等教育的从业人员占比仅为16%(北京54%、天津34%)。长期以来，河北的高端人才流向京津，然而回流的劳动力大多是中低端劳动者是一个普遍的现象。

>>六、现行制度与公共行政管理体制
阻碍劳动力市场内部一体化<<

长期以来，户籍制度是劳动力市场分割的根本性缘由。首先，从计划经济时代的由户籍为划定居民依据的供给制到改革开放后蓝印户口等新的户口形式，城乡户籍制度都阻碍了劳动力市场一体化发展。虽然2014年国务院取消了农业户口与非农业户口的性质区分，建立城乡统一的户口登记制度，然而，由于户籍改革涉及城乡和区域间不平衡的格局以及其他领域的制度，实行和协调难度大。因此，即使新户籍制度改革已经推行四年，众多"无形壁垒"仍在相关政策中有迹可循，其存在阻碍了改革的前进和深入。[①]

再者，现行的城镇公共服务体系和管理制度皆以当地人口为主体，流动人口在流入地的就业机会、社会保险和公共服务等都不能与当地居民享有的权利相等同。[②] 当地政府提供的公共福利在一定程度上都是建立在保障、维护本地居民的基础上的，而外来流动劳动力在多数情况下，由于户籍身份的差异在劳动力市场上处在劣势。这种户籍歧视现象在劳动力资源密度大的三大经济区域尤为突出，特别是北京、上海等大城市，并且难以因新户籍改革而消失。

流动人口的社会保险关系的转移问题在人口密集地区比较突出。以养老保险为例，流动人口的不稳定性和流动性给保险关系的转移带来困难，虽然2009年国家出台了职工基本养老保险关系可在跨省就业时随同转移的政策，但是在实践中，各地区关于养老保险的做法、规定不同，造成保险转接、续存困难。我国现存的地方统筹的社会保障制度尽管基本框架按照国家要求基本统一，但是具体的设置和安排在地区间又存在差别。因此，当劳动力跨统筹区域流动时，社会保障制度的转接便出现问题，从而提高了相关社会保障制度产生的流动成本。

现行公共行政管理体制利用户籍制度将外来流动劳动力限制、排除在外。地方政府政策的根本原则是地方利益最大化，而在流动劳动力聚集地三大经济区域内，流动人口虽然促进了经济发展，但同时也增加了公共设施等公用品的压力和医疗、教育等需求，导致当地居民的福利水平下降，政府财政支出增加。流动人口迁入地政府实行就业保护、对外来人口的歧视性政策，限制、排斥了流动劳动力，对劳动力市场的一体化产生消极影响。

>>七、地区间劳动力市场管理不统一<<

地区间劳动力市场上存在的管理问题主要表现在两个方面：职业资格、技术等级证书的不统一以及公共就业服务资源的不平衡。尽管国务院自2014年起清理了部分职业资格认证和许可项目，但是随着我国劳动预备制度的逐步实行，职业资格和技术等级证书作为入职门槛的地位不断上升，它仍是绝大多数人入职的必要条件，因此，劳动者对资格证书的需求只增不减。为积极响应党的十八大，技能型人

---

① 参见龚维斌等：《社会体制蓝皮书：中国社会体制改革报告 No.6(2018)》，北京，社会科学文献出版社，2018。

② 宋锦：《中国劳动力市场一体化的主要问题研究》，载《东南大学学报(哲学社会科学版)》，2016(6)。

员的认证主体将逐渐转移到各行业的管理部门和社会组织，而专业技术人才的资格证书仍由国家职能部门颁发，地方上相关的行业部门也有权颁发各类证书和认证。

然而，我国各地区的行业组织发展不平衡，有些地区存在只在当地有效的职业资格证书。尤为重要的是，在劳动者考取职业资格和技术等级证书的过程中，培训和鉴定等环节均牵涉地方利益、部门利益和组织利益，因此，各地区普遍存在证出多门的混乱现象，有的部门、地方和机构对职业资格的设置不规范、不合理，考试科目过于繁杂且内容重叠交叉，甚至有机构、组织和个人随意举办未经国家授权的考试、培训和认证。据不完全统计，截至 2016 年，全国各地区设置的职业资格证超过了 2 000 项。这些证书缺乏统一的管理，相互之间缺乏互通性，各地区互不承认其有效性的事情屡次发生，从而降低了职业资格和技术等级证书的权威性和含金量，增加了流动劳动力的迁移成本。这些问题在流动劳动力集中的三大经济区域更加突出。

第四节　政策建议

三大经济区域的劳动力市场平衡性提高得益于以统筹城乡就业为核心的一系列制度改革。然而，劳动市场发展水平仍然存在一定差异。供给侧改革和经济结构的进一步转型升级，对劳动力市场的改革和发展也提出了更高的要求。因此，各地区应该进一步完善以下方面的具体政策。

首先，进一步改革户籍制度。当前某些地区的户籍管理制度限制了外来人口享受基本的医疗卫生、教育等公共福利，对劳动力市场一体化产生消极影响。因此，应当进一步取消与户籍挂钩的公共服务和社会福利政策对非本地户籍人口的限制，进一步降低大城市的落户条件，使得流入劳动力能够在本地安心工作和发展。这样也能吸引更多的人才来本地就业，从而进一步增强经济增长的动力。

其次，进一步加强就业服务。比如，完善职业培训，尤其是进城务工人员的技能培训，如在全国推广"培训券"计划，让务工人员自主选择参加特定类别的培训。应该加强职业资格证书的管理。取消地方机构随意颁发的职业认证和组织的相关培训，由统一的机构对所有职业资格证书的认证进行管理，增加职业证的权威性，保障人才在跨地区流动时各地区对职业资格证书的认可。

最后，实现社会保险体系的完全跨地区流动。尽管我国社会保障制度在近10 年来不断推进，三大经济区域已普遍实现将外来流动劳动力纳入本地城镇劳动力的社会保险体系，但保险的转接性仍是一大问题。当劳动力跨统筹区域流动时，社会保障制度的转接便出现问题，从而提高了相关社会保障制度的流动成本。因此，应建立全国范围的社会保险体系，实现在三大经济区域内就业以及在其他地区就业时所缴纳的社保金互认，保障劳动力的自由流动。

第五章

"万亿之城"的人力资本结构与转型

中国的经济发展已经走上一条追求"高质量"发展的道路,城市发展是经济发展的重要动力。进入 21 世纪以来,伴随城市化进程的加快,城市的集聚和溢出效应越来越明显,城市,尤其是大城市对经济社会发展所起的引领、导向作用越来越大。在不同阶段,大城市对于周边城市的辐射作用不同。大城市发展到一定规模之后,会逐渐向周边城市进行"造血",进而在劳动力市场上形成"中心—边缘"的平衡发展模式。截至 2017 年,中国已经有 14 个 GDP 总量超过万亿元的城市,这 14 个"万亿之城"占中国经济总量的比重为 29.15%,正在加剧中国城市间的经济差距。本章将从人力资本结构方面探讨这些"万亿之城"人力资本结构与劳动力市场平衡性的关联,研究这些城市的人力资本该如何转型才能更好地实现劳动力市场内部及"中心—边缘"平衡发展,进而促进城市、区域乃至国家的"高质量发展"。

第一节 "万亿之城"的特征性事实

>>一、"万亿之城"的经济地位<<

"万亿之城"在中国经济中占有重要地位。在 2017 年,14 个"万亿之城"的 GDP 总额高达 241 126.87 亿元,占 2017 年全国 GDP 的 29.15%。[①] 同时,这 14 个"万亿之城"的内部差异正在加强,作为第一梯队的上海、北京、深圳和广州四个城市正在向中国香港、新加坡等地区靠拢,而第二梯队的城市则持续优化产业结构,加快人才储备,积极向第一梯队发起冲击,进而形成"万亿之城"内部的竞争模式。如表 5-1 所示,从 2006 年开始,上海成为中国第一个"万亿之城"。此后

---

① 该数据由作者根据国家统计局和各省市统计局网站公布的数据计算得出。

10 年，中国 GDP 总量过万亿元的城市以年均 1.3 个的速度增长。本报告将以 2017 年形成的 14 个"万亿之城"为样本分析人力资本结构与人力资本转型。

"万亿之城"在各省经济中也占有重要地位。表 5-2 为 2017 年除直辖市以外的"万亿之城"的 GDP 占其所在省 GDP 的比重。由表 5-2 可知，山东的"万亿之城"占该省 GDP 的比例最低，为 15.19％；广东的"万亿之城"占该省 GDP 的比例最高，为 48.89％。除了山东和浙江的"万亿之城"占其所在省 GDP 的比重低于四分之一以外，其他各省的"万亿之城"占其所在省 GDP 的比重都高于四分之一。成都的 GDP 占其所在省的 GDP 的比重最高，为 37.56％；无锡占比最低，为 12.24％。

表 5-1　"万亿之城"的 GDP 总量（亿元）

排名	2006	2007	2008	2009	2010	2011	2012	2013	2014	2015	2016	2017
1	上海 10 572	上海 12 494	上海 14 070	上海 15 046	上海 17 166	上海 19 196	上海 20 182	上海 21 818	上海 23 560	上海 25 123	上海 28 178	上海 30 133
2			北京 10 488	北京 11 866	北京 13 778	北京 16 000	北京 17 801	北京 19 501	北京 21 331	北京 22 969	北京 24 899	北京 28 000
3					广州 10 748	广州 12 423	广州 13 551	广州 15 420	广州 16 707	广州 18 100	广州 19 547	深圳 22 438
4						深圳 11 506	天津 12 894	深圳 14 500	深圳 16 002	深圳 17 503	深圳 19 493	广州 21 503
5						天津 11 307	深圳 12 950	天津 14 442	天津 15 722	天津 16 538	天津 17 885	重庆 19 500
6						苏州 10 500	苏州 12 011	苏州 13 016	重庆 14 265	重庆 15 717	重庆 17 741	天津 18 595
7						重庆 10 011	重庆 11 410	重庆 12 783	苏州 13 761	苏州 14 500	苏州 15 475	苏州 17 320
8									武汉 10 069	武汉 10 906	成都 12 170	成都 13 889
9									成都 10 057	成都 10 801	武汉 11 913	武汉 13 410
10										杭州 10 054	杭州 11 050	杭州 12 556
11											南京 10 503	南京 11 715
12											青岛 10 011	青岛 11 037
13												长沙 10 536
14												无锡 10 512

数据来源：根据国家统计局、地区统计局、地区统计年鉴、地区统计公报数据进行重新整理。

表5-2 2017年"万亿之城"GDP占其所在省GDP的比重(%)

省份	"万亿之城"	"万亿之城"占各省GDP的比重
广东	深圳	24.97
	广州	23.92
	总计	48.89
江苏	苏州	20.14
	南京	13.64
	无锡	12.24
	总计	46.02
四川	成都	37.56
湖北	武汉	36.72
浙江	杭州	24.25
山东	青岛	15.19
湖南	长沙	30.46

注：本表不包括北京、上海、天津和重庆这四个本身为直辖市的"万亿之城"。
数据来源：国家统计局网站及各省市统计局网站。

>>二、"万亿之城"以第三产业为主<<

"万亿之城"的产业特点如表5-3和图5-1所示。由表5-3可知，全部"万亿之城"的第三产业占比为61.73%，超过了50%，且高于全国平均水平。分城市来看，除了重庆、无锡和长沙的第三产业占比低于全国平均水平以外，其他"万亿之城"的第三产业占比均高于全国平均水平。北京的第三产业占比最高，为80.6%。

表5-3 2017年"万亿之城"各产业增加值占GDP的比重(%)

城市	第一产业占比	第二产业占比	第三产业占比
上海	0.33	30.70	68.97
北京	0.43	18.97	80.60
深圳	0.08	41.30	58.62
广州	1.09	27.97	70.94
重庆	6.90	44.10	49.00
天津	1.17	40.82	58.01
成都	3.61	43.19	53.21
武汉	3.04	43.71	53.25
杭州	2.48	34.94	62.58

续表

城市	第一产业占比	第二产业占比	第三产业占比
南京	2.25	38.03	59.73
青岛	3.45	41.19	55.36
无锡	1.29	47.23	51.49
长沙	3.60	47.44	48.96
"万亿之城"总计	1.97	36.30	61.73
全国	7.92	40.46	51.63

注：苏州的数据缺失。

数据来源：国家统计局网站及各省市统计局网站。

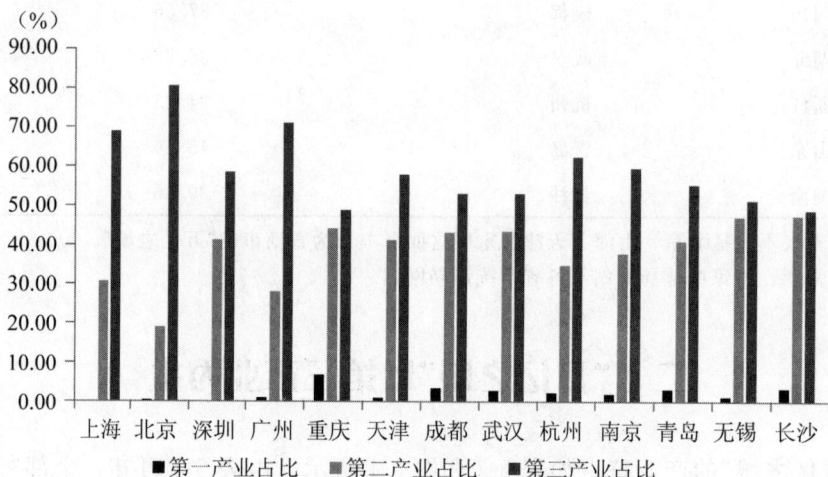

图 5-1 2017 年"万亿之城"各产业增加值占 GDP 的比重

注：苏州的数据缺失。

数据来源：国家统计局网站及各省市统计局网站。

>>三、"万亿之城"为创新、创业高地<<

"万亿之城"的繁荣离不开科技创新。我国专利分为发明专利、实用新型专利和外观设计专利三种类型。其中，发明专利的技术含量最高。一个城市的发明专利授权量能衡量城市的创新水平。表 5-4 为 2016 年"万亿之城"的发明专利授权数及其占全国发明专利授权数之比，图 5-2 为 2016 年各"万亿之城"的发明专利授权数占全部"万亿之城"的发明专利授权数之比。

由表 5-4 和图 5-2 可知，2016 年"万亿之城"的发明专利授权数占全国发明专利授权数之比为 36.09%。其中，北京的发明专利授权数最多，占全国之比为 10.04%，占"万亿之城"之比为 28%；重庆的发明专利授权数最少，占全国之比为 1.25%，占"万亿之城"之比为 3%。

表 5-4 2016 年"万亿之城"的发明专利授权数及其占全国发明专利授权数之比

城市	发明专利授权数(个)	发明专利授权数占全国之比(%)
上海	20 086	4.97
北京	40 602	10.04
深圳	17 665	4.37
广州	7 668	1.90
重庆	5 044	1.25
天津	5 185	1.28
苏州	12 000	2.97
成都	7 202	1.78
武汉	6 514	1.61
杭州	8 647	2.14
南京	8 697	2.15
青岛	6 561	1.62
"万亿之城"总计	145 871	36.09
全国	404 208	100.00

数据来源:国家和各省市知识产权局网站。

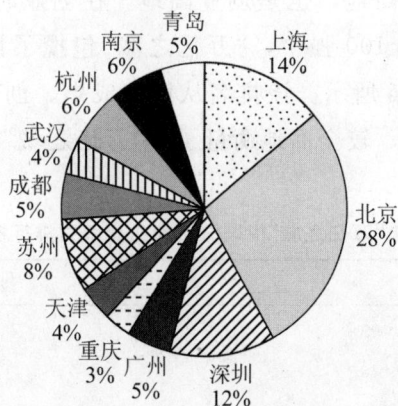

图 5-2 2016 年"万亿之城"的发明专利授权数占全部"万亿之城"之比

数据来源:国家和各省市知识产权局网站。

科技创新离不开高额研发投入。据统计,2016 年"万亿之城"的研发投入达到了 6 117.5 亿元,占全国研发投入的 39%。① 表 5-5 为 2016 年"万亿之城"的研发投入金额和强度。北京的研发投入强度最高,为 5.94%;重庆最低,为 1.70%。除重庆以外,其他"万亿之城"的研发投入强度均高于全国平均水平。

---

① 该数据为作者根据国家和各省市知识产权局网站公布的数据计算所得,广州的数据缺失。

表 5-5　2016 年"万亿之城"的研发投入金额和强度

城市	研发投入(亿元)	研发投入强度(%)
上海	1 030.0	3.80
北京	1 479.8	5.94
深圳	800.0	4.10
重庆	300.0	1.70
天津	537.0	3.00
苏州	416.0	2.70
成都	258.0	2.12
武汉	370.0	3.10
杭州	343.0	3.10
南京	320.0	3.05
青岛	263.7	2.84
"万亿之城"总计	6 117.5	3.39
全国	15 676.75	2.11

注：研发投入强度＝该城市研发投入/该城市 GDP，广州的数据缺失。

数据来源：国家统计局网站及地区统计局网站。

　　"万亿之城"不仅是创新高地，也是创业高地。在创业时代网发布的 2016 年中国城市创业竞争力排行榜 100 强中，"万亿之城"包揽了该排行榜的前 11 名。各"万亿之城"的排名如表 5-6 所示。该排名从创业成果、创业潜力、创业活力和市场空间四个维度进行评价，较全面地衡量了各"万亿之城"的创业竞争力。具体的计算方法见创业时代网。

表 5-6　2016 年"万亿之城"中国城市创业竞争力排行榜排名

城市	排名
北京	1
上海	2
深圳	3
广州	4
杭州	5
武汉	6
苏州	7
南京	8
重庆	9
成都	10

城市	排名
天津	11
青岛	22

数据来源：创业时代网。

>>四、"万亿之城"的高等教育发达<<

高等教育不仅能为当地经济发展提供高端人才，还能推进当地科学技术发展，对"万亿之城"的经济发展意义重大。表 5-7 和图 5-3 为 2017 年"双一流"高校分布情况。由表 5-7 和图 5-3 可知，"万亿之城"的"双一流"高校数量占全国之比为 62%。除了深圳、苏州和无锡没有"双一流"高校以外，其他"万亿之城"都有"双一流"高校。北京的"双一流"高校数量最多，为 8 所，占全国之比为 19%。

表 5-7　2017 年"双一流"高校分布情况

城市	"双一流"高校数量（所）
上海	4
北京	8
深圳	0
广州	2
重庆	1
天津	2
苏州	0
成都	2
武汉	2
杭州	1
南京	2
青岛	1
无锡	0
长沙	1
"万亿之城"总计	26
其他地区	16
全国	42

数据来源：教育部。

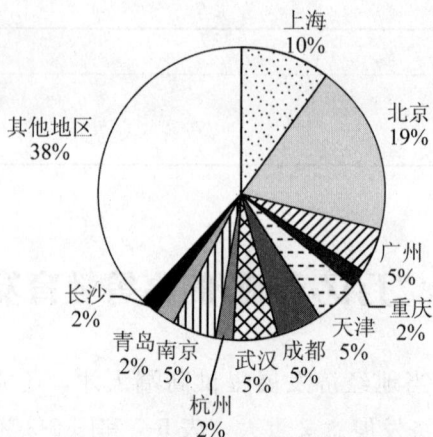

图 5-3　2017 年"双一流"高校分布情况

数据来源：教育部。

>>五、"万亿之城"的交通发达<<

发达的交通不仅有利于"万亿之城"的人口迁移，也有利于经济发展。表 5-8 为 2016 年"万亿之城"的客运量和货运量情况。由表 5-8 可知，"万亿之城"的总货运量和总客运量占全国之比分别为 12.59％ 和 17.92％。"万亿之城"中，货运量最多的为广州，最低的为苏州；客运量最多的为广州，最低的为青岛。

表 5-8　2016 年"万亿之城"的客运量和货运量情况

城市	总货运量（万吨）	总货运量占全国之比（％）	总客运量（万人次）	总客运量占全国之比（％）
上海	87 985.98	2.00	13 218	0.69
北京	20 134.91	0.46	55 911	2.91
深圳	31 111.59	0.71	10 393	0.54
广州	106 712.03	2.42	98 973	5.15
重庆	106 051.46	2.41	58 491	3.05
天津	42 362.69	0.96	15 386	0.80
苏州	13 508.00	0.31	32 150	1.67
成都	24 574.00	0.56	14 655	0.76
武汉	43 237.83	0.98	12 784	0.67
杭州	29 915.80	0.68	14 488	0.75
南京	26 311.13	0.60	10 745	0.56
青岛	22 409.07	0.51	6 808	0.35

城市	总货运量 （万吨）	总货运量占 全国之比（%）	总客运量 （万人次）	总客运量占 全国之比（%）
"万亿之城"总计	554 314.49	12.59	344 002	17.92
全国	4 404 000.00	100.00	1 920 000	100.00

数据来源：2017 年《中国城市统计年鉴》。

第二节 "万亿之城"的人力资本结构特征

>>一、人力资本结构合理，高等教育人口比重较高<<

教育基尼系数作为衡量人力资本结构的指标能够很好地反映一国或一个地区的人力资本不平等程度。通过图 5-4 和表 5-9 可以看出，本研究中的各个城市人力资本结构都相对良好。按照一般标准，教育基尼系数低于 0.200 可以作为人力资本结构"优秀"的指标，北京、深圳和广州的人力资本结构最优，上海的教育基尼系数为 0.205 0。同时，这四个城市恰是中国经济发展最好的四个城市，可以看出人力资本结构对于其经济发展有显著影响。

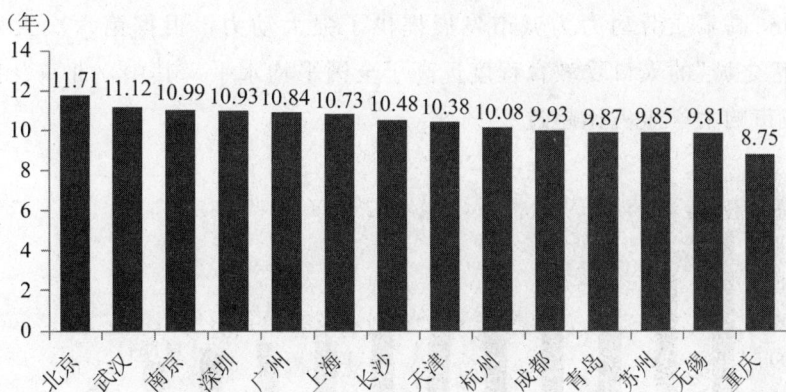

（年）

	北京	武汉	南京	深圳	广州	上海	长沙	天津	杭州	成都	青岛	苏州	无锡	重庆
	11.71	11.12	10.99	10.93	10.84	10.73	10.48	10.38	10.08	9.93	9.87	9.85	9.81	8.75

图 5-4 2010 年"万亿之城"平均受教育年限

数据来源：《中国 2010 年人口普查分县资料》。

表 5-9　2010 年"万亿之城"教育基尼系数

城市	平均受教育年限（年）	教育基尼系数	省市	省级教育基尼系数
北京	11.71	0.189 5	北京	0.213 1
天津	10.38	0.204 8	天津	0.226 1
上海	10.73	0.205 0	上海	0.227 9
南京	10.99	0.217 5		
无锡	9.81	0.203 4	江苏	0.256 2
苏州	9.85	0.208 6		
杭州	10.08	0.237 1	浙江	0.270 7
青岛	9.87	0.228 8	山东	0.268 0
武汉	11.12	0.204 8	湖北	0.260 7
长沙	10.48	0.211 8	湖南	0.253 6
重庆	8.75	0.237 3	重庆	0.273 2
成都	9.93	0.223 5	四川	0.274 7
深圳	10.93	0.168 6	广东	0.232 8
广州	10.84	0.197 1		

数据来源：省级教育基尼系数引自张菀洺（2013）。张菀洺（2013）数据来源于 2011 年《中国统计年鉴》，本报告数据来源于《中国 2010 年人口普查分县资料》，故在教育基尼系数的统计上略有差异。

同时，高素质劳动力为城市发展提供了强大动力，根据第六次人口普查数据，"万亿之城"的人口受教育程度远高于全国平均水平。其中，北京、南京、武汉三个城市的大学生占比超过 25%。

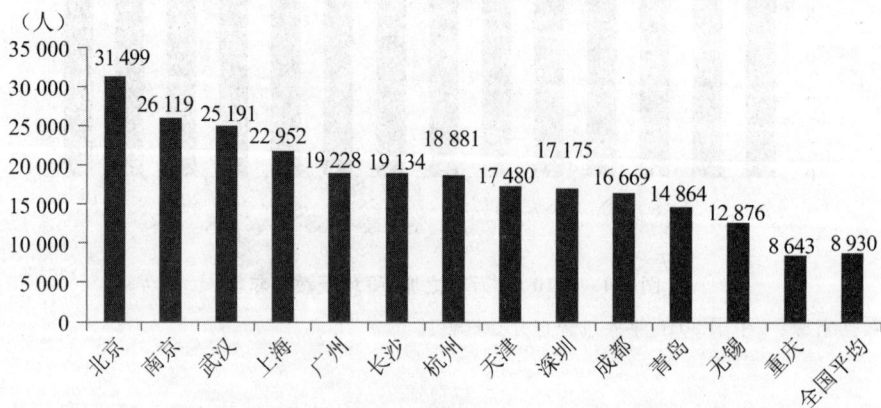

图 5-5　2010 年"万亿之城"每 10 万人中大学生数量

数据来源：第六次人口普查数据。

>>二、人口红利多，人口结构相对合理<<

"万亿之城"的人口红利主要表现在两个方面：一是外来人口多，二是常住人口抚养比低。表 5-10 为 2016 年"万亿之城"的常住人口与户籍人口之比。由表 5-10 可知，平均来看，"万亿之城"的常住人口与户籍人口之比为 1.34。该比例最高的是深圳，为 3.09；最低的是重庆，为 0.9。除重庆以外，其他"万亿之城"的常住人口都多于户籍人口。

表 5-10　2016 年"万亿之城"的常住人口与户籍人口之比

城市	常住人口/户籍人口
上海	1.67
北京	1.59
深圳	3.09
广州	1.61
重庆	0.90
天津	1.50
苏州	1.57
成都	1.14
武汉	1.29
杭州	1.25
南京	1.25
青岛	1.16
"万亿之城"总计	1.34

数据来源：2017 年《中国城市统计年鉴》及国家统计局、各省市统计局网站。

表 5-11 为"万亿之城"常住人口抚养比。由表 5-11 可知，除了重庆的常住人口抚养比高于全国平均水平以外，其他"万亿之城"的常住人口抚养比都低于全国平均水平。其中，深圳的人口抚养比最低，为 20.15%。

表 5-11　"万亿之城"常住人口抚养比（%）

城市	常住人口抚养比
上海	28.47
北京	26.23
深圳	20.15
广州	26.39
重庆	40.63

续表

城市	常住人口抚养比
天津	25.67
苏州	25.13
杭州	32.63
全国	39.67

注：1. 杭州为 2017 年数据，其他为 2015 年数据。

2. 人口抚养比＝(15 岁以下人口数＋64 岁以上人口数)/15～64 岁人口数。

数据来源：国家统计局和各省市统计局网站，其他城市的数据缺失。

第三节 "万亿之城"在迈向高质量发展进程中的人力资本转型

随着教育水平的不断提高，"万亿之城"的人力资本结构优势逐渐凸显。大体而言，"万亿之城"的人力资本转型可以分为三类：第一类为人力资源型城市，包括北京、南京、武汉、上海、广州；第二类为人才引致型城市，包括长沙、杭州、天津、深圳；第三类为产业型城市，包括成都、无锡和重庆。

人力资源型城市主要是指该城市具有良好的人力资源存量优势，高等院校和科研院所集中，能够吸引大量大学生留在当地。以南京为例，南京是中国高等教育资源最集中的五大城市之一，科教综合实力仅次于北京、上海，居全国第三位。截至 2016 年，南京每万人中大学生数量超过 1 100 人，普通高等学校共有 53 所，在校大学生 71.74 万人，在校研究生 11.04 万人，每万人拥有在校大学生数量居全国第一，每万人拥有在校研究生数量居全国第二。

引致型城市是指当地高等教育"原住民"占比不足，但是有良好的创新创业环境和社会发展环境，能够吸引较多的人才留在当地，高素质人才的净流入流出比高。以深圳为例，深圳作为全国的创新之城，拥有全国最多的专利数，创新创业环境良好。

产业型城市是指城市的人力资本存量受产业结构影响显著，随着城市产业结构升级转型，城市的人力资本结构将会有较大变化。张车伟、蔡翼飞（2013）指出，中国的区域差异主要是经济集聚度变化所致，人口集聚只是经济集聚的从属结果。因此，"万亿之城"的人力资本转型将受到人力资本外部性的影响。

不同城市的人力资本转型方向不同，具体而言，可以从如下几个方面进行政策选择。

第一，优化高等教育质量，促进人力资本结构高级化。人力资本结构的优化能够通过提高资本配置效率来影响经济增长。其中，人力资本结构的优化途径主要就是发展高等教育。通过我们的分析,"万亿之城"的发展与其众多的高校与科研机构的布局密不可分。因此,进一步发展高等教育,尤其是进一步留住高等教育人才,是城市提高人力资本质量,优化人力资本结构的重中之重。

第二,优化劳动力市场环境,建立切实有效的引才政策。对于高等教育院校较少的城市,应当着力于优化劳动力市场环境,提高产学研结合能力,提升劳动者的就业质量和就业水平。同时,要制定切实可行的引才政策,吸引大量的高素质人才落户工作。近两年来,全国50余市先后出台了人才政策,通过人才落户、人才补贴、住房补贴、创业补贴等政策吸引优秀人才。然而,从"人才战"的短期效果来看,人才的集聚效应显著,经济发达的城市仍然是人才的首选。因此,"万亿之城"要结合自身的经济优势,建立丰富的"人才池"。

第三,优化升级产业结构,改善企业家人力资本。对于转型升级中的城市,人力资本的需求将发生显著变化。随着产业结构的变化,原有的专用性人力资本必须得到进一步培训。

第六章
中国高铁发展与劳动力市场平衡性

  交通运输的改善能有效地降低运输成本、缩短人们的旅行时间、改善地区地理区位、促进沿线地区资源要素的合理配置，对于地区要素聚集和经济发展产生深远的影响。本章通过构建包含地区最短旅行时间、铁路密度、列车经停频次权重及地区经济发展水平因素的高铁可达性指数计算模型，计算了我国各地区高铁可达性指数及其变化率，在此基础上分别从劳动力市场容量、劳动力市场结构与劳动力市场工资水平三个方面衡量中国高速铁路发展与劳动力市场平衡性的关系。本章研究表明，地区高铁可达性指数的提升能够带动中国劳动力市场指标的变化，且中国高铁发展对于不同地区劳动力市场平衡性影响存在差异。

第一节　引　言

  随着我国国民经济的高速发展以及城市化进程的不断加快，交通运输作为经济发展的助推器，在社会生活和经济发展中扮演着举足轻重的角色。我国劳动力跨省域流动和迁移主要是通过铁路运输方式实现的。本章分析在高速铁路发展影响下我国劳动力市场的平衡性变化，使用的基本概念、指标、方法与数据来源说明如下。

>>一、基本概念与指标选择<<

(一)高铁可达性

高铁可达性是指从一个地方到另一个地方高速铁路的便捷程度，是交通网络中各节点间相互作用的机会潜力[1]，能够体现经济活动利用特定交通系统从给定区位到达活动地点的便利程度[2]。高速铁路对劳动力市场地区空间格局的影响首先体现在可达性上。本章综合考虑地区铁路发展和经济发展水平差异，基于加权平均旅行时间方法，构建包含地区间最短旅行时间、铁路密度、列车经停频次权重以及经济发展指标的高速铁路可达性指数模型，以衡量地区高铁可达性及其变化情况。

(二)劳动力市场平衡性

劳动力市场是指以市场机制调节劳动力供求双方的决策行为，实现劳动力配置的市场。劳动力市场平衡性是指劳动力市场在价格机制、竞争机制、供求机制的循环往复作用下，通过劳动力流动和价格的波动促成劳动力市场的动态平衡。根据劳动力市场的三大竞争机制，以及劳动力具有数量和质量两方面的特性，本章分别从劳动力市场容量、劳动力结构和劳动力市场工资三个方面考察劳动力市场平衡性。劳动力市场容量指标包括地区新增劳动力和失业率；劳动力市场结构指标包括地区就业弹性系数、结构偏离系数、结构协调系数和劳动力质量指数；劳动力市场工资指标包括地区最低工资、行业工资和平均工资。

>>二、研究方法<<

(一)指数分析法

本章分别测算地区高铁可达性指数与地区劳动力市场相关指数。其中，高铁可达性指数运用加权指数法，劳动力市场指数综合运用数量指数法和质量指数法。

(二)分类分析法

本章按照地区高铁可达性变化率的高低将研究目标省市依次分为可达性改善程度"高、中、低"三类地区，在此基础上对地区可达性与劳动力市场平衡性的关系进行分析。

---

① Hansen, W. G. , "How Accessibility Shapes Land Use,"*Journal of the American Institute of Planners*, 1959, 25(2), pp. 73-76.

② Morris, J. M. , Dumble, P. L. , Wigan, M. R. , "Accessibility Indicators for Transport Planning,"*Transportation Research Part A General*, 1979, 13(2), pp. 91-109.

(三)相关性分析法

本章应用空间计量中的全局空间自相关性分析方法,分析我国某地区高铁可达性与其地理相邻地区高铁可达性的相关关系。

(四)弹性分析法

经济学中弹性是指当经济变量存在函数关系时,因变量对自变量变化反应的灵敏程度,即自变量每变化百分之一导致因变量变化的百分比。弹性计算公式如式(1)所示:

$$\varepsilon_{y \to x} = \frac{\Delta y / y}{\Delta x / x} \tag{1}$$

式(1)中,ε 表示因变量 y 随自变量 x 变化而变化的弹性;$\Delta y / y$ 表示因变量变化率,本章分别将劳动力市场各项指标作为因变量;$\Delta x / x$ 表示自变量变化率,本章将高铁可达性作为自变量。本章使用弹性分析法,通过计算劳动力市场各项指标关于高铁可达性的弹性,定量分析高铁可达性变化对于劳动力市场平衡性的影响。下文将分别针对各项劳动力市场指标对应的高铁弹性进行计算和说明。

>>三、数据来源与处理<<

根据 2013 年《铁路安全管理条例》,我国高铁指设计开行时速 250 公里以上(含预留),且初期运营时速 200 公里以上的客运列车专线铁路,包括"D""G""C"开头的客运车次。目前,西藏尚未开通高铁,本章研究对象包含 30 个省(市、自治区);一般认为 2008 年我国正式开通运行高铁,由于数据的可获得性,本章研究时间区间为 2008—2016 年。为比较高速铁路开通前后高铁可达性与劳动力市场平衡性变化,本章使用 2008—2016 年我国 30 个省(市、自治区)相应铁路数据、地区劳动力市场数据和地区经济增长数据。其中,铁路数据来源于 2017 年《中国统计年鉴》、2008 年《全国铁路旅客列车时刻表》、2018 年 6 月"火车票"网站、"12306"网站;劳动力市场数据与经济增长数据来源于相应年份的《中国统计年鉴》、《中国人口和就业统计年鉴》、各省市统计年鉴,以及国家统计局网站、各省市劳动保障行政部门网站。

高铁可达性指数计算过程中,在 30 个地区省会城市间最短旅行时间的数据处理上,由于历史铁路旅行时间数据的不可获得性,利用 2018 年 6 月"火车票""12306"网站实时查询的普快列车最短旅行时间数据作为计算 2008 年铁路旅行时间成本的原始数据,利用 2018 年高速铁路最短旅行时间数据作为计算 2016 年铁路旅行时间成本的原始数据。一般认为每年 6 月的铁路数据已剔除春运、极端天气、学生假期等特殊因素影响，具有良好的稳定性。

本章研究应用指标与数据来源说明汇总如表 6-1 所示。

表 6-1　指标选取与数据来源说明汇总

研究问题	指标	变量	数据来源
高铁可达性	阻力参数（旅行时间成本）	地区间最短铁路旅行时间	2018 年 6 月"火车票""12306"网站
	综合参数（地区吸引力）	地区生产总值、年末人口数、铁路密度、列车经停频次权重	2009 年、2017 年《中国统计年鉴》；2008 年《全国铁路旅客列车时刻表》；2018 年 6 月"12306"网站
劳动力市场容量	新增劳动力	经济活动人口	2009 年、2017 年《中国统计年鉴》；各省市统计年鉴
	失业率	城镇登记失业率	2009 年、2017 年《中国统计年鉴》
劳动力市场结构	就业弹性系数	（分三次产业）就业人口数、（分三次产业）地区生产总值	2009 年、2017 年《中国统计年鉴》；各省市统计年鉴
	产业—就业结构偏离系数		
	产业—就业结构协调系数		
	劳动力质量指数	就业人员受教育程度	2009 年、2017 年《中国人口和就业统计年鉴》
劳动力市场工资	最低工资水平	地区最低月工资标准（最高档次）	各省市劳动与保障行政部门网站
	行业工资水平	（分三次产业）城镇单位职工平均工资	2009 年、2017 年《中国统计年鉴》
	地区劳动力市场工资水平	城镇单位就业人员平均工资	2009 年、2017 年《中国统计年鉴》

第二节　中国高铁发展与高铁可达性指数计算

>>一、中国高铁发展的历程<<

交通运输业的发展是一段人类文明进步、经济社会发展的历史，历史上每一次交通运输方式的变革都引发了地区经济的重大变革。1964 年，日本建设完成世界第一条高速铁路——"东海道高速铁路新干线"，缓解了当时东京至大阪沿线城市交通运输的困境，并且带动了整个国家经济的腾飞。其后，高速铁路在全球范围内得到迅速发展。我国高速铁路发展可以分为两个阶段。①

第一阶段为 1990—2007 年，主要向德、日、法等国家学习高速铁路发展经验及技术，同时在这一阶段，我国进行了五次铁路提速。2004 年，国务院常务会议通过第一个《中长期铁路网规划》（以下简称《规划》），规划了"四纵四横"总长超过 1.2 万公里的快速客运专线网。

第二阶段为 2008 年至今，我国高速铁路产业自主创新阶段。2008 年，我国第一条高速铁路线路——京津城际高速铁路开通，自此我国正式走向了高铁时代。2016 年，国家发展改革委再次调整《规划》，目标在 2025 年将高铁里程增至 3.8 万公里，形成"八纵八横"格局。截至 2016 年，我国高速铁路运营里程已达 2.2 万公里，铁路运营总里程达 124 万公里，全国铁路网络逐步完善，技术进步飞速，铁路运输能力得到极大提升。

2008—2016 年，我国高速铁路基本情况、铁路与高速铁路客运量及占比情况分别如表 6-2、图 6-1 所示。

表 6-2 2008—2016 年高速铁路基本情况

年份	营业里程 （公里）	占铁路营业 里程比重（%）	客运量 （万人次）	占铁路客 运量比重（%）	旅客周转量 （亿人公里）	占铁路客运 周转量比重（%）
2008	672	0.8	734	0.5	15.6	0.2
2009	2 699	3.2	4 651	3.1	162.2	2.1
2010	5 133	5.6	13 323	8.0	463.2	5.3
2011	6 601	7.1	28 552	15.8	1 058.4	11.0
2012	9 356	9.6	38 815	20.5	1 446.1	14.7
2013	11 028	10.7	52 962	25.1	2 141.1	20.2
2014	16 456	14.7	70 378	30.5	2 825.0	25.1
2015	19 838	16.4	96 139	37.9	3 863.4	32.3
2016	22 980	18.5	122 128	43.4	4 641.0	36.9

注：铁路营业里程又称营业长度，指投入客货运输营业或临时营业的线路长度；铁路客运量指一定时期内，铁路实际运送的旅客数量，旅客不论行程远近或票价多少，均按一人一次客运量统计。

数据来源：2017 年《中国统计年鉴》；国家统计局网站。

---

① 王娇娥、焦敬娟：《中国高速铁路网络的发展过程、格局及空间效应评价》，载《热带地理》，2014(3)。

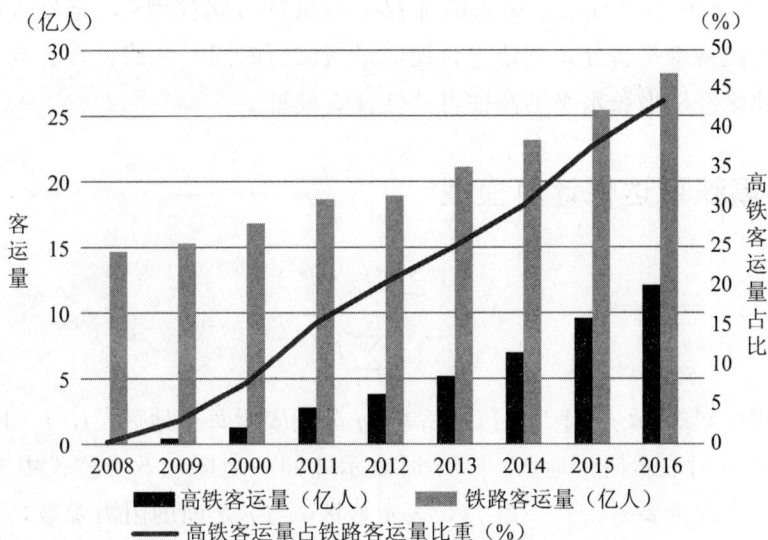

图 6-1　2008—2016 年高速铁路与铁路客运量及高铁客运量占比

表 6-2 数据显示，自 2008 年我国正式开通运营高速铁路以来，2008—2016 年，高速铁路营业里程从 672 公里提升至 22 980 公里。同时，高铁客运量从 734 万人次增加至 122 128 万人次，占全国铁路客运量的比重从 0.5％增长至 43.4％；高铁旅客周转量占全国铁路旅客周转量的比重由 0.2％增长至 36.9％。图 6-1 显示这一占比呈现快速上升态势。我国高速铁路具备舒适、安全、方便、快捷等优势，高铁占据旅客出行方式选择的比重逐年提高，但高速铁路的出行成本相对昂贵，也为普通铁路旅客运输保留了一定的市场份额。2016 年，《规划》提出到 2030 年，铁路网规模基本实现内外互联互通、区际多路通畅、省会高铁连通、地市快速通达、县域基本覆盖的远期目标。目前，我国 30 个省（市、自治区）均已实现高速铁路互通互达，增强了地区间的交流联系，为全国范围内资源要素流动与空间聚集提供了有力的交通基础支撑。

>>二、高铁可达性指数计算方法与运算模型<<

加权平均旅行时间法是交通节点间通行时间的一种综合计算指标方法，能够通过旅行时间的长短反映地区的可达性水平，体现交通发展前后旅行时间变化下地区可达性的变动幅度。具体而言，这一指标侧重于从空间距离、时间节约或成本节约的角度衡量地区间的可达性水平，受到被评价地区区位、经济实力以及交通设施密集程度等因素的影响。一般认为可达性的构成包括旅行成本和区位吸引力两部分①，本章参照石京、周念的加权平均旅行时间模型②，充分考虑地区间铁路发展与经济水平差异，构建包含地区最短旅行时间、铁路密度、列车经停频次权重、地区经济增长水平的高铁可达性计算模型。

(一)高铁可达性计算模型

$$A_j = \frac{\sum_{j=1}^{n}(I_{ji} \cdot P_j)}{\sum_{j=1}^{n} P_j} \qquad (2)$$

式(2)中，A_j 表示 j 地区的可达性；i、j 分别表示每个地区，i，$j=1$，2，…，30，其中 $i=j$ 时表示同一地区，$i \neq j$ 时表示非同一地区，下文公式中 i、j 均相同。式中包含两个要素，其一为 I_{ji}，表示地区 i 与 j 之间的阻力参数，衡量地区间旅行的时间成本，为两节点(省会城市)之间的最短铁路旅行时间；其二为 P_j，表示 j 地区的综合参数，衡量地区吸引力，反映因地区经济和铁路发展水平不同对其他地区吸引力的差异程度，作为最短旅行时间的加权平均权重。

(二)地区阻力参数计算

计算最短旅行时间遵循如下原则：如果 30 个地区中每两个省会城市间有可以直接通达的旅客列车班次，则选择所有列车班次中铁路里程最短车次对应的旅行时间为两省会城市间的最短旅行时间；如果两城市间没有直达列车班次，则在遵循最短路径的原则上选取可供选择的中转站中距离始发站运输里程最短的省会城市作为中转点，计算两城市间的最短旅行时间；中转滞留时间不计入计算。

(三)地区综合参数计算

选取各地区的地区生产总值、年末人口数、铁路密度与列车经停频次权重计算地区综合参数，其中，地区生产总值(GDP)反映地区的实力与财富，年末人口数(peo)反映地区一定时期内劳动力资源利用的基础，铁路密度(D)反映地区铁路密集程度，列车经停频次比重(n)反映某个地区铁路车次密集程度与全国平均水平的关系。综合参数计算公式如式(3)所示：

$$P_j = (GDP_j \cdot peo_j \cdot D_j \cdot n_j)^{+} \qquad (3)$$

---

① 李廷智、杨晓梦、赵星烁、梁进社：《高速铁路对城市和区域空间发展影响研究综述》，载《城市发展研究》，2013(2)。

② Jing Shi，Nian Zhou，"How Cities Influenced by High Speed Rail Development：A Case Study in China,"*Journal of Transportation Technologies*，2013(3)，pp. 7-16.

其中，铁路密度计算公式如式（4）所示：

$$D_j = \frac{L_j}{S_j} \qquad (4)$$

式（4）中，D_j 表示 j 地区铁路密度；L_j 表示 j 地区铁路营业里程；S_j 表示 j 地区土地面积。根据铁路密度定义，铁路密度值越大，表示该地区铁路越密集。

列车经停频次权重计算公式如式（5）所示：

$$n_j = \frac{N_j}{mean(N)} \qquad (5)$$

式（5）中，n_j 表示 j 地区列车经停频次权重值；N_j 表示 j 地区列车经停次数；N 为 30 个地区列车经停次数之和；$mean(N)$ 为 N 除以 30，表示列车站点频次总数的均值。n_j 为某时点某地区列车经停次数与所有考察站点列车经停次数总数的均值之间的比值，n_j 大于 1 表示该地区列车经停次数高于全国平均水平；n_j 小于 1 表示该地区列车经停次数低于全国平均水平；n_j 等于 1 表示该地区列车经停次数等于全国平均水平。

（四）高铁可达性的指数化处理

根据可达性指标定义，某一地区可达性指标值越小，表示该地区可达性越好。为更直观地反映地区可达性的优劣，将可达性指标 P_j 进行指数化处理，从而使得可达性指数值越大表示地区可达性越好，计算公式如式（6）所示：

$$M_j = \frac{1}{A_j} \times 100 \qquad (6)$$

式（6）中，M_j 表示进行指数化处理的高铁可达性指标，即高铁可达性指数，本章应用高铁可达性指数 M_j 表示各地区高铁可达性情况。根据可达性指数 M_j 的定义，某一地区可达性指数值越大，则表示该地区高铁可达性越好。

>>三、中国高铁可达性指数计算<<

比较高速铁路开通前后一个地区的可达性指数，可以描述高铁开通前后地区可达性的变化情况，进而评价随着高速铁路发展带来的地理区位条件的改善程度。高铁可达性指数变化率表明高铁可达性的改善程度，根据 2008—2016 年 30 个省（市、自治区）高铁可达性指数变化率，按照可达性变化率从高至低，将 30 个地区依次分为可达性改善程度"高、中、低"三类。

2008 年和 2016 年 30 个省（市、自治区）高铁可达性指数及变化率如表 6-3 所示。

表 6-3　2008 年和 2016 年 30 个省(市、自治区)高铁可达性指数及变化率

类别	地区	高铁可达性指数		高铁可达性指数变化率
		2008	2016	
高	江苏	7.694	15.800	1.054
	上海	6.944	14.121	1.033
	河南	8.918	17.522	0.965
	山东	6.815	13.061	0.917
	陕西	6.249	11.951	0.913
	北京	8.612	16.171	0.878
	浙江	6.163	11.291	0.832
	云南	3.085	5.647	0.831
	贵州	3.890	6.930	0.781
	湖北	9.210	16.388	0.779
中	福建	4.182	7.176	0.716
	湖南	7.491	12.647	0.688
	广东	5.074	8.529	0.681
	江西	7.326	11.399	0.556
	河北	8.837	13.235	0.498
	重庆	4.675	6.743	0.442
	广西	3.809	5.429	0.425
	安徽	8.138	11.420	0.403
	四川	3.968	5.543	0.397
	甘肃	4.361	6.063	0.390
低	内蒙古	2.893	3.881	0.342
	新疆	2.085	2.728	0.308
	天津	7.181	8.942	0.245
	山西	6.153	7.168	0.165
	辽宁	4.992	5.596	0.121
	黑龙江	3.887	4.275	0.100
	吉林	4.244	4.576	0.078
	青海	3.892	4.158	0.068
	海南	3.160	3.358	0.063
	宁夏	4.110	4.331	0.054

数据来源：根据 2009 年和 2017 年《中国统计年鉴》、2008 年《全国铁路旅客列车时刻表》、2018 年 6 月"12306"和"火车票"网站数据整理计算所得。

表 6-3 数据显示，2008 年，可达性指数最大的地区是湖北，为 9.210；最小的地区是新疆，为 2.085；中位数地区是广东和辽宁，分别为 5.074、4.992。2016 年，可达性指数最大的地区是河南，为 17.522；最小的地区是新疆，为

2.728；中位数地区是福建和山西，分别为 7.176、7.168。可达性指数越大表明地区可达性越好，按可达性指数由大至小排序，2008—2016 年，可达性指数排序位次上升的地区有河南、北京、江苏、上海、山东、陕西、浙江、广东、福建、贵州、云南、广西、内蒙古，表明这些地区可达性水平在 30 个省（市、自治区）范围内变得相对更好；排序位次下降的地区有湖北、河北、湖南、安徽、江西、天津、山西、重庆、甘肃、辽宁、吉林、宁夏、黑龙江、青海、海南，表明这些地区可达性水平在 30 个省（市、自治区）范围内变得相对更差；不变的地区为四川、新疆。

从变化幅度来看，30 个省（市、自治区）的区位条件随着该节点高铁的开通运营均得到优化，2016 年相对于 2008 年而言可达性指数变化率的值越大，表明区位优化程度越高。根据高铁可达性变化率的大小依次将 30 个省（市、自治区）分为可达性改善程度"高、中、低"三类地区，其中，第一类地区为可达性改善程度较高的地区，包括江苏、上海、河南、山东、陕西、北京、浙江、云南、贵州、湖北，高铁可达性指数变化率区间为 0.779～1.054；第二类地区为可达性改善程度中等的地区，包括福建、湖南、广东、江西、河北、重庆、广西、安徽、四川、甘肃，高铁可达性指数变化率区间为 0.390～0.716；第三类地区为可达性改善程度较低的地区，包括内蒙古、新疆、天津、山西、辽宁、黑龙江、吉林、青海、海南、宁夏，高铁可达性指数变化率区间为 0.054～0.342。

根据可达性变化率划分的三类地区各自呈现空间集聚状态。整体而言，我国中部、东部地区可达性改善程度最高；东南部、西南部地区次之；西北部、东北部地区最低。我国地区高铁可达性与地区经济发展水平、铁路发展水平等初始条件密切相关，同时，高铁可达性也会受到地区间空间关联性的影响。

>>四、中国高铁可达性的空间自相关性<<

空间自相关性是指一些变量在同一个分布区内的观测数据之间潜在的相互依赖性，是检验某一现象与其相邻空间单元的显现是否相关联的指标。[1] 全局空间自相关性能够反映数据在整个地区的空间分布态势，运用"相邻"距离函数构造空间权重矩阵，以反映地区高铁可达性在全国范围内的空间关联性，空间权重矩阵计算公式如式（7）：

$$Z=\begin{bmatrix} Z_{11} & \cdots & Z_{1i} \\ \vdots & \vdots & \vdots \\ Z_{i1} & \cdots & Z_{ii} \end{bmatrix} \tag{7}$$

---

[1]　参见李玉江、张果：《人口地理学》，北京，科学出版社，2010。

式(7)中，Z 表示空间全权重矩阵；主对角线上元素 $Z_{11} = Z_{22} = \cdots = Z_{ii} = 0$ 表示同一地区；如果地区 i 与 j 相邻，则 $Z_{ij} = 1$，如果地区 i 与 j 不相邻，则 $Z_{ij} = 0$，其中 i、j 分别表示每个地区，i、$j = 1$，2，$\cdots$，30。将空间权重矩阵进行标准化处理。根据定义，Moran 散点图的四个象限分别对应于空间单元与相邻单元之间的四种局部空间联系形式：第一、第三象限表示高、低观测值单元被同是高、低观测值单元所包围的空间联系形式，为相似值的聚集；第二、第四象限表示低、高观测值单元被高、低观测值单元所包围的不同观测值的空间联系形式，为空间异常。

2008—2016 年，我国地区高铁可达性变化率与高铁可达性变化率空间滞后项的 Moran 散点图如图 6-2 所示。

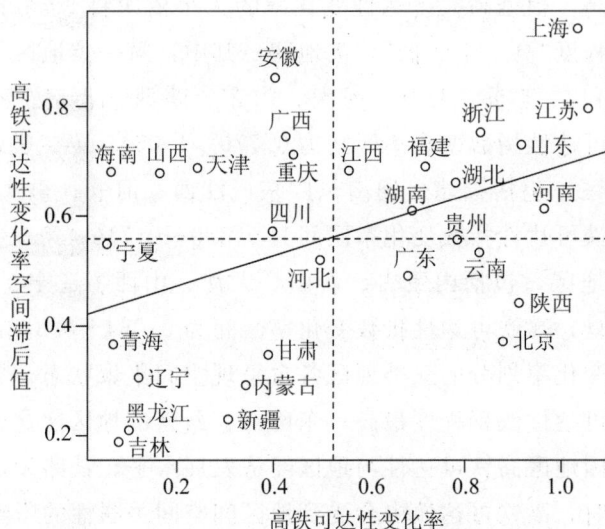

图 6-2　2008—2016 年 30 个省(市、自治区)可达性变化率与其空间滞后值的 Moran 散点图

图 6-2 显示，拟合线斜率为正，大多数散点分布在第一、第三象限，我国高铁可达性指数变化率与其空间滞后项分布为正的全局空间自相关关系，地区高铁可达性变化率和相邻地区高铁可达性变化率呈现高—高或低—低的空间聚集状态，表明高铁可达性改善程度较高的地区，其空间地理相邻地区高铁可达性改善程度也较高；高铁可达性改善程度较低的地区，其空间地理相邻地区高铁可达性改善程度也较低。

散点具体分布情况为：上海、江苏、山东、浙江、福建、江西、湖南、湖北、河南、贵州为高—高关联地区，表示可达性改善程度高的地区被可达性改善程度高的地区包围，大部分地区属于高铁可达性改善程度为"高"的一类地区；宁夏、河北、内蒙古、新疆、青海、辽宁、黑龙江、吉林、甘肃为低—低关联地区，表示可达性改善程度低的地区被可达性改善程度低的地区包围，大部分地区属于高铁可达性改善程度"低"的一类地区；安徽、天津、海南、山西、广西、重庆、四川为低—高关联地区，表示可达性改善程度低的地区被可达性改善程度高的地区包围；云南、北京、广东、陕西为高—低关联地区，表示可达性改善程度高的地区被可达性改善程度低的地区包围。空间自相关性能够在一定程度上解释地区高铁可达性改善程度的差异，即地区高铁可达性的改善程度除受地区经济发展水平、铁路发展水平等因素影响外，也受到地理区位的影响，对某地区而言，其相邻地区高铁发展水平较高、高铁可达性改善程度较高能够带动该地区高铁可达性的提升。

本章将在此基础上，分别分析三类地区高铁可达性对于地区劳动力市场平衡性的影响作用及二者之间的关系。

第三节　中国高铁发展与地区劳动力市场容量平衡

>>一、高铁可达性与地区新增劳动力<<

康纳德·博格（1950s）推拉理论认为，一般情况下自然条件优越、经济较发达的地区能够提供更多更好的就业机会，吸引劳动力集聚，而劳动力集聚又可以产生积极的集聚效应，使集聚地区获得更优质和持续的经济增长动力，即为"拉力"。反之，自然资源匮乏、经济落后的地区就业机会少，劳动力资源流失，进一步造成地区经济发展滞后，即为"推力"。[①] 劳动力的流动受到迁入地和迁出地的经济环境、社会环境、制度环境以及自然环境等多种因素影响[②]，在迁入地的拉力和迁出地的推力共同作用下实现。

经济活动人口是指年龄在 16 周岁及以上，在一定时期内为各种经济生产和活动提供劳动力供给的人口，为就业人口与失业人口之和。本章利用 2008 年和 2016 年经济活动人口（就业人员数与城镇登记失业人员数之和）计算地区新增劳动力人口数量，分析随着我国高铁开通运行地区劳动力人口数量的变化情况。

2008—2016 年，30 个省（市、自治区）新增劳动力人口数量、地区劳动力人口数量关于高铁可达性的弹性如表 6-4 所示。

---

① 李强：《影响中国城乡流动人口的推力与拉力因素分析》，载《中国社会科学》，2003(1)。
② 张耀军、岑俏：《中国人口空间流动格局与省际流动影响因素研究》，载《人口研究》，2014(5)。

表 6-4　2008—2016 年 30 个省(市、自治区)新增劳动力人口数量及高铁弹性

类别	地区	劳动力人口(万人)		新增劳动力 (万人)	劳动力人 口变化率	弹性
		2008	2016			
	全国	73 541.09	83 829.94	10 288.84	—	—
高	江苏	4 425.16	4 791.42	366.26	0.506	0.480
	上海	922.56	1 389.54	466.98	0.244	0.236
	河南	5 871.97	6 769.60	897.63	0.237	0.245
	山东	5 413.24	6 695.50	1 282.26	0.187	0.204
	陕西	1 967.39	2 095.70	128.31	0.121	0.132
	北京	1 184.13	1 228.10	43.97	0.140	0.159
	浙江	3 722.53	3 793.90	71.37	0.083	0.099
	云南	2 694.27	3 018.99	324.72	0.136	−0.164
	贵州	2 314.09	1 998.52	−315.57	0.001	0.001
	湖北	2 930.65	3 665.90	735.25	0.153	0.196
中	福建	2 094.74	2 813.33	718.59	0.212	0.296
	湖南	3 857.99	3 965.31	107.32	0.251	0.365
	广东	5 516.08	6 317.22	801.14	0.028	0.041
	江西	2 249.28	2 668.90	419.62	0.343	0.617
	河北	3 683.91	4 263.65	579.74	0.798	1.605
	重庆	1 850.11	1 733.22	−116.89	0.348	0.788
	广西	2 825.95	2 859.10	33.15	0.145	0.341
	安徽	3 623.90	4 392.00	768.10	0.019	0.048
	四川	4 912.33	4 916.30	3.97	0.063	−0.159
	甘肃	1 398.11	1 558.54	160.43	0.065	0.167
低	内蒙古	1 123.20	1 500.66	377.46	0.208	0.609
	新疆	825.46	1 272.81	447.35	0.213	0.689
	天津	516.12	928.22	412.10	0.037	0.151
	山西	1 600.93	1 934.30	333.37	0.157	0.955
	辽宁	2 139.89	2 348.46	208.57	0.336	2.776
	黑龙江	1 702.23	2 116.90	414.67	0.308	3.084
	吉林	1 167.81	1 527.43	359.62	0.097	1.245
	青海	280.66	328.88	48.22	0.115	1.675
	海南	417.73	563.24	145.51	0.012	0.187
	宁夏	308.69	374.30	65.61	0.172	3.196

　　数据来源:根据 2009 年和 2017 年《中国统计年鉴》、各省(市、自治区)统计年鉴数据整理计算所得。

表 6-4 数据显示，2008—2016 年，贵州劳动力人口数量减少 315.57 万人、重庆劳动力人口数量减少 116.89 万人；除贵州、重庆外，其他地区新增劳动力人口数量均为正，即经济活动人口数量出现绝对增长。由于近年来我国人口老龄化程度逐渐加深以及受教育程度不断提升，地区新增劳动力人口数量普遍偏低，其中，新增劳动力人口最多的地区是山东，为 1 282.26 万人；新增劳动力人口最少的地区是四川，为 3.97 万人；各地区新增劳动力人口数量分布不均衡。

整体而言，我国中部、东南部地区新增劳动力人口数量居全国前列，北部地区居中，西北部地区最低。随着我国中西部承接东部产业转移进程的推进，中西部经济增速大幅提升，劳动力流动方向也趋于多元化，东部地区劳动力流入逐渐放缓，中部地区劳动力流入比重上升，中西部地区外出务工人员也出现回流，高速铁路作为一种交通运输方式则为劳动力要素的流动提供了基础支撑。

2008—2016 年，30 个省（市、自治区）新增劳动力人口数量、地区劳动力人口数量关于高铁可达性的弹性如图 6-3 所示。

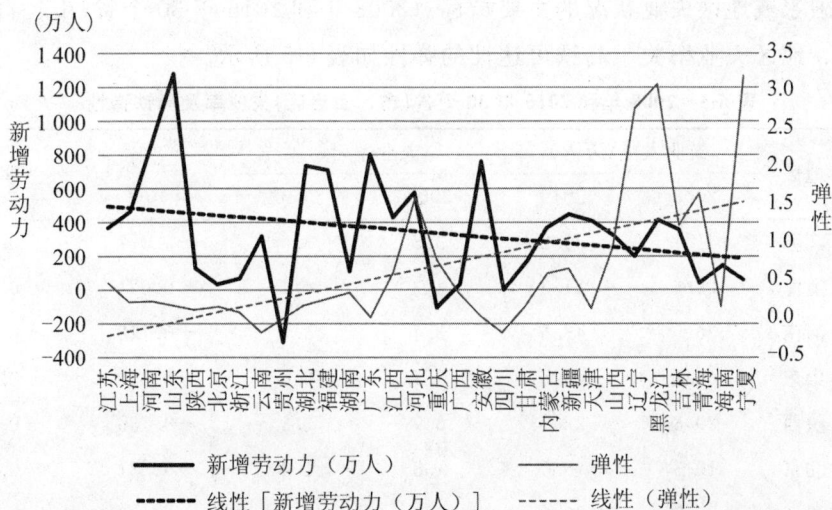

图 6-3　2008—2016 年 30 个省（市、自治区）新增劳动力及高铁弹性

注：本章折线图中，30 个省（市、自治区）均按照可达性变化率由大至小顺序排列，表示高铁可达性改善程度由高至低，下文不再单独进行说明。

图 6-3 数据显示，从地区新增劳动力人口数量来看，高铁可达性改善程度"高"的一类地区中，新增劳动力人口数量最多的地区是山东，为 1 282.26 万人；最少的地区是贵州，为 -315.57 万人。高铁可达性改善程度"中"的一类地区中，新增劳动力人口数量最多的地区是广东，为 801.14 万人；最少的地区是重庆，为 -116.89 万人。高铁可达性改善程度"低"的一类地区中，新增劳动力人口数量最多的地区是新疆，为 447.35 万人；最少的地区是青海，为 48.22 万人。三

类地区新增劳动力人口数量的均值分别为 400.12 万人、347.52 万人、181.25 万人，表明第一类地区平均新增劳动力人口数量最大，这类地区普遍为经济较发达地区或传统人口大省；第二类地区次之；第三类地区最小。高铁可达性改善程度越高的地区，新增劳动力人口数量越大。

从地区劳动力人口数量关于高铁可达性的弹性来看，2008—2016 年，高铁可达性每提升 1 个单位，高铁可达性改善程度"高、中、低"的三类地区对应劳动力人口数量分别平均提升 1.589、4.108、14.569 个单位，表明第三类地区劳动力人口数量对于高铁可达性变化最为敏感；第二类地区次之；第一类地区最不敏感。高铁可达性改善程度较低的地区可以利用高速铁路发展较大幅度提升地区劳动力人口数量。

>>二、高铁可达性与地区失业率<<

失业率能够反映一定时期内一个国家或地区全部劳动人口的就业情况，是衡量一个国家或地区失业状况的主要指标。2008 年和 2016 年 30 个省（市、自治区）失业率、地区失业率关于高铁可达性的弹性如表 6-5 所示。

表 6-5　2008 年和 2016 年 30 个省（市、自治区）失业率及高铁弹性

类别	地区	失业人员（万人）		失业率（%）		失业率变化率	弹性
		2008	2016	2008	2016		
高	江苏	41.1	35.2	3.3	3.0	−0.077	−0.073
	上海	26.6	24.3	4.2	4.1	−0.024	−0.023
	河南	36.5	43.6	3.4	3.0	−0.118	−0.122
	山东	60.7	45.8	3.7	3.5	−0.054	−0.059
	陕西	20.8	22.7	3.9	3.3	−0.156	−0.171
	北京	10.3	8.0	1.8	1.4	−0.231	−0.263
	浙江	30.7	33.9	3.5	2.9	−0.169	−0.203
	云南	14.8	20.1	4.2	3.6	−0.145	−0.174
	贵州	12.5	14.8	4.0	3.2	−0.196	−0.251
	湖北	55.1	32.9	4.2	2.4	−0.429	−0.550

续表

类别	地区	失业人员（万人）		失业率（%）		失业率变化率	弹性
		2008	2016	2008	2016		
中	福建	15.0	16.3	3.9	3.9	0.010	0.014
	湖南	47.0	44.9	4.2	4.2	0.000	0.000
	广东	38.1	38.0	2.6	2.5	−0.023	−0.034
	江西	26.0	31.3	3.4	3.4	−0.006	−0.011
	河北	32.2	39.7	4.0	3.7	−0.066	−0.132
	重庆	13.0	15.7	4.0	3.7	−0.066	−0.148
	广西	18.8	18.1	3.8	2.9	−0.227	−0.533
	安徽	29.3	30.4	3.9	3.2	−0.184	−0.455
	四川	37.9	56.3	4.6	3.7	−0.081	−0.204
	甘肃	9.4	9.8	3.2	2.2	−0.319	−0.817
低	内蒙古	19.9	26.7	4.1	3.7	−0.098	−0.285
	新疆	11.8	9.7	3.7	2.5	−0.324	−1.051
	天津	13.0	25.8	3.6	3.5	−0.028	−0.113
	山西	17.5	26.1	3.3	3.5	0.064	0.387
	辽宁	41.7	47.3	3.9	3.8	−0.026	−0.212
	黑龙江	32.1	39.6	4.2	4.2	−0.007	−0.071
	吉林	24.3	25.7	4.0	3.5	−0.121	−1.541
	青海	3.9	4.6	3.8	3.1	−0.184	−2.689
	海南	5.6	5.1	3.7	2.4	−0.355	−5.671
	宁夏	4.8	5.1	4.4	3.9	−0.103	−1.925

数据来源：根据2009年和2017年《中国统计年鉴》数据整理计算所得。

表6-5数据显示，2008年，失业率最高的地区是四川，为4.6，对应失业人口为37.9万人；失业率最低的地区是北京，为1.8，对应失业人口为10.3万人。2016年，失业率最高的地区是四川、黑龙江、湖南，均为4.2，对应失业人口数分别为56.3万人、39.6万人、44.9万人；失业率最低的地区是北京，为1.4，对应失业人口为8万人。2008—2016年，山西、福建、湖南失业率变化率依次为0.064、0.010、0.000，这些地区失业率增加或不变，其他地区失业率均降低，其中，失业率降低幅度最大的地区是湖北，失业率变化率为−0.429，失业率降低幅度最小的地区是江西，失业率变化率为−0.006。

2008—2016年，30个省（市、自治区）失业率变化率、地区失业率关于高铁可达性的弹性如图6-4所示。

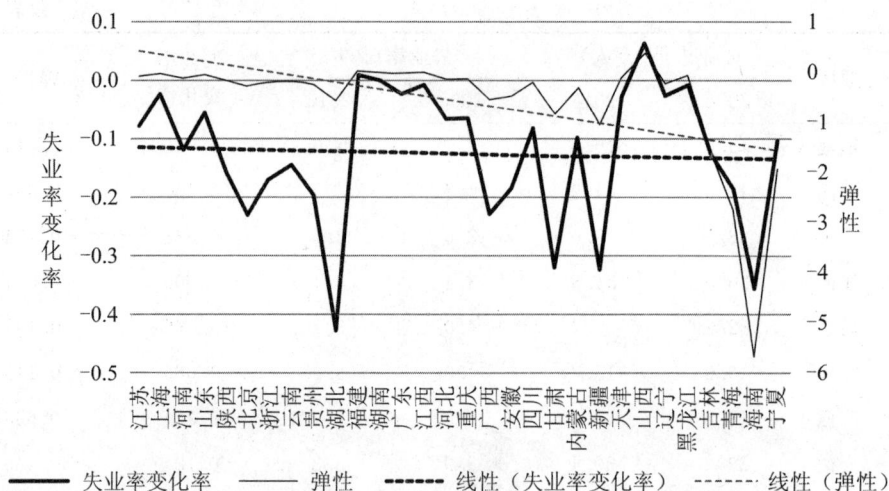

图 6-4　2008—2016 年 30 个省(市、自治区)失业率变化率及高铁弹性

图 6-4 数据显示,从地区失业率变化率来看,高铁可达性改善程度"高"的一类地区中,失业率变化幅度最大的地区是湖北,为-0.429;失业率变化幅度最小的地区是上海,为-0.024。高铁可达性改善程度"中"的一类地区中,失业率变化幅度最大的地区是甘肃,为-0.319;变化幅度最小的地区是湖南,为0.000;其中,福建失业率变化率为正,为0.010。高铁可达性改善程度"低"的一类地区中,失业率变化幅度最大的地区是海南,为-0.355;失业率变化幅度最小的地区是黑龙江,为-0.007;其中,山西失业率变化率为正,为0.064。三类地区失业率变化率的均值分别为-0.160、-0.096、-0.118,表明第一类地区失业率降低幅度最大,第三类地区次之,第二类地区最小。

从地区失业率关于高铁可达性的弹性来看,2008—2016 年,高铁可达性每提升 1 个单位,高铁可达性改善程度"高、中、低"的三类地区对应失业率分别平均变化-0.189、-0.232、-1.317 个单位,表明第三类地区失业率对于高铁可达性变化最敏感,高铁可达性对于第三类地区失业率的降低影响作用最大;第二类地区次之;第一类地区最不敏感。高铁可达性改善程度较低的地区可以利用高速铁路发展较大幅度降低地区失业率。

第四节　中国高铁发展与地区劳动力结构平衡

劳动力结构是指一定时期内,一国或地区劳动力人口在各部门、各行业、各地区分配的比例和相互关系,能够反映一国或地区对劳动力资源的利用情况。高速铁路能够促进产业聚集，形成劳动力就业结构的调整和优化[①]，本章分别从就业弹性、结构偏离度、结构协调度与劳动力质量四个方面衡量高铁发展影响下地区劳动力结构平衡性。

>>一、高铁可达性与就业弹性系数<<

就业弹性是就业增长率和经济增长率的比值，指经济增长每变动百分之一所引起的就业增长变动的百分比，能够衡量经济增长对劳动力的吸纳能力。就业弹性计算公式如式(8)：

$$E_i = \frac{\Delta L_i}{L_i} / \frac{\Delta Y_i}{Y_i} \tag{8}$$

式(8)中，E_i表示i地区的就业弹性；ΔL_i表示i地区就业增长值，L_i表示i地区总就业人数；ΔY_i表示i地区生产总值增长值，Y_i表示i地区生产总值；i表示 30 个省(市、自治区)，$i=1，2，\cdots，30$。根据就业弹性定义，当就业弹性为正时，就业弹性值越大表明经济增长对就业增长的拉动作用越大；当就业弹性为零时，经济增长对就业增长无影响；当就业弹性为负时分为两种情况：第一，经济增长为正、就业增长为负，表明经济增长对就业产生挤出效应，就业弹性值越小则就业挤出效应越大；第二，经济增长为负、就业增长为正，表明经济对就业产生吸入效应，就业弹性值越大则就业吸入效应越大。

2008 年和 2016 年 30 个省(市、自治区)就业弹性系数、地区就业弹性关于高铁可达性的弹性如表 6-6 所示。

表 6-6　2008 年和 2016 年 30 个省(市、自治区)就业弹性系数及高铁弹性

类别	地区	就业弹性系数		就业弹性系数变化率	弹性
		2008	2016		
高	江苏	0.256	−0.005	−1.018	−0.966
	上海	0.179	0.023	−0.874	−0.846
	河南	0.048	0.145	2.010	2.083
	山东	0.087	0.033	−0.627	−0.684
	陕西	0.050	0.013	−0.749	−0.821
	北京	0.463	0.249	−0.463	−0.527
	浙江	0.147	0.069	−0.528	−0.634
	云南	0.150	0.223	0.492	0.592
	贵州	0.038	0.157	3.161	4.045
	湖北	0.179	−0.065	−1.362	−1.748

[①]　田相辉：《中国城市集聚经济研究》，武汉，湖北科学技术出版社，2014。

续表

类别	地区	就业弹性系数		就业弹性系数变化率	弹性
		2008	2016		
中	福建	0.238	0.095	−0.601	−0.840
	湖南	0.077	−0.164	−3.124	−4.540
	广东	0.236	0.087	−0.630	−0.926
	江西	0.071	0.079	0.111	0.200
	河北	0.131	0.036	−0.727	−1.461
	重庆	0.113	0.046	−0.590	−1.333
	广西	0.084	0.083	−0.021	−0.049
	安徽	−0.004	0.041	−11.031	−27.356
	四川	0.105	0.028	−0.735	−1.851
	甘肃	0.059	0.141	1.371	3.511
低	内蒙古	0.073	0.421	4.748	13.893
	新疆	0.083	1.634	18.658	60.482
	天津	0.630	0.077	−0.878	−3.579
	山西	0.102	0.850	7.304	44.303
	辽宁	0.059	0.201	2.425	20.030
	黑龙江	0.035	1.575	43.760	438.297
	吉林	0.200	0.281	0.404	5.166
	青海	0.008	0.139	16.166	236.020
	海南	−0.034	0.045	−2.326	−37.174
	宁夏	−0.076	0.219	−3.883	−72.237

数据来源：根据 2009 年和 2017 年《中国统计年鉴》、各省（市、自治区）统计年鉴数据整理计算所得。

表 6-6 数据显示，整体而言，2008 年，宁夏、海南、安徽就业弹性为负，分别为 −0.076、−0.034、−0.004，表明经济增长对就业产生了挤出效应；其他地区就业弹性均为正，就业弹性最大的地区是天津，为 0.630，最小的地区是青海，为 0.008。2016 年，地区就业弹性最大的地区是新疆，为 1.634；就业弹性最小的地区是湖南，为 −0.164。2016 年，湖南、湖北、江苏就业弹性为负，分别为 −0.164、−0.065、−0.005，表明经济增长对就业产生了挤出效应；其他地区就业弹性均为正，就业弹性最大的地区是新疆，为 1.634，最小的地区是陕西，为 0.013。

2008—2016 年，30 个省（市、自治区）就业弹性变化率、地区就业弹性关于高铁可达性的弹性如图 6-5 所示。

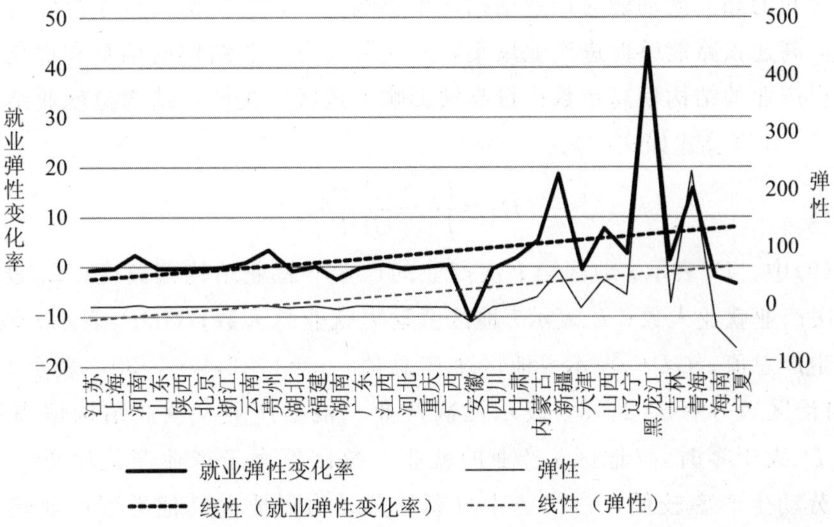

图 6-5　2008—2016 年 30 个省(市、自治区)就业弹性变化率及高铁弹性

图 6-5 数据显示，从就业弹性变化率来看，2008—2016 年，高铁可达性改善程度"高"的一类地区中，湖北、江苏就业弹性由正转负，表明经济增长对就业的作用由吸入变为挤出；上海、陕西、山东、浙江、北京就业弹性为正，变化率为负，表明经济增长对就业的吸纳能力减小；云南、河南、贵州就业弹性变化率为正，就业弹性增大。高铁可达性改善程度"中"的一类地区中，甘肃、江西就业弹性提高；其他地区就业弹性均降低，其中，湖南由正转负，表明经济增长对就业的作用由吸入变为挤出，安徽由负转正，表明经济增长对就业的作用由挤出变为吸入。高铁可达性改善程度"低"的一类地区中，宁夏、海南、天津就业弹性变化率为负，其中宁夏、海南就业弹性由负转正，表明经济增长对就业的作用由挤出变为吸入；天津就业弹性降低，表明经济增长对就业的作用减小；其他地区就业弹性均提高。三类地区就业弹性变化率均值分别为 0.004、−1.598、8.638，第三类地区就业弹性变化幅度最大，第二类地区次之，第一类地区最低。

从地区就业弹性关于高铁可达性的弹性来看，2008—2016 年，高铁可达性每提升 1 个单位，高铁可达性改善程度"高、中、低"的三类地区对应就业弹性分别平均变化 0.049、−3.464、70.520 个单位，表明第三类地区就业弹性对高铁可达性变化最敏感，第二类地区次之，第一类地区最不敏感，第二类地区经济增长对就业增长为挤出效应。高铁可达性改善程度较低的地区可以利用高速铁路发展较大幅度提升地区就业弹性，即提升经济增长对就业的吸纳能力。

>>二、高铁可达性与结构偏离系数<<

产业结构之间的就业分布能对产业结构的变迁产生影响，同时，劳动力在不同产业之间的相互流动能对产业结构产生影响，二者的协调发展才能促进经济健康发展。高速铁路能够促进产业聚集，形成劳动力就业结构的调整和优化，本章选取三次产业的结构偏离系数衡量高铁影响下地区三次产业结构与就业结构的协调程度[①]，计算公式如式（9）：

$$D_{ji} = \frac{L_{ji}}{L_i} - \frac{GDP_{ji}}{GDP_i} \qquad (9)$$

式（9）中，D_{ji} 表示 i 地区第 j 次产业的产业—就业结构偏离度；L_{ji} 表示 i 地区第 j 次产业就业人数；L_i 表示 i 地区劳动力就业总人数；GDP_{ji} 表示 i 地区第 j 次产业生产总值；GDP_i 表示 i 地区生产总值；$i=1,2,\cdots,30$，表示 30 个省（市、自治区）；$j=1,2,3$，表示三次产业。根据产业—就业结构偏离系数定义，当 D_{ji} 大于零时，i 地区 j 产业的就业人数比重大于产业产值比重，表示该产业的劳动生产率较低，该产业中过剩的劳动力需要向其他类型产业转移；当 D_{ji} 等于零时，j 产业就业结构与产业结构处于均衡；当 D_{ji} 小于零时，j 产业的就业人数比重小于产业产值比重，表示 j 产业劳动生产率相对较高，具备吸取更多劳动力的能力，其他产业的劳动力会向该次产业转移，使其充分发挥就业的吸纳能力。

2008 年和 2016 年 30 个省（市、自治区）分三次产业的产业—就业结构偏离系数、偏离系数关于高铁可达性的弹性如表 6-7 所示。

表 6-7　2008 年和 2016 年 30 个省（市、自治区）分三次产业—就业结构偏离系数及高铁弹性

类别	地区	第一产业			第二产业			第三产业		
		2008	2016	弹性	2008	2016	弹性	2008	2016	弹性
高	江苏	0.140	0.124	−0.106	−0.106	−0.017	−0.794	−0.034	−0.107	2.045
	上海	0.047	0.029	−0.362	−0.062	0.030	−1.437	0.015	−0.060	−4.746
	河南	0.343	0.278	−0.197	−0.301	−0.171	−0.449	−0.042	−0.107	1.595
	山东	0.277	0.219	−0.231	−0.254	−0.107	−0.632	−0.024	−0.112	4.086
	陕西	0.358	0.294	−0.194	−0.353	−0.326	−0.085	−0.004	−0.108	27.008
	北京	0.045	0.036	−0.248	−0.038	−0.034	−0.115	−0.007	−0.001	−0.956
	浙江	0.131	0.082	−0.445	−0.074	0.025	−1.614	−0.057	−0.108	1.086
	云南	0.447	0.381	−0.178	−0.308	−0.252	−0.216	−0.140	−0.129	−0.095
	贵州	0.360	0.416	0.202	−0.309	−0.225	−0.349	−0.051	−0.191	3.569
	湖北	0.196	0.256	0.390	−0.192	−0.218	0.173	−0.004	−0.038	10.460

---

① 黄洪琳：《中国就业结构与产业结构的偏差及原因探讨》，载《人口与经济》，2008(4)。

续表

类别	地区	第一产业			第二产业			第三产业		
		2008	2016	弹性	2008	2016	弹性	2008	2016	弹性
中	福建	0.205	0.138	−0.454	−0.145	−0.129	−0.147	−0.060	−0.009	−1.197
	湖南	0.316	0.291	−0.113	−0.242	−0.190	−0.312	−0.074	−0.101	0.541
	广东	0.228	0.172	−0.363	−0.181	−0.029	−1.232	−0.047	−0.143	2.983
	江西	0.243	0.190	−0.390	−0.253	−0.154	−0.706	0.010	−0.037	−8.491
	河北	0.282	0.218	−0.457	−0.215	−0.135	−0.748	−0.067	−0.083	0.476
	重庆	0.258	0.215	−0.373	−0.211	−0.168	−0.468	−0.046	−0.048	0.056
	广西	0.349	0.348	−0.007	−0.223	−0.276	0.550	−0.126	−0.073	−0.996
	安徽	0.287	0.212	−0.647	−0.196	−0.199	0.037	−0.091	−0.013	−2.119
	四川	0.261	0.257	−0.038	−0.244	−0.140	−1.070	−0.017	−0.116	14.915
	甘肃	0.383	0.423	0.267	−0.320	−0.190	−1.041	−0.063	−0.233	6.940
低	内蒙古	0.388	0.310	−0.584	−0.382	−0.313	−0.523	−0.006	0.003	−4.348
	新疆	0.352	0.264	−0.809	−0.359	−0.234	−1.128	0.008	−0.030	−15.496
	天津	0.136	0.060	−2.282	−0.196	−0.084	−2.335	0.060	0.024	−2.454
	山西	0.362	0.291	−1.191	−0.351	−0.133	−3.765	−0.011	−0.158	79.805
	辽宁	0.236	0.209	−0.951	−0.303	−0.138	−4.501	0.067	−0.071	−16.973
	黑龙江	0.333	0.193	−4.228	−0.320	−0.108	−6.630	−0.013	−0.084	53.479
	吉林	0.304	0.237	−2.826	−0.278	−0.257	−0.952	−0.026	0.020	−22.639
	青海	0.336	0.269	−2.892	−0.338	−0.257	−3.472	0.002	−0.012	−105.857
	海南	0.238	0.177	−4.071	−0.185	−0.101	−7.251	−0.053	0.076	6.989
	宁夏	0.339	0.355	0.882	−0.278	−0.299	1.350	−0.061	−0.057	−1.252

数据来源：根据 2009 年和 2017 年《中国统计年鉴》、各省(市、自治区)统计年鉴数据整理计算所得。

表 6-7 数据显示，分三次产业来看，第一产业中，2008 年，偏离系数均为正，偏离系数最大的地区是云南，为 0.447，最小的地区是北京，为 0.045；2016 年，偏离系数均为正，偏离系数最大的地区是甘肃，为 0.423，最小的地区是上海，为 0.029。第二产业中，2008 年，偏离系数均为负，偏离系数最大的地区是北京，为 −0.038，偏离系数最小的地区是内蒙古，为 −0.382；2016 年，上海和浙江偏离系数为正，其他地区偏离系数为负，其中，偏离系数最大的地区是江苏，为 −0.017，最小的地区是陕西，为 −0.326。第三产业中，2008 年，辽宁、天津、上海、江西、新疆、青海偏离系数为正，偏离系数最大的地区是辽宁，为 0.067，最小的地区是青海，为 0.002，其他地区偏离系数为负，最大的地区是湖北和陕西，为 −0.004，最小的地区是云南，为 −0.140；2016 年，天津、吉林、内蒙古偏离系数为正，最大的地区是天津，为 0.024，最小的地区是内蒙古，为 0.003，其他地区偏离系数均为负，最大的地区是北京，为 −0.001，最小的地区是甘肃，为 −0.233。总的来说，2008—2016 年，各省(市、自治区)第一产业的偏离系数为正，第二、第三产业偏离系数普遍为负，表明各地区第一

产业存在剩余劳动力，而第二、第三产业具备较高的生产率，能够吸纳第一产业剩余劳动力。

2008—2016 年，30 个省(市、自治区)分三次产业—就业结构偏离系数变化率、产业—就业结构偏离系数关于高铁可达性的弹性分别如图 6-6、图 6-7、图 6-8 所示。

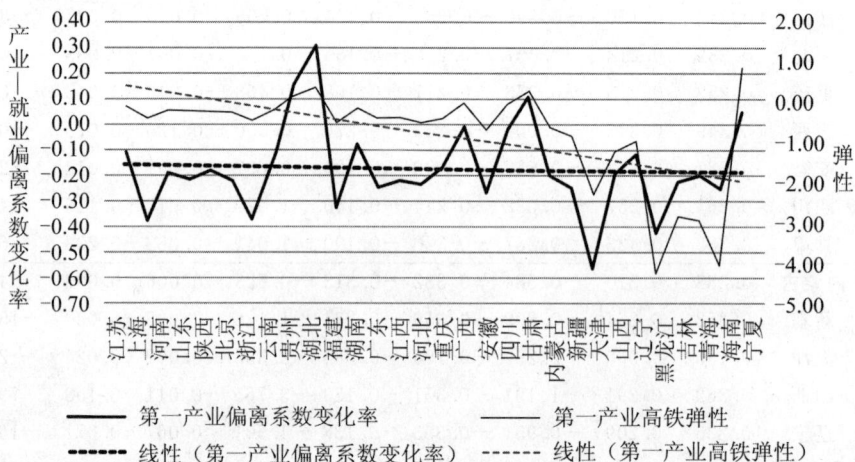

图 6-6　2008—2016 年 30 个省(市、自治区)第一产业—就业结构偏离系数变化率及高铁弹性

图 6-6 数据显示，从第一产业—就业结构偏离系数变化率来看，2008—2016 年，高铁可达性改善程度"高"的一类地区中，偏离系数变化率均值为－0.134；高铁可达性改善程度"中"的一类地区中，偏离系数变化率均值为－0.143；高铁可达性改善程度"低"的一类地区中，偏离系数变化率均值为－0.237。第一产业偏离系数均为正，表明第一产业存在剩余劳动力可以向其他产业转移；偏离系数变化率为负，表示第一产业—就业偏离系数变得更接近于 0，变化幅度越大表示越接近于均衡状态，第三类地区第一产业—就业偏离系数变化幅度最大，第二类地区次之，第一类地区最低。

从地区第一产业—就业结构偏离系数关于高铁可达性的弹性来看，2008—2016 年，高铁可达性每提升 1 个单位，高铁可达性改善程度"高、中、低"的三类地区对应第一产业偏离系数分别平均变化－0.137、－0.257、－1.895 个单位。第三类地区第一产业—就业结构偏离度对高铁可达性变化最为敏感，第一产业劳动力能够更大幅度向其他产业转移，即向均衡状态调整；第二类地区次之；第一类地区最不敏感。高铁可达性改善程度较低的地区可以利用高速铁路发展较大幅度实现第一产业剩余劳动力转出，提升第一产业—就业结构的均衡性。

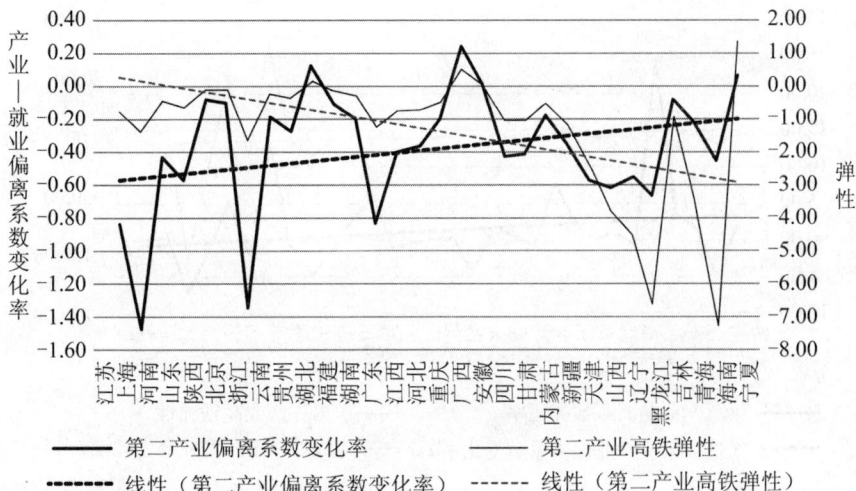

图 6-7　2008—2016 年 30 个省(市、自治区)第二产业—就业结构偏离系数变化率及高铁弹性

图 6-7 数据显示，从第二产业—就业结构偏离系数变化率来看，2008—2016 年，高铁可达性改善程度"高"的一类地区中，偏离系数变化率均值为 -0.517；高铁可达性改善程度"中"的一类地区中，偏离系数变化率均值为 -0.271；高铁可达性改善程度"低"的一类地区中，偏离系数变化率均值为 -0.362。第二产业偏离系数普遍为负，因此偏离系数变化率为负时，变化率的值越小表示第二产业—就业结构越接近于均衡状态，第一类地区第二产业—就业偏离系数变化幅度最大，第三类地区次之，第二类地区最低。

从地区第二产业—就业结构偏离系数关于高铁可达性的弹性来看，2008—2016 年，高铁可达性每提升 1 个单位，高铁可达性改善程度"高、中、低"的三类地区对应第二产业偏离系数分别平均变化 -0.552、-0.514、-2.921 个单位，表明第三类地区第二产业—就业结构偏离度对高铁可达性变化最为敏感，能够更大程度吸纳其他产业剩余劳动力，最大幅度接近均衡状态；第一类地区次之；第二类地区最不敏感。高铁可达性改善程度较低的地区可以利用高速铁路发展较大幅度实现第二产业对其他产业剩余劳动力的吸纳，提升第二产业—就业结构的均衡性。

图 6-8 数据显示，从第三产业—就业结构偏离系数变化率来看，2008—2016 年，高铁可达性改善程度"高"的一类地区中，偏离系数变化率均值为 3.81；高铁可达性改善程度"中"的一类地区中，偏离系数变化率均值为 0.444；高铁可达性改善程度"低"的一类地区中，偏离系数变化率均值为 0.092。第三产业偏离系数普遍为负，因此偏离系数变化率为正时，变化率的值越大表示第三产业—就业结构越大幅度地偏离均衡状态，即第三产业接纳其他产业劳动力转移的能力越大，第一类地区第三产业—就业偏离系数变化幅度最大，第二类地区次之，第三类地

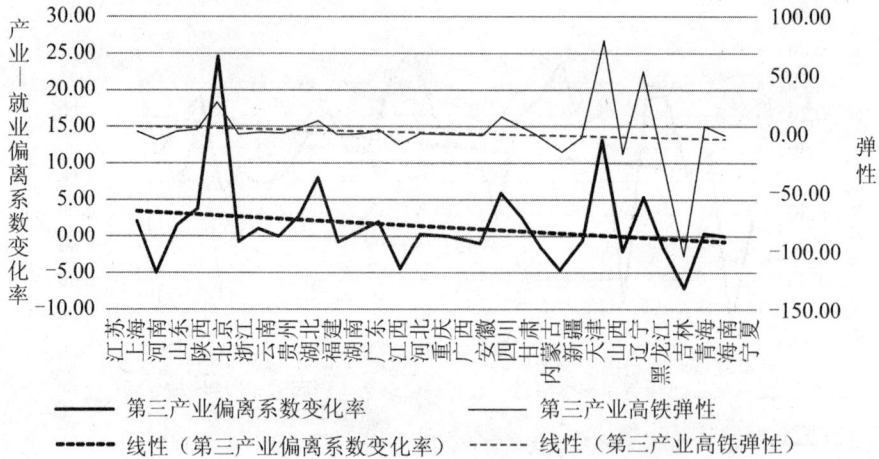

图 6-8　2008—2016 年 30 个省（市、自治区）第三产业—就业结构偏离系数变化率及高铁弹性

区最低。

　　从地区第三产业—就业结构偏离系数关于高铁可达性的弹性来看，2008—2016 年，高铁可达性每提升 1 个单位，高铁可达性改善程度"高、中、低"的三类地区对应第三产业偏离系数分别平均变化 4.405、1.311、−2.875 个单位。第三产业偏离系数普遍为负，因此当偏离系数变化率为正时，变化率的值越大表示第三产业—就业结构越大幅度地偏离均衡状态，即第三产业接纳其他产业劳动力转移的能力越大；当偏离系数变化率为负时，变化值越小表示第三产业越接近于均衡状态。在中国高铁发展影响下，第一类地区对高铁可达性最为敏感，高铁可达性提升时，对应第三产业对其他产业剩余劳动力转移的吸纳能力的提升幅度较大；第三类地区对高铁可达性敏感程度次之，高铁可达性提升时，对应第三产业剩余劳动力向其他产业转移；第二类地区对高铁可达性最不敏感，高铁可达性提升时，对应第三产业对其他产业剩余劳动力转移的吸纳能力的提升幅度较小。

>>三、高铁可达性与结构协调系数<<

　　劳动者在产业间的合理流动将引起就业结构变化，就业结构的优化能够促进劳动生产率的提升，并且改善就业人员的收入水平，随着可支配收入的持续提高，整个国家的消费水平和消费结构发生改变，进一步促进产业发展和产业结构的优化，产业结构升级又促进就业结构变化，二者相互联系和制约，因此，产业结构与就业结构的协调性至关重要。联合国工业发展组织(1989)提出的产业结构

相似系数经验公式，可以衡量产业间的相似程度及就业结构。本章借鉴王庆丰
(2010)[①]的方法基于产业结构相似系数公式，构造产业—就业结构协调系数来衡
量二者的协调性，计算公式如式(10)：

$$G_i = \frac{\sum\limits_{j=1}^{3}(S_{ij} \cdot L_{ij})}{(\sum\limits_{j=1}^{3}S_{ij}^2) \cdot (\sum\limits_{j=1}^{3}L_{ij}^2)} \tag{10}$$

式(10)中，G_i 表示 i 地区产业—就业结构协调系数；S_{ij} 表示 i 地区第 j 次产
业生产总值占三次产业总产值的比重；L_{ij} 表示 i 地区第 j 次产业就业人员占三次
产业总就业人员数的比重；$i=1$，2，…，30，表示 30 个省(市、自治区)；$j=1$，
2，3，表示三次产业。根据定义，$0 \leqslant G_i \leqslant 1$，$G_i$ 越接近于 0 表示地区产业与就业
结构协调性越差，G_i 越接近于 1 表示地区产业与就业结构协调性越好。

2008 年和 2016 年 30 个省(市、自治区)产业—就业结构协调系数、协调系数
关于高铁可达性的弹性如表 6-8 所示。

表 6-8　2008 年和 2016 年 30 个省(市、自治区)产业—就业结构协调系数及高铁弹性

类别	地区	产业—就业结构协调系数		协调系数变化率	弹性
		2008	2016		
高	江苏	0.967	0.972	0.005	0.005
	上海	0.994	0.997	0.003	0.003
	河南	0.738	0.847	0.148	0.154
	山东	0.827	0.915	0.107	0.116
	陕西	0.687	0.725	0.055	0.060
	北京	0.997	0.998	0.001	0.001
	浙江	0.974	0.980	0.006	0.007
	云南	0.631	0.719	0.140	0.168
	贵州	0.715	0.677	−0.053	−0.068
	湖北	0.897	0.851	−0.051	−0.066

---

① 王庆丰：《中国产业结构与就业结构协调发展研究》，博士学位论文，南京航空航天大学，
2010。

类别	地区	产业—就业结构协调系数		协调系数变化率	弹性
		2008	2016		
中	福建	0.917	0.959	0.045	0.063
	湖南	0.781	0.829	0.061	0.088
	广东	0.899	0.946	0.052	0.076
	江西	0.837	0.924	0.104	0.186
	河北	0.834	0.907	0.088	0.177
	重庆	0.852	0.908	0.065	0.147
	广西	0.756	0.737	−0.026	−0.060
	安徽	0.825	0.892	0.081	0.200
	四川	0.825	0.870	0.054	0.136
	甘肃	0.682	0.673	−0.014	−0.036
低	内蒙古	0.638	0.759	0.188	0.551
	新疆	0.682	0.836	0.226	0.733
	天津	0.941	0.989	0.051	0.207
	山西	0.709	0.850	0.200	1.212
	辽宁	0.812	0.917	0.129	1.065
	黑龙江	0.727	0.929	0.278	2.788
	吉林	0.775	0.844	0.088	1.126
	青海	0.716	0.826	0.152	2.226
	海南	0.883	0.941	0.065	1.045
	宁夏	0.750	0.731	−0.026	−0.487

数据来源：根据 2009 年和 2017 年《中国统计年鉴》、各省（市、自治区）统计年鉴数据整理计算所得。

表 6-8 数据显示，整体而言，2008 年，产业—就业结构协调性最高的地区是北京，为 0.997；最低的地区是云南，为 0.631。2016 年，产业—就业结构协调性最高的地区是北京，为 0.998；最低的地区是甘肃，为 0.673。2008—2016 年，贵州、湖北、宁夏、广西、甘肃协调系数降低，这些地区产业—就业结构协调性变差；其他地区结构协调系数均更接近于 1，产业—就业结构协调性均得到改善，其中提升幅度最大的地区是黑龙江，为 0.278，提升幅度最小的地区是北京，为 0.001。

2008—2016 年，30 个省（市、自治区）产业—就业协调系数变化率、协调系数关于高铁可达性的弹性如图 6-9 所示。

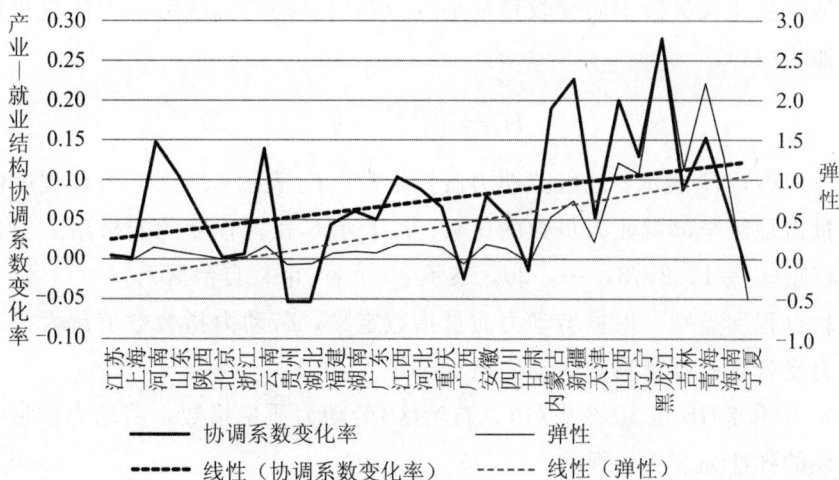

图6-9 2008—2016年30个省(市、自治区)产业—就业结构协调系数变化率及高铁弹性

图6-9数据显示,从协调系数变化率来看,2008—2016年,高铁可达性改善程度"高"的一类地区中,湖北、贵州协调系数降低,表明产业—就业结构协调性变差;其他地区协调系数提高,提升幅度最大的地区是河南,为0.148,最低的地区是北京,为0.001。高铁可达性改善程度"中"的一类地区中,广西、甘肃协调系数降低,表明协调性变差;其他地区协调系数提高,提升幅度最大的地区是江西,为0.104,最低的地区是福建,为0.045。高铁可达性改善程度"低"的一类地区中,宁夏协调系数降低;其他地区协调系数提高,提升幅度最大的地区是黑龙江,为0.278,最低的地区是天津,为0.051。三类地区结构协调系数变化率均值分别为0.036、0.051、0.135,第三类地区协调性变化幅度最大,第二类地区次之,第一类地区最低。

从地区产业—就业结构协调系数关于高铁可达性的弹性来看,2008—2016年,高铁可达性每提升1个单位,高铁可达性改善程度"高、中、低"的三类地区对应结构协调系数分别平均变化0.038、0.098、1.047个单位,表明第三类地区产业—就业结构协调性对高铁可达性变化最为敏感,第二类地区次之,第一类地区最不敏感。高铁可达性改善程度较低的地区可以利用高速铁路发展较大幅度提升地区产业—就业结构协调性。

>>四、高铁可达性与劳动力质量指数<<

从业人员受教育程度能够反映一国或地区的劳动力质量差异。安格斯·麦迪森学历指数标准(1999)将受教育程度划分为初级、中级、高级,并赋予不同层次的劳动力不同的学历指数权重,权重值分别为1、1.4、2。本章用学历指数权重对我国地区从业人员按不同受教育水平进行加权以构建地区劳动力质量指数，计算公式如式（11）：

$$H_i = \sum_{k=1}^{3} L_{ik} \cdot h_k \qquad (11)$$

式（11）中，H_i 表示 i 地区劳动力质量指数；L_{ik} 表示 i 地区 k 教育程度的就业人员数量占地区全部就业人员数的比重；h_k 表示 k 教育程度的安格斯·麦迪森学历指数权重；$i=1$，2，3，…，30，表示 30 个省（市、自治区）；$k=1$，2，3，表示三种教育程度类别。根据劳动力质量指数定义，劳动力指数数值越大，表明地区劳动力受教育程度越高，劳动力质量越好。

2008 年和 2016 年 30 个省（市、自治区）劳动力质量指数、劳动力质量关于高铁可达性的弹性如表 6-9 所示。

表 6-9　2008 年和 2016 年 30 个省（市、自治区）劳动力质量指数及高铁弹性

类别	地区	劳动力质量指数		劳动力质量指数变化率	弹性
		2008	2016		
高	江苏	1.324	1.487	0.123	0.117
	上海	1.537	1.646	0.071	0.069
	河南	1.328	1.408	0.060	0.062
	山东	1.319	1.424	0.079	0.087
	陕西	1.322	1.449	0.096	0.105
	北京	1.565	1.714	0.095	0.109
	浙江	1.307	1.479	0.131	0.158
	云南	1.185	1.298	0.096	0.115
	贵州	1.220	1.293	0.059	0.076
	湖北	1.307	1.416	0.084	0.107
中	福建	1.281	1.416	0.105	0.147
	湖南	1.306	1.420	0.087	0.126
	广东	1.368	1.464	0.070	0.103
	江西	1.298	1.381	0.064	0.115
	河北	1.325	1.442	0.089	0.178
	重庆	1.253	1.397	0.115	0.261
	广西	1.294	1.394	0.077	0.182
	安徽	1.259	1.373	0.091	0.225
	四川	1.225	1.347	0.099	0.250
	甘肃	1.229	1.357	0.104	0.266

续表

类别	地区	劳动力质量指数		劳动力质量指数变化率	弹性
		2008	2016		
低	内蒙古	1.320	1.448	0.097	0.284
	新疆	1.336	1.460	0.093	0.301
	天津	1.446	1.569	0.086	0.349
	山西	1.359	1.476	0.086	0.524
	辽宁	1.379	1.471	0.067	0.556
	黑龙江	1.342	1.443	0.075	0.755
	吉林	1.343	1.420	0.058	0.736
	青海	1.241	1.383	0.115	1.674
	海南	1.337	1.426	0.067	1.066
	宁夏	1.313	1.434	0.092	1.717

数据来源：根据 2009 年和 2017 年《中国人口和就业统计年鉴》数据整理计算所得。

表 6-9 数据显示，2008 年，劳动力质量指数最高的地区是北京，为 1.565，劳动力质量指数最低的地区是云南，为 1.185；2016 年，劳动力质量指数最高的地区是北京，为 1.714，劳动力质量指数最低的地区是贵州，为 1.293。2008—2016 年，各地区劳动力质量指数均有所提升，表明各地区劳动力质量均得到提升，其中，提升幅度最大的地区是浙江，为 0.131，提升幅度最小的地区是吉林，为 0.058。

2008—2016 年 30 个省（市、自治区）劳动力质量指数变化率、劳动力质量关于高铁可达性的弹性如图 6-10 所示。

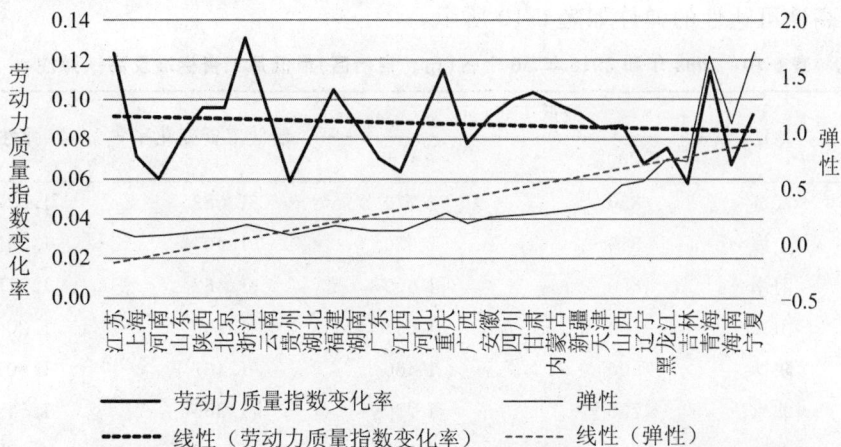

图 6-10　2008—2016 年 30 个省（市、自治区）劳动力质量指数变化率及高铁弹性

图 6-10 数据显示，从劳动力质量变化率来看，2008—2016 年，高铁可达性改善程度"高"的一类地区中，劳动力质量提升幅度最大的地区是浙江，为 0.131，

最低的地区是贵州，为 0.059。高铁可达性改善程度"中"的一类地区中，劳动力质量提升幅度最大的地区是重庆，为 0.115，最低的地区是江西，为 0.064。高铁可达性改善程度"低"的一类地区中，劳动力质量提升幅度最大的地区是青海，为 0.115，最低的地区是吉林，为 0.058。三类地区劳动力质量指数变化率均值分别为 0.089 5、0.090 0、0.083 6，第二类地区劳动力质量提升幅度最大，第一类地区次之，第三类地区最低，三类地区劳动力质量提升幅度较均衡。

从劳动力质量关于高铁可达性的弹性来看，2008—2016 年，高铁可达性每提升 1 个单位，高铁可达性改善程度"高、中、低"的三类地区对应劳动力质量分别平均提升 0.100、0.185、0.796 个单位，表明第三类地区劳动力质量对高铁可达性变化最为敏感，第二类地区次之，第一类地区最不敏感。高铁可达性改善程度较低的地区可以利用高速铁路发展较大幅度提升地区劳动力质量。

第五节　中国高铁发展与地区劳动力市场工资指数平衡

》》一、高铁可达性与最低工资水平《《

最低工资水平又称最低工资率，是国家依法规定的单位劳动时间的最低工资数额。各省(市、自治区)最低工资标准最长每隔两年根据经济发展水平调整一次，2008 年和 2016 年 30 个省(市、自治区)最低月工资标准(最高档次)、最低工资关于高铁可达性的弹性如表 6-10 所示。

表 6-10　2008 年和 2016 年 30 个省(市、自治区)最低月工资标准及高铁弹性

类别	地区	最低工资(元)		最低工资变化率	弹性
		2008	2016		
高	江苏	850	1 770	1.082	1.027
	上海	840	2 020	1.405	1.359
	河南	650	1 600	1.462	1.515
	山东	760	1 600	1.105	1.206
	陕西	600	1 480	1.467	1.607
	北京	730	1 720	1.356	1.545
	浙江	850	1 860	1.188	1.428
	云南	680	1 570	1.309	1.576
	贵州	650	1 600	1.462	1.870
	湖北	580	1 550	1.672	2.146

类别	地区	最低工资（元）		最低工资变化率	弹性
		2008	2016		
中	福建	750	1 350	0.800	1.118
	湖南	635	1 390	1.189	1.728
	广东	860	1 895	1.203	1.768
	江西	580	1 530	1.638	2.946
	河北	680	1 480	1.176	2.364
	重庆	680	1 500	1.206	2.727
	广西	580	1 400	1.414	3.324
	安徽	560	1 520	1.714	4.251
	四川	650	1 500	1.308	3.296
	甘肃	430	1 470	2.419	6.196
低	内蒙古	680	1 640	1.412	4.131
	新疆	670	1 470	1.194	3.871
	天津	820	1 850	1.256	5.121
	山西	610	1 620	1.656	10.044
	辽宁	700	1 530	1.186	9.795
	黑龙江	680	1 480	1.176	11.784
	吉林	650	1 480	1.277	16.312
	青海	460	1 250	1.717	25.073
	海南	630	1 270	1.016	16.236
	宁夏	560	1 480	1.643	30.566

数据来源：根据各省（市、自治区）劳动与保障行政部门网站数据整理计算所得。

表 6-10 数据显示，2008 年，地区最低工资水平最高的地区是广东，为 860 元；地区最低工资水平最低的地区是甘肃，为 430 元；30 个地区最低工资水平均值为 668.5 元。2016 年，地区最低工资水平最高的地区是上海，为 2 020 元；地区最低工资水平最低的地区是青海，为 1 250 元；30 个地区最低工资水平均值为 1 562.5 元。2008—2016 年，30 个省（市、自治区）最低工资水平均有所提高，其中，增长幅度最大的地区是甘肃，为 2.419；增长幅度最小的地区是福建，为 0.800；地区最低工资水平增长幅度均值为 1.370。

2008—2016 年 30 个省（市、自治区）最低工资变化率、最低工资关于高铁可达性的弹性如图 6-11 所示。

图 6-11 数据显示，从地区最低工资水平变化率来看，2008—2016 年，高铁可达性改善程度"高"的一类地区中，最低工资提升幅度最大的地区是湖北，为 1.672，最小的地区是江苏，为 1.082。高铁可达性改善程度"中"的一类地区中，最低工资提升幅度最大的地区是甘肃，为 2.419，最小的地区是福建，为 0.800。

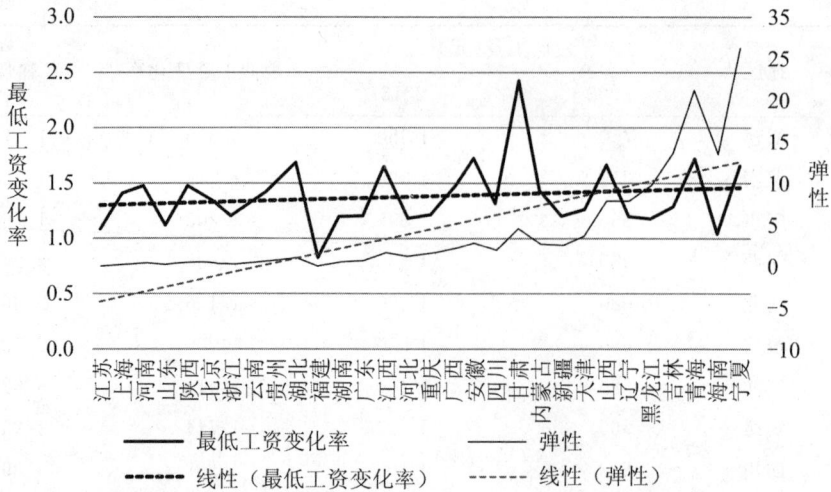

图 6-11　2008—2016 年 30 个省(市、自治区)最低工资变化率及高铁弹性

高铁可达性改善程度"低"的一类地区中,最低工资提升幅度最大的地区是青海,为 1.717,最小的地区是海南,为 1.016。三类地区最低工资增长率均值分别为 1.351、1.407、1.353,第二类地区最低工资水平提升幅度最大,第三类地区次之,第一类地区最小,三类地区最低工资水平提升幅度较均衡。

从地区最低工资水平关于高铁可达性的弹性来看,2008—2016 年,高铁可达性每提升 1 个单位,高铁可达性改善程度"高、中、低"的三类地区对应最低工资分别平均提升 1.528、2.972、13.293 个单位,表明第三类地区最低工资水平对高铁可达性改善最为敏感,第二类地区次之,第一类地区最不敏感。高铁可达性改善程度较低的地区可以利用高速铁路发展较大幅度提升地区最低工资水平。

>>二、高铁可达性与行业工资水平<<

配第一克拉克定理(1690s)表明,不同产业间的收入差异较为显著,因此劳动力集中向能带来更高收入的产业流动,三大产业间的工资差异推动劳动力发生产业间的转移。将全国 19 种行业按三次产业划分计算平均工资,第一产业包括农、林、渔、牧业;第二产业包括采矿业,制造业,电力、燃气及水生产和供应业;第三产业包括除第一、第二产业外的其他行业。

2008 年和 2016 年 30 个省(市、自治区)城镇单位职工分三次产业平均工资水平、分三次产业平均工资关于高铁可达性的弹性如表 6-11 所示。

表 6-11　2008 年和 2016 年 30 个省(市、自治区)分三次产业职工平均工资及高铁弹性

类别	地区	第一产业工资(万元)			第二产业工资(万元)			第三产业工资(万元)		
		2008	2016	弹性	2008	2016	弹性	2008	2016	弹性
高	江苏	1.47	3.80	1.50	3.39	7.60	1.18	3.54	8.22	1.25
	上海	2.96	6.73	1.23	5.78	12.27	1.09	5.64	12.44	1.17
	河南	1.35	3.68	1.80	2.73	5.05	0.88	2.37	5.25	1.26
	山东	1.94	5.66	2.10	2.78	6.11	1.30	2.94	6.69	1.39
	陕西	1.70	4.82	2.01	2.60	6.27	1.55	2.75	5.98	1.28
	北京	2.61	5.19	1.13	5.23	10.31	1.11	5.96	11.75	1.11
	浙江	3.03	6.20	1.25	3.49	7.04	1.22	4.40	8.99	1.25
	云南	1.35	3.69	2.08	2.50	5.38	1.39	2.37	6.36	2.03
	贵州	1.69	5.39	2.80	2.65	6.07	1.65	2.39	6.59	2.24
	湖北	1.06	3.15	2.53	2.36	6.14	2.05	2.29	6.20	2.19
中	福建	1.45	3.56	2.03	2.71	6.02	1.70	3.16	6.99	1.70
	湖南	1.33	3.32	2.17	2.29	5.26	1.88	2.52	6.03	2.02
	广东	1.29	3.64	2.68	3.33	7.98	2.05	4.12	8.49	1.56
	江西	1.25	3.55	3.31	2.05	5.12	2.69	2.14	5.96	3.20
	河北	0.96	2.19	2.56	2.82	5.65	2.01	2.41	5.61	2.67
	重庆	1.65	4.75	4.27	2.77	6.22	2.82	2.81	7.05	3.42
	广西	1.36	3.31	3.37	2.46	5.53	2.93	2.59	5.97	3.06
	安徽	1.25	3.43	4.33	2.95	6.33	2.85	2.33	5.87	3.78
	四川	1.52	5.28	6.22	2.47	6.41	4.01	2.71	6.58	3.60
	甘肃	1.44	4.02	4.59	2.58	5.64	3.05	2.14	5.52	4.04
低	内蒙古	1.32	3.76	5.41	2.83	6.20	3.49	2.64	5.80	3.50
	新疆	1.45	3.85	5.36	3.00	7.28	4.61	2.58	6.54	4.96
	天津	2.84	6.89	5.82	5.00	9.05	3.30	4.14	9.56	5.34
	山西	1.66	4.59	10.73	2.79	5.47	5.80	2.09	5.01	8.49
	辽宁	0.75	1.55	8.77	2.92	5.62	7.62	2.81	5.71	8.56
	黑龙江	1.00	2.88	18.76	2.41	5.36	12.24	2.46	5.59	12.77
	吉林	1.20	3.30	22.29	2.45	5.65	16.68	2.22	5.32	17.77
	青海	2.18	4.38	14.66	2.80	6.59	19.78	3.03	6.25	15.48
	海南	1.08	2.80	25.39	2.33	5.90	24.43	2.65	6.59	23.69
	宁夏	1.65	4.20	28.85	3.49	7.26	20.06	2.73	6.09	22.90

数据来源：根据 2009 年和 2017 年《中国统计年鉴》数据整理计算所得。

表 6-11 数据显示，分三次产业来看，第一产业中，2008 年，职工平均工资

水平最高的地区是浙江，为 3.03 万元，最低的地区是辽宁，为 0.75 万元，均值为 1.59 万元；2016 年，职工平均工资水平最高的地区是天津，为 6.89 万元，最低的地区是辽宁，为 1.55 万元，均值为 4.12 万元。第二产业中，2008 年，职工平均工资水平最高的地区是上海，为 5.78 万元，最低的地区是江西，为 2.05 万元，均值为 3.00 万元；2016 年，职工平均工资水平最高的地区是上海，为 12.27 万元，最低的地区是河南，为 5.05 万元，均值为 6.56 万元。第三产业中，2008 年，职工平均工资水平最高的地区是北京，为 5.96 万元，最低的地区是山西，为 2.09 万元，均值为 2.96 万元；2016 年，职工平均工资水平最高的地区是上海，为 12.44 万元，最低的地区是山西，为 5.01 万元，均值为 6.83 万元。2008 年和 2016 年各地区三次产业职工平均工资水平均按"一、二、三"次产业顺序递增，2008—2016 年全国三次产业工资水平均有所提升。

分三类地区来看，2008 年，高铁可达性改善程度"高、中、低"的三类地区第一产业均值分别为 1.917 万元、1.350 万元、1.513 万元；第二产业均值分别为 3.352 万元、2.644 万元、3.003 万元；第三产业均值分别为 3.465 万元、2.693 万元、2.735 万元。2016 年，高铁可达性改善程度"高、中、低"的三类地区第一产业均值分别为 4.832 万元、3.705 万元、3.819 万元；第二产业均值分别为 7.224 万元、6.015 万元、6.438 万元；第三产业均值分别为 7.845 万元、6.408 万元、6.244 万元。三类地区分行业工资水平整体按"高、低、中"的类别顺序递减。

2008—2016 年，30 个省（市、自治区）分三次产业职工平均工资增长率、分三次产业职工平均工资关于高铁可达性的弹性分别如图 6-12、图 6-13、图 6-14 所示。

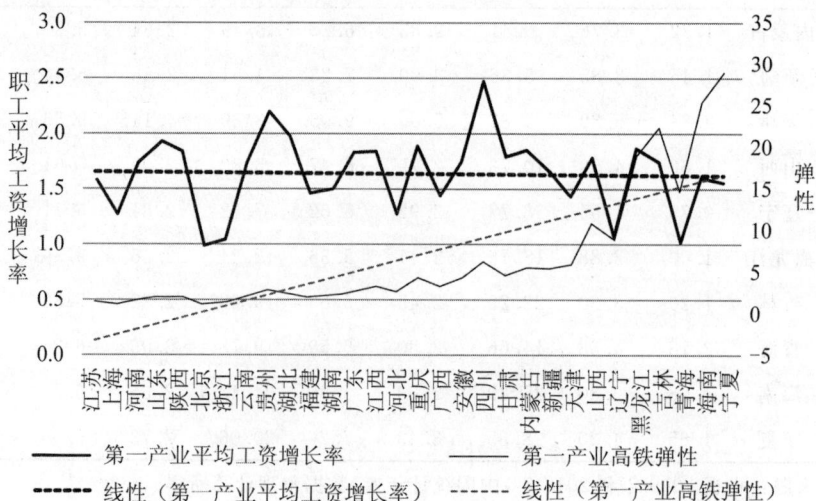

图 6-12 2008—2016 年 30 个省（市、自治区）第一产业工资变化率及高铁弹性

图 6-12 数据显示，从第一产业工资水平变化率来看，2008—2016 年，高铁可达性改善程度"高"的一类地区中，第一产业工资变化率均值为 1.627；高铁可达性改善程度"中"的一类地区中，第一产业工资变化率均值为 1.721；高铁可达性改善程度"低"的一类地区中，第一产业工资变化率均值为 1.552。第二类地区第一产业工资增长幅度最大，第一类地区次之，第三类地区最低，各地区第一产业工资增长幅度较为均衡。

从第一产业工资水平关于高铁可达性的弹性来看，2008—2016 年，高铁可达性每提升 1 个单位，高铁可达性改善程度"高、中、低"的三类地区对应第一产业工资分别平均变化 1.843、3.553、14.604 个单位。第三类地区第一产业工资对高铁可达性变化最为敏感，第一产业工资水平能够随着高铁可达性提升而最大幅度提升，第二类地区次之，第一类地区最不敏感。

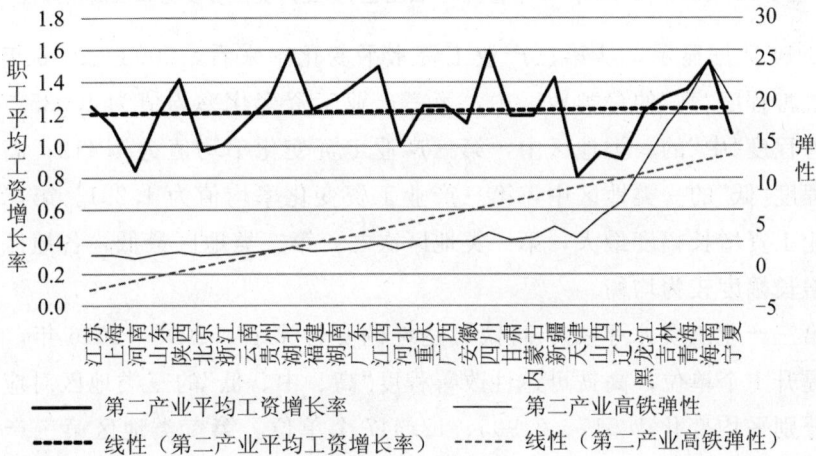

图 6-13　2008—2016 年 30 个省(市、自治区)第二产业工资变化率及高铁弹性

图 6-13 数据显示，从第二产业工资水平变化率来看，2008—2016 年，高铁可达性改善程度"高"的一类地区中，第二产业工资变化率均值为 1.184；高铁可达性改善程度"中"的一类地区中，第二产业工资变化率均值为 1.283；高铁可达性改善程度"低"的一类地区中，第二产业工资变化率均值为 1.180。第二类地区第二产业工资增长幅度最大，第一类地区次之，第三类地区最低，各地区第二产业工资增长幅度较为均衡。

从第二产业工资水平关于高铁可达性的弹性来看，2008—2016 年，高铁可达性每提升 1 个单位，高铁可达性改善程度"高、中、低"的三类地区对应第二产业工资分别平均变化 1.341、2.599、11.803 个单位。第三类地区第二产业工资对高铁可达性变化最为敏感，第二产业工资水平能够随着高铁可达性提升而最大幅度提升，第二类地区次之，第一类地区最不敏感。

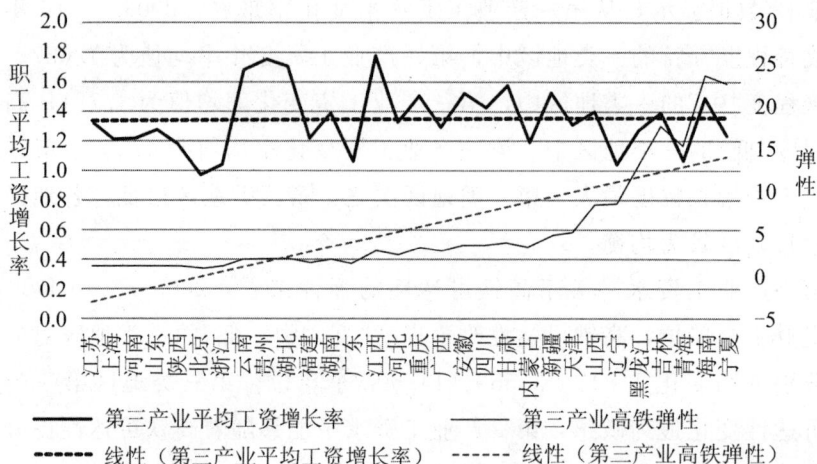

图 6-14 2008—2016 年 30 个省(市、自治区)第三产业工资变化率及高铁弹性

图 6-14 数据显示,从第三产业工资水平变化率来看,2008—2016 年,高铁可达性改善程度"高"的一类地区中,第三产业工资变化率均值为 1.335;高铁可达性改善程度"中"的一类地区中,第三产业工资变化率均值为 1.412;高铁可达性改善程度"低"的一类地区中,第三产业工资变化率均值为 1.291。第二类地区第三产业工资增长幅度最大,第一类地区次之,第三类地区最低,各地区第三产业工资增长幅度较为均衡。

从第三产业工资水平关于高铁可达性的弹性来看,2008—2016 年,高铁可达性每提升 1 个单位,高铁可达性改善程度"高、中、低"的三类地区对应第三产业工资分别平均变化 1.517、2.905、12.347 个单位。第三类地区第三产业工资对高铁可达性变化最为敏感,第三产业工资水平能够随着高铁可达性提升而最大幅度提升,第二类地区次之,第一类地区最不敏感。

>>三、高铁可达性与地区劳动力市场工资水平<<

劳动力流动是一种投资行为,在劳动力成本一定的情况下,劳动者会从工资水平较低的地区流向工资水平较高的地区,实现个人效用最大化。2008 年和2016 年 30 个省(市、自治区)劳动力市场工资水平(城镇单位就业人员平均工资)、劳动力市场工资水平关于高铁可达性的弹性如表 6-12 所示。

表 6-12　2008 年和 2016 年 30 个省(市、自治区)劳动力市场工资及高铁弹性

类别	地区	劳动力市场工资(万元)		劳动力市场工资变化率	弹性
		2008	2016		
高	江苏	3.167	7.157	1.260	1.196
	上海	5.657	11.994	1.120	1.084
	河南	2.482	4.951	0.995	1.031
	山东	2.640	6.254	1.369	1.493
	陕西	2.594	5.964	1.299	1.423
	北京	5.633	11.993	1.129	1.286
	浙江	3.415	7.333	1.147	1.379
	云南	2.403	6.045	1.516	1.825
	贵州	2.460	6.628	1.694	2.168
	湖北	2.274	5.983	1.631	2.093
中	福建	2.570	6.197	1.411	1.971
	湖南	2.487	5.824	1.342	1.950
	广东	3.311	7.233	1.184	1.740
	江西	2.100	5.614	1.673	3.010
	河北	2.476	5.533	1.235	2.482
	重庆	2.699	6.555	1.429	3.231
	广西	2.566	5.788	1.256	2.952
	安徽	2.636	5.910	1.242	3.080
	四川	2.504	6.393	1.553	3.915
	甘肃	2.402	5.758	1.397	3.579
低	内蒙古	2.611	6.107	1.338	3.916
	新疆	2.469	6.374	1.582	5.128
	天津	4.175	8.631	1.067	4.351
	山西	2.583	5.371	1.079	6.547
	辽宁	2.773	5.602	1.020	8.427
	黑龙江	2.305	5.244	1.275	12.773
	吉林	2.349	5.610	1.389	17.738
	青海	3.098	6.659	1.149	16.778
	海南	2.186	6.166	1.820	29.093
	宁夏	3.072	6.557	1.135	21.108

数据来源:根据 2009 年和 2017 年《中国统计年鉴》数据整理计算所得。

　　表 6-12 数据显示,2008 年,30 个省(市、自治区)劳动力市场工资水平最高

的地区是上海，为 5.657 万元，工资水平最低的地区是江西，为 2.100 万元。2016 年，全国 30 个省(市、自治区)劳动力市场工资水平最高的地区是上海，为 11.994 万元，工资水平最低的地区是河南，为 4.951 万元。2008—2016 年，地区劳动力市场工资水平均有所提升，涨幅最大的地区是海南，为 1.820，涨幅最低的地区是河南，为 0.995。

2008—2016 年，30 个省(市、自治区)劳动力市场工资水平变化率、地区劳动力市场工资水平关于高铁可达性的弹性如图 6-15 所示。

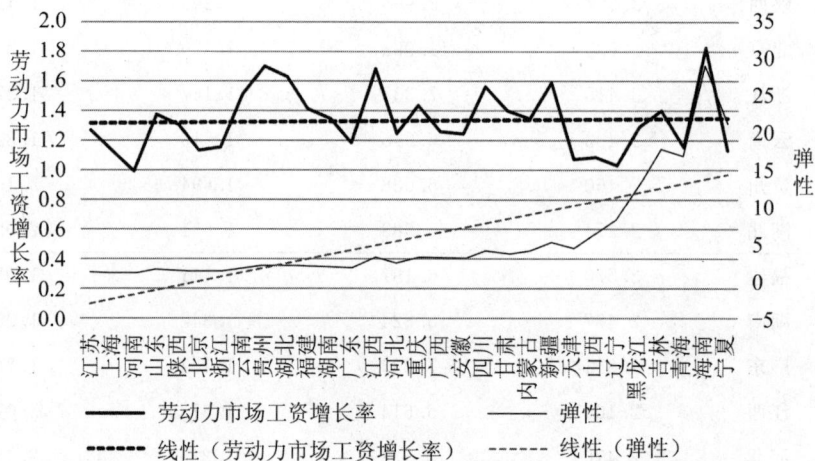

图 6-15　2008—2016 年 30 个省(市、自治区)劳动力市场工资变化率及高铁弹性

图 6-15 数据显示，从地区劳动力市场平均工资水平变化率来看，2008—2016 年，高铁可达性改善程度"高"的一类地区中，劳动力市场工资增长幅度最大的地区是贵州，为 1.694，最小的地区是河南，为 0.995。高铁可达性改善程度"中"的一类地区中，劳动力市场工资增长幅度最大的地区是江西，为 1.673，最小的地区是广东，为 1.184。高铁可达性改善程度"低"的一类地区中，劳动力市场工资增长幅度最大的地区是海南，为 1.820，最小的地区是辽宁，为 1.020。三类地区劳动力市场工资增长率均值分别为 1.316、1.372、1.285，第二类地区劳动力市场工资增长幅度最大，第一类地区次之，第三类地区最低，三类地区劳动力市场工资水平提升幅度较均衡。

从劳动力市场工资水平关于高铁可达性的弹性来看，2008—2016 年，高铁可达性每提升 1 个单位，高铁可达性改善程度"高、中、低"的三类地区对应最低工资分别平均提升 1.498、2.791、12.586 个单位，表明第三类地区劳动力市场工资水平对高铁可达性变化最敏感，第二类地区次之，第一类地区最不敏感。高铁可达性改善程度较低的地区可以利用高速铁路发展较大幅度提升地区劳动力市场工资水平。高铁可达性的改善为要素流动提供便利，进而能够缩小不同地区劳动力市场收入分配差距，促进地区间工资率的趋同。

第六节 研究结论与政策建议

>>一、研究结论<<

本章通过构建包含地区最短旅行时间、铁路密度、列车经停频次权重及地区经济发展水平因素的高铁可达性指数计算模型，计算各地区高铁可达性指数及其变化率，在此基础上分别从劳动力市场容量、劳动力市场结构与劳动力市场工资水平三个方面衡量高速铁路发展与劳动力市场平衡性的关系。

2008—2016年，30个省（市、自治区）分三类地区劳动力市场各项指标关于高铁可达性的弹性均值对应关系汇总如表6-13所示。

表6-13 三类地区劳动力市场各项指标的高铁弹性均值汇总

指标			三类地区相应指标的高铁弹性均值		
			高	中	低
高铁可达性变化率			1	1	1
劳动力市场容量平衡性	新增劳动力		1.589	4.108	14.569
	失业率		−0.189	−0.232	−1.317
劳动力市场结构平衡性	就业弹性系数		0.049	−3.464	70.520
	产业—就业结构偏离系数	第一产业	−0.137	−0.257	−1.895
		第二产业	−0.552	−0.514	−2.921
		第三产业	4.405	1.311	−2.875
	产业—就业结构协调系数		0.038	0.098	1.047
	劳动力质量指数		0.100	0.185	0.796
劳动力市场工资平衡性	最低工资		1.528	2.972	13.293
	分行业工资	第一产业	1.843	3.553	14.604
		第二产业	1.341	2.599	11.803
		第三产业	1.517	2.905	12.347
	劳动力市场平均工资		1.498	2.791	12.586

表6-13数据显示，地区高铁可达性指数的提升带动相应劳动力市场指标的变动，三类地区相应劳动力市场指标对高铁可达性变化的敏感程度不同，高铁发展对于不同地区劳动力市场平衡性产生不同的影响。本章主要结论如下。

第一，在地区高铁可达性方面，2008—2016年，30个省（市、自治区）可达性指数均增大，地区区位条件随着该节点高铁的开通运营均得到改善。我国高铁可达性指数变化率分布呈现正的全局空间自相关关系，呈现高—高或低—低聚集状态，表明一个地区高铁可达性的改善程度受到其相邻地区高铁发展水平的影响。

第二，在劳动力市场容量平衡性方面，2008—2016 年，30 个省（市、自治区）除贵州、重庆外，地区经济活动人口数量均出现绝对增长，但新增劳动力人口数量分布不均衡，地区间差距较大，除山西、福建、湖南外，其他地区失业率均降低。劳动力市场容量指标关于高铁可达性的弹性方面，第三类地区对于高铁可达性变化的敏感程度最高，高铁可达性改善程度较低的地区可以利用高速铁路发展较大幅度提升地区新增劳动力人口数量，降低地区失业率，促进劳动力市场容量平衡。

第三，在劳动力市场结构平衡性方面，2008—2016 年，30 个省（市、自治区）第一产业存在剩余劳动力，第二产业尤其是第三产业具备较大的就业吸纳空间，能够吸纳第一产业剩余劳动力，随着经济发展水平的提高，第一产业就业人数逐步降低，第二、第三产业就业人数逐步增加；各地区的产业—就业结构协调性均得到改善；各地区劳动力质量水平均得到提升。在劳动力市场结构指标关于高铁可达性的弹性方面，第三类地区的就业弹性、第一产业和第二产业与就业结构偏离系数、产业—就业结构协调度、劳动力质量水平对于高铁可达性变化的敏感程度最高，第三类地区能够利用高铁可达性的改善最大限度地促进我国劳动力市场结构的平衡。

第四，在劳动力市场工资平衡性方面，2008—2016 年，30 个省（市、自治区）最低工资标准、劳动力市场平均工资水平均提升；分行业平均工资水平均提升，按"一、二、三"产业顺序递增；高铁可达性改善程度越高的地区，各项工资水平越高。在劳动力市场各项工资指标关于高铁可达性的弹性关系方面，第三类地区各项工资指标对于高铁可达性变化的敏感程度最高，第二、第三类地区随着经济总量快速提升和城镇化进程的不断加速，高速铁路发展对于工资水平提升的拉动作用较为显著，可以利用高铁发展较大幅度地缩小地区收入差距，促进劳动力市场工资平衡。

>> 二、政策建议 <<

高速铁路的飞速发展有效地缩小了时空边界，但各地区空间区位改善程度的高低与地区原本的经济发展水平、地理区位密不可分，政策倾斜和区位优势促使我国东部地区得到率先发展，高速铁路的发展更是为其提供了坚实的交通运输基础和要素流动便利。我国西部、东北部地区受经济、历史、地理区位等多种综合因素影响，经济发展水平较低，地区吸引力较弱，依然处于相对劣势的地位。本章研究结果表明，高铁可达性的提升使站点地区能够通过空间要素流动，优化地区产业结构、就业结构，提升地区就业吸引力和工资水平，缩小地区间经济发展差距。为提升高速铁路发展影响下我国地区劳动力市场的平衡性，本章提出五点政策建议。

(一)调整地区高速铁路建设力度，平衡地区高铁可达性

高速铁路的规划与发展对于我国三类地区存在显著的空间非均衡性，与可达性程度较高的地区相比，第三类地区中部分地区高速铁路发展明显滞后，如青海、宁夏等地区与其他地区连通能力较差、运输能力不足，严重制约了这类地区对于高速铁路发展带来的区位优化条件的充分利用。本章研究结果表明，第三类地区在高铁发展影响下获得的经济集聚、劳动力集聚、产业就业结构调整和工资提升效应更为明显，即对于劳动力市场平衡性的调节作用更显著。因此，应在积极贯彻"西部大开发""振兴东北老工业基地"等战略基础上，加大力度进行第三类地区的高速铁路建设，平衡地区高铁可达性。在主要城市间构建分支线路网络，实现重要城市和地级城市间互通互达，完善路网布局；加大政府高速铁路基础设施的补贴力度，调整票价进而降低高铁出行成本，促进生产要素向第三类地区流动，进而缩小地区经济发展差距和收入差距，同时缓解发达地区人口规模过大、生活成本居高不下等高竞争性压力。

(二)探索地区就业与人才政策，促进劳动力合理流动

为实现劳动力合理分布，一方面需要持续完善劳动力的市场配置机制，另一方面要加强政府的宏观调控与规划引导。我国劳动力资源地区分布的巨大差异，使得劳动力高度密集的地区人满为患，而劳动力稀缺的地区则承受着劳动力和人才不足的巨大压力。高速铁路发展带来的交通运输便利已较大程度改善了欠发达地区空间地理区位上的劣势，西部地区应加大力度实施劳动力就业和人才吸引的鼓励性政策，完善激励相容机制，吸引东南部密集地区的劳动力资源向西部转移，吸引外出就业人员回乡，从而缓解劳动力空间分布上的失衡问题。尤其是第三类地区，较其自身而言，高铁开通运行后劳动力市场平衡性得到显著提升，这些地区应着重利用高速铁路发展形成新的地理区位优势，提升地区竞争力，逐步缩小地区发展差距。

(三)找准地区功能定位，合理布局产业结构

劳动力依托于产业结构实现就业，劳动力向经济集聚地区流动，增大了地区的经济聚集程度，为产业发展提供充足的人力、知识、技能支撑。各地区应在找

准地区功能定位的基础上,优化产业结构布局。东部地区是新型电子信息、生物医药、软件信息服务等先进制造业和先进服务业的创新型产业聚集地,东北部地区是全国最重要的商品粮食生产基地、林业基地、能源材料基地、机械工业基地、医药工业基地等。第三类地区应吸取优势地区先进经验,依据本地区劳动力资源状况,合理开发与布局产业结构,提升就业吸引力,实现劳动力的合理分布。西部地区劳动力供给相对不足,这些地区第二产业资本较为密集且劳动生产率较高,呈现出加速工业化,西部地区应着重完善基础设施建设,加大农林科技和生态旅游业投入、大力扶持乡镇企业发展,以扩大地区就业吸纳能力,更好地利用高速铁路发展带来的交通运输便利发展地区经济。

(四)加大教育投入力度,提高劳动力质量

劳动力质量是产业结构转型升级的基础,虽然近年来我国各地区劳动力质量有所提高,但整体仍然偏低。新经济时期以"人工智能、大数据、互联网"为标志,这意味着高效率、高质量的人工智能可能导致大批低人力资本劳动者的失业。[①] 教育资源的不平衡进一步导致劳动力分布不均衡。北京、浙江等地区高铁可达性改善程度较高,但相应的地区新增劳动力数量却处于全国较低水平,一方面由于这些地区劳动力受教育水平的提升使得地区劳动参与率出现下降;另一方面由于这些地区产业就业结构的转型升级,对于劳动力质量的要求进一步提升。而一些地区则由于劳动力质量偏低,劳动力质量的提升滞后于产业结构升级的需要,出现劳动力短缺和过剩并存的矛盾,如黑龙江、宁夏、吉林、青海等地区。因此,劳动力质量较低地区应加大基础教育投资,促进基础教育和职业教育共同发展,以市场需求为导向有针对性地培养符合产业需求的专业型人才;劳动力质量较高地区应对现有劳动力资源进一步建立完善的教育和培训机制,加大职业培训投入,并通过高速铁路实现高人力资本劳动力在全域空间的合理布局。各地区应着重根据地区产业特点统筹规划高质量劳动力的培养,为地区产业结构升级提供智力支撑,实现劳动力资源质量的有效提升。

(五)积极贯彻区域发展战略,促进区域经济协调发展

我国地区间高速铁路发展水平、劳动力分布、收入水平、经济增长等均存在非均衡性,西部和东北部地区与东部发达地区存在显著差距。各地区应从国民经济发展全局出发,积极贯彻"东部率先发展""中部崛起""西部大开发""东北振兴"等一系列区域发展战略,以及"一带一路"倡议,以促进区域经济的协调发展和劳

---

① 赖德胜:《新经济:就业结构转型升级的新动能》,载《中国劳动保障报》,2018-01-17。

动力资源的合理分布，更好地利用高速铁路发展带来的要素流动便利，促进全国范围内劳动力市场和经济增长的平衡性。特别是对于经济发展水平较高的东部地区，应着重发挥地缘优势，尤其高铁可达性较高的地区更应充分利用交通运输的便捷，提高对外开放力度，积极吸引外资、发展高新技术产业，加快城镇化和都市圈发展，同时对欠发达地区经济发展形成带动效应。

第七章
人工智能与劳动力市场平衡性

以人工智能为代表的技术进步将持续推动中国劳动力市场向着技能偏向型方向转变，这也必将对中国劳动力市场平衡性产生新的巨大冲击。可以预期，一些常规性的工作将被替代，而新的工作岗位也会被创造出来，高技能人才的需求将会大幅增加，更多灵活就业形式将出现。总体而言，人工智能对劳动力市场平衡性影响的一个主要特征是出现高、低技能需求增加，"中等技能被挤压"的就业极化现象。目前，我国劳动力市场存在特殊的二元结构，同时与时俱进的教育培训不足，以及缺乏对灵活就业进行保障的相关法律，使得劳动力市场难以充分应对未来人工智能带来的挑战。因此，要继续在全社会大力推行终身教育理念，加强职业培训对人力资本生产的贡献力度，还要注意为被人工智能所替代的劳动力群体的再就业提供相关培训和制度保障，为多样化灵活就业提供制度保障。同时，是否可以开征"机器人使用税"，也应被列入政府相关部门的议程。

第一节　问题的提出

人工智能是研究、开发用于模拟、延伸和扩展人的智能的理论、方法、技术及应用系统的一门新的技术科学。2015 年 5 月，国务院印发《中国制造 2025》，提出了建设实现制造强国的宏伟目标，以及实现以上目标的五大基本方针——创新驱动、质量为先、绿色发展、结构优化、人才为本。随着我国人口红利逐渐消失和落实《中国制造 2025》战略的要求，中国未来对机器人的需求大幅增加，2015 年中国市场销售了 6.86 万台机器人，超过了欧盟市场销售机器人的总和（5.01 万台）。预计，中国市场的机器人销售仍将保持两位数的增长。[1]

关于人工智能的概念最早可以追溯到埃及，而直到电子计算机的问世，人工

---

① 数据来源：国际机器人联盟官方网站，https://ifr. org/ifr-press-releases/news/world-robotics-report-2016，2018-11-01。

智能才得以真正发展。1956 年举办的达特茅斯会议明确提出"人工智能"这一概念。也是在这次会议之后,人工智能的概念才逐渐被众人熟知和接受。60 多年来,作为前沿科学和交叉学科,学术界对人工智能持有不同的说法和定义。总体来说,人工智能(Artificial Intelligence,AI)是研究、开发用于模拟、延伸和扩展人的智能的理论、方法、技术及应用系统的一门新的技术科学。① 赵尔罡则从电子商务与人工智能整合的角度进行分析,指出人工智能的发展离不开科学技术的研究创新,并指出人工智能主要是根据智能化技术手段,采用仿人的机器设备进行工作,属于高新科学技术中的一种。② 从实际应用上看,人工智能主要是对计算机系统以及智能应用的延伸,属于新一代计算机智能技术,拓展了计算机的应用领域,为脑力探索提供了研究方向。

综上所述,对众多学者的观点进行整理和总结,大致可以概括出人工智能的定义:作为计算机科学的一个分支,人工智能是以电子计算机技术作为基本实现条件,通过机器智能化模拟等手段,探求在一定程度上代替人体脑力劳动进而实现自动化服务的一种高新科学技术。

关于人工智能的未来,魏葆春认为可能会朝着以下几个方向发展:(1)符号计算,又称代数运算,通过智能化计算处理符号。(2)模式识别,通过数位进制的运算方法来自动处理、匹配和判读继续研究内容。(3)专家系统,应用计算机大数据存储和云计算功能,根据某领域一个或多个专家所积累的相关知识和经验,通过推理和判断来模拟人类专家的决策过程,以便解决那些需要依赖人脑长期积累经验处理的复杂问题。(4)神经网络和机器情感。情感作为强人工智能的一部分,在于进一步模仿人类的情感与体验。所以,人工智能领域下一个可能性突破在于赋予计算机情感能力。③ 也有许多学者从具体行业入手对人工智能的发展可能性进行了预判。例如,李昭涵等人在其研究中将人工智能与"互联网＋教育"联系在一起,以探究人工智能对"互联网＋教育"的影响,并指出,人工智能技术也在不断打破传统教育的学习方式,塑造"互联网＋教育"的新形式。④ 赵尔罡在其有关电子商务与人工智能技术的整合研究中也指出,下一个阶段,人工智能技术将被应用到电子商务中,并推动电商进入全新时代,智慧商业必将成为新的发展方向。⑤

---

① 孙晔、吴飞扬:《人工智能的研究现状及发展趋势》,载《价值工程》,2013(28);李昭涵、金桦、刘越:《人工智能开启"互联网＋教育"新模式》,载《电信网技术》,2016(12)。

② 赵尔罡:《电子商务与人工智能技术的整合研究》,载《中国科技信息》,2017(23)。

③ 魏葆春:《人工智能的现状与未来的发展方向》,载《边疆经济与文化》,2010(12)。

④ 李昭涵、金桦、刘越:《人工智能开启"互联网＋教育"新模式》,载《电信网技术》,2016(12)。

⑤ 赵尔罡:《电子商务与人工智能技术的整合研究》,载《中国科技信息》,2017(23)。

在相当意义上，对人工智能如何影响劳动力市场平衡性的探讨可以被归纳在更广泛的技术进步对劳动力市场平衡性影响的讨论中。经济学家达龙·阿西莫格鲁(Daron Acemoglu)在总结各方技术进步对就业的影响基础上，认为技术进步有两种类型：技能退化型技术进步(deskilling-biased technical progress)和技能偏向型技术进步(skill-biased technical progress)。技能退化型技术进步会逐渐扩大低技能劳动力的需求，而技能偏向型的技术进步将逐渐缩小高技能劳动力的需求，相对降低对低技能劳动力的需求。因此，人工智能为代表的技术进步是哪种类型的技术进步？技术进步会对中国劳动力市场平衡性带来什么影响？中国劳动力市场的发展和转型会因人工智能的发展面临什么样的机遇与挑战？政府决策部门又应该采取什么样的措施以应对这一变革？本章试图初步回答这些问题。

第二节 人工智能技术对劳动力市场平衡性的影响

人工智能为代表的技术进步无疑会对就业造成一定影响。一方面，很多现有的工作将会被成本更低、效率更高的技术所取代，从而造成大量工人失业。凯恩斯(Keynes)早在 1930 年便预见性地提出了因技术变革而导致失业的"技术失业"这一概念，并且预言在未来的 90 年内随着科技的飞速发展，将会发生大量"技术失业"。世界银行《2016 世界发展报告》表明，中国有 55%～77% 的就业将因技术水平较低而被自动化或人工智能取代，而印度劳动力市场上被技术替代的就业比例在 43%～69%，OECD 国家则在 57% 左右(见图 7-1)。

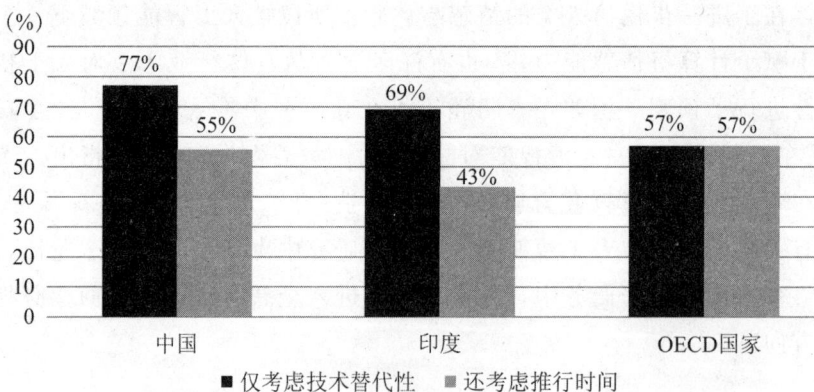

图 7-1 被技术替代的就业比例

数据来源：世界银行，《2016 世界发展报告》。

以机器人对就业的替代为例，阿西莫格鲁、雷斯特雷珀(Acemoglu and Restrepo)根据 1993—2007 年美国各地区企业增加机器人对当地就业率和工资水平的影响进行了估算，发现与没有引入机器人的地区相比，每引入 1 个新机器人，将会造成当地平均 6.2 个工人失业，同时降低平均工资 0.73 个百分点。[①] 弗雷、奥斯博恩(Frey and Osborne)则根据被机器自动化取代的可能性划分了 702 种职业，并且预测未来 20 年美国将有 47％的职业面临被机器取代的风险。[②]

而由于不同行业以及行业内不同职位的工作内容和智能化发展潜力存在较大差异，人工智能对劳动力的替代不尽相同。最先被人工智能替代的是一些常规的、可标准化的工作，而具有创造性、灵活性大的工作，以及带有情感色彩或艺术创作类别的工作在核心经验和技艺上很难被替代。图 7-2 展示了麦肯锡全球研究所对 46 个国家各个行业的自动化潜力及技术替代就业量的预测结果。麦肯锡全球研究所从管理和培训、运用专业知识进行决策和创造、与利益相关方沟通接洽、常规的体力劳动、数据收集、数据处理，以及非常规的人力劳动七个方面对各个行业进行评估，发现住宿与餐饮服务业、制造业、交通运输与仓储业的自动化潜力排在前三位，高达 66％、64％和 60％；然而，被技术替代的前三个行业则为农业、制造和零售业；而较少受到技术替代的行业则为艺术、娱乐与休闲和公用事业以及商业管理。

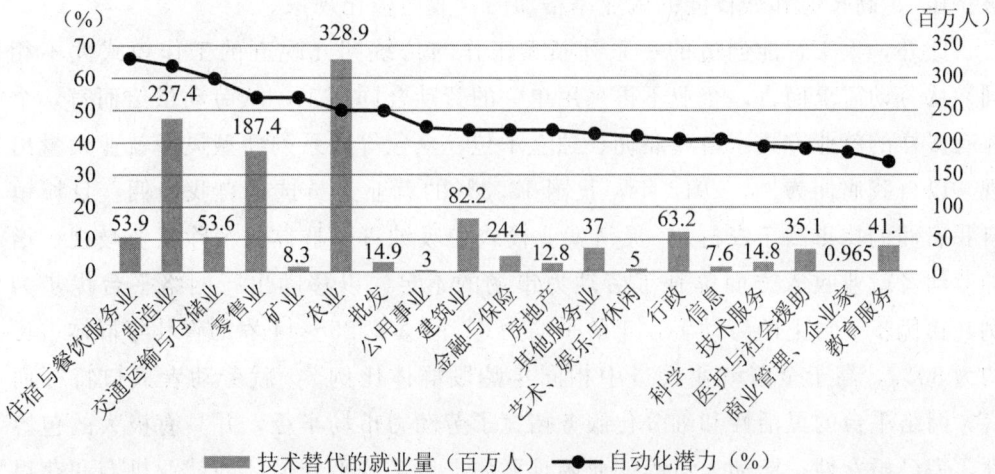

图 7-2　46 个主要国家分行业自动化潜力及技术替代就业量

数据来源：麦肯锡全球研究所。

另一方面，尽管一些工作被取代，新技术也在创造新的就业机会。OECD 的研究人员就指出，机器自动化的目标是提高工作效率而不是代替现有职业，它本

---

① Acemoglu, D. and P. Restrepo, "Robots and Jobs: Evidence from US Labor Markets," Working Paper, 2017.

② Frey, C. and M. Osborne, "The Future of Employment: How Susceptible Are Jobs to Computerization," Oxford University Working Paper, 2013.

质上会形成新类型的工作任务。① 因此，很多职业不会消失，只是工作内容会发生改变，其中一些相关任务变得更加可自动化。据此推断，未来估计只有 9% 的就业有完全消失的风险。同样，国内一些学者对人工智能等技术进步对就业的影响也持有不同观点。如王君等认为尽管人工智能、机器人等技术进步短期内对就业的破坏效应有限，但长期就业效应不容乐观。② 而邓洲的观点相对乐观，认为未来更多新的岗位将被创造，因此，总体上看，工业机器人对整个人类就业是促进的。③ 王君、杨威则认为由于替代效应和补偿效应同时存在，技术进步对就业的总效应存在不确定性。④

本次以人工智能为代表的技术变革的另一个重要影响是劳动力市场呈现出以"中等技能被挤压"为代价，高技能和低技能的就业率增加的就业两极化现象。如世界银行《2016 世界发展报告》显示，很多新兴国家和发展中国家如南非、印度、马来西亚、菲律宾等国的中等技能劳动者就业呈现了显著的负增长。尽管中国目前仍然是低等技能劳动者就业量下降、中等技能劳动者就业量增加的情况，但根据大部分国家已然出现的就业极化的趋势来看，未来很可能同样出现"中等技能被挤压"、高技能和低技能的就业率增加的就业两极化现象。

此外，人工智能创造的一系列新型工作与传统朝九晚五的工作模式大不相同。从劳动需求而言，企业不再采用单一的劳动合同用工；从劳动供给而言，个体有多样的就业方式。自我雇佣、独立承包、众包等一系列新型灵活就业大量出现。以自我雇佣为例，2012 年，我国 13.3% 的就业人员选择自我雇佣，且城镇自我雇佣的比重高于农村。⑤ 灵活就业模式在吸纳青年群体、消除就业歧视、增加劳动者就业收入方面弥补了劳动力市场的不足。以移动出行网络平台优步为例，在优步平台上的劳动者，年龄平均为 35.97 岁，25~44 岁的青壮年群体占比约为 80%，高于全国就业人口中相同年龄段群体比例。⑥ 就劳动者人口特征而言，网络平台的灵活性和细分化服务拓宽了劳动力市场半径，并具有极大的包容性，为已婚女性、流动人口等就业困难群体提供了公平、灵活的就业机会和获得

① Arntz, M., T. Gregory and U. Zierahn, "The Risk of Automation for Jobs in OECD Countries: A Comparative Analysis," OECD Social, Employment and Migration Working Papers, 2016.

② 王君等：《人工智能等新技术进步影响就业的机理与对策》，载《宏观经济研究》，2017(10)。

③ 邓洲：《工业机器人发展及其对就业影响》，载《地方财政研究》，2016(6)。

④ 王君、杨威：《人工智能等技术对就业影响的历史分析和前沿进展》，载《经济研究参考》，2017(27)。

⑤ 参见谢宇等：《中国民生发展报告 2014》，北京，北京大学出版社，2014。

⑥ 纪雯雯、赖德胜：《网络平台就业对劳动关系的影响机制与实践分析》，载《中国劳动关系学院学报》，2016(4)。

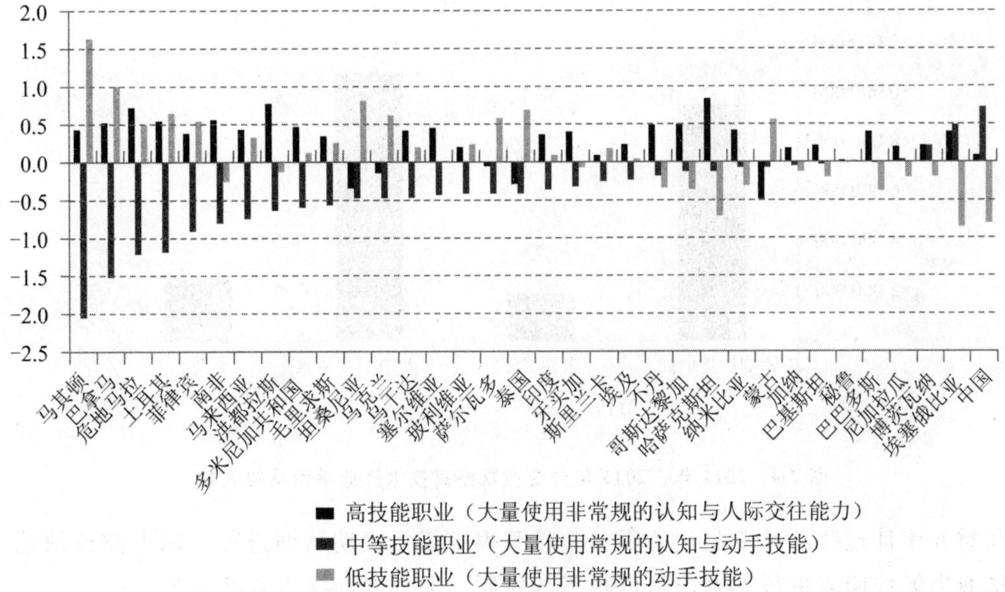

■ 高技能职业（大量使用非常规的认知与人际交往能力）
■ 中等技能职业（大量使用常规的认知与动手技能）
■ 低技能职业（大量使用非常规的动手技能）

图 7-3 技术极化指数

数据来源：世界银行，《2016 世界发展报告》。

更高收入的机会，降低了失业风险，稳定了社会基础。同时 80％以上的就业群体属于已婚人士，90％以上为有子女群体，说明网络平台劳动力市场也成为千万家庭增收的来源。

目前，我国的劳动力市场主要呈现出农村和城市、国有和非国有部门就业的二元结构和就业集中在东部沿海的"空间极化"等特点。而以人工智能为代表的新技术将对现有的劳动力市场造成以下挑战。

第一，虽然高技术企业人才需求大幅增加，但高技术产业中的小微企业的就业拉动能力不足。图 7-4 显示，相较于 2011 年，尽管小微高技术企业的平均就业人数在 2015 年呈现显著增长，但平均就业人数仍仅为 264.3 万人，与大中型高技术产业从业人员的 1 090.0 万人相比就业规模仍然较小，仅占整个高技术产业从业人员平均就业人数的 19.5％。①

第二，为应对人工智能带来的工作替代和工作创造提供的相关教育培训不足。目前，职业技能培训市场主要提供小规模和碎片化的短期培训项目，大多数培训周期短、培训科目单一，而缺乏长期性和系统性的培训项目。以财务软件应用为例，在过去，做会计核算的劳动者只要会使用算盘或者计算器就能胜任工作，但现在电子化办公使得他们不得不学习财务软件操作知识。但是，财务管理

---

① 数据来源：根据《中国高技术产业统计年鉴》数据，用从业人员平均人数减去大中型企业从业人员平均人数得到小微企业从业人员平均人数计算得来。

（人）

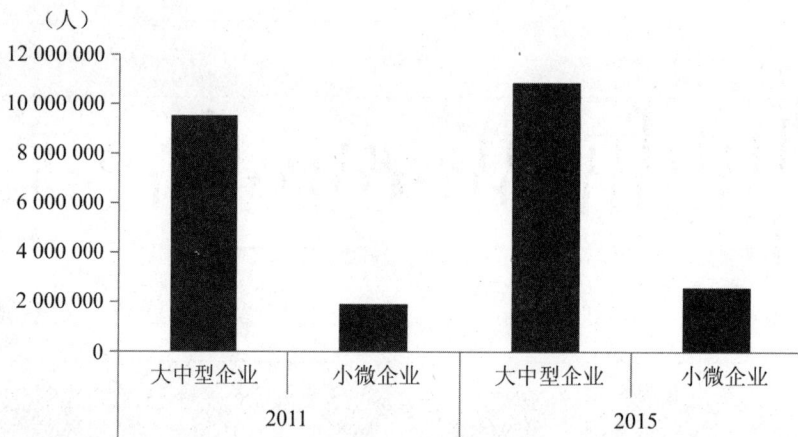

图 7-4　2011 年、2015 年分企业规模高技术产业平均从业人数

和财务审计这些更具专业化的服务项目又很难依托短期培训进行，加上高校缺乏毕业生返校回流进行人力资本再积累的机制，劳动者面临再就业瓶颈。

第三，新型就业形式的出现对中国现有的劳动合同法提出挑战。在劳动力市场上，数字经济中的各类新就业形态的出现均是在劳动合同法颁布之后，无法被合法合规地纳入就业统计。诸如滴滴打车、优步等互联网平台带来的工作岗位和兼职机会，也打破了以往劳资双方需要建立固定劳动关系、签订劳动合同、履行社会保障合约的用工方式，挑战了企业用工的稳定性，多数网络就业人员尚未被纳入国家统计和社会保障范围。

第三节　如何应对人工智能带来的机遇和挑战

前文已述，人工智能等新技术将会替代一些原有工作，因此，需要增加相应的教育培训以帮助被淘汰的工人尽快掌握新的技能重回就业市场。另一方面未来劳动力市场所需的技能要求和工作性质将会发生改变。更多的工作需要社交以及数据分析等技能。比如从制造业工作转换为零售业，需要更多交际、顾客服务和销售技能，而成为一位数据研究员需要高质量的数学、统计学、计算机科学或者工程学的学位。要掌握这些高级技能不是简单的事情，因此，需要在教育和培训上进行很多投资。

>>一、注重最新教育技术的应用<<

首先，学校教育体系应该注重将最新的教育技术应用到实际教学中去。许多教师并不是信息化方面的专家，在现有的教学过程中使用新的技术就意味着学习与使用新的教学手段，而这又会降低教师的使用意愿。因此，降低信息化使用门槛，依托更好的信息化技术可以让教师更容易适应新的教学手段。比如，提供简易的课程管理平台，依托云端将课程资源调取出来，实现课堂上的师生互动，从而发挥教师在教学中的最大功效；另一方面，由于教师的日常工作比较繁重，如何利用现有的教育技术降低教师的工作强度是关键。现在的一些技术已经实现试卷的自动批阅和远程教学，大大减轻了教师的工作负担。

其次，注重开发教育机器人等新技术相应的教学资源，创新教育内容。一方面，学校应该在推动教育机器人等技术方面，设计出相应的教学与学习内容，帮助教师实现更好的教学效果。另一方面，政府应该为教育机器人融入教育体制提供制度保障，制定相配合的教育政策，培育优秀的教育机器人人才。

>>二、大力发展 STEAM 教育<<

现行的学校制度已经无法适应未来高度信息化、智能化、个性化的时代。因此，学校应该借鉴美国经验，大力发展 STEAM 教育。STEAM 教育发源于美国，目的在于弥合科学、技术、工程、艺术以及数学五个学科间的分割，将其统一融合。数学是 STEAM 各领域的基础，科学是 STEAM 的重要组成元素，技术是支持 STEAM 教育的工具，工程是 STEAM 活动中解决实际问题的途径，艺术促进了 STEAM 各领域的发展。[①]

为发展 STEAM 教育，学校应该加强五个学科领域的融合，帮助学生综合运用各个学科知识，培养跨学科思维，创造性地解决现实中的各种问题，加强学科之间的联系，培养复合型人才。另一方面，STEAM 教育倡导基于项目学习、体验式学习等新的教学方式，因此，学科融合教育可以促进学生与学生之间、学生与老师之间更好地交流。最后，由于 STEAM 是在原有的 STEM 基础上增加了艺术，而艺术促进了 STEAM 各领域的发展，因此，提升学生的人文底蕴，加强艺术熏陶，有利于学生综合素质的提升。

>>三、培养终身教育理念<<

一是针对学生的职业技能培训。为应对人工智能对就业的影响，政府应从源头上完善现行教育体系，建立联通普通教育与职业教育的立交桥，提升高校人才和技能型蓝领的数字化技能。例如，鼓励大学与企业合作办学实施数字技术培

---

① 魏晓东、于冰、于海波：《美国 STEAM 教育的框架、特点及启示》，载《华东师范大学学报（教育科学版）》，2017(4)。

训、优化数字技术类课程在通识课程中所占的比例、对尖端技术人才培养予以重点扶持。教育体系内部，一方面根据产业发展需求和创新技术适配性动态优化高等教育、中等教育以及义务教育结构；另一方面，构建双向职业教育培训机制，发挥教育对就业的先导作用，应对产业升级对劳动者职业稳定性的挑战。具体而言：（1）构建现代化职业教育体系，完善应用型人才培养模式，通过企业与学校相融合，将岗位职业人才需求融入教学模式，提高教育与劳动力市场的匹配度。（2）建立不同周期结合的终身学习与培训体系，按照行业规范和技术需求，行业工会积极对劳动者进行不定期培训，以此防范产业升级和技术进步过程中的结构性失业，保持就业的持续性和平稳性。

二是劳动力技能再培训。政府须加大对职业培训环节的投资，帮助低技能劳动力群体提高现有技能水平，并获得新的相关技能，减轻技术自动化以及人工智能的大规模应用对劳动者就业的负面冲击，稳定劳动力市场。具体包括，建立适应数字化技术的培训方案，让劳动者发展与科技发展同步，同时让劳动者在职业被动转换过程中随时拥有终身学习的机会。对已就业劳动者培训需要借助教育外部力量，增强教育与劳动力市场的匹配度：（1）由人力资源和社会保障部根据岗位实际需求，制定职业资格标准和鉴定考核标准。（2）工会对各类劳动者，包括下岗再就业、就业困难群体等进行职业技能培训。（3）激励企业提高在岗员工的劳动生产率，加强对在岗员工的职业技能培训。

>>四、企业、政府与劳动者协同应对人工智能带来的挑战<<

在人工智能时代，企业领导者、政策制定者和劳动者需要应对巨大挑战，这需要各方主体做出相应的努力。

第一，企业需要审视数字化人才缺口，提升存量人才能力，帮助他们快速适应数字化转型。企业要重塑与人才的关系，更新数字时代的雇主价值内涵，强化对内外人才的吸引力；要积极整合数字时代多样化人才获取渠道，提高人力资本利用效益，积极为人才赋能。

与此同时，业务流程自动化后，机器势必在更大程度上取代劳动力。企业管理者需要思考如何重新部署这部分冗余员工，是内部调动，还是外部消化，务必兼顾自身业绩和社会责任。职业培训与技能提升能够有效帮助员工顺利过渡，平稳换岗。企业领导人必须保证组织做好准备，迎接自动化纪元的到来。就战略层面而言，自动化可以扩大组织规模，把总部实施的改革迅速落实到各个分支机构。科技赋予管理人员更多工具，使得业绩测评与监管更为便捷。然而，规模扩大意味着犯错后果更加严重，因此，必须加强质量管控。

对于现代企业来说，技术进步无疑会进一步提高生产效率并且降低人工成本，企业也需要密切关注适合自身所在行业的技术进步以及市场需求情况，同时也要参与为员工提供智能化技术进步的操作和监管培训环节。相应地，工作会变得更复杂，更难组织，因此，管理者需要花更多时间培训和指导员工。

第二，政府负责兜底保障。随着技术进步的加快，尽管人工智能能够在越来越多的行业协助甚至取代人类劳动，但在创造性劳动领域，人工智能却难以取代人类，包括艺术家、发明家等创新型职业，以及心理医生等精神层面的职业。对政策制定者而言，拥抱自动化的同时，应出台配套政策：（1）对于被人工智能所替代的劳动力群体，政府的职责在于提升劳动者技能、创造就业岗位、重新思考设计最低工资和社保福利等，政府应当思考如何帮助他们再就业。（2）政府应为多样化灵活就业提供制度保障，为下岗劳动者提供创业和自我雇佣的政策支持，帮助他们实现多渠道、多类型就业。（3）政府应与各类企业展开合作，及时提供新型教育和职业培训，填补缺口。教育体系也应适时调整。政府应与教育机构合作，提升学生的科学、技术、工程与数学等方面的技能，着重培养创造性、批判性和系统性思维。

第三，从每一个劳动者的层面来看，大时代的浪潮正在不可逆转地来袭，劳动力市场的巨大变革将挑战甚至彻底推翻这一代劳动力的知识结构，而最快接受、适应并引领这一变革的人，将成为新的赢家。因此，为了不被时代淘汰，劳动者需要不断更新专业技能，终身学习成为必须要做的事情。这需要劳动者随时关注并参与相关的技术培训，掌握智能化技术和操作机器人的能力，这需要全面提升 STEAM 方面的能力。另一方面可以学习那些还不能被机器人取代的岗位技能，如逻辑思考和问题解决、社交和情感、专业咨询、辅导培育他人和创新等，提升自己的智力资源价值，做好非常规性的、技术难以替代的工作，适应变革社会的需要。

随着机器承担越来越多的可预测环境下的体力劳动，人类独有的能力会愈发重要。自动化让我们回归到人类的本原。对于面临教育和职业抉择的人们来说，了解具体领域的自动化前景，知晓哪些是时代所需的核心技能，哪些技能即将被淘汰，可以帮助自己更好地从劳动力市场角度规划未来。

>>五、对"机器人"征税：一个可能的选择? <<

相比劳动者，机器人有一些明显的优势。它可以 24 小时不间断工作，无须休息、吃饭或者喝咖啡等闲暇时间；无须雇主提供定期健康体检，更不会给雇主带来额外的税收负担。因此，针对使用机器人替代大规模劳动力的企业，可以征收部分"机器人使用税"，这部分征收上来的税收，主要应用于以下两个方面：其一，培训被机器人替代的失业群体，让他们通过教育培训拥有新的技能，实现再次就业。其二，补贴失业群体的生活费用、养老以及医疗保险等部分，维护社会的和谐稳定。

另一方面，在全球化机器人竞赛中，率先使用机器人的国家在很大程度上会成为全球的赢家，而当这一计划落实到企业时，则需要更多激励。投资于工业自动化设备和率先使用机器人的企业，应该有资格获得税收减免。企业可以按照政策扣除部分企业税收，税率随其业务规模而变化。这是企业因实行自动化生产、推广机器人而进行基础设施投资的税收扣除优惠。

可以预期，随着发达国家经济复苏动力的增强，以及新兴经济体国家发展蓝图的改善，全球智能化机器人产业，以及机器人市场需求将会继续保持较快增长。根据相关研究机构预测数据，全球工业机器人同比增幅约为 15％，美洲和欧洲增幅约为 6％，亚洲和澳洲增幅约为 16％。麦肯锡咨询公司预计，到 2025 年，医疗类、增强人体技能类和家用类等服务机器人每年将产生 1.1 万亿～3.3 万亿美元的经济影响。如此大的市场需求为机器人产业创业开拓了良好的前景。

为此，国家应出台一系列发展机器人产业的政策。可通过税收政策促进机器人产业创业，以创业带动就业。针对人工智能的创新和创业，需要政府部门建立更完善的配套扶持体系，特别是在资本注入、行业门槛及发展规范方面提供支持。例如，提供低息创业贷款、为社会创业孵化中心和小微企业提供税收减免、逐步建立一套与人工智能发展相适应的税收体系。针对机器人创业过程中的创业风险，则需要考虑应对创业的风险分担机制、税收激励计划以及相应的制度设计、服务创新，让这部分人在为社会创造价值的同时，享受相应的社会福利及保障。

第四节　研究结论

以人工智能为代表的技术进步将持续推动中国劳动力市场向着技术偏向型方向转变，这也必将对中国劳动力市场平衡性产生新的巨大冲击。一些原本需要人力的任务变成了自动化任务，如传统制造业等行政支持行业的大量工作将会被替代；与此同时，新技术也会创造一些新的工作岗位，如自动化产业、健康医疗等行业将会产生大量工作需求。此外，未来需要更多技术分析等高技能的工作，从事日常事务型工作的中等技能人员、蓝领工人以及没有大学学历的人群将会受到较大冲击。新型工作形态也会对劳动关系和劳动力市场结构造成不同程度的影响。

我国劳动力市场主要呈现出农村和城市、国有和非国有部门就业的分割结构，就业集中在东部沿海的"空间极化"的不平衡，以及劳动力人力资本水平参差不齐等特点。因此，尽管人工智能的发展带来了大量的对高技能人才的需求和更多的灵活就业形式，但是目前我国劳动力市场特殊的结构，以及相关教育培训的不足，法律缺乏对灵活就业的保障等问题，使得劳动力市场难以充分应对人工智能带来的挑战。

因此，政府首先应该以终身教育理念进行技能培训，融合普通教育与职业教育体系，加强在职业培训领域的投资，与各类企业展开合作提供新型教育和职业培训，大力发展 STEAM 教育，开发相应的教育资源和创新教育内容，为教育机器人融入教育体制提供制度保障。其次，政府应出台配套政策来保障被人工智能所替代的劳动力群体的再就业，如提升劳动者技能、创造就业岗位、重新思考设计最低工资和社保福利等。再次，政府应该及时出台相关政策法规，为多样化灵活就业提供制度保障，为下岗劳动者提供创业和自我雇佣的政策支持，帮助他们实现多渠道、多类型就业。最后，政府可以考虑对使用机器人替代大规模劳动力的企业征收部分"机器人使用税"，以用于对被机器人替代的失业群体的培训、生活费用、养老以及医疗保险等部分费用的补贴。

第八章
中国就业扶贫的经验与效果评价

本章将对我国就业扶贫相关政策的效果，采取定性分析与定量分析相结合的方法进行分析，目的是总结可在全国推广的就业扶贫工作模式，为下一步制定政策提供参考，以提高政策的效果和精准度。

第一节　中国就业扶贫现状

>>一、贫困人口的基本现状<<

(一)农村建档立卡贫困人口

根据中国社会科学院和国务院扶贫办发布的《中国扶贫开发报告(2016)》，中国农村贫困人口在 37 年间(1978—2015 年)总共减少了 7.1 亿人，减幅高达 92.8％，农村贫困发生率从 97.5％下降到 5.7％，降幅为 91.8％；1981—2012年，中国减少的贫困人口占到全球减少的贫困人口的 71.82％，减贫力度居全球前列。具体来看，2012 年，我国农村贫困率为 14.8％，城镇贫困率为 3.8％，全国贫困人口数量为 1.02 亿人。2013 年，我国农村贫困发生率下降 8.5％，尚有农村贫困人口 8 249 万人。2015 年，我国农村贫困人口有 5 575 万人，在城镇贫困人口方面，共有 1 708 万贫困人口被纳入了城市居民最低生活保障，贫困人口总数超过 7 000 万人。2016 年，建档立卡"回头看"工作进一步实施，有效提高了扶贫识别的精准度。农村贫困人口下降到 4 335 万人，比上年减少了 1 240 万人，贫困发生率继续下降。虽然我国的扶贫工作已经取得了一些成绩，但由于人口基数大、致贫原因复杂，就业扶贫工作仍然面临许多挑战。自在全国范围内开展建档立卡工作以来，各地积极推进扶贫工作，旨在收集更加准确、全面的贫困人口信息。

（二）贫困发生率——基于 2013 年 CHIPS 数据的分析

为进一步了解就业扶贫目标群体的具体情况，我们利用 CHIPS 公开的人口与收入调查数据，对我国农村贫困人口进行进一步分析。统计样本来自国家统计局 2013 年城乡一体化常规住户调查大样本库，包含了从 15 个省份 126 个城市 234 个县区抽选出的 11 013 户农村住户样本。在统计分析之前，选取 2013 年农民人均纯收入 2 736 元（相当于 2010 年 2 300 元不变价）的国家农村扶贫线作为贫困标准线。

表 8-1 结果显示，2013 年我国农村人口平均收入为 25 357 元，非贫困群体收入为 26 303 元，贫困人口年均收入仅为 1 665 元，表现出巨大的收入差距。即使与标准贫困线相比，我国贫困人口年均收入也仅为贫困线收入的一半左右。可见，我国农村人口不仅贫困范围大，而且贫困程度深。

表 8-1　2013 年农村人口平均收入（元）

	总样本	贫困群体	非贫困群体
平均收入	25 357	1 665	26 203

数据来源：2013 年 CHIPS 数据。

>>二、贫困人口的致贫原因<<

（一）因病因残致贫

通过对我国建档立卡贫困人口的初步分析发现，因病致贫是导致贫困的最重要原因，占到建档立卡贫困户的 42%。[1]

表 8-2 是基于 2013 年 CHIPS 数据对调查样本的贫困群体进行的统计，有效样本共计 16 421 人。其中，贫困群体人数为 566 人，可以估算出 2013 年中国农村的总体贫困发生率约为 3.4%。在贫困群体中，残疾人占比为 1.24%，超过了残疾人人数在总人数中的占比 0.47%。可见，由于残疾导致的失去劳动力的个体陷入贫困的可能性更大。

---

[1]　《建档立卡大数据平台推动 8 900 万贫困人口精准扶贫》，http://www.scio.gov.cn/ztk/dtzt/2015/33598/33603/Document/1451570/1451570.htm，2018-11-01。

表 8-2　相关人口数量统计(人)

	统计人数			
	总人数	男性	女性	残疾人
总样本	16 421	10 629	5 792	82
贫困群体	566	279	287	7
非贫困群体	15 855	10 350	5 505	75

数据来源：2013 年 CHIPS 数据。

(二)无就业致贫

目前，全国已经登记的 12.8 万个建档立卡贫困村涵盖了超过 60% 的贫困人口，而这些地区的贫困家庭的劳动力失业现象突出。对于绝大多数的劳动者来说，通过劳动获取报酬是他们主要的收入来源。许多研究都发现，从宏观上来看，一国的失业率与贫困发生率之间存在着很强的正相关性，即失业率越高，贫困发生率也越高。从微观上来看，家庭成员的就业率与其贫困发生率同样存在着明显的正相关性。因此，解决贫困家庭中有就业能力的劳动者就业问题，就能起到迅速降低贫困发生率的作用。

以江西省为例，全省的劳动年龄内、有劳动能力的 44.03 万贫困劳动力中，已核实就业信息的人员达 99.9%，其中已就业 18.74 万人，占比 42.56%。2011—2014 年，发挥相关农业产业优势，推动传统产业转型升级以扩大贫困人口就业渠道，赣州市贫困人口由 215.46 万人减少到 105.06 万人，农民人均纯收入由 4 182 元提高到 6 946 元。南康区仅由传统产业就新增农村贫困人口就业超过 1 万人，解决了约 7 400 人的脱贫问题。截至目前，江西省共建成就业扶贫车间 799 个，吸纳贫困劳动力 1.1 万人，大力鼓励乡镇开发社会服务类扶贫专岗。全省共创建全国就业扶贫基地 46 个、就业扶贫示范园区 60 个、就业扶贫示范点 600 个，累计开发扶贫就业专岗近 3 万个。江西省还通过增加政策咨询、创业培训、开业指导等服务，积极培育创业致富带头人，发挥了"扶一个、带一片"的辐射带动作用。2017 年以来，政府共为农村贫困劳动力提供创业服务 1.6 万人次，农村贫困劳动力实现自主创业 5 327 人，积累了宝贵的当地就业扶贫经验。

为了揭示就业状况和贫困发生率的关系，表 8-3 计算了就业状况不同人群的贫困发生率。全部样本根据 2013 年年底的就业状况分成了九组。每组又根据健康状况分为健康和不健康两个小组，相应地，分别计算了这两组的贫困发生率以做比较。其中，有三组样本的贫困发生率最高，分别是下岗、提前退休、失业人员，其贫困发生率分别是 24.48%、9.15%、6.17%。此外，待业和家务劳动者也有较高的贫困发生率。不难发现，有不良健康状况的人群比健康人群更容易陷入贫困。以就业状况为"工作或就业"的分组为例，健康状态下拥有工作的人群的贫困发生率最低，仅为 3.04%。不健康人群的贫困发生率为 5.73%，比健康人群高出 2.69 个百分点。一个人如果有病而且失业，那么他陷入贫困的可能性会更高。

表 8-3　健康、就业与贫困发生率

就业状况	贫困发生率（%）		
	全部样本	健康	不健康
1. 工作或就业	3.10	3.04	5.73
2. 退休	3.33	20.00	—
3. 待业	5.40	5.71	—
4. 下岗	24.48	24.48	—
5. 失业	6.17	6.38	—
6. 提前退休	9.15	9.16	9.09
7. 家务劳动者	4.54	4.54	—
8. 残疾或慢性病	5.88	7.69	—
9. 学生	15.02	14.91	16.66

数据来源：2013 年 CHIPS 数据。

结合数据对贫困原因的分析表明，失业与下岗是中国农村人口发生贫困的极为重要的原因。但除了失业以外，就业质量不高问题在当前的扶贫工作中也应予以重视。就业质量包括工资水平、社会保障、工作时间、工作环境、生活工作平衡性等多项指标。根据相关学者测算，我国至少有超过 3 000 万的农民工属于"工作贫困"状态，其中，农民工、城镇临时工等非正规就业群体最容易陷入"工作贫困"。因此，就业稳定性差、社会福利水平低、员工离职率高、频繁跳槽，对劳动者脱贫都有负面影响。

第二节　中国就业扶贫模式

本节汇总了来自我国 20 个省、2 个直辖市、4 个自治区的 2016 年扶贫情况总结，部分地区（如吉林省、浙江省、重庆市和广西壮族自治区）由于缺少资料，暂未被列入统计范畴。

>>一、各地扶贫总体情况<<

总体来看，各省（市、自治区）均在中央扶贫开发工作会议精神，以及《关于切实做好就业扶贫工作的指导意见》指导下贯彻落实各项扶贫措施，因地制宜，寻找到适合本地发展特色的扶贫方法，为打赢扶贫攻坚战做了充分的准备。2016

年各地区转变扶贫思路和模式，从传统的直接性资金补助的援助方式，改为以政策、创造公益岗位、引入产业项目、对接劳务需求、鼓励创新创业等方式带动就业扶贫，真正实现了从"授之以鱼"向"授之以渔"的转变。

从各地总结的文字材料来看，各地的就业扶贫措施可以归纳为 12 项大类（见图 8-1）。具体情况如下：有 18 个地区采取政策支持手段进行精准扶贫；21 个地区实施技能培训计划，通过提高劳动力的人力资本从而提高就业率和工资；14 个地区进行贫困数据摸底排查，建立脱贫台账和贫困人口信息平台，实时监控贫困人口的数量和脱贫情况，及时了解本地区扶贫工作的新进展；13 个地区通过鼓励自主创业实现就业扶贫，通过创业培训、资金补贴、提供场地等一条龙服务，为创业人员扫清障碍、解除后顾之忧；11 个地区通过实施就业服务或是就业援助项目帮助贫困人口解决就业难题，如设立"就业服务月"开设免费专场招聘会，提供最新就业信息等，帮助劳动人口尽快找到适合自己的工作；9 个地区采用居家就业、就地就近转移就业的方式，通过该地区的特色产业如旅游、钢铁、制造业等优势，优先吸纳本地劳动力就近就业，解决了一些年长者、妇女、行动不便者的就业困难；8 个地区积极落实责任机制，建立专门的扶贫工作小组，将扶贫工作模块分割，责任到人，由地区一把手牵头，将扶贫作为本地区主要的工作任务之一；7 个地区通过实施转移就业，疏解本地过剩的劳动人口，到异地寻找工作机会，实现脱贫；5 个地区通过劳务协作对接实现劳动力的转移就业，一些省份与其他经济形势较好、有一定劳动力需求的地区签订协作方案，每年固定向该地区输送一定量的劳动力，实现精准式的劳务输出；4 个地区通过建立劳务公司、培养劳务经纪人等方式进行劳务输出，使得异地转移就业的居民得到更好的保障、更规范的管理；4 个地区通过社保兜底提供社保资金补助，保证无法实现稳定就业的劳动人口的基本生活；2 个地区通过资金支持帮助贫困人口逐步实现脱贫。

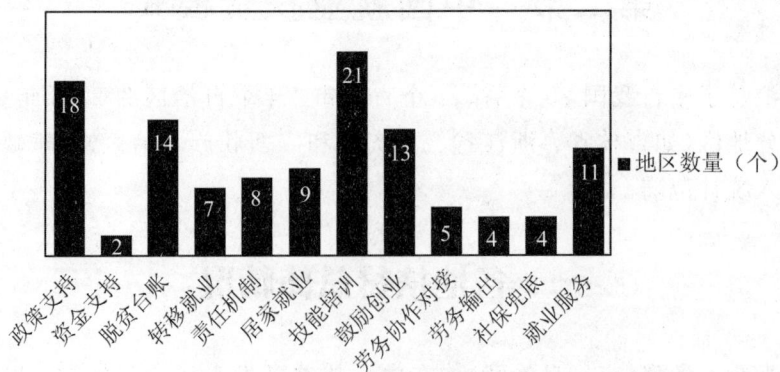

图 8-1　各省(市、自治区)扶贫措施统计

>>二、分地区经验总结<<

我们将按统计局划分的地区类型——直辖市、民族自治区、东部地区（不含直辖市）、东北地区、中部地区、西部地区（不含自治区），对各地区进行分类归纳整理。

（一）直辖市扶贫经验

北京市通过六大方法助力就业扶贫。一是信息对接，入户核实低收入农户劳动者就业状况和意愿。二是协作对接，大力开发适合低收入农户劳动者的岗位资源。三是政策对接，不断扩大社会公益性就业组织"托底"安置等政策促就业的作用。四是培训对接，着力增强低收入农户劳动力的就业竞争能力。五是社保对接，促进低收入农户稳定转移就业和提升社会保险保障程度。六是责任对接，积极助力低收入村的发展。

天津市通过四项措施实现精准帮扶。一是转移就业，精准帮扶就业扶贫对象。分类施策，提供"一对一"精准就业服务。二是鼓励创业，精准帮扶脱贫创业发展。发展农民合作社、家庭农场等新型农业经营主体，大力发展"互联网＋"和电子商务。三是素质就业，精准帮扶技能人才培养，继续实施百万技能人才培训福利计划。四是强化领导，聚集精准就业扶贫合力，科学编制帮扶规划并认真部署实施，建立完善区级、乡镇级帮扶工作机制。

（二）民族自治区扶贫经验

内蒙古自治区重点实施三项措施完善就业扶贫机制效应。一是制定方案，部署就业扶贫。制定出台了《就业创业扶贫行动实施方案》，明确了工作思路。二是摸清底数，建立动态台账。在自治区劳动就业核心业务子系统中增加了"就业扶贫业务模块"，实现信息资源和数据整合。三是开展就业培训以提升扶贫对象就业能力，有针对性地对贫困劳动者开展就业技能培训，如按照年龄结构（30岁以下，30～50岁，50岁以上）进行培训。

宁夏回族自治区通过政策支持、劳务协作、技能培训、公共服务四大措施支持就业扶贫。一是完善促进贫困劳动力就业创业政策措施。出台《关于做好新形势下农村劳动力转移就业工作的通知》，发挥转移就业示范县引领和劳务中介组织作用、实施农村家庭"两后生"职业技能培训计划。二是加强与对口帮扶省区和周边主要劳务输入省区劳务协作。加强跨省劳务协作，定期召开劳务协作联席会议。三是加大贫困劳动力职业技能培训。大力开展农村劳动力转移就业技能培训、生态移民职业技能培训，持续实施城乡贫困和零就业家庭培训就业援助工程。四是强化精准公共就业服务。深入开展就业援助月、春风行动、民营企业招聘周等专项活动，开展分类专项招聘会，免费提供岗位援助服务，引导劳动者积极转移就业。

西藏自治区通过政策支持、技能培训、转移就业三大措施努力实现就业扶贫。一是完善政策措施。出台了1＋N的就业脱贫系列措施，"1"即西藏人力资源社会保障厅脱贫攻坚规划(2016—2020年)，"N"包括进一步做好新形势下就业创业工作的意见、支持农牧民工等人员返乡创业的实施意见等。二是加大贫困人口培训投入力度，包括摸清培训需求、整合培训资金、完善资金下达方式。三是加强贫困人口转移就业工作。其中包括加强培训后的就业推荐工作、加快基层公共就业服务平台建设、抓好贫困人口劳务输出工作和依托企业帮助贫困人口就业。

(三)东北地区扶贫经验

辽宁省从四个方面着手提升就业扶贫的工作质量。一是大力开展技能培训。通过突出重点培训对象、开展流动送教下乡、打造"订单式"培养等方式提供更多就业岗位。二是促进贫困群体创业，其中包括:(1)大力推进基层创业孵化平台建设;(2)给予补贴扶持;(3)积极推进县乡基层创业服务平台建设，开展有针对性的创业服务;(4)组织创业明星巡回演讲和创业大讲堂等活动，大力宣传自主创业脱贫的先进典型。三是开展重点群体就业帮扶。对就业困难人员、高校毕业生、残疾人等重点贫困群体，大力开展就业援助。四是强化公共就业服务。搭建了省、市、县、乡镇和村五级公共就业服务平台，其中包括:(1)依托产业园区实现就近就业;(2)有序引导输出实现转移就业;(3)开展农民工专场招聘会活动;(4)大力组织针对贫困人员的专项就业服务活动。

黑龙江省实施四项措施服务就业扶贫，特色措施为人才支撑战略，发挥人才支撑作用助力脱贫。鼓励各类人才到贫困地区基层发挥作用，帮助贫困地区基层脱贫致富。大力实施"三支一扶"计划，并规定在县乡工作的基层专业技术人员，在申报职称时可免于外语和计算机考试。其他措施有:一是社会保障兜底。(1)促进贫困人口参加城乡居民基本养老保险，28个贫困县共有326.71万人参加了城乡居民基本养老保险，参保率为93.19%;(2)不断提高贫困人口医疗保障水平，落实贫困人口参加城乡居民基本医疗保险个人缴费补助政策。二是精准培训带动脱贫。一方面加大职业技能提升计划实施力度，另一方面加大返乡农民工就业创业扶持力度。三是发展教育带动脱贫，主要是深化技工教育改革，继续落实好农村户籍学生免学费政策。

(四)东部地区扶贫经验

河北省通过五大举措助力就业扶贫,对 22.78 万人次免费提供了有针对性的就业服务,就业人数达到了 38.78 万人。一是摸清贫困劳动力基本底数。二是集中组织贫困人员就业对接活动。三是开展促进贫困人员转移就业洽谈会,组织召开了"河北省贫困县与京津劳务对接洽谈会",与京津企业达成多个合作意向,促进贫困县劳务输出。四是加大贫困人员创业扶持力度。指导每个县依托现有园区或现有房产资源建立至少 1 个农民工等人员返乡创业孵化园。五是深入开展贫困劳动力技能提升行动,其中包括:(1)不断创新培训方式;(2)组织部分贫困县开设扶困脱贫带头人培训班;(3)组织农村精准扶贫创业带头人网络创业培训班;(4)开展就地就近转移培训。

江苏省建立三大体系支持就业扶贫。一是建立强有力的组织保障机制。形成组织领导体系,有力保障各项就业扶贫政策制度与服务举措的精准实施。二是聚焦高标准工作目标定位。其中包括:(1)开展有效就业援助;(2)实施全方位创业扶持,面向低收入农户劳动力的普惠性创业政策体系和个性化创业服务体系全面建立;(3)落实专项培训计划,确保每个有培训意愿的低收入农户劳动力每年都能接受一次政府补贴类职业技能培训。三是打造全方位政策扶持体系。坚持精准式扶贫、发展式扶贫、协作式扶贫的工作方针,部署实施就业援助、创业扶持、技能提升脱贫三大行动计划。

福建省实施三项措施助力就业扶贫。一是细化完善政策举措。二是加强数据摸底调查,其中包括:(1)建立动态摸底调查机制,建立精准就业扶贫信息数据库及相关统计规范;(2)积极开展入户调查;(3)实施督导通报制度。三是加强精准援助服务,其中包括:(1)将贫困家庭劳动力纳入各级公共就业服务机构和基层就业工作平台服务对象范围;(2)积极开展"就业援助月"等就业专项活动;(3)制订相应的职业技能培训计划和转移就业帮扶措施;(4)多渠道鼓励就地就近就业,加大对贫困地区农民工返乡创业政策扶持力度,鼓励各类互联网创业孵化基地的创建。

山东省在新时期脱贫攻坚战中,将工作着力点由组织跨区域转移及时调整为促进就地就近转移,打造了以"就业扶贫车间"为载体的就地就近转移就业脱贫模式。一是统筹"三大资源",确立就地就近转移就业扶贫的后发优势。通过建设"就业扶贫车间",整合发挥人口资源优势、整合发挥特色产业优势、整合发挥集体资源优势。二是探索"三种模式",搭建就地就近转移就业扶贫的有效载体。其中包括"厂房式"车间、"居家式"车间、"合作社式"车间。三是强化"三项扶持",增加就地就近转移就业扶贫的长效动力,包括强化政策扶持、强化资金扶持。符合相关条件的按每人 1 000 元标准给予"就业扶贫车间"一次性奖补。最后是强化技能扶持，推行"短平快"式培训，按规定实行免费培训项目清单制度。

广东省初步探索出一套切实可行的就业扶贫工作机制和政策措施，已组织接收贫困劳动力 392 名，在岗 181 人，月平均工资达 3 000 元；接收 225 名贫困家庭"两后生"入读广东技工院校。其主要内容为：一是明确七个工作步骤，推动精准对接、有序输入。以"推介—输入—输出—稳定"为链条，以确保贫困劳动力从农村输出到企业稳定有序就业为导向。二是出台七项政策措施，实现精准帮扶、靶向施策。包括社会保险补贴、稳岗就业奖励、入读职业和技工院校、基本公共服务倾斜、授予企业荣誉称号等七项政策，形成长期有效工作机制。三是推行三大工作模式，促进精准服务、稳定就业。推行标准化输入、实名制管理、全方位服务等模式化服务管理，紧扣招聘对接、摸查比对、跟踪服务等关键环节。四是建立三个保障机制，确保解决问题、推进到位。建立统筹联动、省市协调、督导落实三项机制，实现有效对接。

海南省实施六大措施助力就业扶贫。一是制定出台就业扶贫相关政策措施。二是积极协调落实就业补助资金，启动市县开展劳务输出脱贫培训工作。积极协调省财政厅为全省 19 个市县拨付 1 200 万元，专项用于劳务输出脱贫培训。三是积极开展技能脱贫千校行动，依托优质技工院校大力开展精准技能扶贫工作。四是积极扶持农村贫困劳动力返乡创业就业。落实贫困家庭子女的求职创业补贴政策，对于低保贫困家庭子女中的大学应届毕业生，可按规定享受创业补贴政策，补贴标准为每人 1 500 元。五是开展转移就业脱贫工作专项督查，进一步落实转移就业脱贫工作目标。六是认真做好脱贫致富电视夜校和脱贫致富热线 961017 的接听帮扶工作，全力完成省委、省政府部署的工作任务。

（五）中部地区扶贫经验

山西省坚持问题导向，推进政策制度创新，着力破解长期以来劳务输出组织化程度低、服务机制不健全、社保关系不稳定等突出问题。其中最突出的是积极发挥劳务公司这一组织形式的优势，将流动分散各地的劳务输出人员组织起来，实行"员工制"管理，依法签订劳动合同，建立灵活务实的劳动关系和持续稳定的社保关系。实施了依法规范劳动用工管理、构建稳定社保关系、实施社保补贴试点三大措施。其他措施包括六个方面：一是以"建档立卡"为基础，建立农村贫困劳动力资源信息库和就业实名制登记台账。二是以"市场需求"为导向，开展针对性、实用性职业技能培训。三是以"特色品牌"为引领，畅通劳务输出渠道。四是以"双基地"建设为支撑，促进劳务输出人员稳定就业。五是以"市场化"运营为目标，发展壮大劳务输出产业。六是以"员工制"管理为核心，保障劳务输出人员合法权益。

安徽省提出到 2020 年帮助 40 万贫困劳动者通过就业创业实现脱贫的目标。2016 年已经帮助 28.4 万贫困劳动者实现就业，通过四大举措实现就业扶贫。其中较为创新的是"居家就业"计划，针对部分贫困劳动者有就业能力但无法外出就业的问题，创新开展居家就业。组织无法外出就业的贫困劳动者在家从事手工编织、来料加工、农产品深加工等工作。大力推进订单定向技能培训，组织招募就业扶贫基地。针对贫困劳动者就业服务不到位、政策落实难的问题，开展"三送一交心"活动。其他举措包括：一是坚持施策精准，建立就业脱贫政策体系。二是坚持对象精准，做实就业脱贫台账。三是坚持责任精准，健全就业脱贫工作体系。安徽省人社厅成立了以主要负责同志为组长的领导小组，严格执行一把手负责制。

江西省通过三大措施实施就业扶贫。一是打基础，建立台账摸清底数。在就业信息管理系统中增设"就业扶贫"模块，录入就业扶贫对象实名信息。二是拓渠道，精准化帮扶困群体。开展"全方位"帮扶援助，通过五个"一批"，力求就业帮扶到"点"上。包括建立扶贫车间、依托优势产业、鼓励创业、进行技能培训、设立公益性岗位等。三是重培训，提高技能、鼓励创业、带动就业。江西省统筹开展贫困劳动力培训工作，通过实施"雨露计划""新型农民职业培训"等提供"立体式"的技能培训服务，并创新性地将电子商务培训纳入政府培训补贴范围。

河南省实施五项措施助力就业扶贫。一是始终把提高劳务输出组织化程度作为促进异地转移就业的重要机制，包括：(1)县级人社部门和上海仙川、广州番禺、深圳宝安等多家劳动就业管理中心签订劳务输出协议；(2)以西部农林牧业为主建立季节性务工基地。二是始终把多渠道促进就地就近就业作为贫困劳动力就业的有效途径，包括：(1)政策驱动；(2)人社推动，建立一把手负总责的扶贫开发工作机制；(3)服务拉动，为贫困劳动力提供一条龙、全过程的就业援助服务。三是始终把贫困劳动力稳定就业作为实现增收脱贫的关键环节，包括：(1)鼓励企业吸纳贫困劳动力就业；(2)加大援企稳岗工作力度。四是始终把提升贫困劳动力就业能力作为实现转移就业脱贫的基础工程，包括：(1)开展劳动素养培训；(2)开展技能性培训；(3)创新培训方式，采取集中培训、上门指导、以师带徒等多种形式进行培训。五是始终把创新创业作为贫困劳动力提升自我发展能力的重要举措，包括抓好园区带动、抓好示范带动、抓好省部共建。

湖北省探索形成了"四个三"的工作体系，最有特色的是开展劳务协作方式。一是建立三项机制，确保工作落实。包括建立责任机制、建立保障机制、建立问责机制。二是开辟三条路径，实现就业脱贫。包括技能培训、就业促进、扶持创业。对于需要创业担保贷款的，给予最高 10 万元的支持。三是开展三级对接，促进劳务协作。在省内积极开展了三级劳务协作对接，内容包括：县内对接、市州内对接、省内对接。四是制定三大政策，提供有力支撑，内容包括：就业培训政策、创业带就业政策、社保补贴政策。

湖南省形成"114"即"一个机制＋一个平台＋四个关键环节"劳务协作脱贫工作模式。一是建好一个机制，强化组织保障。湖南省建立了统一领导、多级联动、部门协同、两端协作的整体工作推进机制。二是筑牢一个平台，夯实信息支撑。湖南省集中力量，按照"一库识别、两头对接、三线跟踪、四级管理"的整体架构，开发建设了劳务协作网络综合信息服务平台。三是抓好四个环节，落实落细措施。采取"比对＋摸底"办法精准识别贫困劳动力，采取"线上＋线下"方式开展人岗对接，采取"常态＋兜底"办法稳定就业岗位，通过"前方＋后方"实施跟踪服务。

（六）西部地区扶贫经验

陕西省通过四项措施助力就业扶贫，在深入调研、典型示范等政策创新方面有借鉴意义。一是加强工作指导，积极探索创新，内容包括：（1）深入调研，为了进一步精准扶贫，先后五次赴延安市开展脱贫攻坚工作调研；（2）加强指导督查，一方面进一步明确各层级抓点责任、对象和内容，另一方面认真落实驻点指导帮带的要求；（3）抓点示范，对延安市率先给予政策支持、率先投入工作力量、率先开展重点项目支持；（4）主动作为，指导各人社部门认真落实政策，结合实际抓重点、解难点、举亮点，扎实开展工作。其他措施包括：一是建立工作机构，加强组织领导。成立支持脱贫攻坚工作领导小组，厅主要领导担任组长。二是结合自身特点，出台扶贫政策。三是突出工作重点，狠抓就业扶贫，内容包括：（1）建立就业扶贫统计制度；（2）加强转移就业服务；（3）提升培训质量；（4）支持返乡创业。

青海省通过九大措施助力就业扶贫。青海省的特色是利用拉面经济实施就业扶贫。壮大拉面经济，发挥创业带动就业的示范引领作用，内容包括：（1）对开办拉面店的建档立卡贫困家庭，按规定给予一次性开业奖励；（2）对积极吸纳贫困人员实现转移就业并参加社保的拉面企业，采取"以奖代补"方式给予企业一定的奖励；（3）着力提升拉面技能培训，开展拉面烹饪技能、"拉面＋创业"培训。其他措施主要有：一是切实摸清底数，夯实就业扶贫工作基础。二是做实技能培训，确保提升扶贫对象的就业能力。三是强化服务措施，确保就业扶贫工作有序开展。四是培育劳务经纪人，发挥经纪人在转移就业中的领头羊作用。五是开发公益性岗位，筑牢扶贫攻坚任务的底线。六是开展专项活动，做实季节性、临时性劳务转移就业工作，如"金秋采棉""枸杞采摘"两项活动劳务对接工作。七是树立劳务品牌，吸纳贫困人员就地就近就业。八是建立协作机制，加强扶贫工作的监督检查。

四川省以精准识别为基础，以就业培训为先导，以转移就业为重点，实施积极的就业帮扶政策，努力做到"就业一人，脱贫一户"。具体措施包括：一是抓谋划指导。牵头草拟了《贫困家庭技能培训和就业促进 2016 年度工作计划》等工作方案。二是抓精准识别。完成了与脱贫攻坚大数据平台劳动力信息的比对、复核和认定，摸清了"三个底数"。三是抓机制健全。四是抓就业培训。开展定向定岗订单式培训，做到"招生即招工、上课即上岗、结业即就业"。五是抓转移就业。依托东西部扶贫协作机制，加强与东部发达省市的劳务协作，搭建劳务对接平台。六是抓定点帮扶。四川省定点帮扶凉山州布拖县，从各个渠道争取资金 1 070 万元，用于布拖县道路新建改造和产业发展项目建设。

贵州省实施"七个精准"推进就业扶贫工作，帮助贫困劳动力尽快就业实现脱贫。主要经验做法为：一是精准识别，建立动态管理台账，做到就业扶贫对象信息实名化。二是精准施策，加强跟踪管理服务，促进贫困人口按需就业创业。其中包括：(1)深入实施"雁归兴贵"促进农民工返乡创业就业行动计划；(2)实施"全民创业"行动计划和"双百工程"；(3)加大职业培训力度，统筹做好农村青壮年劳动力规范化技能培训；(4)制定贵州省精准开展培训输出医院护工等服务业人员试点实施方案；(5)实施就业援助。三是精准服务，提高质量，不断完善公共就业创业服务体系建设，其中包括：(1)加强信息系统建设；(2)加强基层平台建设；(3)强化园区拉动；(4)加大宣传力度。

云南省实施"六个精准"助力脱贫攻坚，特色战略为"突出重点、精准推进"。在全省明确了 10 个"技能扶贫省级联系县"，创建了 27 个"农村劳动力转移就业示范县"。其主要内容为：一是加大就业补助资金投入力度(每县 50 万至 100 万元)。二是组织转移就业工作干部培训，提高两个专项行动政策文件执行力。三是组织工作推进会议，交流工作经验，推广成熟做法。其他措施包括：一是聚焦贫困精准施策。制定两个专项行动的实施意见和做好直过民族帮扶的意见。二是压实责任精准目标。三是汇聚合力精准协作。主动协调相关部门合力开展"两个专项行动"，形成了农村劳动力转移就业"三机制""两统筹"。四是瞄准短板精准投入，包括增大资金投入、优化资金结构、争取专项经费。五是着眼输出精准对接，包括搭建劳务对接平台、建立劳务对接机制、组织成建制输出。

第三节　中国就业扶贫的主要成效

自开展就业扶贫活动以来，中央政府出台了一系列扶持政策，各地也根据本地实际情况出台了鼓励和支持农村贫困劳动力就业扶贫的措施。总体来看，就业扶贫的效果比较显著。据人社部门统计，截至 2017 年 10 月底，全国已有 553 万建档立卡贫困家庭劳动力实现就业，就业扶贫工作取得积极成效。

>>一、创造公益岗位的就业扶贫成效<<

创造公益岗位带动就业扶贫是各地普遍运用的一种模式，在实际的政策执行中，此类岗位一般会用来安置建档立卡适龄贫困人口中有就业意愿和劳动能力的年龄偏大人群、留守妇女等转移就业能力相对较弱人群。

例如，山东省 2017 年出台了《关于大力推行公益岗位互助扶贫模式的通知》，面向农村家庭服务业发展需求和贫困人口救济解困需要，设置四类互助式农村公益扶贫岗位，包括互助养老公益扶贫岗位、互助托幼公益扶贫岗位、互助照料病患公益扶贫岗位、互助助残公益扶贫岗位。通知明确了公益扶贫岗位作为公益性岗位的重要组成部分，将按规定享受社会保险补贴和岗位补贴等政策。通过此模式，既实现了贫困人口通过获得稳定的劳动收入脱贫，又实现了通过贫困人口在岗工作互助帮扶其他老幼病残贫困人口，达到双赢效果。

四川省在每个贫困村开发 5 个以上公益性岗位，用于安置贫困家庭劳动力，并给予不低于 300 元/人·月的补贴。

>>二、引入产业项目的就业扶贫成效<<

江西赣州一直是江西扶贫攻坚的主战场，截至 2016 年年底，赣州市还有43.14 万贫困人口。为了扶贫攻坚，当地政府因地制宜，大力发展农村经济产业。赣州市下瑞金市种植脐橙面积达 155 万亩，年产量 108 万吨，产业总产值110 亿元；帮 25 万种植户、70 万果农增收致富，解决 100 万农村劳动力就业问题。不仅如此，瑞金还根据各村的资源禀赋、产业基础，坚持"宜农则农、宜果则果、长短结合、种养互补、三产融合"的思路，因地制宜发展脐橙、蔬菜、油茶三大主导产业以及鸭蛋、白莲等特色产业，为许多贫困户带来了脱贫致富的希望。[1]

山东省为省内贫困县打造了 2 720 个"就业扶贫车间"，同时解决贫困地区居民外出就业困难以及当地中小企业招工困难，吸纳贫困劳动力就业 8.9 万人。安徽省对贫困地区开展定向就业培训，对培训期间的贫困居民给予生活补贴，为生活不便利的贫困劳动力提供"家庭手工业"的就业服务，并号召爱心企业提供贫困资助，帮助政府吸纳贫困劳动人员。湖北省对贫困地区创业人员给予最低一万元的创业补贴。总之，我国的就业扶贫政策主要面向农村贫困地区的劳动力，扶贫

---

① 江雨亭：《赣州：产业扶贫要找准路子》，载《农民日报》，2017-05-25。

目标多为以制造业和手工业为主的就业岗位，方式以政府的支出和转移支付为主。

>>三、对接劳务需求的就业扶贫成效<<

四川省为促进外出转移就业，引导和支持企业吸纳贫困家庭劳动力就业，对签订 1 年以上劳动合同并参加社会保险的，给予企业 1 000 元/人的奖补，按规定落实社保补贴、岗位补贴，新吸纳 10 个以上贫困家庭劳动力的，作为就业扶贫基地，给予不低于 5 万元的奖励。目前，全省共建立就业扶贫基地 594 个。此外，还在每个贫困县每年举办 2 至 3 次扶贫专场招聘会，每月组织 1 次送岗位信息下乡入村活动。一是开展省际劳务协作。与浙江省人社厅签署了劳务合作框架协议，双方通过联合举办供需见面会、专场招聘会等方式，达成就业意向，确定输出对象；依托东西部扶贫协作机制和"泛珠三角（9＋2）"、省外劳务工作站、商会组织劳务对接平台，协调广东、福建等沿海发达地区人社部门和企业赴四川省贫困地区举办劳务合作洽谈会，积极拓展省外就业渠道，全年共新增转移输出贫困劳动力 20 万人。二是开展省内就业结对帮扶。省人社厅协调成都、德阳、绵阳等地区与省内彝族地区、藏族地区开展就业扶贫结对帮扶，动员企业和社会力量专门开发一批岗位，安置贫困家庭劳动力，并在生活上给予适当照顾。三是加大政策补贴力度。对经营性人力资源服务机构、劳务经纪人，组织贫困家庭劳动力到企业就业，并协助签订 1 年以上劳动合同、参加社会保险的，按不低于 300元/人标准给予补贴；对贫困家庭劳动力参加有组织劳务输出的，给予一次性单程铁路、公路或水运（路）交通补贴。

>>四、鼓励创新创业的就业扶贫成效<<

四川省促进在"家门口"就业。积极鼓励农民专业合作社、家庭农场、农村电商等各类生产经营主体，吸纳贫困家庭劳动力就业，对稳定就业半年以上的，按1 000 元/人标准给予生产经营主体一次性奖补；促进创业带动就业，在全省 88个贫困县设立了 1.76 亿元的贫困地区返乡创业风险基金，隆重表彰了 100 名返乡创业明星和 50 个返乡创业示范企业，对贫困劳动力创办领办创业实体的，给予 1 万元奖励，为鼓励能人返乡创业、带动贫困劳动力就业营造了良好氛围。据统计，2016 年四川省共举办扶贫专场招聘会 688 场（次），组织送岗位信息下乡入村 4 297 次，提供岗位 26.8 万个。一是组织省、市、县三级人社部门 118 个就业训练中心、1 083 个定点培训机构，以划片包干的方式开展培训，以购买服务的方式调动职业院校、民办培训机构以及企业等社会力量参与培训。二是实现免费培训全覆盖。统筹使用就业培训资金，对有就业培训意愿的贫困劳动力，全年至少为他们提供一次免费培训，并落实培训补贴，给予不低于 50 元/天·人的食宿、交通补助。三是形式多样推进培训。在职业院校、培训机构开设"扶贫专班"，通过"送培训下乡"开展"短平快"实用技术培训，依托"农民夜校"定点开展培训。结合企业用工需求面向贫困劳动力开展针对性培训，根据贫困群众意愿及时推荐培训专业、实施小班教学、开展技能鉴定、提供职业介绍，较好地实现了培训与就业的充分对接。2016 年，四川省共组织 18.4 万贫困劳动力参加就业培训。

第九章

新时代劳动力市场的
宏观调控与实践路径

经济下行阶段劳动力市场的平衡性、充分性和稳定性更加复杂是不同国家或地区经济社会发展过程中的典型事实。众多研究表明，劳动力市场的宏观调控思维和策略深刻影响着劳动力市场的平衡稳定性。本章在对中国劳动力市场不平衡、不充分、不稳定的实证分析基础上，尝试构建以区间调控为中心的中国特色劳动力市场宏观调控体系，并进一步指出加强中国情境化的劳动力市场定向调控、相机调控和精准调控，三管齐用，综合施策，是新时代有效构建平衡稳定的劳动力市场、推动实现更高质量和更充分就业，以及助力决胜全面建成小康社会的战略选择。

第一节　问题的提出

劳动力市场既是要素市场的重要组成部分，又是国民经济体系的重要内容。众多理论和经验表明，一个灵活稳定（flexicurity）①的劳动力市场对优化就业结构、提升就业质量、促进收入分配、激发创新创业、改善人口结构、推动经济增长、实现城乡融合、保障社会稳定等都有显著功能，是促进经济社会高质量发展和国家治理体系现代化的关键变量。因此，党和政府始终重视对劳动力市场的调

---

① 劳动力市场的灵活性（flexibility）是指面对经济的变化，就业量或工作时间（劳动投入）或工资（劳动成本）进行相应调整的灵活程度。劳动力市场的安全性（security）是指面对经济灵活性的变化，劳动者在遭遇劳动市场风险（如失业、不充分就业）时，能够得到及时有效的帮助，并且最终能够尽快返回到劳动力市场当中去的各种安全性措施的总和。新近研究表明，实现高质量就业，既需适当提高次要劳动力市场的稳定性，又要增加主要劳动力市场的灵活性，从而达到劳动力市场总体的灵活性和稳定性平衡，即实现劳动力市场的"灵活稳定性"（flexicurity）。具体参见赖德胜、石丹淅：《推动实现更高质量的就业：理论探讨与政策建议》，载《第一资源》，2013(1)。

控和变革，力图构建一个统一、高效、有序的劳动力市场。比如，党的十七大报告首次提出实施扩大就业战略，倡导"加强政府引导……建立统一规范的人力资源市场"。党的十八大报告表示，"实施就业优先战略和更加积极的就业政策……健全人力资源市场，完善就业服务体系，推动实现更高质量的就业"。党的十九大报告强调，"就业是最大的民生……要坚持就业优先战略和积极就业政策……破除妨碍劳动力、人才社会性流动的体制机制弊端，推动实现更高质量和更充分就业"。《2018年政府工作报告》则进一步要求，"加强全方位公共就业服务……运用'互联网＋'发展新就业形态……消除性别和身份歧视，使更加公平、更加充分的就业成为我国发展的突出亮点"。劳动力市场宏观调控成效斐然。十八大以来，我国城镇新增就业 6 600 万人以上，13 亿多人口的大国实现了比较充分就业。根据国家统计局发布的《国民经济和社会发展统计公报》，2017 年，我国城镇新增就业人数达到 1 351 万人，年末城镇登记失业率为 3.90％，城镇调查失业率[①]为 4.98％，城镇登记失业率比 2016 年年末下降 0.12 个百分点，失业率为多年来最低。

然而，伴随我国经济由高速度发展转为高质量发展，经济下行阶段劳动力市场的复杂性与不确定性日益凸显，加之人口结构、技术进步、贸易争端、供给侧结构性改革等因素的动态多向度影响，使得劳动力市场的不平衡、不充分、不稳定迸发显现，这明显抬升了劳动力市场运行风险，很大程度上制约了经济社会高质量发展，更深刻影响了人民的获得感、幸福感和安全感。为此，新时期积极创新和完善劳动力市场宏观调控，加强劳动力市场定向调控、相机调控和精准调控，为就业扩大添动力增活力意义重大。

第二节 劳动力市场复杂性日益突出

新时代劳动力市场复杂性主要体现为劳动力市场平衡性、充分性、稳定性更加复杂，或者说劳动力市场将会更加不平衡、不充分、不稳定。劳动力市场复杂性诱使劳动力市场不确定性和风险明显增加，继而影响国家更高质量和更充分就业目标的实现进程。

---

① 城镇调查失业率是国际劳工组织通用的一个指标，是反映城镇常住经济活动人口中，符合失业条件的人数占全部城镇常住经济活动人口的比率。其计算公式为：城镇调查失业率＝城镇调查失业人数/（城镇调查从业人数＋城镇调查失业人数）×100％。其特点在于：调查对象不仅覆盖城镇常住人口，还包括居住 6 个月以上的农民工；失业人员即使不参与登记，也会被纳入统计指标；按照国家统计局的计算公式，登记失业率的分子是登记的失业人数，分母是从业的人数与登记失业人数之和。

>>一、劳动力市场平衡性更加复杂<<

(一)劳动力供需波动明显

劳动力市场平衡性更加复杂首先体现在劳动力供需更加不平衡,劳动力供给持续减少。国家统计局发布的 2017 年主要经济社会数据显示,16～59 周岁的劳动年龄人口为 90 199 万人,比 2016 年减少了 548 万,占总人口的比重为 64.9%。2012 年以来,我国劳动年龄人口以每年三四百万人的速度逐年递减,2012—2017 年共计减少了 2 344 万人。劳动力供给持续减少一方面使得人口红利逐渐消失,潜在增长率下降;另一方面加剧了部分地区和行业的招工难。人口结构变化还体现在老龄人口及其占总人口的比例双双保持上升态势。国家统计局数据表明,60 岁及以上老龄人口由 2011 年的 18 499 万人(占总人口 14.32%)增至 2017 年的 24 090 万人(占总人口 17.33%)。其中,65 岁及以上老龄人口由 2011 年的 12 288 万人(占总人口 9.12%)增至 2017 年的 15 831 万人(占总人口 11.4%)。预测显示,到 2050 年,我国老龄人口将达到峰值 4.87 亿人,占总人口的 34.9%。[1]

除受人口结构变化影响外,劳动力供给持续减少还与劳动参与率降低紧密相关。北京师范大学劳动力市场研究中心发布的《2016 中国劳动力市场发展报告——性别平等化进程中的女性就业》[2]显示,由于受市场化改革、收入效应、人口结构转变、教育扩展、家庭照料时间变化等因素共同影响,二十几年来,我国劳动参与率呈现稳步下降态势,且女性劳动参与率相对于男性下降更快(见图 9-1)。具体来看,男性劳动参与率由 1990 年的 84.5% 降至 2014 年的 78.4%,女性劳动参与率则由 1990 年的 72.4% 降至 2014 年的 64%,劳动参与率绝对差距从 1990 年的 12.1 个百分点增加到 2014 年的 14.4 个百分点。虽然我国"二孩"政策已全面铺开,但由于受生育意愿、人口惯性等主要因素影响,一定时间内劳动年龄人口仍会呈现动态减少趋势。人力资源社会保障部的预测数据表明,2030 年以后中国劳动年龄人口会出现一个大幅下降的过程,平均以每年 760 万人的速度减少,到 2050 年会由 2030 年的 8.3 亿人降到 7 亿人左右。[3]

---

[1]　李泓冰:《"抱团养老"呼唤更多帮扶》,载《人民日报》,2018-05-31。

[2]　赖德胜等:《2016 中国劳动力市场发展报告——性别平等化进程中的女性就业》,25～27 页,北京,北京师范大学出版社,2016。

[3]　联合早报网:《中国人社部:2050 年劳动年龄人口将降至 7 亿》,http://www.zaobao.com/finance/china/story20160723-644796,2018-11-01。

与劳动力供给持续减少形成对比的是，我国劳动力市场需求端则保持旺盛态势。《2017 年度人力资源和社会保障事业发展统计公报》显示，2012—2017 年我国累计新增城镇就业人员数量 7 875 万人。[①]《2018 年第一季度中国就业市场景气报告》显示，2018 年第一季度 CIER 指数为 1.91，且具有显著的行业、职业、区域、城市特征。[②] 该指数意味着一个求职者对应两个左右的岗位需求，反映出当前劳动力市场供需具有明显不平衡性。

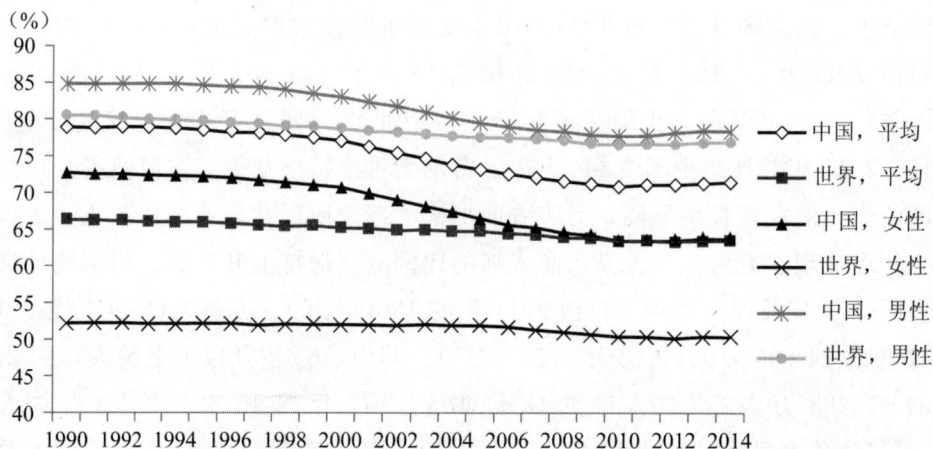

图 9-1　1990—2014 年分性别劳动力参与率

（二）劳动力区域配置失衡问题突出

市场化改革提升了各类人才流动意愿，在一定程度上优化了我国劳动力资源的总体配置，但与此同时，也使得不同区域劳动力市场不平衡性加剧，尤其表现在城乡、东中西部以及不同行政层级地区之间。具体而言，在城乡方面，由于城乡之间的发展严重不均衡，基础设施和社会公共服务差异悬殊，使得人才从农村向城市单向流动明显，这加速了劳动力资源在城乡之间的不平衡配置。如《2017 年农民工监测调查报告》显示，2017 年农民工总量为 28 652 万人，比 2016 年增加 481 万人；外出农民工 17 185 万人，其中，外出进城农民工 13 710 万人，比 2016 年增加 125 万人。外出农民工平均年龄为 34.3 岁，其中 40 岁及以下所占比重为 72.3%。外出农民工中拥有大专及以上文化程度的占 13.5%，比 2016 年提

---

①　人力资源和社会保障部：《2017 年度人力资源和社会保障事业发展统计公报》，http://www.mohrss.gov.cn/ghcws/BHCSWgongzuodongtai/201805/t20180521_294290.html，2018-11-01。

②　中国人民大学中国就业研究所网：《2018 年第一季度中国就业市场景气报告——基于智联招聘大数据的分析与预测》，http://www.cier.org.cn/ShowNews.asp? ID＝912＆Catid＝451，2018-11-01。

高 1.6 个百分点，接受农业或非农职业技能培训的占 35.5%。[1] 单向度的人才流动使得农村"空心化"趋势加重，城乡之间各类人才基尼系数差距显著。尽管近几年来不断有"城归"群体和外出农民工返乡，但农村人才总量与质量依然不足，成为制约实施乡村振兴战略的最大瓶颈。此外，来自北京大学教育经济研究所历次全国高校毕业生的抽样调查数据也证实了上述判断。该数据库显示，2007—2017年，83.2% 的高校毕业生就业于大中城市，仅 3.7% 的高校毕业生就业于乡镇和农村。[2]

劳动力在东中西部地区配置的不平衡则可以用求人倍率来反映。求人倍率是劳动力市场在一个统计周期内有效需求人数与有效求职人数之比，它表明了当期劳动力市场中每个岗位需求所对应的求职人数。求人倍率越高，说明需求人数越多，而求职者却供不应求。使用人力资源社会保障部发布的 2010—2015 年度登记求职人数、单位登记招聘人数测算的年度求人倍率数据显示，东部地区[3]求人倍率由 2010 年的 1.66 增至 2015 年的 2.54，中部地区和西部地区分别由 2010 年的 1.17 和 1.09 变动为 2015 年的 1.16 和 1.01。个别省市求人倍率差距明显，如东部地区北京求人倍率由 2010 年 5.40 猛增至 2015 年 10.67，中部地区湖北以及西部地区宁夏则分别由 2010 年的 1.24 和 0.56 上升至 2015 年的 1.29 和 1.16。总体上看，劳动力市场需求呈现明显区域特点，东部地区优于中部地区，中部地区则好于西部地区。从测算数值的时间序列上看，东部地区求人倍率增加显著，中部地区则相对稳定，而西部地区则呈现下降趋势。求人倍率的区域特点诱使劳动力在不同区域流动与配置也呈现明显的东中西特点，使得劳动力区域配置失衡问题加速外显化。

此外，由于受制度、发展前景、公共服务等因素影响，劳动力在不同行政层级地区之间的分布也存在较大不平衡性。北京大学教育经济研究所的 2017 年全国高校毕业生的抽样调查表明，尽管城镇籍与农村籍高校毕业生城市就业略有差异，但有一个共同就业特点，即高校毕业生就业于省会城市或直辖市比例最高（城镇籍为 61.7%，农村籍为 51.9%），就业于地级市次之（城镇籍为 26.6%，农村籍为 28.4%），县级市或县城比例居第三位（城镇籍为 10.1%，农村籍为

① 国家统计局：《2017 年农民工监测调查报告》，http://www.stats.gov.cn/tjsj/zxfb/201804/t20180427_1596389.html，2018-11-01。

② 岳昌君、周丽萍：《中国高校毕业生就业趋势分析：2003—2017 年》，载《北京大学教育评论》，2017(4)。

③ 东部地区包括北京市、天津市、河北省、辽宁省、上海市、江苏省、浙江省、福建省、山东省、广东省、海南省。中部地区包括山西省、吉林省、黑龙江省、安徽省、江西省、河南省、湖北省、湖南省。西部地区包括内蒙古自治区、广西壮族自治区、重庆市、四川省、贵州省、云南省、西藏自治区、陕西省、甘肃省、青海省、宁夏回族自治区、新疆维吾尔自治区。

15.9%），而就业于乡镇和农村的比例则很低（城镇籍两者合计为 1.6%，农村籍对应为 3.8%）。[①]

（三）就业形态不平衡

传统就业形态可细分为工资雇佣或称工资性就业（wage-employment）、自我雇佣（self-employment）和失业（unemployment）三种。[②] 伴随共享经济快速发展，我国平台就业、灵活就业等新就业形态也飞速涌现。《中国共享经济发展年度报告（2018）》显示，2017 年我国提供共享经济服务的服务者人数约为 7 000 万人，比 2016 年新增 100 万人；共享经济平台企业员工数约为 716 万人，比 2016 年增加 131 万人，占当年城镇新增就业人数的 9.7%，意味着城镇每 100 个新增就业人员中，就有约 10 人是共享经济企业新雇用员工。预计到 2020 年，共享经济领域的提供服务者人数有望超过 1 亿人，全职人员约 2 000 万人。新就业的直接间接就业效应总计约占全部就业的 17%。但需要指出的是，工资性就业仍是当前我国主要的就业形态，其他两种传统就业形态比例较低。以高校毕业生为例，麦可思研究院发布的《2018 年中国大学生就业报告（就业蓝皮书）》显示，2017 届中国大学生毕业工资性就业比例为 77.1%，创业比例仅为 2.9%，与 2016 届基本持平。智联招聘发布的《2018 年大学生就业力报告》也进一步证实了这一研判。[③]报告显示，79.89% 的 2018 届大学毕业生仍然将工资性就业作为主要就业意向。而不同形式的工资性就业之间也存在明显不平衡。报告表明，2018 届大学毕业生期望签约单位为国有企业（31.73%），然后是三资企业（27.77%）和民营企业（20.85%），而实际签约数据显示，民营企业签约比例最高（58.62%），国有企业和三资企业分别位居第二（17.85%）、第三位（14.35%）。此外，"慢就业"现象[④]也逐渐显现，6.99% 的 2018 届毕业生选择"慢就业"。"慢就业"实质上是经济社会转型过程中劳动力市场不能有效衔接外部经济环境快速变化、无法及时协同变革的现实体现。[⑤] 而在新就业形态中，则主要以出行平台就业为主，其他形式的平台灵活就业相对不足。《2017 年滴滴出行平台就业研究报告》显示，2016 年 6 月至 2017 年 6 月，共有 2 108 万人（含专车、快车、顺风车车主、代驾司机）在滴

---

① 岳昌君：《高校毕业生就业状况的城乡差异研究》，载《清华大学教育研究》，2018（2）。
② 石丹淅、赖德胜：《自我雇佣问题研究进展》，载《经济学动态》，2013（10）。
③ 罗旭：《2018 年大学生就业有何新动向》，载《光明日报》，2018-07-01。
④ 所谓"慢就业"，是指一些大学生毕业后既不打算马上就业也不打算继续深造，而是暂时选择游学、支教、在家陪父母或者创业考察，慢慢考虑人生道路的现象。
⑤ 王智勇：《大学生"慢就业"折射中国社会转型趋势》，http://sike. news. cn/statics/sike/posts/2018/07/219534835. html，2018-07-21。

滴平台获得就业与收入，其他规模相对集中的平台就业形式则相对偏低。[①]

>>二、劳动力市场充分性更加复杂<<

(一)市场机制还未完全形成

市场决定资源配置是市场经济的一般规律。当前劳动力市场发展滞后，使得人力资源闲置和大量有效劳动力需求得不到满足并存；劳动力市场规则不统一，部分行业和区域劳动力市场存在垄断和保护主义；劳动力市场竞争不充分，阻碍劳动力资源盘活和结构调整，等等。这些问题不充分解决，统一、高效、有序的劳动力市场难以真正构建，更高质量和更充分的就业也将难以尽早实现。

中国劳动力市场机制还未形成的主要原因在于劳动力市场存在制度性分割，且这种制度性分割又进一步促进劳动力资源的不充分配置，继而引发非充分就业或自愿性失业或"慢就业"问题。劳动市场制度性分割还对就业公平、就业增长、收入分配以及整个经济社会发展产生较大影响。因此，近年来以测评劳动力市场发育不充分的劳动力市场成熟度研究成为探究劳动力市场制度性分割问题的重要视角。在代表性研究中，田永坡(2016)等从市场主体、流动性、灵活性、政府作用4个维度(一级指标)构建了12个二级指标的评估体系，并使用《中国统计年鉴》《中国劳动统计年鉴》《中国人口和就业统计年鉴》以及各省(市、自治区)统计年鉴数据测评了省际劳动力市场成熟度。[②] 估测结果显示，2000—2014年，我国劳动力市场成熟度呈现一种正金字塔型的结构，成熟度均值由2000年的32.99分增至2014年的34.26分，呈现上升趋势，但数值总体偏低。分地区看，经济越发达的省(市、自治区)劳动力市场成熟度水平越高。由东向西属于较高级类型的省(市、自治区)逐渐减少，属于较低级类型的省(市、自治区)逐渐增多。劳动力市场成熟度排名靠前的省份集中在东部地区，排名靠后的省份集中在中西部地区和东北地区，劳动力市场呈现东西条块分割特点明显，这阻碍了劳动力市场机制作用的发挥。

劳动力市场机制不健全还体现在不同行业就业回报差异方面。《2017中国统计年鉴》数据显示，2016年城镇单位就业人员平均工资为67 569元，其中，信息传输、计算机服务和软件业平均工资最高(122 478元)，金融业次之(117 418元)，科学研究、技术服务和地质勘查业(96 638元)，电力、燃气及水的生产和

---

① 滴滴政策研究院：《2017年滴滴出行平台就业研究报告》，http://b2b.toocle.com/detail--6420653.html，2018-11-01。

② 田永坡：《中国劳动力市场的成熟度测度：2000～2014》，载《改革》，2016(10)。

供应业(83 863 元)则分别位居第三、第四位。居民服务和其他服务业(47 577
元)、住宿和餐饮业(43 382 元)、农、林、牧、渔业(33 612 元)则为排名后三位。
2016 年城镇非私营单位就业人员年平均工资为 67 569 元，比城镇私营单位就业
人员年平均工资高出 24 736 元。外商投资企业岗位工资差距最大，岗位平均工
资最高与最低之比为 4.32；其次是港澳台商投资企业，最高与最低之比为 3.45；
第三是国有企业，最高与最低之比是 2.91。私营企业和其他内资企业岗位平均工
资差距最小，最高与最低之比分别为 2.27 和 2.29。

(二)就业质量整体不高

就业质量有宏观、中观、微观三个层面的释义。宏观层面包括就业环境、社
会保障、对话机制、劳动关系等，中观层面主要包括劳动力市场供求状况、就业
服务等，微观层面则包括劳动收入、工作时间、人职匹配、就业满意度等。无论
是基于宏观数据的实践分析，还是来自微观测算的经验证据，众多研究一致表明
我国当前就业质量整体不高。[1] 来自对高校毕业生就业质量分析的新近研究也再
次证实了上述结论，如基于麦可思公司大规模抽样调查数据和德尔菲法就业指数
构建法测算的就业质量研究结果显示，2010—2015 届高校毕业生就业质量指数
处在 66%~68%，就业质量总体水平偏低。[2] 经济发展新阶段影响我国高质量就
业的主要因素有如下几个方面：一是每年新进入劳动力规模较大，但由于科技进
步、机器替代人工等会使短期内就业形势严峻；二是高质量就业岗位(通常判断
标准为工资高、福利好、工作环境宜人、晋升空间大，能兼顾家庭与生活等，即
通俗意义上的"好工作")供给有限；三是就业歧视现象在一定范围内仍然存在，
阻碍了劳动力和人才的流动；四是就业极化现象在重点就业群体中的体现更为明
显；五是高质量就业尚未完全带来全体人民收入的同步提高。

---

① 赖德胜等：《2011 中国劳动力市场报告——包容性增长背景下的就业质量》，北京，北京
师范大学出版社，2011；赖德胜、石丹淅：《我国就业质量状况研究：基于问卷数据的分析》，载
《中国经济问题》，2013(5)；苏丽锋：《我国转型期各地就业质量的测算与决定机制研究》，载《经
济科学》，2013(4)；苏丽锋、陈建伟：《我国新时期个人就业质量影响因素研究——基于调查数据
的实证分析》，载《人口与经济》，2015(4)。
② 汪昕宇、莫荣、马永堂：《我国高校毕业生就业质量分析》，载《中国劳动》，2018(4)。

>>三、劳动力市场稳定性更加复杂<<

(一)科技进步增加就业风险

以互联网等为代表的现代信息技术,高效地整合了分散化的闲置资源,更好地满足了经济社会发展中的异质化需求,以此形成的经济活动称为共享经济。共享经济因重构体验、重构价值、重构连接,产生新经济、新业态、新趋势、新文化,为产业升级、创业促进、就业扩大提供了新动力。然而,科技进步也对劳动力市场产生了明显的负面影响,如网络平台型劳动关系使得传统劳动关系治理工具或手段变得低效或失效,就业市场中大量的常规操作型岗位被替代,即机器替代人工,这使得不稳定就业的风险增大(如技术性失业等)。新时期,随着科学技术的快速发展,"机器换人"对典型地区、特定人群替代趋势更为明显。如 2015年深圳国际高新技术成果交易会上一款名为 AGV 的搬运机器人,每年能给使用者节省 12 600 元的人力成本,但却让 3 名搬运工、1 名运输车司机失去原有岗位。曾被誉为世界毛织之都的东莞大朗镇,随着数控织机等大批智能生产装备的普及,近 9 成工人被机器替代了。① 需要指出的是,机器替代人工并非中国独有。如有数据显示,从 2000 年到 2010 年,美国约有 1 100 万个秘书职位被互联网服务所取代;同一时期,电话接线员减少 64%,旅游代理减少 46%,会计减少26%。欧洲则有三分之二的中产阶级职位成为技术的牺牲品。②

(二)贸易争端增加就业市场不稳定性

经济全球化使得国际贸易变为常态。国际贸易或 FDI 输入的理念、技术、资本、人才等极大地丰富了我国的就业形态,与此同时,也强化了我国经济增长的对外贸易依存度,使得国内劳动力市场伴随国际经贸环境的不确定和多变性而充满不稳定性。以 2018 年中美贸易战为例,中美贸易战实质上是一场"就业战",特朗普政府和我国(以及其他国家)争夺的是优质就业岗位(即好工作)。特朗普政府提出的恢复美国制造业辉煌的口号,其根本旨在增加美国就业岗位,使"美国再次强大",希冀通过提高关税或其他贸易制裁从中国抢回失去的就业岗位。有

---

① 中国新闻网:《机器人代替人工　企业三年 50 万工人仅剩下 5 万》,http://finance.chinanews.com/cj/2014/09-05/6565962.shtml,2018-11-01。

② 李长安:《经济新常态下我国的就业形势与政策选择》,载《北京工商大学学报(社会科学版)》,2016(6)。

专家测算表明①，美国对我国实施的 500 亿美元出口商品加征 25％关税的制裁可能涉及国内 350 万个就业岗位，按现行我国城镇登记失业率计算，将会使我国的失业率上升 1.5～2 个百分点。以中美同时设置 30％关税和非关税混合贸易战的情形测算，中国就业将会下降 3.093％。实际上，无论具体数值为多少，都值得注意的是，国际贸易争端，尤其是单边贸易战，无疑增加了涉事国就业市场的不稳定性。

(三)供给侧结构性改革加大就业市场压力

新时期，我国主动适应经济新常态的战略部署即为实施供给侧结构性改革，其根本目的在于提高供给体系质量和效率，激发经济增长潜能。伴随"三去一降一补"的供给侧结构性改革的深入推进，钢铁、煤炭、水泥、电解铝、平板玻璃、船舶和炼油等新旧产能转换将会陆续释放 2 700 万人，短期内，化解过剩产能势必会给典型地区、重点人群带来失业、转岗问题，对劳动力市场构成新的考验。尽管城市制造业就业对服务业就业具有明显的乘数效应，通过供给侧结构性改革，优化制造业布局，培养更多的战略性新兴产业和优势产业，能够在未来拓展就业空间，为失业、转岗人员提供新的工作机会。② 但新产业新就业大多需要劳动者具备更高水平知识和技能，对求职者认知能力和非认知能力都有更严格要求，对劳动力供给质量也要求更高。而化解过剩产能所涉及企业大部分为劳动密集型行业，转岗人员素质通常滞后于新岗位需求，所以供给侧结构性改革在就业毁灭与就业创造过程中对就业市场形成的冲击，最终需要较长时间才能复衡，因而在一定时期内会给失业人员和转岗人员带来就业压力，使就业结构性矛盾凸显并持续更长时间，继而显著提升了就业市场的不稳定性。

第三节　劳动力市场宏观调控的实践路径

就业是最大的民生。伴随劳动力市场凸显的复杂性、不确定性和风险性，就业领域不少两难多难抉择将更加明显。面对这样的局面，保持战略定力，不搞"大水漫灌"式就业强刺激，而是主动适应、引领劳动力市场的新常态，集中精力促进劳动力市场化改革，调整劳动力市场结构，防范不充分就业风险，提高劳动力市场运行动力，实现就业工作稳中有进，使高质量就业发展红利惠及数亿劳动

① 李长安：《中美贸易战背后暗藏的"就业战争"》，https://finance.qq.com/a/20180323/024343.htm，2018-11-01。
② 苏丽锋、赖德胜：《高质量就业的现实逻辑与政策选择》，载《中国特色社会主义研究》，2018(2)。

者及家庭，是新时代经济社会高质量发展的应有之义。为此，政府应善用宏观调控这一主要经济职能，不断创新和完善劳动力市场宏观调控，明确就业工作区间调控思想，积极加强劳动力市场定向调控、相机调控和精准调控，为就业增长增添活力定力。基于前文对劳动力市场复杂性与不确定性的分析，本研究认为，政府应对劳动力市场宏观调控构建如下实践路径，详见图 9-2。

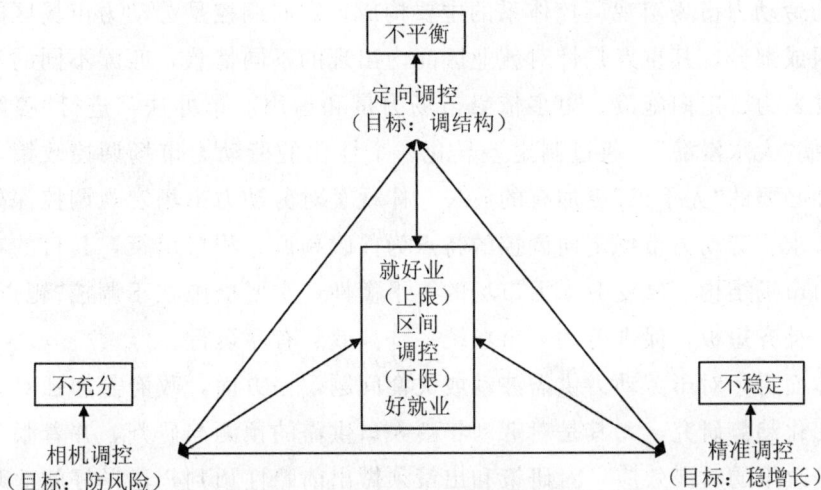

图 9-2　新时代劳动力市场宏观调控的实践路径

由上图可知，区间调控是新时代政府对劳动力市场宏观调控体系的中心。政府通过设置"合理区间"来调控劳动力市场，是跳出劳动力市场本身、基于经济社会发展全盘考虑后的战略选择，是政府针对就业领域新的主要矛盾和关键问题主动有所为的集中体现，是党和政府以新思维和新方略推动实现劳动力市场统一、高效、有序的中国方案。事实上，在复杂困难的国内外环境下，设定一个就业增长的区间目标，有利于提高党和政府在多重约束条件下采取更加灵活、精准、有效的就业调控政策，实现就业规模和就业质量的协同增长。

《2018 年政府工作报告》指出，考虑了决胜全面建成小康社会需要，符合我国经济已由高速增长阶段转向高质量发展阶段实际，2018 年发展主要就业预期目标为，国内生产总值增长 6.5％左右，城镇新增就业 1 100 万人以上，城镇调查失业率在 5.5％以内。基于"十二五"发展经验与基础，从经济基本面和就业吸纳能力看，6.5％左右的增速可以实现比较充分的就业。此次就业增长合理区间的设置，为当前和今后一段时间内中国政府对劳动力市场宏观调控指明了方向。不难发现，政府对劳动力市场区间调控的下限为稳定和扩大就业，目的在于保持就业基本盘和经济社会稳定，因此，可进一步将区间调控的下限理解为"好就业"（或称"有业就"）。政府对劳动力市场区间调控的上限或者理想目标则是实现更高质量和更充分就业，更多体现的是"就好业"的政策期望。"就好业"和"好就业"成为中国经济发展新阶段政府治理劳动力区间调控的重心，也成为切实着力推进劳动力市场定向调控、相机调控和精准调控的根本指引。

>>一、劳动力市场宏观调控中的定向调控<<

作为劳动力市场宏观调控体系的主要构成，定向调控是劳动力市场区间调控的重要组成部分，其重点是针对就业区间内出现的不同情景，匹配不同的对策措施，精准发力、定向施策，更多依靠市场力量和运用改革办法，进行"喷灌""滴灌"，不搞"大水漫灌"。通过制定差异化、个性化的劳动力市场调控政策，使预调微调和必要的"先手棋"更加有的放矢，体现了对劳动力市场宏观调控深处着力的更高要求。劳动力市场定向调控的特点为前瞻预调、积极出策，其目的在于调整劳动力市场结构，改变劳动力市场的不平衡性，主要措施在于调控"靶点"，及时防范，补齐短板，促进劳动力市场统一、高效、有序运行。

具体而言，对于劳动力供需波动或失衡问题，一方面，政府需加强对人口结构转型变化趋势研究，尤其是对劳动年龄人口供需的预测与研判，并着眼于克服宏观调控政策的时滞效应，对研策和出策须做出前瞻性预判，选择好就业政策出台时机，微调为主，适时采取对应措施，做到防患于未然。另一方面，政府需稳步实施职业技能培训和老龄人口开发与利用的就业促进政策。推行职业技能培训和释放老龄人口生产价值的调控人口与就业政策目标十分明确，旨在挖掘社会可能蕴藏的劳动力资源，以缓和劳动力供给持续减少趋势。需要指出的是，适配于人口机会窗口开启的经济社会发展政策是激发人口红利持续显现的充要条件。[1]在积极的经济社会改革政策推行基础上，通过建立健全规范的职业技能培训体系和职业教育，提升当前劳动力人力资本水平，有助于人口机会窗口二次打开，使得质量型人口红利得以有序发挥。如随着"4050"农民工陆续返乡以及各地返乡创业政策的实施，缓解民工荒的定向政策在于提升现有劳动力的知识或技能存量，以质量替代数量。此外，随着劳动力人均寿命的增加，定向更好地推进延迟退休、全面"二孩"、低龄老年人力资源开发与利用等相关政策落地落实，也有助于从短期和长期缓解劳动力市场供给端结构性矛盾。

对于劳动力资源区域配置失衡问题，新时期破除妨碍劳动力、人才社会性流动的体制机制弊端，建立充分开发、竞争有序、公平合理的劳动力市场是关键，实质在于调整、理顺利益关系，更多依靠市场化改革力量，定向研策，渐进出策，让市场真正在劳动力资源配置过程中起决定性作用。为此，首先是继续深化

---

[1] 原新、高瑗、李竞博：《人口红利概念及对中国人口红利的再认识——聚焦于人口机会的分析》，载《中国人口科学》，2017(6)。

户籍制度改革，给"户口松绑"，稳步推行居民户口登记制度，取消招聘、待遇设定时身份因素限制或歧视。其次是健全各行业相协调的工资增长机制，主动减轻中低收入劳动者税负，严格控制垄断性行业巨额红利和高管年薪。再次是着力改革现有的社会保障体制，增强社会保障的公平性、可持续性和流动性，消除重点群体保障过度和保障不足问题，尽早建成合理兼顾各类劳动者的社会保障待遇确定机制、正常调整机制和转移接续机制。最后是借助"互联网＋"建立共享式就业公共服务平台，切实为高校毕业生、城市能人、返乡群体、退役军人等基层就业创业提供全方位政策支持。

对于就业形态不平衡问题，则需通过定向调控促进就业形态多元化、平衡化。为此，一则需要借助更加积极的就业创业政策，纵深推进商事制度改革，为自雇创业"清障搭台"，着力提升劳动力市场中自雇创业比重。二是通过精细化的就业促进政策，为灵活就业、平台就业、"慢就业"等新就业形式提供厚实的安全就业保障，巩固工资性就业效能，最终形成高效治理非自愿性失业等问题的长效机制。

>>二、劳动力市场宏观调控中的相机调控<<

劳动力市场相机调控是指政府根据就业市场情况和各类就业调适措施的特点，灵活机动地决定和选择当前究竟采取哪一种或哪几种就业策略。劳动力市场相机调控的特点为适时微调、灵活施策，其目的在于防范劳动力市场系统性风险，调节劳动力市场的不充分性，为实现充分而有质量就业提供良好的政策保障与政策预期。劳动力市场相机调控的重心是微调，即根据当前劳动力市场变化，及时制定灵活的、具体的就业政策预案和项目准备，选择好就业政策意图与就业政策时点，增量改革，力图及时化解劳动力市场运行风险。劳动力市场相机调控是对劳动力市场定向调控实施中的一种再平衡。

劳动力市场机制是指劳动力市场机制体内的供求、价格、竞争、风险等要素之间互相联系及作用机理。劳动力市场机制有一般和特殊之分。劳动力市场一般市场机制是指与其他生产要素市场一样都存在并发生作用的机制，主要有劳动力市场供给机制、劳动力市场价格机制、劳动力市场竞争机制和劳动力市场风险机制。劳动力市场特殊市场机制是指不同于其他生产要素市场而存在并发生作用的机制，如劳动力市场上的工资机制等。针对劳动力市场机制还未完全形成所诱发的劳动力市场不充分问题，主要调控措施在于，通过政策微调，灵活施策，重点构建统一的劳动力市场规则，破除部门行业和区域垄断和保护主义；建立畅通的劳动力市场信息传递机制，清除影响劳动力市场信息不完全、不对称、竞争不充分的政策阻滞；建立工资收入决定机制，使市场机制而非行政力量、传统制度、身份出身等在决定劳动力资源配置和使用中起决定作用。另外，加强"放管服"改革推行，注重劳动力市场的监督检查和诚信管理，也十分重要。

对于就业质量不高，劳动力市场相机调控的主要策略在于，首先应加强对新时代高质量就业的评价体系理论研究。传统的、国际的就业质量评价体系不能够较好地评价灵活就业、平台就业等新就业质量状况，为此需在国际经验比较基础上，重构适合中国情境化的就业质量评价指标体系。其次是重视职业教育和职业技能培训，为劳动力增能和赋能，提升其可雇佣能力和创业力。具体则需要做好以下三个方面：一是政府应调适教育理念和教育政策，如"新工科"建设，形成"人工智能＋X"复合专业培养新模式，鼓励高校主动变革办学目标和教育内容，增强学习者的应用型素养。二是政府应大力支持企业加强在岗培训，积极探索"企业点菜、政府买单"的方式，提高职业技能培训质量。三是加强政策创新，逐渐引导人力资本深化。如有针对性地进行制度和政策再设计，确保劳动者收入同步增长，提高劳动者创新能力。创新工资集体协商制度，制定企业工资支付保障条例和劳动保障监察执法制度，有效规避现实中因工资支付问题而衍生的就业质量问题。然后是善用经济增长和技术进步开发高质量就业岗位，增强好工作的供给能力，满足劳动力日益多样化的就业需求。最后是积极构建公平的就业环境，有效消除就业歧视，实现劳动力自由、有序流动。此外，还要改善劳动者权益保护立法和职业安全劳动条件，打造普惠性公共就业服务，促进更多劳动力体面就业和充分就业。

>>三、劳动力市场宏观调控中的精准调控<<

实现就业区间调控内更高质量和更加充分就业，除了上述定向调控和相机调控外，新时期还需要加强政府对劳动力市场的精准调控。劳动力市场精准调控，往往更加需要就业政策或措施协同发力，需要宏、微观就业政策利益相关者之间精准配合，通过制定并稳步实施精准的就业政策或措施，有效改善劳动力市场的不稳定，使就业稳中有进。劳动力市场精准调控更多地瞄准解决就业领域的"有效性"问题，以有为政府、有效市场模式支撑"中国就业奇迹"。劳动力市场精准调控的特点在于分类瞄准、稳定用策、精准发力，其最终目的在于稳定就业增长。

为更好地迎接科技进步、国际贸易和供给侧结构性改革带来的劳动力市场不稳定，政府需要织密制度网、打好政策组合拳以便更好地适应劳动力市场变化，促进稳定就业。首先是为抵御科技进步对典型群体就业替代，应强化对新生代农民工、高校毕业生、退役军人、化解产能过剩转岗人员等就业力、职业精神的塑造与提升，如分别制定不同就业群体的职业技能培训方案，为适合这些群体就业发展需要而加强职业教育、高等教育供给侧结构性改革，为建立一支真正的知识型、技能型、创新型劳动者大军营造良好的政策和制度氛围。其次是政府需对科技产业进行统筹规划。如在积极推进《机器人产业发展规划（2016—2020年）》《国务院关于印发新一代人工智能发展规划的通知》等过程中，需要相关配套预案精准干预，使得就业市场转换更加平缓。再次是应加强完善和创新国际贸易争端解决机制。如设立独立的、专门的国际贸易争端解决机构，增强及时、高效处理国际贸易争端能力，尽早更好地规避国际贸易争端对劳动力市场的负面传导效应。建立以仲裁为主、政治外交手段为辅的争取解决机制。通过战略贸易协定明确制定仲裁、仲裁程序、时限、裁决规则与执行等具体操作规定，将调解、调停等政治外交手段置于仲裁或其他法律手段之前应用，有效化解贸易就业战风险。然后是需稳步做好精准就业扶贫。在精准帮扶基础上，结合产业扶贫、电商扶贫等举措，重点推进扶贫车间建设，创设就业扶贫公益性岗位，支持一批能人返乡下乡创业，带动当地贫困劳动力就业。[①] 最后是精细推进供给侧结构性改革，加强经济政策、产业政策与就业政策衔接，强化经济增长对更好更多就业岗位的带动作用。

第四节　结论与相关政策启示

经济下行阶段劳动力市场的平衡性、充分性和稳定性更加复杂化是不同国家或地区经济社会发展过程中的典型化事实，因此，不必惊慌或过分渲染。但仅仅简单套用、机械移植他国经验模式治理之策也的确无法解决中国就业现实问题。主动加强劳动力市场治理理论探究，完善和创新基于中国情境化的劳动力市场宏观调控，才是有效治理中国劳动力市场实践困境的关键所在。劳动力市场宏观调控是一门艺术，也是一种科学。劳动力市场宏观调控不能简单拍脑袋，必须尊重中国经济发展规律和就业市场特点，任何违背或忽视中国经济发展规律和就业市场特点的政策刺激与措施，最后都可能诱发更大的系统性风险或直接走向失败。本报告在对中国劳动力市场不平衡、不充分、不稳定的实证分析基础上，构建了以区间调控为中心的中国特色劳动力市场宏观调控体系。研究发现，加强中国特色的劳动力市场定向调控、相机调控和精准调控，三管齐用，综合治理，是新时代推动实现更高质量和更充分就业、助力决胜全面建成小康社会的战略选择。

需要进一步指出的是，在中国劳动力市场宏观调控体系中，区间调控为政府宏观调控劳动力市场体系的中心，定向调控、相机调控和精准调控则分别构成了

---

① 石丹淅：《中西部民族地区农民工返乡创业质量及其影响因素——基于三峡区域调查数据的分析》，载《教育经济评论》，2017(6)。

劳动力市场宏观调控体系的三个极点，三者各有特点，功能不同，但它们之间是相互支撑、闭合相连、动态机动的，协同影响着政府对劳动力市场调控的绩效以及劳动力市场的灵活稳定性。因此，切忌单一施策，单独调控，而应多种调控手段并用，综合干预与治理，才能更好地激发整体效益和倍增效应。此外，考虑到时间维度，区间调控的上、下限（即"就好业"和"好就业"）的内涵与外延将会随着市场化改革的纵深推进而在时序上呈现泛化态势，所以，在坚持实施就业优先战略和更加积极的就业政策指导下，加大研策、出策、施策、评策，及时丰富经济发展新阶段下定向调控、相机调控、精准调控的理论思想、内容与体系，是新时代高质量治理劳动力市场、丰富全球劳动力市场治理理论，继而更好更多享受中国改革红利、助力实现中国梦的必然课题。

第三篇

国际比较

第十章

美国劳动力市场平衡性演变
及对中国的启示

作为目前世界上最发达的经济体,美国的崛起和发展经历了上百年的时间,在经济发展和制度建设的过程中伴随着劳动力市场空间的失衡和再平衡,最后形成美国今天相对平衡的经济活动地理分布。今天我国二线城市的"抢人大战"正在如火如荼地进行,中国制造业向纵深发展,中西部地区核心城市吸纳新兴产业、争夺人才的这个过程,几乎是美国20世纪70年代的制造业南迁和南部崛起的历史重演。美国劳动力市场平衡性的演变改变了美国区域经济发展不平衡的状况,成为落后地区赶上发达地区的成功范例,美国"阳光地带"的崛起的经验规律对我国劳动力市场的再平衡具有重要的借鉴意义。本章首先总结美国经济活动的地理分布和劳动力市场再平衡的特征,在此基础上结合中国实际情况提出美国劳动力市场平衡性演变对中国的启示。

第一节 美国经济活动的地理分布

>>一、GDP 和人均 GDP 的分布情况<<

2017 年美国实现 GDP 总计 192 633.50 亿美元,人均 GDP 59 141 美元。具体到各州和特区来看:加利福尼亚州以 27 468.73 亿美元位居第 1 位,加利福尼亚州也是美国唯一的 GDP 总量在 2 万亿美元以上的州。2017 年加利福尼亚州年中人口数量约为 3 953.66 万人,人均 GDP 69 477 美元,在全美位居第 9 位。得克萨斯州以 16 962.06 亿美元位居第 2 位,得克萨斯州 2017 年年中人口数量约为 2 830.46 万人,人均 GDP 59 927 美元,排名第 21 位。纽约州 GDP 15 471.16 亿美元排名第 3 位,2017 年年中人口数量约为 1 984.93 万人,人均 GDP 77 943 美元，在全美位居第 2 位。佛罗里达州 2017 年 GDP 总量为 9 673.37 亿美元，伊利诺伊州 2017 年 GDP 总量为 8 203.62 亿美元，宾夕法尼亚州 2017 年 GDP 总量为 7 520.71 亿美元，分列全美第 4～6 位。在所有 51 个州和特区中，人均 GDP 最高的是哥伦比亚特区，2017 年 GDP 为 1 310.1 亿美元，年中人口数量 69.4 万人，人均 GDP 高达 188 775 美元。

>>二、人口和就业人口的分布情况<<

(一)人口分布

2017 年美国人口最多的是加利福尼亚州，总计 3 900 多万人，最低的是怀俄明州，只有 57 万人。人口总额在 3 000 万以上的有 1 个州，2 000 万～3 000 万的有 2 个州(得克萨斯州和佛罗里达州)，1 000 万～2 000 万的有 6 个州(包括纽约州、宾夕法尼亚州、伊利诺伊州、佐治亚州和北卡罗来纳州)，500 万～1 000 万的有 14 个州，100 万～500 万的有 20 个州，人口在 100 万以下的有 7 个州。

加利福尼亚州、得克萨斯州和佛罗里达州是人口最多的 3 个州，3 个州的人口总数超过 1 亿，占美国总人口的 31%。东部的纽约州、宾夕法尼亚州、伊利诺伊州、佐治亚州和北卡罗来纳州的人口都超过了 1 000 万。美国三大工业区的[五大湖工业区、西雅图(西南)工业区和休斯敦工业区]人口数超过 2 亿，五大湖区的人口数与过去相比明显减少。

(二)就业人口分布

2017 年美国吸纳就业人口最多的是加利福尼亚州，总计 2 326 万人，最低的是新墨西哥州，只有 109 万人。吸纳就业人口在 1 000 万以上的有 4 个州(加利福尼亚州、得克萨斯州、纽约州和佛罗里达州)，500 万～1 000 万的有 8 个州(伊利诺伊州、宾夕法尼亚州、俄亥俄州、佐治亚州、北卡罗来纳州、密歇根州、新泽西州和弗吉尼亚州)，100 万～500 万的有 25 个州，100 万以下的有 13 个州。

美国三大工业区吸纳就业人数超过 6 000 万，超过美国就业总人口的 40%，成为美国创造就业岗位的主阵地。西北部吸纳就业能力较弱，吸纳就业人数最低的 13 个州总计就业人数不到 1 000 万，不到加利福尼亚州的吸纳就业人口数量的一半。

>>三、工资总额和人均工资的分布情况<<

(一)工资总额分布

2017 年美国工资收入最高的是加利福尼亚州，总计 15 848 亿美元，最低的是佛蒙特州，只有 205 亿美元。工资总额在 5 000 亿美元以上的有 4 个州(加利福尼亚州、得克萨斯州、纽约州和佛罗里达州)，4 000 亿～5 000 亿美元的有 2 个州(伊利诺伊州、宾夕法尼亚州)，3 000 亿～4 000 亿美元的有 7 个州(马萨诸塞州、佐治亚州、密歇根州、新泽西州、北卡罗来纳州、俄亥俄州和弗吉尼亚州)，2 000 亿～3 000 亿美元的有 6 个州，1 000 亿～2 000 亿美元的有 11 个州，1 000 亿美元以下的有 20 个州。工资总额较高的州主要分布在美国东西海岸，中部和北部州的工资总额较低，加利福尼亚州、得克萨斯州、纽约州和佛罗里达州是工资总额最高的 4 个州，蒙大拿州、怀俄明州、南达科他州和佛蒙特州的工资总额最低，均没有超过 300 亿美元。

(二)人均工资分布

2017 年美国人均工资最高的是纽约州，总计 72 375 美元，最低的是蒙大拿州，只有 43 654 美元。人均工资在 6 万美元以上的有 10 个州，5 万～6 万美元的有 26 个州，5 万美元以下的有 14 个州。人均工资较高的州主要分布在美国东西海岸，中部和北部州的工资总额较低，康涅狄格州、阿拉斯加州、加利福尼亚州、伊利诺伊州、马里兰州、马萨诸塞州、新泽西州、纽约州、弗吉尼亚州和华盛顿州是人均工资最高的 10 个州，南达科他州等 14 个州人均工资最低。

总体来看，人口数、就业数、工资和 GDP 最高的 4 个州是加利福尼亚州、得克萨斯州、纽约州和佛罗里达州，这 4 个州人口多，相应的经济体量也大，其他各州经济体量小，人口也相对较少。由于美国没有户籍制度，人口在州与州之间流动较为频繁，这使得人均资源占有量、人均产值和人均生活水平在空间达到自然均衡，如果有地区出现了新的就业机会带动工资上涨，或者发现了新的资源提高了收入水平，其他地区的过剩人口则会向该地区转移。

第二节 美国劳动力市场的平衡性演变

>>一、各州人口的变化<<

总体来看，美国 20 世纪 70 年代之后东北部地区人口增长缓慢，西部和南部地区人口增长较快，如加利福尼亚州、内华达州、犹他州、亚利桑那州、得克萨斯州、佛罗里达州的年均人口增长率超过全国平均水平。20 世纪 70 年代和 80 年代是东北部地区人口流向西南地区最快的 20 年。

>>二、各州就业的转移<<

人口的流动方向受到多种因素的影响，如气候条件、物价水平、交通、基础设施和产业发展，其中最重要的是地区产业发展创造的就业机会。第二次世界大战后，美国传统工业增速放缓，产能过剩，逐渐失去了昔日的光彩。为了增强竞争力，位于东北部和中央北部的传统工业部门开始在新的技术条件下进行自动化和信息化技术改造，传统工业部门容纳的劳动力越来越少，相对过剩的劳动人口大大增加，这使得人口的大规模迁移成为可能。

美国的南部和西部拥有丰富的自然资源和广阔的空间地带，是发展新兴工业的理想地区。20 世纪 70 年代开始，美国南部地区开始承接东北部及五大湖区制造业带的产业和人口迁移。人口流动和产业迁移带动了美国南部地区的经济和房价水平增长。随着人口的迁移和新兴产业的布局，昔日被贴上贫困落后、种族歧视、人口外流等标签的南部地区，逐渐成为美国三大工业区之一的南部工业区，后来被称为美国的"阳光地带"。

研究 20 世纪 70 年代至今美国各州的平均就业增长率可以发现，就业变化趋势和人口变化趋势基本一致，五大湖地区和东北老工业区就业增长缓慢，典型城市如底特律、芝加哥、匹兹堡、布法罗在制造业衰退的趋势下失业增加，得克萨斯州和佛罗里达州由于地理位置更靠近赤道，加上政府的支持，适合发展航空业，如佛罗里达州的迈阿密有肯尼迪航天中心，得克萨斯州的休斯敦有约翰逊航天中心，新型工业的发展同时带动了得克萨斯州其他城市如达拉斯、沃斯堡的就业。华盛顿州的微软、亚马逊、空客等企业也创造了大量就业岗位。而加利福尼亚州的硅谷更是高科技公司聚集地，依托斯坦福大学这一创新枢纽，大量人才集聚于此。加利福尼亚州南部洛杉矶有发达的影视娱乐业，也带动了周边行业的就业。

图 10-1 是根据美国经济分析局划分的八个大区 1969 年到 2016 年就业增长指

数（以 1969 年为基准）。可以发现，中东部和五大湖地区是就业增长最慢的地区，其次是新英格兰地区和平原地区。就业增长最快的地区是落基山脉地区和西南地区，其次是远西地区和东南地区。

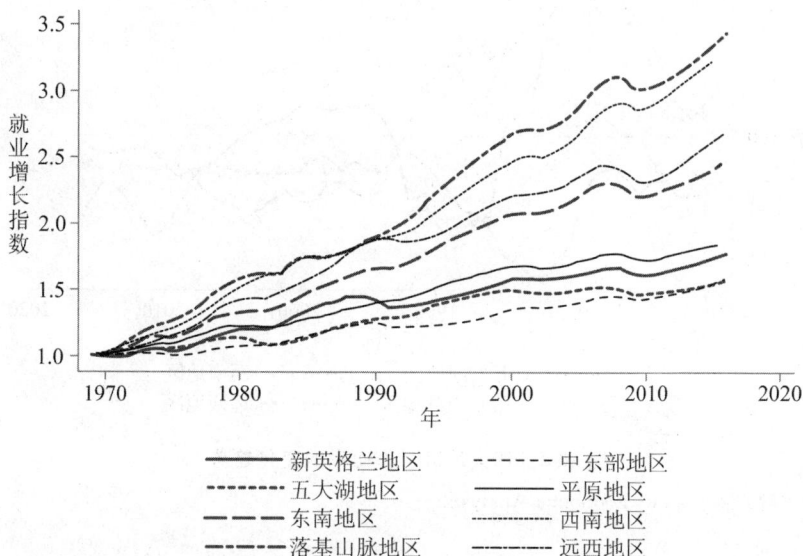

图 10-1　八大地区就业指数的变化趋势

数据来源：Bureau of Economic Analysis。

图 10-2 是就业指数增长较快和较慢的四大地区的相对工作比率在 20 世纪 70 年代之后的变化趋势。这里的工作比率是用该地区当年的就业人数除以总人口数来计算每个人的工作数，用来衡量劳动力市场的平衡性，工作比率越高表示该地区的就业数相对于人口数较高，工作机会丰富，预计未来将吸引更多人口流入；工作比率越低表示该地区相对于人口基数创造的就业不足，劳动力更有动力迁出到其他就业岗位丰富的地区进行工作搜寻。为了使对比更加直观，下图比较不同大区的工作比率相对于全国平均水平的相对值。可以发现，20 世纪 70 年代末由于传统制造业衰退，五大湖地区的工作比率快速下降，1982 年达到最低点后开始缓慢上升，直到 20 世纪 90 年代中期才恢复到全国平均水平。与之相反的是，西南地区、落基山脉地区和远西地区的工作比率在 20 世纪 70 年代到 90 年代经历了先上升后下降的过程，70 年代后期正是美国西南部地区高速公路网建成时期，基础设施改善提升了西南部工业区的对外运输能力，降低了要素和产品的流动成本，新型工业快速发展，创造了大量就业岗位，从而承接了东北部的产业和人口迁移。除了落基山脉地区的工作比率一直保持在较高水平外，随着人口的大量流入，新工作的创造速度有限，西南和远西地区的工作比率又下降到全国平均水平上下。该图很好地反映了 20 世纪 70 年代到 90 年代美国产业结构变迁和劳动力市场空间再平衡的过程。

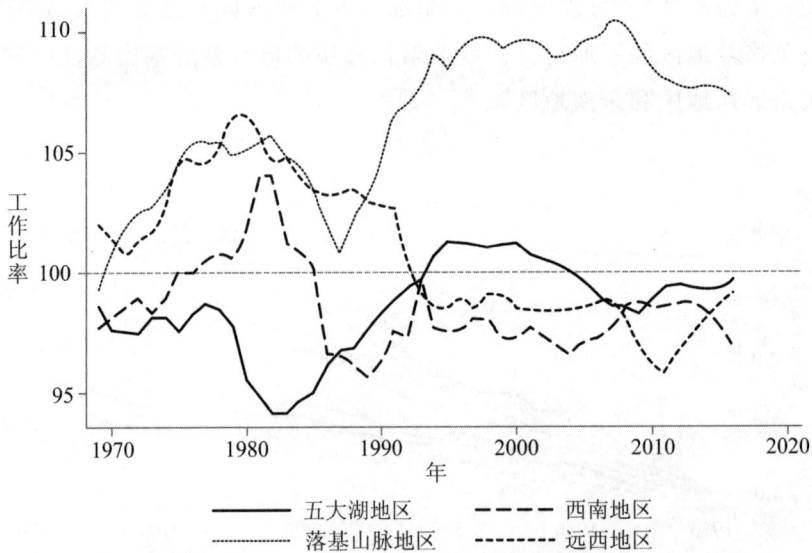

图 10-2　四大地区工作比率的变化趋势

数据来源：Bureau of Economic Analysis。

>>三、各州平均工资增长率<<

衡量劳动力市场平衡性的两个重要指标一是就业，二是工资。劳动力在地区之间的再平衡受到就业岗位多少的影响，同时也受到相对工资的影响，如果两个州都有工作机会，那么个体可能会选择向工资相对于生活成本更高的地区流动。同时，工资作为劳动力价格的反映，受供求的影响，工作比率（工作岗位相当于人口数）的提高会带动工资上涨。1969—2016 年，平均工资上涨最快的是得克萨斯州、北达科他州、北卡罗来纳州、田纳西州和弗吉尼亚州、新罕布什尔州和马萨诸塞州、哥伦比亚特区。70 年代南部工资增长较快，带动了如前所述的就业转移。

>>四、各州实际 GDP 增长率<<

1988—2017 年，美国全国 GDP 平均增长率为 2.44%。分地区来看，GDP 增长最快的 5 个州为俄勒冈州（4.16%）、内华达州（4.08%）、犹他州（3.95%）、爱达荷州（3.89%）和北卡罗来纳州（3.86%）；GDP 增长最慢的 5 个州为阿拉斯加州（0.58%）、路易斯安纳州（1.17%）、密歇根州（1.36%）、康涅狄格州（1.47%）和缅因州（1.48%）。整体来看，美国地区之间的发展相对平衡，原来发达程度较高的州经济增速放缓，较低的州经济增速相对加快。

>>五、就业分布和工资差距的空间平衡性<<

　　图 10-3 为美国州际就业和工资基尼系数的变化趋势，反映了劳动力市场在地区之间的平衡程度和调整过程。可以发现，1969 年就业的基尼系数最高，其后伴随着地区间就业和人口的转移，就业基尼系数快速下降，到 2010 年之后又有所回升，这与前文中美国 20 世纪 70 年代到 90 年代劳动力市场再平衡的过程相一致。从工资的基尼系数来看，虽然就业的分布趋于平衡，但 20 世纪 90 年代之后地区之间的收入差距开始扩大，进入 21 世纪后略有下降。20 世纪 90 年代收入差距的扩大是由于技能偏向型技术进步扩大了技能工人和非技能工人之间的收入差距，而技能工人和非技能工人在不同地区之间的分布是很不平衡的，技能工人会加速向某几个核心地区集聚（如加州的硅谷地区），从而扩大了地区之间的收入差距。需要注意的是，由于图中纵坐标变化刻度较小，因此，图中看来比较明显的变化趋势，实际数值上的变化其实很小。整体来说，美国的劳动力市场是较为平衡的，因为产业转型出现过短暂失衡，但由于没有户籍制度的限制，个体可以自由流动，一段时间后又会重新实现地区之间的自我平衡。

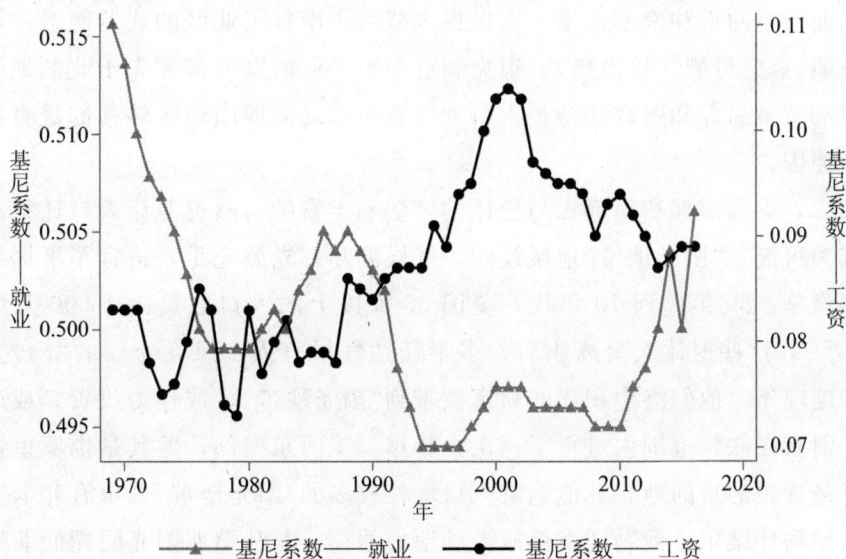

图 10-3　就业与工资空间分布的基尼系数

数据来源：Bureau of Economic Analysis。

第三节　美国劳动力市场平衡性对中国的启示

美国劳动力市场平衡性的演变改变了美国区域经济发展不平衡的状态，成为落后地区赶上发达地区的成功范例。因此，美国"阳光地带"崛起的经验规律对我国劳动力市场的再平衡具有重要的借鉴意义，"阳光地带"崛起的主要原因有以下几个方面。

第一，美国西部和南部人口与就业的增加首先要归功于联邦政府直接干预经济的"新政"，这种大范围的迁移只有联邦政府的介入才能实现。罗斯福总统上台后实行"新政"：通过立法来引导区域规划，以促进落后地区的发展，通过优惠的金融政策吸引私人资本到南部投资，通过财政补贴和资金援助来刺激工商业的增长，尤其有意于借助军工建设来带动相关产业和城市的发展。第二次世界大战期间美国作为世界反法西斯同盟军的"军工厂"，军事工业急剧膨胀，国防预算开支庞大。20 世纪 70 年代末，美国国防开支年度预算为 2 000 亿美元，其中大部分为"阳光地带"所得，如 1976 年，仅得克萨斯和加利福尼亚两州就占该年度全国军事订货合同总额的 26.2%。[①] 联邦政府还通过贷款和军事订货等方式，将大批工业企业迁至西部和南部。第二次世界大战后，南部工业区的武器制造、军机制造、造船（航空母舰、核潜艇）、坦克制造等军工业的发展都领先于北部地区。联邦政府的政策引导和财政扶持是人口和就业由东北向西南地区转移的最直接、最主要的原因。

第二，美国西部和南部无与伦比的气候和丰富的自然资源让人口迁移和经济增长成为可能。"阳光地带"地域辽阔，气候温和，光照充足，适宜军事训练和建造军事设施。60 年代到 70 年代，美国 65 岁以上的人口数量由 1 600 万增长到 2 500 万[②]，这些退休人员离职后，多半迁往气候宜人、风光秀丽的"阳光地带"城市安度晚年，他们终生积累的财富被带到"阳光地带"，或作为投资，或用于纯消费，财富在联邦范围内进行了一次大转移。美国东南部，尤其是佛罗里达州是南迁者最理想的目的地，其他老龄人口增长较多的"阳光地带"城市有北卡罗来纳山地名城阿什维尔、俄勒冈南部旅游胜地梅德福、亚利桑那阳光明媚的菲尼克斯和图森，以及加利福尼亚州南部大批滨海城市等。[③] 而美国西部、南部地区石油、天然气资源丰富，使这一地带采油业和化学工业发展迅速。得克萨斯州的休

---

① ［美］里查德·莫里斯：《关于美国城市问题的争论》，147～148 页，克里夫斯公司，1981。

② ［美］卡尔·艾博特：《1920 年至今的美国城市》，105 页，伊利诺伊，1987。

③ 王旭：《"阳光带"城市与美国西部及南部的崛起》，载《东北师大学报（哲学社会科学版）》，1990(4)。

斯敦享有"世界石油之都"的称号，是全国最大的石油加工、石油化学、基本化学工业中心，内陆的达拉斯—沃斯堡被称为美国的"石油首府"。新原料、燃料的开发和利用，也带动了其他工业部门的发展，如飞机制造、汽车工业、造船工业和一些轻工业。正如上文数据所示，有着优越的地理和资源条件的西部和南部承接了人口的转移，就业人数占总人数的比例在 70 年代迅速上升。

第三，60 年代蓬勃兴起的科技革命带动了新兴产业的发展，新兴产业拉动了就业率和工资水平的上涨。如果说，"阳光地带"的崛起发轫于四五十年代是联邦政府直接扶持的结果，那么六七十年代的蓬勃发展则主要依赖于高新技术产业的兴起，如电子、原子能、生物制药、设备通信等高科技产业。新兴工业在"阳光地带"落地生根并发展，其中发展较快的是西南部的加利福尼亚州和南部的得克萨斯州。我们以加利福尼亚州为例，1979 年，该州高科技工业部门就业人数高达 57 万，远超同类就业人数居全国前列的纽约州（37 万）和马萨诸塞州（22万），居全国之首。①

这些高新技术工业均是知识密集型产业，因此，它们又依赖于高等教育的发展。"阳光地带"城市中林立着以大学为中心形成的研究中心。位于加利福尼亚州的旧金山附近圣克拉拉谷地的"硅谷"，集中了加州伯克利分校、斯坦福大学等众多高等学校及英特尔、惠普、苹果、谷歌、甲骨文等八千多家高新技术公司，是全美乃至世界电子工业的巨头。东南部的北卡罗来纳大学、南卡罗来纳大学、杜克大学构成了"三角研究中心"。得克萨斯大学、新墨西哥大学等也逐渐为人们所瞩目。"阳光地带"城市的这些大学不仅从事科研项目和培养高科技工业所需的专门人才，还吸引了大批外地青年前来求学，从而降低了这里人口的平均年龄。人口的年轻化、知识化，极大地提高了人口的素质。② 正如上文就业增长指数和工资增长率所示，新兴产业在一定程度上改变了西部和南部传统的种植园经济形态，制造了众多的工作岗位，带动了西部和南部的就业，同时，高技术岗位也拉动了当地的工资水平。

第四，公路、铁路等基础设施的不断完善为人口和制造业的迁移带来了极大的便利。70 年代后美国南部地区逐渐建成的高速公路网，为南部工业区的崛起提供了良好的基础设施保障。20 世纪 80 年代，美国高速公路网基本建成，占当时全球高速公路总里程的一半。另外，大西洋沿岸的波士顿—纽约—华盛顿—杰克逊维尔—迈阿密铁路线路，中部平原的芝加哥—圣路易斯—孟菲斯—新奥尔良

---

① 郭尚鑫：《二战后美国"阳光带"城市的崛起及其历史作用》，载《江西师范大学学报（哲学社会科学版）》，1995(2)。

② 王旭：《"阳光带"城市与美国西部及南部的崛起》，载《东北师大学报（哲学社会科学版）》，1990(4)。

铁路线路,东北西南方向的纽约—费城—亚特兰大—新奥尔良铁路,布法罗—孟菲斯—休斯敦铁路,都明显改善了南部制造业带的对外交通条件。铁路网和全美高速公路网的建成提升了南部工业区的对外运输能力,基础设施的互联互通使得要素和产品流动成本下降,带动制造业向南部地区迁移。

第五,州和地方政府在联邦政府创造的相对有利的宏观经济环境下,积极吸引外资留住人才。六七十年代后,联邦政府为缓和东北部、中西部日趋恶化的结构性失业,满足西部、南部对人才等方面的需求,除直接资助那里的一些大型工程和科研项目外,还制定一系列政策和措施如实施税收优惠和补贴政策吸引资本和人才,制定法律控制工会化程度,鼓励开展职业教育培训以开发人力资源。与此同时,西部和南部的州和地方政府提供就业信息,补贴迁移费用,制定住房建设法案,这些做法显然有助于美国资本和人口向西部、南部流动,满足了那里工业发展的需要。70年代,由北向南迁移的劳动力达400万人左右。[①]人口的合理流动,不仅满足了南部经济发展的人力资源需求,而且扩大了消费市场,极大地推动了这一区域GDP的增长。

我们在对美国各州实际GDP和就业分布、工资差距进行分析时发现,美国西部和南部的某些数据指标在某一段时间超过了东北部地区,但并没有一直高速增长,而是增速逐渐放缓。与此同时,东北部地区数据指标有所降低,但也基本维持在全国的平均水平左右。从全美来看,没有出现一个地区欣欣向荣,而另一个地区江河日下的状况。美国东北部仍然拥有雄厚的实力,纽约仍然是美国第一大都市。可见,美国的劳动力市场的发展在全国范围内维持着一种相对平衡的状态。

再来看我国,我国二线城市的"抢人大战"正在如火如荼地进行,中国制造业向纵深发展,中西部地区核心城市吸纳新兴产业、争夺人才的这个过程,几乎是美国20世纪70年代的制造业南迁和南部崛起的历史重演。但我们也应注意到两国发展的差异:一是国情不同。具体来说就是中美是两个人文地理环境、科技经济水平不完全相同的国家,因此,中国劳动力市场平衡的过程可能和美国有所不同,中国中西部的发展策略应充分结合具体实际,总结出具有中国特色的转型发展的路径。二是时代不同。具体来说就是美国"阳光地带"的崛起是在以原子能、电子计算机、空间技术和生物工程的发明和应用为主要标志的第三次科技革命的主导下完成的,而我国当前正赶上了以人工智能、清洁能源、机器人技术、量子信息技术、虚拟现实以及生物技术为代表的第四次科技革命,因此,在培育新兴产业上可以说是完全不同的。美国的发展经验对我国平衡劳动力市场有以下几点启示。

---

① 田方、陈一筠:《国外人口迁移》,99~112页,北京,世界知识出版社,1986。

第一，国家应加大对中西部地区的财政转移支付，不断加强基础设施建设，提升二线城市的综合竞争力。美国的经验告诉我们，交通运输、通信、电力等基础设施，是促进劳动力市场平衡发展的基础，因此，我国应继续完善高速公路网、高铁线路网的建设，以此来带动人口的流动和就业的转移。同时，加大对中西部财政、税收、金融、工资福利、社会保障等方面的扶持，使各项公共服务朝着均等化方向发展，以满足人才的生活需求。

第二，东北老工业基地的产业转型与升级需增加劳动力并发展自己的支柱产业。东北地区近年来劳动力流失严重。2015年，中共中央国务院和国家发展改革委分别发布了《关于全面振兴东北地区等老工业基地的若干意见》《关于促进东北老工业基地创新创业发展打造竞争新优势的实施意见》，对下一步东北地区的发展进行了全面指导。一方面，东北老工业基地需要加大对本地人才的就业扶持，首先留住本地人才，再想办法吸引外地人才；另一方面，需要加快推进产业创新，加快发展战略性新兴产业，如重点发展新材料、新能源、软件服务、生物医药等战略性新兴产业，并适时及时淘汰低端制造、重复制造、钢铁制造等落后产业和产能，全面实现产业结构优化升级，同时围绕"一带一路"倡议，加快实施自贸区战略，全面推进面向东北亚的国际大通道建设。[1]

第三，中西部地区并不是简单承接东部地区回迁的劳动力，而是要结合自己的资源禀赋发展新型产业。对美国"阳光地带"崛起的分析可以看出，美国南部地区的产业发展，绝不是东北部地区传统工业的简单转移，而是劳动力迁移结合各地特有资源禀赋后的再创业、再出发。与美国南部地区的崛起相似，中国中西部经济带的工业发展，也离不开丰富的能源原材料资源和国防科工基础。中西部经济带和中部地区平行，分布了中国重要的农业资源、能源原材料资源。更重要的是，这个地区继承了20世纪60年代"三线建设"留下的大量工业制造基础和国防科工资源。大批工业、国防从东北、华北迁入中西部地区，其中四川成都主要接收轻工业与电子工业，绵阳、广元接收核工业与电子工业，重庆为常规兵器制造基地，贵阳主要接收光电工业，安顺主要接收飞机工业。[2] 在为国防科工产业服务的同时，也应该结合民用开发出更多的产品。如美国康宁玻璃公司在20世纪50年代初为美国太空计划开发出一种超耐热的玻璃陶瓷，最初是用于制作洲际飞弹的头锥，而后该种材料被用来制作康宁厨具，并深得民众喜爱，成立了康宁餐具公司。中西部地区可以此为借鉴，以各自的资源为依托，深入研发，创造出更多新的经济增长点和就业机会。

---

① 李许卡、杨天英、宋雪：《东北老工业基地转型发展研究——一个文献综述》，载《经济体制改革》，2016(5)。

② 宋雪涛：《中国产业大转移重塑城市格局》，载《中国房地产》，2018(5)。

第四，中西部各二线城市应抓住机遇，积极投身到第四次科技革命的浪潮中，同时大力发展带有自身地域特色的高等教育。在技术变革的背景下，科技信息产业可以打破传统产业多由中心城市向其他次中心城市辐射的格局，二线城市同样也可以成为技术应用和产业发展的发起者。以电商经济为代表的杭州，支付应用和网购模式从这里发起并惠及全国，游戏、动漫产业成为成都新经济的重要亮点，苏州、南京、武汉和西安也是数字化转型过程中的"快速成长型"城市。①高等教育方面，合肥的中科系、武汉的光谷系、西安的军工电子系，应继续坚持自身特色，建设更加高精尖的世界一流高校和一流学科，不断吸引年轻的、高质量的人力资本，带动中西部年轻劳动力和就业的增长。同时，高新技术产业和高素质的人才必定带来中西部地区工资水平的增长，这对我国劳动力市场的平衡至关重要。

第五，地方政府应结合本地产业发展特色突出人才引进重点，加快完善吸引人才的后续配套政策，让人才真正"把心留住"。吸引人才只是第一步，仅有户籍、购房等方面的优惠不足以支撑人才政策走下去。只有让人才实现就业，并为其提供安心舒适的工作生活环境，才会从根本上留住人才。只有统筹产业发展与就业增长的关系，将发展产业与扩大就业有机结合起来，才能实现产业发展与扩大就业的良性互动，实现人才引进和城市发展的良性循环。

今天，中国正在进入区域发展再平衡、产业布局优化、产业链集聚的新阶段，这也是中国劳动力市场在区域范围内走向平衡的过程。这一过程不是简单地把各种生产要素从东转到西，实际上旧产业并没有转移，只是在出清过程中向高效率低成本地区集聚。在基础设施、养老医疗、科研教育政策等资源有了长足进步的前提下，脱胎于科技革命浪潮中的新兴产业将会结合中西部各地的资源特点，在供给侧发力，创造经济新动能。时机一旦成熟，劳动力市场的再平衡就会出现。70年代美国开始从北到南的劳动力市场大迁移后，美国的新兴制造业、消费零售和服务业在80年代前后出现了爆发式增长。② 可以预见，中国劳动力市场在走向平衡的过程中，也必然带来资本、税收、基建等方方面面的变化，进而对就业分布、区域经济等产生深远影响，未来中国在劳动力市场上的潜力不可估量。

---

① 任然：《"抢人大战"背后，是崛起中的"二线城市"》，载《新京报》，2017-11-24。
② 宋雪涛：《中国产业大转移重塑城市格局》，载《中国房地产》，2018(5)。

第十一章

德国实体经济与非实体经济之间的就业何以保持相对平衡：经验与启示

　　劳动力市场的平衡性，既包括区域间、城乡间、群体间的平衡，也包括产业间和行业间的平衡。本章将聚焦德国，探寻德国实体经济与非实体经济之间的就业何以保持相对平衡。选取德国经验来进行剖析，是因为 2008 年金融危机之后，虽然与国际趋势一致，德国经济发展尤其是制造业的发展被迫寻找新出路，但是德国的就业形势和劳动力市场发展可以说是欧盟各国中最好的——既能适应工业 4.0 格局下的用工需求，又能灵活应对劳动力市场的不利局面。我们认为，德国劳动力市场总体就业形势乐观，这既是以工业 4.0 为导向的实体经济发展的成果，也是非实体经济良性发展的必然，更是实体经济与非实体经济之间保持了平衡和协调发展的结果。

第一节　德国劳动力市场的平衡性特征分析

>>一、失业率显著降低，实体经济的就业吸纳能力增强<<

　　随着德国劳动力市场对劳动成本、人群结构的全面调整，德国的就业人数从 2000 年的 3 607 万人增长到 2018 年上半年的 4 153 万人，平均增幅为 0.7％。失业率则从 2005 年最高值的 11％降到目前的 3.5％左右，使得德国劳动力保持相对稳定的供给。德国的青年失业率是全欧盟地区最低的。在 2014 年，约有 33 万15～24 岁的青年人失业。到 2018 年 6 月，德国季节调整后的青年失业率仅为 6.2％。

　　同时，德国制造业的就业需求进一步旺盛，根据德国官方统计，截至 2017 年 6 月，德国制造业容纳近 550 万人，比 2016 年增长 1.8％，制造业对于就业的拉动作用显著。工业4.0的发展在未来10年将对德国GDP贡献1个百分点，并创造近39万个工作岗位[①]，提升一些核心工业领域的国际竞争力。

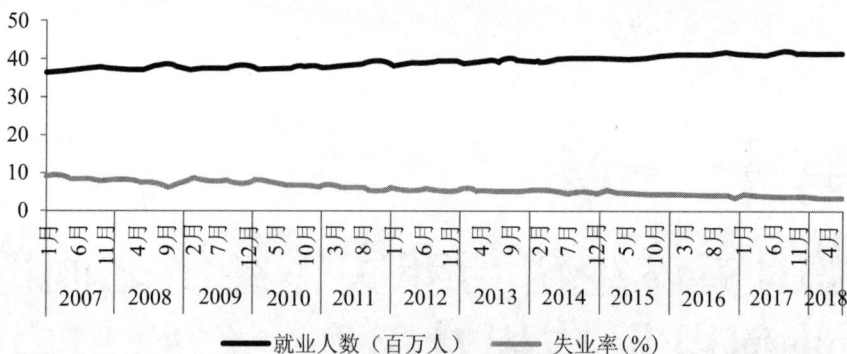

图11-1 德国就业总体形势与失业率变化趋势

数据来源：Statistisches Bundesamt。

>>二、实际工资水平增幅较小，行业间劳动力成本差距显著<<

《2017全球工资报告》指出，目前在世界范围内，工资的增长处于最低水平，这主要是由于新兴经济体的经济增长显著放缓造成的。国际劳工组织的报告显示，2015年全世界的工资水平平均实际增长仅为1.7%。其中，发达经济体的工资增长率达到10年来的最高点。从区域来看，欧洲地区的工资增幅相对平缓。以2015年为例，欧洲的实际工资增幅略高于阿拉伯和非洲地区，但是远低于中亚和西亚地区，考虑到经济发展状况，欧洲的总体工资增幅不大。德国的实际工资变动略低于欧洲平均水平，2014—2017年德国实际工资变动率分别为1.9、2.4、1.8、0.8，工资变动幅度不大，保持平稳增长态势。

2017年，德国每小时劳动力成本（34.50欧元）在欧盟中排名第六，与欧盟平均水平（26.30欧元）相比，德国雇主每小时多支付31%。2018年，欧盟地区劳动力成本的平均增长率为2.5%。其中，增幅最高的为罗马尼亚（14.2%）和保加利亚（11.9%），增幅最低的为意大利（1.1%）、塞浦路斯（1.0%）和西班牙（0.8%），德国处于中下等水平。劳动力成本包括总收入和非工资成本。根据统计，2018年德国第一季度的毛利润成本比2017年第一季度增长了2.1%，而非工资成本则增长了2.9%。过去五年德国薪酬上涨13%，原因是工会放缓工资要求，帮助企

[①] 《波士顿咨询报告：这个就是可怕的工业4.0》，http://www.sohu.com/a/112496351_475865，2018-11-01。

业在日益激烈的全球竞争中保持优势。2018 年德国最大工会接受较低的工资增长幅度，以换取工作时间减少的权利。

分部门来看，德国的工业与服务业各部门的单位劳动力成本也有较大差距。其中，制造业的单位劳动力成本远高于供水业、建筑业等工业部门，低于采矿和挖掘业，电力、煤炭业。2016 年制造业的单位劳动力成本比工业和服务业平均成本高出 5.3 欧元，基本相当于中国单位劳动力成本的 8 倍。除了采矿和挖掘业外，德国各部门 2017 年的单位劳动力成本都有所提高（见表 11-1）。

表 11-1　2016 年和 2017 年德国各部门单位劳动力成本（欧元）

部门	2016	2017	成本变化
工业和服务业平均	33.40	34.40	↑
（一）工业	37.20	38.5	↑
采矿和挖掘业	44.20	41.8	↓
制造业	38.70	40.2	↑
电力、煤炭业	48.90	49.5	↑
供水业	30.10	31.3	↑
建筑业	27.10	28.2	↑
（二）服务业	31.70	32.6	↑
商业服务	30.50	31.5	↑
公共服务与私人服务业	33.40	34.1	↑

数据来源：GENESIS 数据库。

第二节　实体经济与虚拟经济的就业平衡性发展

一、劳动力市场灵活性与稳定性的政策平衡性

德国历史上经历了两次重大就业政策改革。第一次是"俾斯麦改革"，该次改革建立了全世界最早的社会保障体系，强调以保险为核心的劳动力稳定性，并为德国劳动者建立了相对完善的就业福利制度和失业保障；第二次是 2003 年开始的"哈茨改革"，该次改革旨在建立激励型劳动力市场政策，强调短时工作制为核心的灵活性，更加重视"适度工资"（见表 11-2）。按照欧盟委员会的要求，贸易顺差占国内生产总值超过 6% 将被视为对欧盟经济稳定有威胁，而 2014 年，德国的贸易顺差占国内生产总值已经高达 7.3%，对周边国家产生一定的不利影响。德国为了保持实体经济持续的竞争力，对于工资水平的增长进行严格限制。为了提高劳动者工作积极性和提供更多就业岗位，德国政府为劳动者提供了更多的接近

最低工资的兼职工作或者迷你工作。从图 11-2 可以看出，德国兼职工作主要由女性劳动者从事，占兼职工作的 79％，有效地解决了女性就业的难题。然而，德国不同性别劳动者的就业公平问题并没有解决。2017 年，同等工作中德国女性劳动者的工资比男性低 21％，"同工不同酬"的情况仍然严重。

表 11-2　德国劳动力市场的稳定性与灵活性政策

政策	俾斯麦改革	哈茨改革
导向	稳定性	灵活性
时间	1883—1889 年	2003 年
核心	建立完善的社会保险体系	促进非典型性或非标准型工作的发展
措施	雇员、雇主和政府共同担负社会保障资金的筹集，三者互助共济	1. 短时工作制 2. 兼职工作/迷你工作 3. 工资节制

资料来源：韩冬涛、孔令兰萱，《德国就业"奇迹"的深层次原因及其隐患》，载《德国研究》，2013(1)。

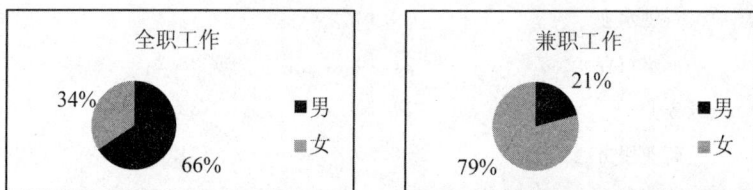

图 11-2　德国全职工作与兼职工作者的性别占比

数据来源：Statistisches Bundesamt。

>>二、实体经济为主导，嵌入"镜像化"的虚拟经济<<

根据 OECD 的统计，在过去的 20 年中，整个 OECD 地区的平均生产率差距（按每个雇员的 GDP 衡量）已经扩大。OECD 国家前 10％与后 75％地区之间的差额增长了近 60％，从 15 200 美元增至 24 000 美元。根据世界银行的报告，2014 年，德国 ICT 部门占 GDP 的比重仅为 5.5％，难以对国家经济产生结构性影响。德国是一个"制造大国"，制造业的发展水平从 2010 年以来保持高位稳定发展趋势。2016 年，德国的制造业占 GDP 比重为 22.62％，远高于法国、英国等欧盟国家。从德国制造业采购经理指数（PMI 指数）来看，2015 年 1 月以来，德国的制造业都保持扩张姿态，德国制造业的 PMI 指数略低于澳大利亚和荷兰，略高于意大利、爱尔兰、法国等国，在欧洲处于领先序列。一方面，德国的制造业向服务性制造业转型，制造设备与服务之间的关系发生逆转，制造服务占制造业总收入的比重超过设备制造。另一方面，德国的制造业与服务业密切相关，制造业的繁荣催动服务业的发展。根据一项研究，科技型制造领域的岗位在显著减少。现在五大科技公司比之前五巨头的员工数量少 22％，截至 2017 年员工总数为434 505 人，而 2000 年思科系统、英特尔公司、国际商业机器公司（IBM）、甲骨文和微软的员工总数为 556 523 人。[①]

同时，德国在实体经济中嵌入"镜像化"的虚拟经济。从资本占比的角度看，发达国家和发展中国家的 ICT 资本的占比都远低于其他要素占比。从 1995 年到2014 年，ICT 资本对经济增长的平均贡献率不足 1％，但是发展中国家的 ICT 资本贡献率远高于发达国家。未来，ICT 部门对于经济的贡献将进一步增长，甚至可能会占到经济总量的半数左右。德国制造业的升级是以信息化和数字化为重要动力的，在整个制造业发展中，德国力求在产品设计、规划、生产、销售、终身服务等环节都打通实体与信息化的壁垒，通过建立完善的数字化系统，实现企业"镜像化"的监管和服务过程，减少企业的库存压力，提高企业的生产效率，增强企业的创新能力。

>>三、劳动力供给缺口增大，高技能劳动力占比增加<<

德国工业 4.0 体系着力提高企业灵活性，要求个性化大规模制造、多变的市场和高效柔性生产，这就要求提升劳动力素质。从图 11-3 可以看出，2000 年以来，德国的高技能劳动力占比不断增长。根据世界银行的数据，2012 年，OECD国家的平均高等教育毛入学率为 77.89％。截至 2012 年，德国的高技能劳动力占比达到 28.1％，中等技能劳动力占比达到 57.8％，这得益于德国有效的产学研一体化的教育体系。从图 11-4 可以看出，2017 年，德国有职业证书的劳动者占比相对较高。而在有学历证书的劳动者中，拥有硕士及以上的劳动者占比相对较高。德国人严谨的风格，以及其独特的"学徒制"高等教育模式，使得德国制造业的风格非常务实，理论研究与工业应用的结合也最紧密。高素质的技术工人和工程技术专业人才历来被看作德国经济发展的支柱，是"德国制造"产品的质量保障。第一，德国的双元制职业教育模式世界知名，这为制造业发展提供了大量高素质员工。双元制职业教育是一种针对中学毕业生的为期三年的专业技术人才教育模式，由企业和学校合作开展。在德国，每年约计 60 万年轻人开始接受双元制职业教育，约占同龄人数的三分之二。职业教育期满后，同一行业的学生参加由德国工商协会组织的全德统一资格考试。德国有高达 400 多个职业需要执业证书。第二，德国从 20 世纪 60 年代开始，建立了应用技术大学，作为高等教育体

---

① 《〈华尔街日报〉：美国科技业繁荣十多年却未能创造大量就业》，http://news.163.com/16/1123/09/C6I1499D00014SEH.html，2018-11-01。

系中不同于综合性大学的一种独特类型。目前，德国约有 219 所应用技术大学，学校没有博士学位授予权，但是可以和综合性大学联合培养博士。同时，德国政府为应用技术大学在电子、材料、机械制造等制造领域的成果转化提供大量的经费支持。

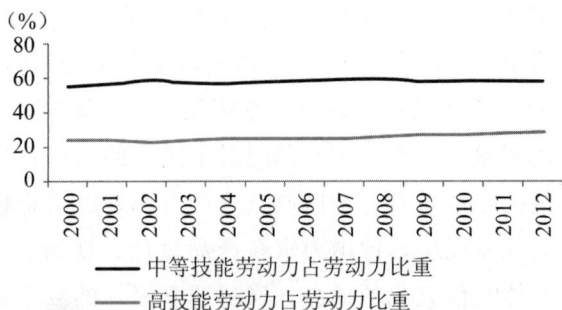

图 11-3　德国不同技能劳动力占比变化趋势

注：不同技能劳动力以受教育程度衡量。

数据来源：世界宏观经济数据库。

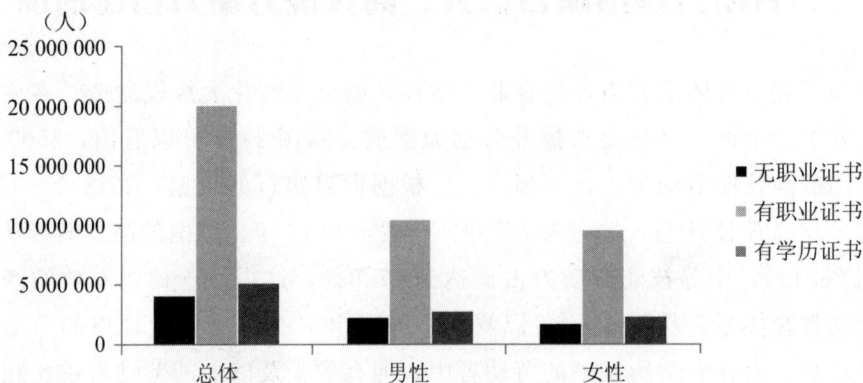

图 11-4　2017 年德国不同技能劳动力人数

注：部分数据缺失。

数据来源：Statistisches Bundesamt。

　　然而，在欧盟国家中，德国经济受高素质劳动力短缺的影响最为严重。据路透社报道，德国工商联合会（DIHK）表示，2018 年，德国就业市场将增加 60 万个新就业岗位。不过，德国的劳动力短缺问题正危及整体经济，企业难以补足约 160 万个空缺岗位。据 DIHK 对 2.4 万家企业进行的调查，几乎每 2 家企业中，就有 1 家无法为空缺岗位找到合适的长期任职人选；每 10 名经理中有 6 名认为，合格人才短缺对公司业务构成威胁。[①] 在德国，老龄化和少子化的人口结构特征

---

　　① 《德国劳动力短缺危及经济：足有 160 万个空缺岗位难填补》，http://finance.ifeng.com/a/20180313/16025810_0.shtml，2018-11-01。

态势显著，适龄劳动力人口占比缩减。德国也很早就面临劳动力短缺的问题，在2015年各国竞争力指数的报告中，劳动力是德国唯一弱于创新驱动型国家平均水平的一项。近年来，德国也在积极吸引移民来补充劳动力市场的缺口。根据德国统计局的统计，2017年德国劳动力市场上的移民为360万，占总就业人数的11%，其中来自欧盟地区的人数为192万。例如，德国汽车零件制造商Burger Group的移民劳工占员工总数的三分之一，为了吸引更多移民技术劳工，该企业提出Burger Care福利政策，对移民劳工提供当地火腿和香肠的欢迎拼盘，以及举办社交活动，如团体徒步旅行、滑雪旅行和足球比赛，让移民感到暖心，帮助他们快速融入当地社会。同时，伴随着德国的城市化发展，德国形成了独特的人口流动特征。第一，德国的大城市集聚人口的能力缓慢增强。与中国北上广深等一线城市的概念不同，德国很早就完成了城市化发展，大量亿万级企业分布在不同的城市群当中，医疗和教育资源分布相对均衡，德国劳动力并不会大规模迁移到某些一线城市。但是，中小企业抗击风险的能力相对较弱，随着次贷危机和欧债危机的出现，社会保障体系的缩减再次打击民众的信心，因此，部分劳动者转而前往大城市搜寻稳定工作。第二，德国的制造业发展面临两极化的格局。在一些老工业城市（如鲁尔区等），政府被迫推行去工业化的政策措施，大量第二产业劳动者转向第三产业。一些制造业转型升级成功地区，则对高技能劳动力有强烈的市场需求。

>>四、建立完善的科研创新政策体系，鼓励人才的跨国跨区域流动<<

2007年的《里斯本条约》规定了欧盟在研发创新领域的政策和法律约束，是欧盟一体化科研创新体系的重要法律支撑。此后，欧盟先后制定了"欧洲2020"战略、欧洲研究区、"地平线2020"等一系列政策文件，鼓励欧洲在应对"智慧全球化"过程中进行一系列自我改善。具体来说：(1)欧盟国建立增强科研和教育合作的跨国合作，例如"创新联盟"；(2)完善欧盟国内部的科研人才流动环境，降低科研人才的跨国流动成本，建立开放的劳动力市场；(3)改善科研人员的社会保障水平，建立诸如"欧洲学者伙伴关系"等来提高科研人员的就业质量(见表11-3)。

表 11-3　欧盟和德国科研创新政策文件或行动方针

政策制定者	时间	政策文件或行动方针	核心内容
欧盟	2010	"欧洲 2020"战略	提出欧盟未来十年"智慧增长""可持续增长"和"包容性增长"
	2014	欧洲研究区	建立完善的知识、研究和创新的内部市场
	2014—2020	"地平线 2020"	提出创新的三大优先领域为卓越科研、产业领导力和社会挑战
	—	欧洲结构与投资基金	扶持欧盟科研基础较差地区的科研创新
德国联邦政府	2008	"国际化战略"文件	确定德国在科研合作中的"议题推动者"地位
	2014	《欧洲研究区战略》	强调德国在欧洲研究区中"发动机和推动者"的定位，并强调科研欧洲化的重要性
德国联邦教研部	2014	《联邦教研部国际合作行动计划》	一方面，配合欧盟的科研合作计划制定具体措施，另一方面强调德国的科研独立性

资料来源：俞宙明，《德国科研创新政策的欧洲维度》，载《德国研究》，2016(2)。

第三节　德国劳动力市场平衡性的政策启示

中国要大力推进"中国制造 2025"国家战略，应该借鉴德国的发展经验。中国当前的实体经济发展情况接近于德国的情况，而德国在过去几十年的发展中坚持的"实体经济为主"导向，正是中国未来的发展方向。同时，德国在"实体经济为主"的发展过程中，寻找到有效的解决就业平衡性的路径，值得中国借鉴。

>>一、重视品牌效应，加速制造业的升级换代<<

德国在横跨制造业的各个领域都具备较强的整合能力，制造业形成了网状的交叉互补工业体系，着力于在尖端品牌上提供更优质的服务，在核心技术上追求完美品质，成就了德国企业不败的知名度和品牌盈利能力。德国的十大品牌公司主要集中在汽车制造、工程和科技领域。根据德国联邦统计局最新数据，2018年上半年德国制造业就业总人数达到 560 万人，较去年同期增加 14.4 万人，同比增长 2.6%，创下 2005 年以来德国制造业就业人数最高纪录。分析认为，当前德国制造业就业形势良好主要得益于"德国制造"在世界范围内的品牌效应。数据显示，就业增长最快的行业主要集中在信息技术行业、电器和光学产品生产行业、机械制造及食品加工行业。优质品牌不仅能够直接容纳就业，而且优质品牌都在转型升级中，能够提供更好的就业孵化机会，成为优质的"平台"企业，利用品牌效应，拉动中小企业发展，解决中小企业在转型或者破产过程中的就业人员安置问题。

>>二、建立更加开放的人才竞争格局，以"技能"为引才的核心<<

近年来，很多人认为中国实体经济不强，不强是因为缺乏人才。然而，我国在多项竞争指标上都不是很弱，甚至是发展中国家中最好的(黄群慧，2017)。为何我国仍然没有建立有效的人才体系？因为我们的竞争和政策都集中于把人才引入当地/本省，并不注重人才的配套措施，如子女入学、科研条件、便捷审批等问题，导致人才来到后没有用武之地。同时，这种区域性的"人才战"消耗大量的国家资源和财富，却不能有效发挥作用。因此，我们应该建立更广视野和更高格局的人才战略。弗里曼(Freeman)多次提出美国的发展是靠全世界的人才提供的，德国通过建立蓝卡计划让人才能够在德国生根发芽，这正是中国作为世界第二大经济体应该借鉴的地方。

>>三、重视智能制造业的发展，避免经济"脱实向虚"<<

中国在改革中要重视制造业的发展，警惕"中等收入陷阱"，警惕"从工业化进程主导经济增长到城市化进程主导经济增长转换过程的效率鸿沟"(黄群慧，2017)。现阶段，中国经济总体呈现"脱实向虚"(苏治等，2017；黄群慧，2017)的趋势，制造业的利润增加值远低于金融等虚拟经济行业，而且虚拟经济对实体经济具有"挤出效应"(苏治等，2017)。数字化建设是国家制造业发展的重要推动力，德国工业4.0核心之一就是通过"互联网＋工业"的方式，降低地理位置对于企业合作连贯性和有效性的限制，加强企业的生产和研发环节的合作，增强企业的空间区域。然而，德国在数字基础设施建设方面并没有领先于欧盟国家。欧洲电信网络运营商协会2014年度经济报告显示，德国以4％的光纤到户覆盖率，在欧盟地区排名第二十六，以32％的VDSL(超高速数字消费者环路)家庭覆盖率，在欧盟排名第十二。德国通过《数字议程2014—2017》规定国家应该在信息基础设施层面投入更多经费。随着农业占比降低和经济增长减速，经济增长和就业之间的关系在进一步减弱(蔡昉等，2014)。从产业结构调整角度看，中国将会着力发展技能偏向型的第二产业和就业容纳能力较强的第三产业。短期来看，这种转变有利于解决中国的就业问题，尤其是结构性失业问题。总之，我们可以预测中国的新经济发展会有一个长期的提速期，短期之内并不会因为经济增速减缓而受到重创。以美国为例，美国的信息化建设在20世纪90年代末期开始加速，与此同时，这个阶段也是美国高经济增长率、高劳动生产率和低失业率的阶段。随着智能化的发展，机器的边际投入显著递减，机器替代普通工作的可能性正在增长。

以互联网为例，在互联网发展初期宽带接入成本非常高，随着宽带接入的空间占比增加，互联网铺设成本迅速降低，互联网的普及率呈几何级数增长，随之而来的是电子商务的突飞猛进。因此，进一步加强国家的数字化建设，可以为深入中国基础设施层面的"互联网＋"政策提供良好的人才保证。政策制定者必须设计数字融入计划，促进媒介所有权的多样性，扩大"数字扫盲"。公民数字人力资本的提升并非简单的"数字扫盲"，而是培养劳动者深入学习和使用互联网来提高个体收入、个体技能的重要手段。

>>四、强化劳动力市场的灵活稳定性<<

随着融资难融资贵、税费负担重、土地租金高等问题的集中爆发，中国当前企业的成本接近历史高位，企业的发展面临困难。中国已经处在"工业化后期"（黄群慧，2017），制造业面临的是企业的绿色智能化升级，劳动力市场的供给发生较大变化。同时，中国对于高端服务业的需求日益增长，制造业和服务业对于劳动力市场的灵活稳定性都有了更高的要求。灵活化的核心就是希望通过放松管制、减少政府和工会对劳动力市场的过多干预，激发劳动力市场活力，带来更加多元化的就业，以及更加体面的工作。许多 OECD 国家都放开使用临时性工作（Boeri，2011；Kahn，2010）和工作时间的灵活性（Eichhorst et al.，2016）来应对劳动力市场工作岗位的减少。

麦肯锡的报告表明，2025 年，各种在线人才平台有望贡献约 2％的世界生产总值，并创造 7 200 万个就业岗位，"零工经济"发展增速明显。从 2010 年到 2014 年，中国非正规就业人员总数从 4 467 万人增长到 7 009 万人，增幅达到 56.9％，灵活就业者的绝对量显著增长。随着互联网技术的深入挖掘，各种依托于网络平台的平台就业和灵活就业形式层出不穷。近三年来，淘宝平台解决的就业人员数量分别为 1 200 万、1 800 万和 3 083 万。新经济形态中出现的新就业形态主要包括：网络平台的 P2P 用工模式，如众包、众创等。B2C 用工模式，如在滴滴出行平台上的专车司机、快车司机等。这些新就业形态从工作场所、雇佣关系等方面形成我国劳动力市场灵活性的新表现。劳动合同法在一定程度上加重了企业的解雇成本和成本黏性，降低了部分企业对市场的反应能力和自主能力。因此，中国应该在"中国制造 2025"战略之外，构建类似于"哈茨改革"的增强劳动力市场灵活性的改革方针，以鼓励临时就业为导向，以接近于最低工资的迷你工作为基础，增强劳动力市场的活力。

第十二章

灵活与稳定的平衡：丹麦劳动力市场模式探析及启示

当前，我国经济已由高速增长阶段转向高质量发展阶段，经济结构在调整中不断优化，劳动力市场的就业结构和就业形态有所调整，劳动力市场制度面临新的挑战，要在灵活性与稳定性之间寻找新的平衡。如何找到适合我国国情和发展阶段的新平衡点，提高劳动力市场的配置效率，是我国劳动力市场需要不断探索并亟须破解的议题。丹麦劳动力市场的"灵活稳定"（flexicurity）模式使丹麦在全球经济危机中虽然受到一定的冲击，但经济仍能保持相对稳定。对丹麦灵活稳定模式的分析和探讨可以为我国劳动力市场改革提供借鉴。

本章首先分析了丹麦灵活稳定的劳动力市场模式及该模式对丹麦多个方面产生的积极影响，然后尝试去探究此模式在丹麦能够成功的原因和对我国劳动力市场改革的参考价值。

第一节　丹麦灵活稳定劳动力市场模式的架构和特点

丹麦灵活稳定的劳动力市场模式主要包括三部分内容：灵活流动的劳动力雇佣制度、全面慷慨的社会福利体系、积极有效的劳动力市场政策，被称为"金三角"模式（golden triangle）（见图 12-1）。[1] 这三部分相互衔接、互相支撑。雇主可以根据公司发展需求灵活地聘用和解雇雇员，决定劳动时间和工资待遇，对于劳动者而言，一旦失业，可以通过社会保障系统获得一定的津贴，保证正常生活；而积极的劳动力市场政策会为劳动者求职或者换岗提供帮助，及时提供各种各样求职指导与培训，提升能力，帮助求职者尽快找到工作，重返职场或找到更好的发展平台。

---

[1] Bredgaard, T., F. Larsen, and P. K. Madsen, "The Flexible Danish Labour Market-A Review,"Aalborg CARMA Research Paper，2005.

灵活稳定模式
的主线

灵活流动的
劳动力市场

劳动力市场政策
的资格效应

全面慷慨的
福利计划

积极有效的
劳动力市场
政策

劳动力市场政策
的动机效应

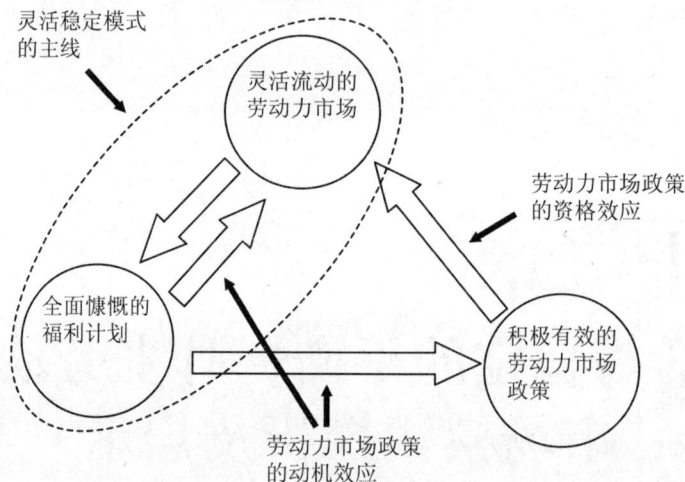

图 12-1　丹麦劳动力市场灵活稳定的"金三角"模式

　　另有一些研究者将上述组成部分中灵活流动的劳动力市场分解为两部分，一是高水平的数量灵活性，即工人可以在不同岗位间流动，或进出劳动力市场的频率高；二是低水平的就业保护，即雇主可以相对容易或低成本地解雇工人。[1][2]

　　本章采用大多数文献提及的"金三角"构成成分，即灵活流动的劳动力市场、全面慷慨的社会福利体系和积极有效的劳动力市场政策，对丹麦的灵活稳定模式进行介绍。

>>一、灵活流动的劳动力市场<<

　　劳动力市场的灵活性主要体现在劳动力的流动性。灵活稳定模式的一个基本理念就是就业稳定优先于工作稳定。在丹麦，劳动者要开始或结束一段劳动关系比较容易、手续简单，工人在不同的岗位间进行调整的频率很高，丹麦认可甚至鼓励求职者自由选择更能发挥能力或者获得更高回报的工作，跳槽、换岗、跨行业没有门槛限制，津贴福利也不会受到影响，因此，雇员不用担心因为换工作导致利益受损，求职者也不会有"一岗定终身"的职业发展顾虑，能够大胆尝试不同的工作岗位，减少了求职者选择职业时的犹豫期。据统计，丹麦每年有 27％～30％的劳动者换工作，一个丹麦人职业生涯中平均有 5～6 份工作，是欧盟国家中工作流动性最高的国家。同样，雇主聘用或结束劳动关系时，手续和流程也比

　　① Jensen，C. S.，"The Flexibility of Flexicurity：The Danish Model Reconsidered,"*Economic and Industrial Democracy*，2001，32(4)，pp. 721-737.

　　② Madsen，P. K.，"Flexicurity：A New Perspective on Labour Markets and Welfare States in Europe,"*Tilburg Law Review*，2007，14(1-2)，pp. 57-79.

较明确、易于执行，解雇成本很低，公司不用担心未来减员的压力，可以只根据公司发展需求或社会经济状况决定是否增加员工，这保证了市场上有大量的岗位供应，给劳动者创造了很多的就业机会。丹麦每年新产生大约三十万就业岗位，也有大约三十万的就业岗位被裁掉。

当劳动力市场流动性大带来较多就业机会时，人们就会降低对工作稳定性的要求。在欧洲改善生活和工作条件基金会 2015 年开展的第六次欧洲工作条件调查中，当被问到"如果放弃现在的工作，你能很容易地找到相同工资水平的工作吗"，欧盟国家回答"是的"平均比例是 37%，丹麦人给出肯定回答的比例是 53%，在整个被调研国家中比例最高，说明丹麦人的就业安全感较高，即使短期辞职或者失业，工人也相信自己能在短期内找到合适的岗位，事实也确实如此。

丹麦的长期失业率一直比较低，近来国民对经济复苏的预期也对失业率的降低产生了影响。从图 12-2 中可以看出，丹麦长期失业率最近几年一直比较低且稳定，2015 年第三季度的长期失业率在欧盟国家中排名第三低（前两名是芬兰和瑞典）。劳动参与率的预期也进一步增加。

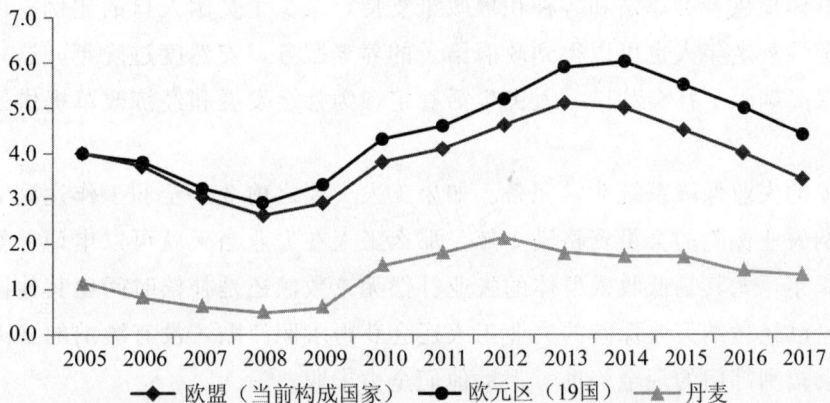

图 12-2　欧盟、欧元区及丹麦历年长期失业率的趋势

注：长期失业此处指失业持续时间为 12 个月及以上，长期失业率指年龄 15～74 岁的劳动力群体长期失业的人数占同龄从事经济活动人口数的百分比。失业持续时间是指失业者寻找工作的持续时间，或者自上一份工作结束以来的时间（如果这段时间短于寻找工作的持续时间）。

数据来源：Eurostat。

为了更好地应对经济全球化带来的竞争挑战，保持劳动力市场能够良性运转，丹麦不断完善升级劳动力市场模式，制定并实施了灵活稳定 2.0 政策，主要具有三个特点①，分别为：动态流动（mobility），即市场允许和鼓励人们自由求职，没有障碍；富有活力（dynamics），即在劳动力市场上，人们能够不断学习，

———————————————

① "Flexicurity 2nd Generation," http://www.da.dk/，2017-09-09.

提高市场需要的技术和能力；开放性（openness），即劳动者要进入或回归劳动力市场时，能够得到帮助或者遇到尽可能小的困难。

>>二、全面慷慨的社会福利体系<<

同北欧其他国家一样，丹麦以"三高"著称，即"高额税收""高度福利""高薪收入"。以高税收保障的慷慨社会福利体系为丹麦实施灵活的劳动力市场改革提供了重要基础，政府为国民提供了"从摇篮到坟墓"的各种社会保障和公共服务，所有国民均平等享受免费的教育、医疗以及养老保障，这极大地减少了丹麦人经济和心理双重压力，让人们能够没有后顾之忧地从事工作、享受生活。幼儿园到大学的免费教育和补贴，可以让学生自由选择喜欢的专业，发展爱好特长；儿童津贴使儿童能够得到基本的生活保障，父母均可享受产假，且时间较长，具体安排也可根据家庭工作需要灵活掌握；对于工作时间的严格规定，确保了劳动者工作与生活的平衡；丹麦的假期法案保障雇员的休假不容侵犯，对失业者、残疾人等弱势群体提供各类津贴和各种积极政策支持，减少了贫困人口的比例，增强了社会稳定性；老年人也可以得到政府给予的养老服务，安然度过晚年。这一系列的社会保障确保了社会和谐、人民生活稳定，为社会发展和经济改革提供了有力支持。

丹麦的失业保障系统非常完备。如果工人失业之前 3 年全职工作达到 52 周，并且缴纳失业保险的会员资格满 1 年，那么工人在失业当天就可以申请补偿，可以申领 4 年，尤其是低收入群体的失业补偿无论数额还是补偿时间比其他国家都高很多。已经缴纳失业保险的失业工人还会获得求职津贴，没有缴纳的工人可以得到社会福利部门的现金资助，帮助他们全力求职。

>>三、积极有效的劳动力市场政策<<

OECD 认为，积极有效的劳动力市场政策是指将人与工作建立联系的政策，目标是帮助更多求职者或其他弱势群体找到工作，尤其要求确保人们有就业的动力和激励措施；提高求职者的就业能力，帮助他们找到合适的工作；增加失业者的就业机会；通过有效的劳动力市场机构管理和监控政策的落实。[1]

只为失业人员提供失业津贴，被认为是消极的市场政策，因为金额足够高，虽然能使失业者生活无忧，但会降低他们重返职场的动力或接受较低工资工作的

---

[1] "Active Labour Market Policies: Connecting People with Jobs," http://www.oecd.org/employment/activation.htm，2017-09-09.

意愿。20 世纪 90 年代，丹麦劳动力市场进行了一系列改革，其中市场政策由收入保障转向更为主动积极的举措，在不降低社会保障津贴的情况下，严格社会保障的资格条件，缩短失业补助的发放时间，强调积极性和流动性规则，加强惩罚力度，重点关注失业者参与成人职业培训和能力提升项目的主动性，在失业期间，会更及时、更密集地向失业者介绍活动安排和提升课程。①

丹麦非常重视积极有效的劳动力市场政策在经济发展和劳动力市场完善过程中发挥的重要作用，认为它的实施有助于建立一个功能良好的劳动力市场，因此投入大量资金支持各项政策开展。2008 年金融危机之后，丹麦的公共支出占GDP 的比重逐渐增加，其中主要是来自积极举措方面的支出比重增加，而且自2010 年以来积极政策的支出比重一直较高且相对稳定（见图 12-3），2015 年该项支出占 GDP 的比重为 2.05％，远高于 OECD 国家的平均比重 0.53％，是其中比重最高的。从图 12-3 中也可以看出，在消极政策方面丹麦近几年的支出比重有所下降。

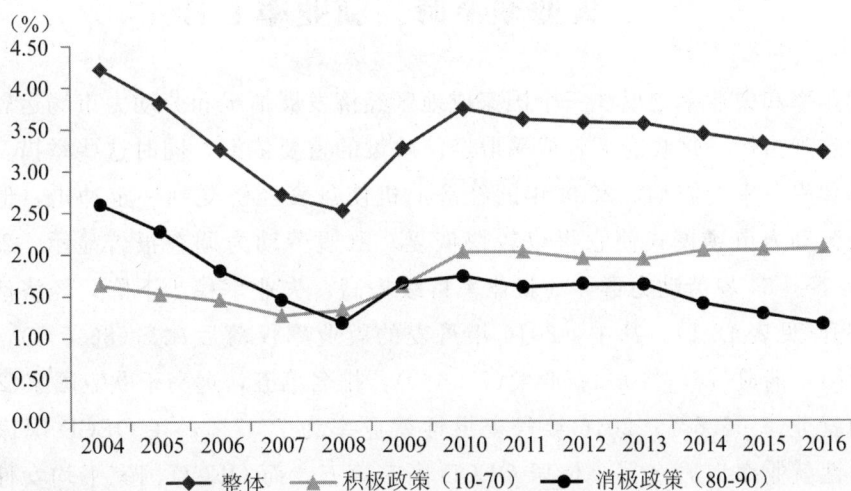

图 12-3　丹麦公共支出占 GDP 百分比历年走势

数据来源：OECD. stat.

丹麦劳动力市场政策的主要目标是：帮助失业者找到工作；为想要招聘人员或者储备劳动力的私营企业和公共部门的雇主提供服务；帮助那些正在接受社会救济或开始接受援助的人尽快找到工作，让他们有能力自力更生、赡养家庭；为工作能力不足的求职者提供专门的帮助。这一系列的政策和服务都是为了让求职者有能力、有动力在劳动力市场上找到工作。在 2015 年欧盟开展的劳动力市场

---

① Bredgaard, T., F. Larsen, and P. K. Madsen, "The Flexible Danish Labour Market—A Review," Aalborg CARMA Research Paper, 2005.

调查中，年龄在 25～64 岁的样本群体中，丹麦 31.3％的调查者表示在调查之前的四周内他们有参加过学习或培训，该比例在欧盟国家中排名第二，欧盟将此指标作为终身学习的指标之一。

第二节　丹麦灵活稳定劳动力市场模式的积极效果

　　劳动力市场的运转情况对一个国家或地区的经济发展、社会稳定以及国计民生都具有重要影响，政府推行的市场政策要有效、可行，需要在实践中结合时代特点不断调整、完善。丹麦"金三角"模式经过数百年的发展，逐渐成为体系完整、效果良好的市场模式，深刻影响了丹麦经济社会各方面。衡量一个国家或地区经济发展和市场状况的指标很多，本书选取就业率、幸福感、创新能力、就业质量、社会稳定等维度来考察灵活稳定模式对丹麦社会、经济各方面的积极影响。

>>一、失业率下降，就业率上升<<

　　就业率和失业率是反映一个国家或地区经济发展情况和劳动力市场运转情况的重要宏观指标，是政府调整或采取经济政策的重要依据，同时这些举措又影响就业率和失业率的波动。2008 年的经济危机使丹麦经济受到一定冲击，但灵活稳定的劳动力市场模式使它得以较快恢复。欧盟劳动力调查报告显示，2012—2016 年 15～64 岁劳动力群体的就业率持续提高，失业率稳步下降，经济活动率稳中有升(见表 12-1)。其中，2016 年丹麦的就业率仅落后冰岛(86.5％)，瑞士(80.8％)，瑞典(76.2％)和新西兰(75.6％)，排名第五，远高于欧盟国家(28 国)的平均就业率 66.6％；2016 年丹麦男性就业率为 77.7％，在 OECD 国家排前十，女性就业率为 72.0％，位居 OECD 国家第五，而 OECD 国家平均女性就业率为 59.3％。

表 12-1　近几年丹麦劳动力市场指标变化(％)

		2012 年	2013 年	2014 年	2015 年	2016 年
就业率	总体	72.6	72.6	72.8	73.5	74.9
	男	75.2	75.0	75.8	76.6	77.7
	女	70.0	70.0	69.8	70.4	72.0
ILO—失业率	总体	7.7	7.1	6.8	6.3	6.3
	男	7.7	6.9	6.6	6.1	6.0
	女	7.7	7.4	6.9	6.5	6.8

续表

		2012 年	2013 年	2014 年	2015 年	2016 年
	总体	78.7	78.1	78.1	78.5	80.0
经济活动率	男	81.5	80.6	81.1	81.6	82.6
	女	75.8	75.6	75.0	75.3	77.2

注：样本群体年龄为 15～64 岁。
数据来源：欧盟劳动力调查报告。

>>二、人均收入高，居民幸福感强<<

丹麦经济高度发展，人均收入水平也很高。最近，丹麦的官方报告和雇主组织（如丹麦工业联盟）均预测，丹麦 GDP 有望在 9 年之后恢复到经济危机之前的水平。丹麦劳工委员会报告显示，2015 年丹麦人均年收入约为 3.9 万美元，排名世界第六位。国际货币基金组织（IMF）2016 年《世界经济展望》报告的数据（10 月调整版）显示，2016 年丹麦人均 GDP 为 53 242.91 美元，紧随美国之后，位列全球第九位。

有研究发现，收入水平与幸福感存在相关性，却不是因果关系，高的人均 GDP 只能反映国家和民众的物质水平高，却不能说明国民的幸福感水平。20 世纪 70 年代不丹国王提出了关注国民幸福的执政理念，受到认可，引起广泛关注。近年来多个国际机构开展了国民幸福指数调查，丹麦多次名列榜首，被称为世界上最幸福的国家。[1][2]

>>三、市场制度完善，创新能力强<<

创新能力被视为一个国家在全球激烈竞争中可以立于不败之地的关键因素，包括中国在内的世界许多国家都非常重视创新能力建设。在世界知识产权组织（WIPO）发布的全球创新指数报告中，丹麦的创新指数历年均位居世界前列。赖德胜等[3]通过以 OECD 成员国为例分析指出，在创新能力方面领先的国家，劳动力市场制度也相对比较完善，如挪威、瑞典、丹麦等国，完善的劳动力市场制度是研发人力资本积累和企业加大研发投入的保障。

---

① "Top 15 Happiest Countries in The World in 2017," https://www.jobmonkey.com/happiest-countries-world-2017/，2018-08-08.

② "World's 10 Happiest Countries in 2016," http://edition.cnn.com/2016/03/16/travel/worlds-happiest-countries-united-nations/，2018-08-08.

③ 赖德胜、陈建伟：《劳动力市场制度与创新型国家——OECD 国家的经验与启示》，载《社会科学辑刊》，2012(4)。

>>四、权益有保障，就业质量高<<

就业质量从微观、中观、宏观角度有不同含义，本报告关注丹麦劳动力市场整体状况，因此采用其宏观含义进行分析。宏观方面，就业质量最早来源于 1995 年国际劳工组织提出的核心劳工标准，之后该组织在 1999 年提出了体面劳动（decent work）的概念，其中，特别强调了权利保护、足够的报酬和社会保障、三方对话等因素。[①] 赖德胜[②]对国内外学者关于就业质量的衡量指标进行了总结，概括出如下几个方面：一是工作的稳定性，既包括在同一单位内部工作稳定，也包括连续工作的状态；二是较高的工作待遇和安全舒适的工作环境；三是有学习培训和发展的机会；四是工作和家庭间的平衡；五是畅通有效的意见表达渠道和健全的对话机制。从上述维度和衡量指标来看，丹麦都属于就业质量非常高的国家。如前所述，丹麦劳动力市场灵活性的体现就是工作转换的低成本、便捷性和快速性，因此国民的工作状态比较稳定；高度发展的经济水平和慷慨的社会福利体系，保障了劳动者具有较高的收入和安全的工作条件，尤其保障了弱势群体的利益；积极的劳动力市场政策为劳动者提供了终身学习、不断提升技能的机会，体现了丹麦高质量的就业；丹麦无论从价值认知还是社会制度保障，都强调和重视家庭生活，而每周平均不到四十小时的工作时间，也保证了丹麦人有更多时间可以陪伴家人，发展自身的兴趣爱好；经过数百年发展完善的集体协商制度确保了劳动力市场各方的顺畅沟通、有效对话，因而劳动关系和谐。以上充分说明了丹麦就业质量非常高。

>>五、收入差距小，社会稳定<<

古人云"不患寡而患不均"，收入差距过大容易带来社会不稳定，尤其是在高收入水平上，收入差距更容易被拉大。而丹麦通过复杂而全面的税收制度既增加了政府财政收入，又平衡了国民的可支配收入，同时通过完善的福利政策又将税收返还给公众，这种收入"转移"举措使得丹麦人口收入分布呈现"纺锤形"结构，即高收入群体和低收入群体比例小，稳定的中等阶层占社会多数，贫富差距大大缩小，基尼系数为 0.254，收入平等度方面在 OECD 国家中排名第三。

---

① 赖德胜、石丹淅：《我国就业质量状况研究：基于问卷数据的分析》，载《中国经济问题》，2013(5)。

② 赖德胜：《高质量就业的逻辑》，载《劳动经济研究》，2017(6)。

第三节 为什么灵活稳定的劳动力
市场政策在丹麦能够成功

灵活稳定的劳动力市场政策在丹麦能够发挥作用，取得促进经济发展、稳定社会、激活劳动力市场的积极效果，原因很多且复杂，主要包括以下几个方面。

一、较高的组织化程度和集体协商制度为灵活稳定的市场运行提供了重要支持

在丹麦，雇主和雇员都有各自相对应的组织，双方的会员化程度都非常高。丹麦的大型公司一般都会加入一个或者多个雇主组织或者行业协会，中小企业也经常选择成为一些雇主组织的会员，这些雇主组织会进一步合作成立全国性的雇主联盟。例如，丹麦雇主联盟（DA），创建于1896年，是一个非营利性组织，现在为14家相对小的雇主组织提供服务，这些组织的会员共计超过28 000家公司，涉及行业包括制造业、零售业、运输业、服务业和建筑业。这些雇主组织或者联盟平时主要为企业提供组织联络服务，为会员组织的员工提供就业技巧、就业能力、职业健康安全等方面的培训，当企业遇到纠纷时会为其提供专业的法律咨询。与此同时，丹麦雇员的工会化程度也非常高，OECD的数据显示，2013年丹麦的员工有66.8%加入工会，远高于OECD的平均数17%，排名第四。

与其他很多国家不同，丹麦劳动力市场并不是由政府制定的法律进行规范和调节的（仅有较少的源自欧盟的法律会对特定领域进行规范），劳资冲突一般也不是通过法律系统解决，而是通过集体谈判形式解决的。这种集体谈判模式不是偶然出现的，而是起源于一百多年前为解决激烈的劳资冲突而达成的"9月妥协"（September Compromise）①，此后雇主和雇员组织开始互相承认其权利和作用，"9月妥协"构建了当前丹麦劳动力市场的组织架构，奠定了丹麦劳动力市场改革发展的基础。工会（雇员组织）和雇主组织在劳动力市场中发挥主角的作用，它们

① "9月妥协"：19世纪90年代，丹麦的劳资冲突非常激烈，工人通过罢工等形式形成专门的冲突策略要求改善工资和劳动环境，而雇主通过封锁武器等方式进行压制。1899年4月在日德兰半岛木工行业爆发的一次小冲突迅速蔓延至全国和更多行业，雇主在经过三个多月的抵制后，不得不同意谈判。经过雇主组织和工会联盟长期艰苦的谈判，当年9月，双方签署了一份协议，被称为《9月协定》，这是丹麦第一个协调劳资关系的基础协议，后来随着社会发展不断完善，奠定了丹麦劳动力市场的基本框架。更多详情可参考：https://www. eurofound. europa. eu/observatories/eurwork/articles/industrial-relations/september-compromise-marks-100th-anniversary，2018-08-09。

集体协商共同商定雇员的工资待遇、辞职与解雇、工作时间、休假、学习培训等有关工作的各个方面，签署集体协议，对市场加以规范，这种协商不仅仅局限于领导层面，而是向下延伸至各个工作级别。劳资双方的高度组织化确保了丹麦的集体协商协议具有较广的覆盖面和高度的合法性。这就意味着丹麦劳动力市场的工资待遇市场化程度非常高，劳动力市场上的利益各方自己制定市场规则。这样的情况能使各方在面对市场和经济变化时，可以根据自己的利益需求，尽快做出反应，找到最佳解决方案；能够及时应对市场变化，实现劳动力市场的灵活性和安全性；有助于提升公司的竞争性，创造就业岗位，使劳资双方均受益。如果出现纠纷，劳动力市场的各方通常能迅速找到各自核心利益，并负责开展最有成效的谈判，使得问题以最大限度满足双方诉求的方式解决，政府部门一般不介入其中。有关统计表明，20 世纪 50 年代至今，仅有 5 项劳资纠纷是由政府参与解决的。

>>二、各方间的相互信任促进了劳动力市场的良性运转<<

丹麦模式之所以成功的另外一个关键因素就是劳动力市场上各方间的相互信任，它像润滑剂一样极大地减少了市场上的摩擦与纠纷，促进了各方间的合作与互动。2011 年 OECD 根据欧洲社会调查(the European Social Survey，ESS，2008 wave4)和国际社会调查项目(the International Social Survey Programme，ISSP，2007 wave)分析发现，丹麦人的相互信任指数高达 89%，远超 OECD 国家的平均水平(59%)，居各国之首。大部分的丹麦人认为他们可以信任他人，对待他人不用很小心谨慎。这种信任不仅仅局限于亲朋好友之间，对待素昧平生的陌生人也是如此。除此之外，丹麦人的信任也体现在雇员与雇主之间，个人与组织之间，国民与政府之间，消费者和商家之间。因为雇员与雇主之间的信任，劳动纠纷能在没有政府参与的情况下由当事双方协商解决，为丹麦构建了一个几乎没有纠纷的劳动关系；因为个人与组织之间的信任，劳动力的工会化程度非常高，并自愿接受由组织协商确定的劳动协议；因为国民与政府之间的信任，国民愿意缴纳高额的税收，由政府统一支配提供各种社会福利和公共服务，加上健全的法制体系，丹麦政府很少有腐败情况出现；因为消费者和商家之间的信任，超市或商家会放心地把货物摆在路边，方便路人选购，无人看管也不必担心货物和钱会被别人拿走。这为丹麦构建了安全稳定的社会环境和和谐友善的劳动关系。

这也许是集体协商制度带来的积极外部效应，雇主和雇员之间做到既能保持经常性互动，又能达成双方认可的协议，必须互相尊重各自利益，政府在制定市场法规时，要使得法规顺利实施，必须听取市场两大主角的意见，因此法规在制定时就符合市场需求。长期以来，这种良性互动，使得会员信任各自组织，组织之间、组织和政府之间也相互信任。

>>三、对大多数人尤其是弱势群体利益的 关注激发了灵活稳定劳动力市场的发展动力<<

灵活稳定的劳动力市场政策得以成功实施还在于它保证了占社会绝大多数的中低收入群体的利益不受损害，比如，丹麦一些社会安全方案（如假期法案）主要面向雇员而非管理人员，针对白领（薪酬雇员）和蓝领（普通雇员）提供了一系列保护。因此，公司在雇佣劳动力时，通常会明确规定员工的身份类型属于金领（管理人员）、白领，还是蓝领。这使得政府推行的各类改革政策得到了社会大多数人的支持，能够顺利平稳推进。

丹麦高额的税收制度主要面向收入达到一定水平的群体，对低收入人群的税率较低，甚至免税。针对老年人、残疾人、失业者、儿童等弱势群体，丹麦的社会福利都有专门的资金保障，如养老金、残疾人补助、失业救济金、免费的婴幼服务和医疗等，确保老、幼、病、残都能得到基本的照顾。

>>四、国小民少和健全的监管机制 有助于劳动力市场政策的管理和执行<<

丹麦本土面积4万多平方公里，人口不到六百万，是北欧的一个小国。与大国相比，这样的国土面积和人口规模有助于国家政策准确传达、有效实施。同时丹麦实行社会改革，公共就业服务局与地方就业当局合作，明确分工、划定职责范围；建立了就业中心（job centre），充分而高效利用、整合国家和地方服务，为求职者和用人单位搭建桥梁；2014年成立丹麦劳动力市场和招聘局，隶属于就业部，主要负责了解失业人员和接受社会保障援助的人员教育的情况和就业情况，也通过帮助雇主从海外引进高质量专业人才或将人才留在丹麦，实现丹麦劳动力市场的优秀人才充分供给。健全完善的管理机制、高效尽责的执行机构为丹麦劳动力市场的良性运转提供了动力。

另外，长期以来实行的高福利制度平等面向所有丹麦人民，完善的法律法规明确规定了公民享受的各项权利，降低了国民的投机动机；高昂的违规和犯罪成本，消灭了获利空间，打消了国民违法乱纪的念头，形成了丹麦人遵守制度、尊重规则的行事风格，使得国民素质整体提升，形成了良好的社会风气，使得各项社会安全福利有序落实。

第四节　丹麦劳动力市场模式对中国的启示

　　灵活稳定市场模式给丹麦带来了良好的经济社会效果，但随着全球化竞争的加剧，该模式也面临诸多挑战，比如，因为税收或劳动力成本过高，影响外资进入或者造成企业总部外迁；随着人口老龄化，社会保障压力增大。劳动力市场的发展和运转对经济发展具有重要影响，当前我国正处在追求高质量发展的阶段，正在寻求具有中国特色的灵活与稳定间新的平衡点，丹麦"金三角"模式的成功无疑给我国劳动力市场改革提供了宝贵的实践经验。

>>一、探索适合我国当前劳动力市场
特点的灵活与稳定的平衡点<<

　　据前面分析，丹麦劳动力市场模式的成功是因为，经过长时间的探索改革逐步寻找到了适合本国经济、文化和历史等各方面发展阶段的灵活与稳定的平衡点，该平衡点要随着社会发展阶段、文化背景、政治体制等因素的不同不断变动，才能发挥促进经济发展、社会稳定的作用。我国无论是劳动力市场还是经济发展阶段都表现出自己的特点。当前，劳动力市场分割情况明显，以机关事业单位和国有企业为代表的主要劳动力市场稳定有余灵活性不足，而以私营企业和农民工为代表的次要劳动力市场却灵活性强而保障不到位，需要针对不同的市场特点给予相应的政策支持和法规保障，对于劳动力市场要灵活还是要稳定，不能一概而论。同时，随着信息技术的发展，人工智能技术给传统劳动力市场结构带来巨大冲击，原有就业岗位被替代，一些行业消退，新的行业和岗位出现，加上人们就业观念的转变，对工作稳定和灵活性的要求也有所变化，这些都影响劳动力市场在灵活与稳定之间的倾斜。我们需要不断探索，逐步找到适合我国劳动力市场的灵活稳定的平衡。

>>二、"底线保障"是构建完善社会保障体系的基本要求<<

　　丹麦完善的社会保障体系中一个重要的经验就是对弱势群体的保护，无论是对非劳动力群体（如老人和儿童等），还是对劳动力群体中的弱势群体（如残障人士、就业能力低的人群等），政府和社会机构均为其提供了保障基本生活需求的多种资助渠道。当前，我国社会经济飞速发展，信息技术也为更多人提供了就业机会，国家统计局最新公布的统计公报显示，2017 年年末城镇登记失业率为3.90％，基本实现劳动人口充分就业。但由于在医疗、教育、住房等方面保障不均衡或制度不完善，"因病致穷""天价学区房"等情况时有出现，人们的生活压力依然非常大。建立以弱势群体保障为基本要求的完善的社会保障体系，对实现社会和谐稳定、人们生活美好意义重大。

同时，针对我国提出的到 2020 年我国现行标准下农村贫困人口实现脱贫的目标，可以通过完善社会福利体系提高社会保护，为贫困人口提供生活保障，同时采用技能培训、资金投入、就业机会提供等多管齐下的市场制度保障，进行精准扶贫，让有劳动能力的劳动者积极参与到劳动力市场中，从而实现自助脱贫，提高劳动参与率。

>>三、终身学习政策是快速变化时代的不变选择<<

当前信息科技日新月异，人工智能逐渐融入人们的工作和生活，经济发展动能发生转变，劳动力市场结构有所调整，对劳动者素质、能力提出更高要求，鼓励和支持劳动者终身学习的积极劳动力市场政策值得借鉴。劳动密集型产业在当前我国经济发展阶段虽然仍将持续一段时间，但占比会逐渐降低，在自动化和人工智能技术高速发展下，最终将退出历史舞台。

张车伟等[①]认为，创新经济在带来新的就业岗位的同时，也对就业产生了冲击。随着创新经济的发展，产业结构不断升级，经济发展方式加快转变，这些过程改变了现有职业的技能要求，同时产生了新的职业和技能需求，并增加了再培训和技能升级的必要性。

产业转型升级过程中释放出的大量劳动力，要想再次就业，须提升素质，而这需要社会各方共同努力。政府应多开发提供各类免费就业技能培训项目，打造面向不同劳动力群体的多元培训和教育渠道；企业不仅要做好新入职人员的培训，也要支持老员工定期参加学习、培训，以储备人才；劳动者也要积极利用各种机会提升自我素质，满足市场需求，为自己创造更多就业机会。

>>四、搭建良好的沟通渠道有助于建立和谐的劳动关系<<

集体协商制度是丹麦灵活稳定市场模式顺利运行的重要保障。今后我国劳动力市场改革的方向之一就是让劳动力市场各方的需求能够得到充分的表达，让处于相对弱势地位的劳动者能够更多地参与市场对话，获得更多的话语权，能更频繁地参与市场制度建设保障自我权益。而这需要完善各级各类企业机构的工会组

---

① 张车伟、王博雅、高文书：《创新经济对就业的冲击与应对研究》，载《中国人口科学》，2017(5)。

织，建立工会、企业协会和相关政府职能部门的有效沟通机制。政府要对劳动力市场和劳资关系进行宏观管理，推动和谐劳资关系的建设，明确三种力量的作用边界，通过促进市场发育、加强科学立法和推动第三方部门的发展，为构建和谐劳资关系和解决劳资冲突提供有效的机制。①

---

① 何亦名、姜荣萍：《变革与转型：广东民营企业劳资关系调查》，载《中国人口科学》，2010 年增刊。

附　录

表1　2000—2016年国内生产总值(亿元)

[1980年以后国民总收入(原称国民生产总值)与国内生产总值的差额为国外净要素收入]

年份	国民总收入	国内生产总值	第一产业	第二产业			第三产业	人均国内生产总值(元)
				总值	工业	建筑业		
2000	99 066.1	100 280.1	14 717.4	45 664.8	40 259.7	5 534	39 897.9	7 942
2001	109 276.2	110 863.1	15 502.5	49 660.7	43 855.6	5 945.5	45 700	8 717
2002	120 480.4	121 717.4	16 190.2	54 105.5	47 776.3	6 482.1	51 421.7	9 506
2003	136 576.3	137 422	16 970.2	62 697.4	55 363.8	7 510.8	57 754.4	10 666
2004	161 415.4	161 840.2	20 904.3	74 286.9	65 776.8	8 720.5	66 648.9	12 487
2005	185 998.9	187 318.9	21 806.7	88 084.4	77 960.5	10 400.5	77 427.8	14 368
2006	219 028.5	219 438.5	23 317	104 361.8	92 238.4	12 450.1	91 759.7	16 738
2007	270 844	270 232.3	27 788	126 633.6	111 693.9	15 348	115 810.7	20 505
2008	321 500.5	319 515.5	32 753.2	149 956.6	131 727.6	18 807.6	136 805.8	24 121
2009	348 498.5	349 081.4	34 161.8	160 171.7	138 095.5	22 681.5	154 747.9	26 222
2010	411 265.2	413 030.3	39 362.6	191 629.8	165 126.4	27 259.3	182 038	30 876
2011	484 753.2	489 300.6	46 163.1	227 038.8	195 142.8	32 926.5	216 098.6	36 403
2012	539 116.5	540 367.4	50 902.3	244 643.3	208 905.6	36 896.1	244 821.9	40 007
2013	590 422.4	595 244.4	55 329.1	261 956.1	222 337.6	40 896.8	277 959.3	43 852
2014	644 791.1	643 974	58 343.5	277 571.8	233 856.4	44 880.5	308 058.6	47 203
2015	682 635.1	685 505.8	60 870.5	280 560.3	235 183.5	46 546.6	344 075	49 992
2016	741 140.4	744 127.2	63 670.7	296 236.0	247 860.1	49 522.2	384 220.5	53 980

表 2 2001—2016 年地区生产总值(亿元)

地区	2001	2002	2003	2004	2005	2006	2007	2008	2009	2010	2011	2012	2013	2014	2015	2016
北京	3 710.52	4 330.4	5 023.77	6 060.28	6 969.52	8 117.78	9 846.81	11 115	12 153.03	14 113.58	16 251.93	17 879.4	19 800.81	21 330.83	22 968.6	25 669.13
天津	1 919.09	2 150.76	2 578.03	3 110.97	3 905.64	4 462.74	5 252.76	6 719.01	7 521.85	9 224.46	11 307.28	12 893.88	14 442.01	15 726.93	16 538.2	17 885.39
河北	5 516.76	6 018.28	6 921.29	8 477.63	10 012.11	11 467.6	13 607.32	16 011.97	17 235.48	20 394.26	24 515.76	26 575.01	28 442.95	29 421.15	29 806.1	32 070.45
山西	2 029.53	2 324.8	2 855.23	3 571.37	4 230.53	4 878.61	6 024.45	7 315.4	7 358.31	9 200.86	11 237.55	12 112.83	12 665.25	12 761.49	12 802.6	13 050.41
内蒙古	1 713.81	1 940.94	2 388.38	3 041.07	3 905.03	4 944.25	6 423.18	8 496.2	9 740.25	11 672	14 359.88	15 880.58	16 916.5	17 770.2	18 032.8	18 128.1
辽宁	5 033.08	5 458.22	6 002.54	6 672.01	8 047.26	9 304.52	11 164.3	13 668.58	15 212.49	18 457.27	22 226.7	24 846.43	27 213.22	28 626.58	28 743.4	22 246.9
吉林	2 120.35	2 348.54	2 662.08	3 122.01	3 620.27	4 275.12	5 284.69	6 426.1	7 278.75	8 667.58	10 568.83	11 939.24	13 046.4	13 803.14	14 274.1	14 776.8
黑龙江	3 390.13	3 637.2	4 057.4	4 750.6	5 513.7	6 211.8	7 104	8 314.37	8 587	10 368.6	12 582	13 691.58	14 454.91	15 039.38	15 083.7	15 386.09
上海	5 210.12	5 741.03	6 694.23	8 072.83	9 247.66	10 572.24	12 494.01	14 069.86	15 046.45	17 165.98	19 195.69	20 181.72	21 818.15	23 567.7	24 965	28 178.65
江苏	9 456.84	10 606.85	12 442.87	15 003.6	18 598.69	21 742.05	26 018.48	30 981.98	34 457.3	41 425.48	49 110.27	54 058.22	59 753.37	65 088.32	70 116.4	77 388.28
浙江	6 898.34	8 003.67	9 705.02	11 648.7	13 417.68	15 718.47	18 753.73	21 462.69	22 990.35	27 722.31	32 318.85	34 665.33	37 756.58	40 173.03	42 886.5	47 251.36
安徽	3 246.71	3 519.72	3 923.1	4 759.32	5 350.17	6 112.5	7 360.92	8 851.66	10 062.82	12 359.33	15 300.65	17 212.05	19 229.34	20 848.75	22 005.6	24 407.62
福建	4 072.85	4 467.55	4 983.67	5 763.35	6 554.69	7 583.85	9 248.53	10 823.01	12 236.53	14 737.12	17 560.18	19 701.78	21 868.49	24 055.76	25 979.8	28 810.58
江西	2 175.68	2 450.48	2 807.41	3 456.7	4 056.76	4 820.53	5 800.25	6 971.05	7 655.18	9 451.26	11 702.82	12 948.88	14 410.19	15 714.63	16 723.8	18 499
山东	9 195.04	10 275.5	12 078.15	15 021.84	18 366.87	21 900.19	25 776.91	30 933.28	33 896.65	39 169.92	45 361.85	50 013.24	55 230.32	59 426.59	63 002.3	68 024.49
河南	5 533.01	6 035.48	6 867.7	8 553.79	10 587.42	12 362.79	15 012.46	18 018.53	19 480.46	23 092.36	26 931.03	29 599.31	32 191.3	34 938.24	37 010.3	40 471.79
湖北	3 880.53	4 212.82	4 757.45	5 633.24	6 590.19	7 617.47	9 333.4	11 328.92	12 961.1	15 967.61	19 632.26	22 250.45	24 791.83	27 379.22	29 550.2	32 665.38
湖南	3 831.9	4 151.54	4 659.99	5 641.94	6 596.1	7 688.67	9 439.6	11 555	13 059.69	16 037.96	19 669.56	22 154.23	24 621.67	27 037.32	29 047.2	31 551.37
广东	12 039.25	13 502.42	15 844.64	18 864.62	22 557.37	26 587.76	31 777.01	36 796.71	39 482.56	46 013.06	53 210.28	57 067.92	62 474.79	67 809.85	72 812.6	80 854.91
广西	2 279.34	2 523.73	2 821.11	3 433.5	3 984.1	4 746.16	5 823.41	7 021	7 759.16	9 569.85	11 720.87	13 035.1	14 449.9	15 672.89	16 803.1	18 317.64

续表

地区	2001	2002	2003	2004	2005	2006	2007	2008	2009	2010	2011	2012	2013	2014	2015	2016
海南	558.41	621.97	693.2	798.9	897.99	1 044.91	1 254.17	1 503.06	1 654.21	2 064.5	2 522.66	2 855.54	3 177.56	3 500.72	3 702.8	4 053.2
重庆	1 765.68	1 990.01	2 272.82	2 692.81	3 467.72	3 907.23	4 676.13	5 793.66	6 530.01	7 925.58	10 011.37	11 409.6	12 783.26	14 262.6	15 719.7	17 740.59
四川	4 293.49	4 725.01	5 333.09	6 379.63	7 385.11	8 690.24	10 562.39	12 601.23	14 151.28	17 185.48	21 026.68	23 872.8	26 392.07	28 536.66	30 103.1	32 934.54
贵州	1 133.27	1 243.43	1 426.34	1 677.8	2 005.42	2 338.98	2 884.11	3 561.56	3 912.68	4 602.16	5 701.84	6 852.2	8 086.86	9 266.39	10 502.6	11 776.73
云南	2 138.31	2 312.82	2 556.02	3 081.91	3 461.73	3 988.14	4 772.52	5 692.12	6 169.75	7 224.18	8 893.12	10 309.47	11 832.31	12 814.59	13 717.9	14 788.42
西藏	146.04	166.56	189.09	220.34	248.8	290.76	341.43	394.85	441.36	507.46	605.83	701.03	815.67	920.83	1 026.4	1 151.41
陕西	2 010.62	2 253.39	2 587.72	3 175.58	3 933.72	4 743.61	5 757.29	7 314.58	8 169.8	10 123.48	12 512.3	14 453.68	16 205.45	17 689.94	18 171.9	19 399.59
甘肃	1 125.37	1 232.03	1 399.83	1 688.49	1 933.98	2 276.7	2 702.4	3 166.82	3 387.56	4 120.75	5 020.37	5 650.2	6 330.69	6 836.82	6 790.3	7 200.37
青海	300.13	340.65	390.21	466.1	543.32	648.5	797.35	1 018.62	1 081.27	1 350.43	1 670.44	1 893.54	2 122.06	2 303.32	2 417.1	2 572.49
宁夏	337.44	377.16	445.36	537.16	612.61	725.9	919.11	1 203.92	1 353.31	1 689.65	2 102.21	2 341.29	2 577.57	2 752.1	2 911.8	3 168.59
新疆	1 491.6	1 612.65	1 886.35	2 209.09	2 604.19	3 045.26	3 523.16	4 183.21	4 277.05	5 437.47	6 610.05	7 505.31	8 443.84	9 273.46	9 324.8	9 649.7

表3 2000—2016 年人口数及构成

年份	常住人口数（万人）	男性人口占总人口比重（%）	女性人口占总人口比重（%）	城镇人口占总人口比重（%）	流动人口数（亿人）
2000	126 743	51.63	48.37	36.22	1.21
2001	127 627	51.46	48.54	37.66	
2002	128 453	51.47	48.53	39.09	
2003	129 227	51.5	48.5	40.53	
2004	129 988	51.52	48.48	41.76	
2005	130 756	51.53	48.47	42.99	1.47
2006	131 447.64	51.52	48.48	44.34	
2007	132 129	51.5	48.5	45.89	
2008	132 802	51.47	48.53	46.99	
2009	133 450	51.44	48.56	48.34	
2010	134 091	51.27	48.73	49.95	2.21
2011	134 735	51.26	48.74	51.27	2.3
2012	135 404	51.25	48.75	52.57	2.36
2013	136 072	51.24	48.76	53.73	2.45
2014	136 782	51.23	48.77	54.77	2.53
2015	137 462	51.22	48.78	56.1	2.46
2016	138 271	51.21	48.79	57.35	2.45

表 4　2001—2016 年各地区人口自然增长率（‰）

地区	2001	2002	2003	2004	2005	2006	2007	2008	2009	2010	2011	2012	2013	2014	2015	2016
北京	0.8	0.87	-0.09	0.74	1.09	1.29	3.4	3.42	3.5	3.07	4.02	4.74	4.41	4.83	3.01	4.12
天津	1.64	1.45	1.1	1.34	1.43	1.6	2.05	2.19	2.6	2.6	2.5	2.63	2.28	2.14	0.23	1.83
河北	4.98	5.28	5.16	5.79	6.09	6.23	6.55	6.55	6.5	6.81	6.5	6.47	6.17	6.95	5.56	6.06
山西	7.16	6.72	6.22	6.25	6.02	5.75	5.33	5.31	4.89	5.3	4.86	4.87	5.24	4.99	4.42	4.77
内蒙古	4.98	3.68	3.07	3.55	4.62	3.96	4.48	4.27	3.96	3.76	3.51	3.65	3.36	3.56	2.40	3.34
辽宁	1.64	1.34	1.07	0.91	0.97	1.1	1.53	1.1	0.97	0.42	-0.34	-0.39	-0.03	0.26	-0.42	-0.18
吉林	3.38	3.19	1.61	1.76	2.57	2.67	2.5	1.61	1.95	2.03	1.02	0.36	0.32	0.4	0.34	-0.05
黑龙江	2.99	2.54	2.03	1.82	2.67	2.39	2.49	2.23	2.06	2.32	1.07	1.27	0.78	0.91	-0.60	-0.49
上海	-0.95	-0.54	-1.35	0	0.96	1.58	3.04	2.72	2.7	1.98	1.87	4.2	2.94	3.14	2.45	4
江苏	2.41	2.18	2.01	2.25	2.21	2.28	2.3	2.3	2.56	2.85	2.61	2.45	2.43	2.43	2.02	2.73
浙江	3.77	3.79	3.28	4.95	5.02	4.87	4.81	4.58	4.63	4.73	4.07	4.6	4.56	5	5.02	5.7
安徽	6.61	6.03	5.95	6.12	6.2	6.3	6.35	6.45	6.47	6.75	6.32	6.86	6.82	6.97	6.98	7.06
福建	6.04	5.78	5.85	5.96	5.98	6.25	6.1	6.3	6.2	6.11	6.21	7.01	6.19	7.5	7.80	8.3
江西	9.38	8.72	8.09	7.62	7.83	7.79	7.87	7.91	7.89	7.66	7.5	7.32	6.91	6.98	6.96	7.29
山东	4.88	4.55	4.78	6.01	5.83	5.5	5	5.09	5.62	5.39	5.1	4.95	5.01	7.39	5.88	10.84
河南	6.94	6.03	5.64	5.2	5.25	5.32	4.94	4.97	4.99	4.95	4.94	5.16	5.51	5.78	5.65	6.15
湖北	2.44	2.21	2.32	2.4	3.05	3.13	3.23	2.71	3.48	4.34	4.38	4.88	4.93	4.9	4.91	5.07
湖南	5.08	4.86	4.95	5.09	5.15	5.19	5.25	5.4	6.11	6.4	6.55	6.57	6.54	6.63	6.72	6.56
广东	8.83	8.21	8.35	8.01	7.02	7.29	7.3	7.25	7.26	6.97	6.1	6.95	6.02	6.1	6.80	7.44
广西	7.73	7	7.29	7.2	8.16	8.34	8.2	8.7	8.53	8.65	7.67	7.89	7.93	7.86	7.90	7.87

续表

地区	2001	2002	2003	2004	2005	2006	2007	2008	2009	2010	2011	2012	2013	2014	2015	2016
海南	9.47	9.48	9.16	8.98	8.93	8.86	8.91	8.99	8.96	8.98	8.97	8.85	8.69	8.61	8.57	8.57
重庆	2.8	3.28	2.69	2.85	3	3.4	3.8	3.8	3.7	2.77	3.17	4	3.6	3.62	3.86	4.53
四川	4.37	3.89	3.12	2.78	2.9	2.86	2.92	2.39	2.72	2.31	2.98	2.97	3	3.2	3.36	3.49
贵州	11.33	10.75	9.04	8.73	7.38	7.26	6.68	6.72	6.96	7.41	6.38	6.31	5.9	5.8	5.80	6.5
云南	10.94	10.6	9.8	9	7.97	6.9	6.86	6.32	6.08	6.54	6.35	6.22	6.17	6.2	6.40	6.61
西藏	12.1	12.76	11.1	11.2	10.79	11.7	11.3	10.3	10.24	10.25	10.26	10.27	10.38	10.55	10.65	10.68
陕西	4.16	4.12	4.29	4.26	4.01	4.04	4.05	4.08	4	3.72	3.69	3.88	3.86	3.87	3.82	4.41
甘肃	7.15	6.71	6.12	5.91	6.02	6.24	6.49	6.54	6.61	6.03	6.05	6.06	6.08	6.1	6.21	6
青海	12.62	11.7	10.85	9.87	9.49	8.97	8.8	8.35	8.32	8.63	8.31	8.24	8.03	8.49	8.55	8.52
宁夏	11.71	11.56	10.95	11.18	10.98	10.69	9.76	9.69	9.68	9.04	8.97	8.93	8.62	8.57	8.04	8.97
新疆	11.13	10.87	10.78	10.91	11.38	10.76	11.78	11.17	10.56	10.56	10.57	10.84	10.92	11.47	11.08	11.08

表 5　2000—2016 年各地区登记招聘人数（人）

地区	2000	2001	2002	2003	2004	2005	2006	2007	2008	2009	2010	2011	2012	2013	2014	2015	2016
北京	825 000	659 050	582 000	582 000	582 482	550 000	638 584	851 689	1 172 429	1 222 457	1 811 089	1 783 262	1 621 815	1 688 102	1 177 778	816 251	1 055 887
天津	346 121	392 000	431 000	431 000	431 200	550 000	470 000	490 000	503 000	456 000	1 269 704	764 657	825 277	1 025 277	1 022 607	1 044 951	1 146 903
河北	493 272	1 047 553	1 022 000	1 199 000	1 544 538	893 000	1 750 338	1 567 429	1 592 295	1 431 692	2 171 966	2 609 930	2 297 523	2 296 106	2 302 926	1 307 537	1 179 492
山西	174 306	173 056	134 000	210 000	209 941	333 000	579 389	684 600	533 715	497 462	1 223 766	1 143 524	1 136 376	910 036	1 168 752	1 274 034	1 057 826
内蒙古	193 785	205 058	303 000	389 000	524 866	642 000	773 610	771 187	699 797	738 945	963 659	956 092	860 058	634 344	625 747	539 440	537 706
辽宁	750 228	870 972	1 233 000	1 271 000	1 427 065	1 394 000	1 802 345	1 939 966	1 447 828	2 136 523	5 197 901	3 970 703	4 208 548	3 955 686	2 966 926	2 121 508	2 695 754
吉林	151 562	372 584	348 000	396 000	559 689	580 000	739 863	698 556	731 128	916 323	983 245	1 315 551	1 158 514	1 046 530	946 943	807 967	693 296
黑龙江	243 181	190 735	457 000	773 000	1 166 130	1 377 000	1 142 252	1 142 234	1 265 857	1 305 797	1 295 246	1 528 955	1 515 302	1 161 993	1 090 455	1 027 944	957 491
上海	231 425	1 245 226	1 326 000	1 326 000	1 325 771	1 602 000	1 491 300	1 563 100	1 541 303	1 686 661	1 682 496	1 569 117	1 589 998	1 576 779	1 681 991	1 832 456	1 408 742
江苏	726 092	975 258	1 586 000	1 194 000	2 600 293	2 589 000	3 293 349	4 131 597	4 455 757	5 315 832	5 801 115	8 617 899	7 307 003	6 718 952	7 183 282	6 327 669	5 728 710
浙江	2 060 979	2 540 517	2 945 000	3 353 000	5 254 342	5 097 000	6 915 269	7 492 422	7 394 207	7 778 480	5 872 109	6 257 409	4 601 260	5 417 126	5 180 286	5 004 062	4 083 328
安徽	239 267	355 427	498 000	936 000	1 156 913	1 173 000	1 221 495	1 359 801	1 569 731	1 959 489	2 470 030	2 604 445	2 377 935	2 761 974	2 569 934	2 147 434	2 172 012
福建	613 770	722 986	1 113 000	1 113 000	1 112 666	2 807 000	3 015 375	2 889 419	3 315 106	3 121 718	4 074 660	3 969 144	4 061 271	4 419 470	5 183 998	4 444 584	4 393 599
江西	327 477	407 533	601 000	558 000	1 156 024	1 604 000	1 550 376	1 577 634	1 725 782	1 816 231	1 791 722	1 704 337	1 749 294	1 765 890	2 452 668	2 279 870	2 016 367
山东	813 454	1 013 441	1 270 000	2 127 000	2 770 329	2 926 000	3 297 990	3 345 560	3 332 623	3 581 204	3 490 948	4 735 823	4 073 346	3 746 567	3 442 893	2 709 033	2 575 069
河南	569 874	601 255	607 000	1 071 000	1 132 536	1 133 000	1 132 536	1 132 536	1 132 536	1 156 390	1 333 152	1 021 190	2 647 812	2 499 250	1 732 763	1 185 800	2 012 803
湖北	705 375	781 289	993 000	1 087 000	1 239 640	1 465 000	1 600 368	1 794 829	1 604 318	1 961 537	2 364 222	2 409 017	2 455 250	2 047 746	1 942 182	1 768 788	1 731 730
湖南	627 267	561 073	643 000	596 000	775 580	913 000	971 165	874 442	846 215	864 365	2 369 319	2 392 793	2 915 336	3 720 977	995 741	802 058	802 040
广东	2 151 196	2 264 219	2 959 000	5 055 000	6 047 186	5 836 000	9 906 496	12 301 819	12 319 538	13 483 865	8 951 958	8 927 992	13 339 559	5 374 076	5 533 418	6 405 494	6 606 302
广西	282 800	397 229	419 000	464 000	822 359	940 000	1 323 986	1 336 730	1 336 037	1 492 024	2 884 074	3 283 531	3 085 920	2 534 803	3 250 224	3 480 697	2 363 547
海南	104 871	56 587	50 000	50 000	49 967	183 000	224 734	209 319	226 033	213 893	549 580	679 545	600 625	637 684	837 055	543 946	588 098
重庆	224 561	252 631	273 000	304 000	303 734	328 000	459 868	596 275	672 864	834 654	810 778	1 104 566	1 032 762	1 149 679	1 199 355	1 116 542	984 269
四川	630 136	736 822	880 000	1 011 000	1 024 357	1 251 000	1 540 673	1 630 669	1 662 824	1 830 243	1 894 053	1 813 938	1 879 709	1 670 707	1 856 888	1 335 842	1 336 782

续表

地区	2000	2001	2002	2003	2004	2005	2006	2007	2008	2009	2010	2011	2012	2013	2014	2015	2016
贵州	118 896	142 045	166 000	179 000	243 654	259 000	267 312	349 284	329 444	445 748	645 435	1 332 609	1 361 539	1 510 755	1 127 362	820 749	1 782 453
云南	244 913	349 247	303 000	389 000	484 476	702 000	741 318	656 619	609 463	670 308	722 269	869 434	640 958	614 602	647 376	569 647	744 451
西藏	70	1 203	3 000	-6 000	17 663	22 000	35 809	30 455	28 036	25 414	28 259	23 925	25 981	41 477	37 629	39 283	52 070
陕西	404 956	446 089	447 000	533 000	646 296	891 000	1 117 760	1 091 139	1 306 397	1 300 523	2 552 466	1 561 307	1 344 263	1 176 452	1 006 090	1 207 289	997 857
甘肃	232 334	309 316	241 000	149 000	198 796	313 000	335 026	390 911	383 116	392 248	498 785	494 192	514 034	437 221	382 227	386 969	391 563
青海	243 067	352 189	268 000	355 000	377 939	428 000	448 727	490 016	482 595	557 072	595 252	509 246	566 013	648 549	592 380	329 479	160 829
宁夏	53 674	67 254	106 000	179 000	190 409	239 000	248 567	401 661	386 245	512 180	534 626	364 696	337 009	212 974	205 359	167 394	202 055
新疆	310 280	277 804	294 000	287 000	275 288	370 000	476 219	614 193	463 955	751 803	578 940	747 868	828 277	468 011	393 274	372 348	449 034

表 6 2000—2016 年各地区登记求职人数（人）

地区	2000	2001	2002	2003	2004	2005	2006	2007	2008	2009	2010	2011	2012	2013	2014	2015	2016
北京	800 000	860 000	878 000	878 000	877 890	520 000	522 259	466 856	408 197	402 830	335 296	274 230	568 511	521 514	442 670	76 504	310 761
天津	1 415 442	1 140 000	1 254 000	1 254 000	1 254 000	765 000	648 000	660 000	705 000	633 000	530 230	947 840	988 013	988 364	988 364	1 011 071	1 015 086
河北	666 295	1 325 455	1 092 000	1 267 000	1 604 100	1 943 000	1 899 799	1 672 612	1 557 509	1 404 796	1 618 187	1 907 907	1 814 001	1 813 667	2 149 443	1 148 345	1 050 780
山西	212 838	186 962	168 000	294 000	294 303	352 000	608 888	716 534	530 960	482 879	1 466 054	1 085 112	1 304 816	831 502	1 052 230	1 384 436	1 071 249
内蒙古	257 706	299 356	312 000	563 000	588 074	608 000	829 738	806 759	741 530	735 274	906 762	927 652	756 806	570 338	603 925	398 251	464 200
辽宁	1 173 113	1 409 413	1 625 000	1 534 000	1 773 663	1 712 000	1 871 184	1 956 966	1 332 797	2 192 477	4 406 652	2 644 242	2 189 781	2 874 604	2 766 509	2 040 554	2 597 403
吉林	206 498	439 414	396 000	469 000	652 942	637 000	885 336	882 973	918 345	964 331	981 360	1 030 700	888 454	868 608	735 666	634 266	575 951
黑龙江	466 460	328 242	914 000	935 000	1 370 046	1 478 000	1 317 076	1 184 384	1 335 422	1 380 614	1 459 037	1 583 301	1 635 787	1 368 924	1 314 197	1 261 388	1 237 739
上海	202 386	905 955	1 106 000	1 106 000	1 106 059	1 357 000	1 683 600	1 618 700	5 226 762	5 478 401	1 810 600	628 770	1 459 451	918 301	754 103	591 066	466 660
江苏	851 301	1 043 624	1 644 000	1 792 000	2 553 715	2 644 000	3 197 075	4 164 451	4 962 727	5 525 029	5 027 504	7 290 663	6 792 138	6 303 320	6 547 588	5 878 972	5 394 638
浙江	2 366 130	2 929 949	3 438 000	3 056 000	3 910 356	3 770 000	4 969 587	4 596 962	5 876 872	4 910 104	2 991 497	2 755 162	2 694 236	2 722 510	2 677 587	2 860 121	2 435 200

续表

地区	2000	2001	2002	2003	2004	2005	2006	2007	2008	2009	2010	2011	2012	2013	2014	2015	2016
安徽	551 212	467 923	582 000	1 162 000	1 269 819	1 324 000	1 274 679	1 305 304	1 379 555	1 519 926	1 667 088	1 621 128	1 737 780	1 850 125	2 028 274	1 691 619	1 715 073
福建	767 551	904 672	1 194 000	1 194 000	1 193 964	2 157 000	2 112 122	2 222 630	2 510 676	2 695 673	3 075 004	2 735 453	2 790 036	3 005 392	4 230 988	1 885 044	3 490 183
江西	468 305	589 337	705 000	614 000	1 374 762	1 823 000	1 581 784	1 448 890	1 846 380	1 929 917	1 162 481	1 188 840	1 600 013	1 609 099	1 145 778	1 028 797	779 765
山东	1 039 103	1 189 644	1 419 000	2 277 000	2 781 331	2 805 000	3 079 782	3 046 311	2 712 838	2 951 400	2 363 231	3 358 892	3 185 307	2 825 251	2 547 040	2 078 125	1 993 516
河南	1 161 360	1 202 146	813 000	1 322 000	1 368 127	1 368 000	1 368 127	1 368 127	1 368 127	1 404 538	1 176 372	1 324 196	2 027 476	1 881 280	1 239 977	1 202 226	1 595 913
湖北	813 776	901 392	1 180 000	1 162 000	1 218 920	1 331 000	1 638 518	1 617 916	1 542 966	1 822 957	1 905 709	1 772 259	1 871 553	1 604 979	1 479 378	1 374 270	1 421 865
湖南	811 768	870 256	882 000	903 000	1 056 264	1 379 000	1 499 047	1 516 328	1 323 460	1 203 840	1 886 895	1 965 820	2 301 372	3 134 018	1 645 240	1 645 240	1 645 240
广东	2 249 179	3 201 598	3 007 000	4 383 000	4 648 299	7 224 000	8 389 827	9 179 142	10 235 506	11 226 180	7 306 739	6 516 525	11 860 390	3 044 225	3 258 464	3 971 046	3 117 370
广西	410 337	638 998	504 000	687 000	802 479	955 000	1 031 069	1 226 129	1 458 582	1 399 853	1 686 118	1 482 168	1 566 623	1 450 519	1 648 347	1 940 680	1 377 530
海南	212 400	111 953	138 000	138 000	137 646	175 000	355 242	362 630	296 799	319 107	385 974	414 667	390 258	317 330	101 922	140 594	215 399
重庆	275 267	282 187	305 000	324 000	323 736	343 000	462 582	593 153	629 784	830 534	799 548	897 848	881 938	836 898	856 891	830 941	714 873
四川	711 456	758 818	909 000	981 000	912 958	1 085 000	1 407 031	1 720 498	1 555 995	1 753 289	1 379 583	1 273 189	1 273 320	1 102 022	1 116 626	1 040 848	1 231 524
贵州	137 762	156 795	197 000	199 000	213 496	195 000	251 588	327 520	310 755	348 800	530 519	621 019	578 324	537 275	558 390	987 984	1 025 687
云南	248 416	408 178	362 000	450 000	492 332	830 000	760 768	668 183	671 005	620 418	617 713	490 900	485 829	477 482	560 289	559 633	612 234
西藏	508	557	9 000	10 000	17 709	21 000	31 212	34 897	31 819	31 501	39 933	32 247	26 814	37 692	36 798	47 266	35 058
陕西	466 056	699 157	719 000	634 000	848 663	1 053 000	1 304 501	1 312 857	1 542 908	1 313 385	2 807 764	1 457 261	1 344 919	1 274 495	1 328 117	1 341 261	1 219 120
甘肃	281 505	336 128	290 000	178 000	189 672	287 000	421 124	461 293	504 181	472 252	417 784	417 261	421 552	387 274	353 837	394 882	405 668
青海	256 130	385 602	294 000	368 000	393 996	452 000	515 840	493 966	490 220	513 684	551 486	548 327	645 716	631 884	598 615	372 587	397 557
宁夏	105 102	143 881	220 000	110 000	211 612	327 000	346 395	502 844	466 290	565 888	954 891	430 263	436 000	302 458	254 954	143 758	267 054
新疆	331 328	277 310	285 000	357 000	387 060	369 000	1 095 185	1 249 741	845 699	1 024 109	510 852	542 686	606 759	414 565	376 021	325 516	392 052

表 7 2000—2016 年就业人员分布及基本情况

年份	年末第一产业就业 人员数（万人）	年末第二产业就业 人员数（万人）	年末第三产业就业 人员数（万人）	城镇登记 失业率（%）
2000	36 042.5	16 219.13	19 823.38	3.1
2001	36 398.5	16 233.73	20 164.77	3.6
2002	36 640	15 681.92	20 958.08	4
2003	36 204.38	15 926.98	21 604.65	4.3
2004	34 829.82	16 709.4	22 724.78	4.2
2005	33 441.86	17 765.99	23 439.16	4.2
2006	31 940.63	18 894.46	24 142.92	4.1
2007	30 730.97	20 186.03	24 404	4
2008	29 923.34	20 553.41	25 087.25	4.2
2009	28 890.47	21 080.18	25 857.35	4.3
2010	27 930.54	21 842.14	26 332.33	4.1
2011	26 594.16	22 543.9	27 281.94	4.1
2012	25 773	23 241	27 690	4.1
2013	24 171	23 170	29 636	4.05
2014	22 790	23 099	31 364	4.09
2015	21 919	22 693	32 839	4.05
2016	21 496	22 350	34 872	4.02

表 8 2000—2016年各地区城镇登记失业人员数(年末数，万人)

地区	2000	2001	2002	2003	2004	2005	2006	2007	2008	2009	2010	2011	2012	2013	2014	2015	2016
北京	3.32	5.19	6.02	6.96	6.46	10.56	10.4	10.63	10.33	8.16	7.73	8.13	8.15	7.53	7.43	16.6	16.9
天津	10.5	11.4	12.9	12.03	11.77	11.71	11.67	14.99	12.99	15	16.1	20.11	20.4	21.69	22.52	10.2	9.7
河北	17.4	19.54	22.16	25.69	28.01	27.82	28.69	29.3	32.24	34.5	35.14	35.99	36.83	37.22	38.31	39.4	41
山西	9.7	12.23	14.52	13.05	13.7	14.27	15.6	16.1	17.47	21.65	20.39	21.15	21	21.1	24.55	20.4	19
内蒙古	12.6	14.5	16.27	17.6	18.5	17.74	18	18.46	19.92	20.14	20.81	21.83	23.13	23.8	24.77	25.5	24.6
辽宁	40.8	55.5	75.57	72	70.1	60.4	54.1	44.52	41.68	41.62	38.93	39.43	38.08	39.55	40.96	98.1	93.5
吉林	22.98	20.16	23.82	28.43	28.24	27.64	26.3	23.94	24.3	23.45	22.65	22.21	22.3	22.61	23.18	33.7	35.2
黑龙江	25.3	35.5	41.61	35	32.9	31.3	31.2	31.47	32.07	31.41	36.24	35.03	41.26	41.37	39.85	67.6	61.9
上海	20.08	25.72	28.78	30.11	27.43	27.5	27.82	26.7	26.56	27.87	27.6	27	26.69	25.3	25.63	38.1	39
江苏	27.01	36.1	42.17	41.8	42.9	41.62	40.4	39.26	41.09	40.74	40.65	41.45	40.47	37.61	36.57	112.9	113
浙江	21.82	23.99	27.73	28.27	30.14	28.97	29.1	28.6	30.68	30.68	31.13	31.67	33.41	33.41	33.14	45.8	42.5
安徽	31.6	19.9	22.63	25.1	26.1	27.77	28.23	27.17	29.31	30.08	26.86	33.14	31.3	32.36	31.45	35.5	26.4
福建	9.1	13.23	14.96	14.6	14.51	14.86	15.13	14.85	14.96	15.19	14.49	14.64	14.55	14.7	14.35	28.3	28.3
江西	16.68	17.28	17.76	21.62	22.42	22.83	25.27	24.34	26	27.3	26.26	24.64	25.7	27.42	29.41	151	28.8
山东	37.5	35.4	39.74	41.3	42.3	42.9	43.7	43.47	60.74	45.12	44.5	45.1	43.4	42.15	43.07	119.9	69.4
河南	21.4	23.1	25.4	26.31	31.17	33.02	35.4	33.07	36.51	38.46	38.16	38.41	38.3	40.24	40.01	51.1	46.7
湖北	36.64	42.15	44.66	49.34	49.37	52.64	52.56	54.1	55.07	55.25	55.65	55.12	42.26	40.17	37.88	56	52.6
湖南	27.57	30.34	30.39	37.13	43	41.86	43.3	44.38	47.01	47.81	43.22	43.14	44.13	45.65	47.29	72.7	37.9
广东	30.24	34.5	36.49	35.46	35.94	34.49	36.2	36.22	38.07	39.51	39.3	38.83	39.61	37.98	36.83	65.4	61
广西	11.3	14.2	14.71	14.9	17.8	18.51	20.01	18.47	18.8	19.11	19.07	18.81	18.94	18.05	18.66	14.6	12.2
海南	0	3.8	4	3.6	4.65	5.08	5.2	5.41	5.64	5.3	4.77	2.85	3.63	3.94	4.25	3.5	2.9
重庆	10.15	13.72	16.18	16.16	16.76	16.88	15.41	14.13	13.02	13.44	13.02	12.96	12.43	12.07	13.42	30.1	32.5

续表

地区	2000	2001	2002	2003	2004	2005	2006	2007	2008	2009	2010	2011	2012	2013	2014	2015	2016
四川	30.79	31.9	33.82	33.1	33.3	34.3	36.1	34.53	37.86	36.28	34.56	36.93	40.67	42.87	54.36	54.8	47.9
贵州	10.23	11.14	11.08	11.18	11.61	12.13	12.12	12.13	12.47	12.34	12.18	12.51	12.56	13.66	14.09	12	13.4
云南	6.77	8	9.8	12.12	11.9	12.97	13.79	14.02	14.77	15.4	15.69	15.99	17.44	18.09	19.19	36	36.9
西藏			1.33		1.2					2.02	2.08	1.04	1.64	1.63	1.69	1.8	1.5
陕西	11.39	14.01	13.51	13.95	18.46	21.54	21.5	20.95	20.83	21.48	21.42	20.91	19.48	21.06	22.35	20.6	20.8
甘肃	7.35	7.44	8.66	9.31	9.53	9.25	9.69	9.51	9.43	10.28	10.72	10.78	9.8	9.3	9.71	32.1	30.8
青海	1.8	2.4	2.85	3.07	3.48	3.63	3.73	3.72	3.87	4.06	4.24	4.35	4.09	4.23	4.22	6	6.7
宁夏	3.8	3.66	3.54	3.75	4.1	4.35	4.2	4.42	4.77	4.8	4.76	5.22	4.61	4.69	5	9.6	10.7
新疆	11	9.7	9.9	9.9	13.3	11.13	11.6	11.7	11.77	11.86	10.99	11.12	11.85	11.9	11.21	31.6	39.4

表 9　2000—2016 年各地区城镇登记失业率（年末数，%）

地区	2000	2001	2002	2003	2004	2005	2006	2007	2008	2009	2010	2011	2012	2013	2014	2015	2016
北京	0.76	1.18	1.35	1.43	1.3	2.11	1.98	1.84	1.82	1.44	1.37	1.39	1.27	1.21	1.31	1.4	1.4
天津	3.2	3.6	3.91	3.8	3.76	3.7	3.6	3.59	3.6	3.6	3.6	3.6	3.6	3.6	3.5	3.5	3.5
河北	2.8	3.2	3.6	3.9	4	3.93	3.84	3.83	3.96	3.93	3.86	3.75	3.69	3.68	3.59	3.6	3.7
山西	2.2	2.6	3.4	3	3.1	3.01	3.2	3.24	3.29	3.86	3.58	3.48	3.33	3.13	3.4	3.5	3.5
内蒙古	3.3	3.7	4.1	4.5	4.6	4.26	4.1	3.99	4.1	3.97	3.9	3.8	3.73	3.66	3.59	3.7	3.7
辽宁	3.7	3.2	6.5	6.5	6.5	5.62	5.1	4.28	3.9	3.87	3.63	3.68	3.55	3.35	3.38	3.4	3.8
吉林	3.7	3.1	3.6	4.3	4.23	4.2	4.2	3.92	3.98	3.95	3.8	3.7	3.65	3.7	3.4	3.5	3.5
黑龙江	3.3	4.7	4.9	4.2	4.5	4.42	4.4	4.26	4.23	4.27	4.27	4.1	4.15	4.44	4.47	4.5	4.2
上海	3.5	4.3	4.8	4.9	4.5	4.4	4.4	4.22	4.2	4.26	4.35	3.54	3.05	3.98	4.06	4	4.1
江苏	3.4	3.6	4.2	4.1	3.8	3.56	3.4	3.17	3.25	3.22	3.16	3.22	3.14	3.03	3.01	3	3

续表

地区	2000	2001	2002	2003	2004	2005	2006	2007	2008	2009	2010	2011	2012	2013	2014	2015	2016
浙江	3.4	3.7	4.2	4.2	4.1	3.72	3.51	3.27	3.49	3.26	3.2	3.12	3.01	3.01	2.96	2.9	2.9
安徽	3.3	3.7	4	4.1	4.2	4.4	4.25	4.06	3.92	3.92	3.66	3.74	3.68	3.41	3.21	3.1	3.2
福建	2.6	3.8	4.2	4.1	4	3.95	3.93	3.89	3.86	3.9	3.77	3.69	3.63	3.55	3.47	3.7	3.9
江西	2.9	3.3	3.4	3.6	3.56	3.48	3.64	3.37	3.42	3.44	3.31	2.98	3	3.17	3.27	3.4	3.4
山东	3.2	3.3	3.6	3.6	3.4	3.33	3.3	3.21	3.7	3.4	3.36	3.35	3.33	3.24	3.3	3.4	3.5
河南	2.6	2.8	2.9	3.1	3.4	3.45	3.52	3.41	3.4	3.5	3.38	3.35	3.08	3.09	2.97	3	3
湖北	3.5	4	4.3	4.3	4.2	4.33	4.22	4.21	4.2	4.21	4.18	4.1	3.83	3.49	3.1	2.6	2.4
湖南	3.7	4	4	4.5	4.4	4.27	4.3	4.25	4.2	4.14	4.16	4.21	4.23	4.2	4.14	4.1	4.2
广东	2.5	2.9	3.1	2.9	2.7	2.58	2.6	2.51	2.56	2.6	2.52	2.46	2.48	2.43	2.44	2.5	2.5
广西	3.2	3.5	3.7	3.6	4.1	4.15	4.15	3.79	3.75	3.74	3.66	3.46	3.41	3.3	3.15	2.9	2.9
海南	3.3	3.4	3.1	3.4	3.4	3.55	3.6	3.49	3.72	3.48	3	1.73	2.01	2.17	2.26	2.3	2.4
重庆	3.5	3.9	4.1	4.1	4.12	4.12	4	3.98	3.96	3.96	3.9	3.5	3.3	3.4	3.46	3.6	3.7
四川	3.97	4.3	4.5	4.4	4.4	4.61	4.5	4.24	4.57	4.34	4.14	4.16	4.02	4.11	4.15	4.1	4.2
贵州	3.82	4	4.1	4	4.09	4.2	4.11	3.97	3.98	3.81	3.64	3.63	3.29	3.26	3.27	3.3	3.2
云南	2.6	3.3	4	4.1	4.3	4.17	4.28	4.18	4.21	4.26	4.21	4.05	4.03	3.98	3.98	4	3.6
西藏			4.9		4					3.8	3.99	3.2	2.58	2.47	2.47	2.5	2.6
陕西	2.7	3.2	3.3	3.5	3.8	4.18	4	4.02	3.91	3.94	3.85	3.59	3.22	3.32	3.34	3.4	3.3
甘肃	2.7	2.8	3.2	3.4	3.4	3.26	3.63	3.34	3.23	3.25	3.21	3.11	2.68	2.3	2.19	2.1	2.2
青海	2.4	3.5	3.6	3.8	3.92	3.93	3.9	3.75	3.8	3.8	3.8	3.76	3.37	3.31	3.15	3.2	3.1
宁夏	4.6	4.4	4.4	4.4	4.5	4.52	4.3	4.28	4.35	4.4	4.35	4.4	4.18	4.06	4.02	4	3.9
新疆	3.8	3.7	3.7	3.5	3.5	3.92	3.9	3.88	3.7	3.84	3.23	3.22	3.39	3.36	3.17	2.9	2.5

表 10　2001—2016 年各地区大专以上从业人员占就业总人数比例（%）

地区	2001	2002	2003	2004	2005	2006	2007	2008	2009	2010	2011	2012	2013	2014	2015	2016
北京	18.6	23.1	26.2	28.57	30.87	35.70	34.31	32.80	35.98	38.98	50.26	53.6	51.4	55.87	52.7	54.1
天津	10.8	13.7	13.5	18.17	14.84	17.26	17.37	16.94	17.99	21.52	26.74	27.8	31.8	34.15	34.4	34.3
河北	3.4	6.2	8.6	7.26	5.51	4.32	4.4	5.04	5.7	7.68	11.13	11.9	11.1	13.43	15.7	16.2
山西	6.7	6.8	7.6	6.98	7.98	8.09	7.94	7.18	7.88	10.81	12.92	15.4	15.3	16.79	20.8	21.3
内蒙古	6.9	7.4	7.3	8.69	10.27	7.42	7.85	7.82	8.15	12.41	16.55	17.0	17.3	18.52	18.1	20
辽宁	6.2	6.6	10.9	9.14	9.84	9.64	9.7	11.72	12.23	13.57	13.56	13.2	15.5	16.7	20	20.7
吉林	6.9	8	7.7	7.92	8.20	6.46	7.46	7.63	8.55	10.64	12.36	13.5	13.9	14.85	15.8	15.7
黑龙江	6.4	6.4	6.3	5.69	8.57	7.31	7.49	6.47	7.11	10.26	9.49	9.4	11.0	11.63	18	17.7
上海	17.1	16.2	20.3	24.36	21.90	28.39	27.68	29.20	31.32	28.31	32.13	33.7	35.0	42.85	43.9	44.6
江苏	5.6	4.6	6.2	5.81	7.70	8.15	6.66	6.63	7.27	11.95	13.68	15.4	16.9	18.29	22.9	24.6
浙江	3.8	7.9	8.2	10.45	6.47	8.74	8.03	8.90	10.38	11.56	15.92	17.6	19.2	21.52	24.7	25.2
安徽	4.4	3	5.3	5.78	4.89	3.69	3.42	4.06	3.89	7.53	8.65	9.7	10.1	11.6	13.3	13.8
福建	6.4	6.1	6.2	7.15	6.83	6.36	7.26	7.41	12.03	9.97	15.69	16.3	17.1	18.01	17.9	18.7
江西	6.2	3.9	9.3	6.15	5.45	5.86	8.84	6.91	7.43	7.17	8.02	9.0	10.8	10.94	12.6	11.9
山东	6.2	7.4	7.2	7.08	5.04	5.23	5.17	5.61	5.94	8.86	13.94	14.6	16.0	17.29	14.7	15.2
河南	5.3	5.6	3.9	5.85	5.06	4.35	4.05	4.47	4.96	6.82	8.59	9.0	10.2	11.97	12.8	13.2
湖北	5.8	4.9	5.5	5.88	5.97	7.57	6.82	7.05	7.87	9.20	14.09	13.8	13.5	15.97	16.3	16.5
湖南	4.9	5.4	5.9	6.65	5.53	5.51	5.55	5.61	5.68	7.89	14.76	14.3	14.8	15.63	14.8	15.6
广东	5.4	7.1	7.5	7.35	7.55	7.28	8.02	8.75	7.72	10.73	12.52	12.2	14.2	15.38	17.3	18.6

续表

地区	2001	2002	2003	2004	2005	2006	2007	2008	2009	2010	2011	2012	2013	2014	2015	2016
广西	3.6	3.8	5.6	6.53	5.10	5.25	4.24	3.72	4.45	7.36	7.96	9.0	8.3	10.46	13.5	13.2
海南	5.4	5.2	8.2	7.13	6.99	5.98	5.27	6.07	6.14	9.04	11.42	13.3	14.3	15.24	13.9	14.4
重庆	3.8	3.8	3.7	4.37	5.52	5.08	4.12	3.93	5.46	10.38	11.36	12.3	12.5	14.17	18.5	19.5
四川	5.5	4.7	4.6	4.25	4.21	3.72	4.07	3.31	5.46	7.01	8.84	9.6	10.7	10.98	12	13.3
贵州	4.6	4.5	7.2	5.95	4.55	3.37	4.12	4.50	3.62	7.08	8.39	8.2	9.3	10.19	9.5	10.2
云南	2.5	2.7	2	4.64	3.88	3.64	3.53	3.01	3.24	6.49	8.75	8.4	10.0	10.22	9.9	9.4
西藏	0.2	0.4	0.6	0.7	0.87	0.49	0.3	0.34	0.3	7.10	18.51	6.6	5.9	5.9	10	12.1
陕西	5.9	5.1	8.1	10.04	7.64	7.49	8.13	8.91	8.42	10.49	16.04	17.0	18.7	21.01	17.6	18.9
甘肃	4.6	3.8	5.9	7.38	5.76	3.58	3.97	5.17	5.04	8.12	11.49	12.1	13.8	14.36	13.4	14.1
青海	3.7	4.2	7.1	6.11	10.05	7.98	9.17	9.26	10.2	11.51	16.69	16.5	17.5	16.4	17.9	19.1
宁夏	7.2	7.8	7.7	10.27	9.86	8.84	9.26	9.32	9.3	12.74	14.96	14.3	14.1	15.37	19.4	21.3
新疆	10.8	14	13.6	13.55	12.29	11.18	10.6	11.26	11.29	13.86	15.95	18.0	18.1	17.67	23	23.1

表 11 2002—2016 年按年龄分就业人员大专及以上受教育程度者占比（%）

年份	16~19	20~24	25~29	30~34	35~39	40~44	45~49	50~54	55~59	60~64	65十	总计
2002	0.5	6.2	9.5	8.2	7.1	5.9	4.8	3.6	3.2	1.4	0.8	6
2003	0.4	7.3	11.1	9.5	8.0	7.4	5.5	3.9	3.1	1.1	0.7	6.8
2004	0.5	8.13	12.38	10.16	7.91	7.92	5.49	4.15	3.34	1.02	0.61	7.23
2005	0.5	8.4	12.9	10.2	7.6	7.2	5.1	3.7	2.5	0.8	0.6	6.8
2006	0.6	8.8	13.3	10.5	7.9	6.8	5.0	3.7	2.2	1.0	0.7	6.6
2007	0.7	8.4	13.8	11.0	8.1	6.6	5.3	3.7	2.1	0.7	0.4	6.6
2008	1.0	9.7	14.8	11.6	8.1	6.2	5.6	3.8	2.1	0.6	0.4	6.9
2009	1.1	9.2	15.2	12.3	9.2	7.0	6.5	4.6	2.9	0.7	0.6	7.3
2010	1.3	12.5	20.6	16.4	11.6	8.5	7.9	5.4	3.2	0.7	0.5	10.1
2011	2.6	18.8	25.9	21.0	14.8	10.4	8.8	6.6	3.7	0.9	0.5	12.9
2012	3.2	19.7	26.6	22.9	16.2	11.4	9.1	7.2	4.1	1.1	0.5	13.7
2013	2.8	21.3	28.8	25.1	17.8	12.1	9.0	8.4	4.3	1.0	0.5	14.6
2014	4.3	25.8	30.9	27.7	19.7	13.6	9.7	8.5	4.5	1.1	0.4	16
2015	2.5	27.4	31.8	29.4	21.3	14.7	11.2	9.6	4.8	0.9	0.6	17.4
2016	3.8	28.9	33.4	30.7	22.6	15.1	11.6	9.1	5	1	0.4	18.1

表 12　2001—2016 年就业训练中心结业与就业人数（人）

年份	结业人数	就业人数	就业率（就业数/结业数，%）
2001	4 633 170	2 809 620	60.6
2002	5 034 090	3 181 555	63.2
2003	5 796 603	3 768 636	65.0
2004	7 155 655	4 662 924	65.2
2005	7 971 643	5 577 680	70.0
2006	8 896 578	6 488 160	72.9
2007	9 184 327	7 166 297	78.0
2008	8 632 205	7 044 980	81.6
2009	7 710 226	6 607 821	85.7
2010	7 257 643	5 995 558	82.6
2011	7 441 632	5 942 559	79.9
2012	7 558 849	6 925 624	91.6
2013	5 840 449	4 534 446	77.6
2014	5 023 349	3 710 579	73.9
2015	4 242 993	3 178 178	74.9
2016	4 084 783	2 911 629	71.3

表 13　2000—2016 年职业技能鉴定劳动者数量（人）

年份	获得证书人数	初级	中级	高级	技师	高级技师
2000	3 726 619	1 553 035	1 743 885	393 201	34 175	2 323
2001	4 570 081	1 756 881	2 236 967	523 010	49 689	3 534
2002	5 562 607	2 036 748	2 712 382	761 195	48 852	3 430
2003	5 839 222	2 124 504	2 870 097	768 890	69 501	6 230
2004	7 360 975	2 691 946	3 516 786	975 155	140 816	36 272
2005	7 857 292	2 732 405	3 756 905	1 133 278	195 577	39 127
2006	9 252 416	3 124 130	4 390 924	1 440 591	260 830	35 384
2007	9 956 079	3 687 419	4 518 674	1 429 235	274 176	46 575
2008	11 372 105	4 492 273	4 891 989	1 606 473	318 047	63 323
2009	12 320 051	5 251 357	5 134 383	1 516 357	336 623	81 331
2010	13 929 377	5 899 097	5 544 598	2 097 432	316 663	71 587
2011	14 820 504	6 533 022	5 464 700	2 464 290	286 769	71 723
2012	15 487 834	6 655 352	5 604 790	2 760 639	336 187	130 866
2013	15 366 664	6 766 044	5 372 332	2 728 517	376 144	123 627
2014	15 542 766	6 094 580	5 707 155	3 117 737	429 024	194 270
2015	15 392 295	5 915 465	5 831 396	3 092 249	416 439	136 746
2016	14 461 529	5 549 708	5 481 352	2 963 711	350 596	116 162

表 14 2016 年各行业就业人员受教育程度 (%)

受教育程度	总计	未上过学	小学	初中	高中	中等职业教育	高等职业教育	大学专科	大学本科	研究生及以上
就业人员（按行业）	100.0	1	8.1	34.3	16.3	7.2	2.1	15.9	13.7	1.5
农、林、牧、渔业	100.0	6.2	33.1	49.4	7.2	1.6	0.3	1.5	0.7	0.1
采矿业	100.0	0.3	3.8	35.2	19.2	11.2	2	16.6	11	0.7
制造业	100.0	0.5	7	40.7	18.1	8.7	2.3	13.5	8.4	0.7
电力、燃气及水的生产和供应业	100.0	0.2	1.8	18.6	19	10.1	2.9	26	19.7	1.6
建筑业	100.0	0.8	12.9	51.3	13.8	4.3	1.2	9.2	6.2	0.3
交通运输、仓储和邮政业	100.0	0.5	6	38.4	22.3	8.4	2.5	14.5	7	0.4
信息传输、计算机服务和软件业	100.0	0.4	5.7	40.9	21.4	8.3	2.3	13.1	7.5	0.4
批发和零售业	100.0	0.9	8.5	50.6	20	7	2.1	7.6	3.1	0.1
住宿和餐饮业	100.0	0.1	0.8	7.5	10.7	6.6	2.1	31.7	36.1	4.3
金融业	100.0	0.1	0.6	8.5	11.5	6	2	30.8	36.5	4.1
房地产业	100.0	0.6	5.3	24.7	19.1	8.1	2.8	23.6	15.1	0.8
租赁和商务服务业	100.0	0.4	4.2	23.6	15.9	7.1	2.6	23	21.1	2.1
科学研究、技术服务和地质勘查业	100.0	0.1	0.8	8	9.9	5.3	2	23.4	40.2	10.3
水利、环境和公共设施管理业	100.0	2	11.1	29.9	15.8	5.4	2.4	19.3	13	1
居民服务和其他服务业	100.0	1.2	10.7	44.1	19.2	7.3	2.1	9.8	5.3	0.3
教育	100.0	0.1	1.1	7.2	6.6	5.8	2.1	25.1	43.7	8.3
卫生、社会保障和社会福利业	100.0	0.2	2.1	8.6	7.7	11.4	2.4	31.3	31.9	4.4
文化、体育和娱乐业	100.0	0.2	3.2	21.6	15.3	8.6	2.8	22.7	23.1	2.4
公共管理和社会组织	100.0	0.2	1.6	10	12.7	5.9	1.9	30.4	34.5	2.7
国际组织	100.0			32.6				14.7	33.6	19.2

表 15　2014 年按职业分就业人员受教育程度（%）

受教育程度	总计	未上过学	小学	初中	高中	中等职业教育	高等职业教育	大学专科	大学本科	研究生及以上
就业人员（按职业）	100.0	1	8.1	34.3	16.3	7.2	2.1	15.9	13.7	1.5
单位负责人	100.0	0.2	3.5	24.6	18.7	6.6	3	21.6	19.6	2.3
专业技术人员	100.0	0.2	1.6	11.7	10.5	7.7	2.3	26.9	34	5.2
办事人员和有关人员	100.0	0.3	2.5	16.2	15.3	7.5	2.3	27.3	26.3	2.2
商业、服务业人员	100.0	0.8	7.5	41.6	21	8	2.3	12.5	6.1	0.3
农林牧渔水利业生产人员	100.0	6.3	33.5	49.8	7.1	1.4	0.3	1.1	0.5	0.3
生产运输设备操作人员及有关人员	100.0	0.6	9.6	50.3	17.7	7.6	1.8	8.6	3.6	0.2
其他	100.0	0.6	7.4	45.6	18.2	6.5	1	13.3	6.9	0.5

表 16　2003—2015 年按行业分城镇单位就业人员平均工资（元）

行业名称	2003	2004	2005	2006	2007	2008	2009	2010	2011	2012	2013	2014	2015
合计	13 969	15 920	18 200	20 856	24 721	28 898	32 244	36 539	41 799	46 769	51 483	56 360	63 241
农、林、牧、渔业	6 884	7 497	8 207	9 269	10 847	12 560	14 356	16 717	19 469	22 687	25 820	28 356	32 971
采矿业	13 627	16 774	20 449	24 125	28 185	34 233	38 038	44 196	52 230	56 946	60 138	61 677	59 920
制造业	12 671	14 251	15 934	18 225	21 144	24 404	26 810	30 916	36 665	41 650	46 431	51 369	55 192
电力、燃气及水的生产和供应业	18 574	21 543	24 750	28 424	33 470	38 515	41 869	47 309	52 723	58 202	67 085	73 339	80 528
建筑业	11 328	12 578	14 112	16 164	18 482	21 223	24 161	27 529	32 103	36 483	42 072	45 804	49 767
交通运输、仓储和邮政业	15 753	18 071	20 911	24 111	27 903	32 041	35 315	40 466	47 078	46 340	50 308	55 838	60 449
信息传输、计算机服务和软件业	30 897	33 449	38 799	43 435	47 700	54 906	58 154	64 436	70 918	53 391	57 993	63 416	69 772

续表

行业名称	2003	2004	2005	2006	2007	2008	2009	2010	2011	2012	2013	2014	2015
批发和零售业	10 894	13 012	15 256	17 796	21 074	25 818	29 139	33 635	40 654	31 267	34 044	37 264	41 773
住宿和餐饮业	11 198	12 618	13 876	15 236	17 046	19 321	20 860	23 382	27 486	80 510	90 915	100 845	112 935
金融业	20 780	24 299	29 229	35 495	44 011	53 897	60 398	70 146	81 109	89 743	99 653	108 273	132 788
房地产业	17 085	18 467	20 253	22 238	26 085	30 118	32 242	35 870	42 837	46 764	51 048	55 568	61 381
租赁和商务服务业	17 020	18 723	21 233	24 510	27 807	32 915	35 494	39 566	46 976	53 162	62 538	67 131	71 410
科学研究、技术服务和地质勘查业	20 442	23 351	27 155	31 644	38 432	45 512	50 143	56 376	64 252	69 254	76 602	82 259	90 786
水利、环境和公共设施管理业	11 774	12 884	14 322	15 630	18 383	21 103	23 159	25 544	28 868	32 343	36 123	39 198	47 046
居民服务和其他服务业	12 665	13 680	15 747	18 030	20 370	22 858	25 172	28 206	33 169	35 135	38 429	41 882	45 524
教育	14 189	16 085	18 259	20 918	25 908	29 831	34 543	38 968	43 194	47 734	51 950	56 580	68 090
卫生、社会保障和社会福利业	16 185	18 386	20 808	23 590	27 892	32 185	35 662	40 232	46 206	52 564	57 979	63 267	73 444
文化、体育和娱乐业	17 098	20 522	22 670	25 847	30 430	34 158	37 755	41 428	47 878	53 558	59 336	64 375	74 301
公共管理和社会组织	15 355	17 372	20 234	22 546	27 731	32 296	35 326	38 242	42 062	46 074	49 259	53 110	64 431

表 17 2003—2015 年按行业分城镇单位就业人员工资总额（亿元）

行业名称	2003	2004	2005	2006	2007	2008	2009	2010	2011	2012	2013	2014	2015
合计	15 329.64	17 615.00	20 627.07	24 262.32	29 471.51	35 289.50	40 288.16	47 269.89	59 954.66	70 914.2	93 064.29	102 817.2	112 007.8
农、林、牧、渔业	335.80	351.16	368.65	403.34	464.63	516.42	537.41	627.06	697.65	760.8	757.96	808.9	862.6
采矿业	662.86	831.84	1 031.25	1 259.57	1 500.48	1 847.29	2 089.12	2 458.84	3 174.24	3 600.7	3 833.18	3 728.2	3 318.2
制造业	3 772.66	4 316.44	5 056.63	6 035.77	7 241.15	8 498.91	9 302.20	11 140.79	15 031.37	17 668.1	24 566.64	27 011.4	28 341.6

续表

行业名称	2003	2004	2005	2006	2007	2008	2009	2010	2011	2012	2013	2014	2015
电力、燃气及水的生产和供应业	551.99	646.78	741.82	858.00	1 012.73	1 180.36	1 283.45	1 468.28	1 755.73	1 999.6	2 715.30	2 965.8	3 137.4
建筑业	965.89	1 081.27	1 324.68	1 612.06	1 946.21	2 313.62	2 837.89	3 471.55	5 596.36	7 392.7	12 315.09	13 389.4	13 619.3
交通运输、仓储和邮政业	1 008.02	1 144.72	1 279.50	1 471.54	1 727.85	2 006.30	2 234.90	2 541.95	3 074.06	3 271.3	4 451.92	4 931.4	5 324.6
信息传输、计算机服务和软件业	355.97	404.32	491.83	587.41	699.08	862.83	996.23	1 171.65	1 475.59	3 531.5	4 834.56	5 435.4	5 898.0
批发和零售业	696.34	770.52	831.96	920.00	1 061.80	1 323.94	1 509.21	1 782.97	2 594.75	824.4	1 038.33	1 079.1	1 130.0
住宿和餐饮业	190.91	221.23	249.81	280.05	314.59	371.23	418.87	484.65	655.22	1 769.4	2 957.72	3 375.8	3 912.7
金融业	734.42	866.75	1 047.66	1 292.92	1 670.34	2 202.90	2 658.79	3 219.03	4 007.02	4 669.0	5 269.04	6 017.4	6 730.1
房地产业	202.72	243.25	293.01	338.37	426.18	520.84	607.78	745.58	1 052.54	1 271.3	1 882.30	2 220.5	2 493.0
租赁和商务服务业	305.23	351.38	449.79	565.56	668.90	893.68	1 021.39	1 198.45	1 325.28	1 531.2	2 629.38	2 985.9	3 399.9
科学研究、技术服务和地质勘查业	454.43	514.62	613.95	736.91	923.92	1 154.61	1 350.61	1 619.29	1 879.58	2 259.4	2 940.32	3 339.7	3 665.8
水利、环境和公共设施管理业	202.62	226.13	257.35	289.83	352.19	413.81	474.32	555.89	659.79	784.6	933.66	1 049.9	1 177.7
居民服务和其他服务业	66.40	71.84	85.13	102.50	115.82	132.11	146.78	168.44	197.89	217.1	277.16	312.9	336.1
教育	2 035.87	2 346.19	2 690.81	3 127.82	3 917.21	4 556.10	5 338.61	6 136.54	6 938.82	7 851.0	8 721.14	9 722.5	11 492.1
卫生、社会保障和社会福利业	782.08	902.27	1 047.81	1 226.09	1 496.57	1 789.26	2 095.30	2 506.41	3 078.65	3 718.5	4 397.77	5 057.8	5 941.3
文化、体育和娱乐业	217.88	251.55	275.81	314.85	378.12	429.31	488.51	543.74	642.07	735.4	867.81	936.8	1 086.0
公共管理和社会组织	1 787.56	2 072.73	2 489.63	2 839.73	3 553.75	4 275.97	4 896.80	5 428.79	6 118.07	7 058.3	7 675.02	8 448.6	10 141.4

表 18　1985—2015 年分登记注册类型城镇单位就业人员平均工资及指数

年份	平均工资（元）				指数（以上年为 100）			
	合计	国有单位	城镇集体单位	其他单位	合计	国有单位	城镇集体单位	其他单位
1985	1 148	1 213	967	1 436	117.9	117.3	119.2	137
1986	1 329	1 414	1 092	1 629	115.8	116.6	112.9	113.4
1987	1 459	1 546	1 207	1 879	109.8	109.3	110.5	115.3
1988	1 747	1 853	1 426	2 382	119.7	119.9	118.1	126.8
1989	1 935	2 055	1 557	2 707	110.8	110.9	109.2	113.6
1990	2 140	2 284	1 681	2 987	110.6	111.1	108	110.3
1991	2 340	2 477	1 866	3 468	109.3	108.5	111	116.1
1992	2 711	2 878	2 109	3 966	115.9	116.2	113	114.4
1993	3 371	3 532	2 592	4 966	124.3	122.7	122.9	125.2
1994	4 538	4 797	3 245	6 302	134.6	135.8	125.2	126.9
1995	5 348	5 553	3 934	7 728	118.9	117.3	121.1	119.9
1996	5 980	6 207	4 312	8 521	111.8	111.8	109.6	110.3
1997	6 444	6 679	4 516	9 092	107.8	107.6	104.7	106.7
1998	7 446	7 579	5 314	9 241	115.5	113.5	117.7	101.6
1999	8 319	8 443	5 758	10 142	111.7	111.4	108.4	109.8
2000	9 333	9 441	6 241	11 238	112.2	111.8	108.4	110.8
2001	10 834	11 045	6 851	12 437	116.1	117	109.8	110.7
2002	12 373	12 701	7 636	13 486	114.2	115	111.5	108.4
2003	13 969	14 358	8 627	14 843	112.9	113	113	110.1
2004	15 920	16 445	9 723	16 519	114	114.5	112.7	111.3
2005	18 200	18 978	11 176	18 362	114.3	115.4	114.9	111.2
2006	20 856	21 706	12 866	21 004	114.6	114.4	115.1	114.4
2007	24 721	26 100	15 444	24 271	118.5	120.2	120	115.6
2008	28 898	30 287	18 103	28 552	116.9	116	117.2	117.6
2009	32 244	34 130	20 607	31 350	111.6	112.7	113.8	109.8
2010	36 539	38 359	24 010	35 801	113.3	112.4	116.5	114.2
2011	41 799	43 483	28 791	41 323	114.4	113.4	119.9	115.4
2012	46 769	48 357	33 784	46 360	111.9	111.2	117.3	112.2
2013	51 483	52 657	38 905	51 453	110.1	108.9	115.2	111
2014	56 360	57 296	42 742	56 485	109.5	108.8	109.9	109.8
2015	62 029	65 296	46 607	60 906	110.1	114.0	109.0	107.8

表 19　2003—2015 年按行业分城镇单位就业人员平均工资增长

行业	增长幅度（元）	增长倍数
合计	49 272	4.5
农、林、牧、渔业	26 087	4.8
采矿业	46 293	4.4
制造业	42 521	4.4
电力、燃气及水的生产和供应业	61 954	4.3
建筑业	38 439	4.4
交通运输、仓储和邮政业	44 696	3.8
信息传输、计算机服务和软件业	38 875	2.3
批发和零售业	30 879	3.8
住宿和餐饮业	101 737	10.1
金融业	112 008	6.4
房地产业	44 296	3.6
租赁和商务服务业	54 390	4.2
科学研究、技术服务和地质勘查业	70 344	4.4
水利、环境和公共设施管理业	35 272	4.0
居民服务和其他服务业	32 859	3.6
教育	53 901	4.8
卫生、社会保障和社会福利业	57 259	4.5
文化、体育和娱乐业	57 203	4.3
公共管理和社会组织	49 076	4.2

表 20　2003—2014 年按行业分城镇单位就业人员工资总额增长

行业	增长幅度（元）	增长比例（%）
合计	96 678	7.3
农、林、牧、渔业	527	2.6
采矿业	2 655	5.0
制造业	24 569	7.5
电力、燃气及水的生产和供应业	2 585	5.7
建筑业	12 653	14.1
交通运输、仓储和邮政业	4 317	5.3
信息传输、计算机服务和软件业	5 542	16.6
批发和零售业	434	1.6
住宿和餐饮业	3 722	20.5

续表

行业	增长幅度（元）	增长比例（%）
金融业	5 996	9.2
房地产业	2 290	12.3
租赁和商务服务业	3 095	11.1
科学研究、技术服务和地质勘查业	3 211	8.1
水利、环境和公共设施管理业	975	5.8
居民服务和其他服务业	270	5.1
教育	9 456	5.6
卫生、社会保障和社会福利业	5 159	7.6
文化、体育和娱乐业	868	5.0
公共管理和社会组织	8 354	5.7

表21　2016年女性就业人员受教育程度构成（%）

地区	未上过学	小学	初中	高中	中等职业教育	高等职业教育	大学专科	大学本科	研究生及以上
全国	4.2	20.7	40.1	10.1	4.7	1.3	9.9	8.2	0.8
北京	0.3	2.5	19.6	10.4	6.5	1.4	21.6	30.5	7.2
天津	0.6	8.8	31.3	9.3	8.8	1.3	15.6	21.8	2.6
河北	1.6	15.1	46.6	11.2	5.4	1.3	11	7.2	0.6
山西	2.1	14.3	41.6	11	5.6	0.9	12.3	11.4	0.8
内蒙古	3.7	17.9	41.6	10.5	3.5	0.6	12.2	9.6	0.6
辽宁	0.7	14.2	46.9	8.3	5.1	1.4	11.4	11.1	0.9
吉林	1	19.6	45.3	12.3	3.9	1	7.9	8.4	0.6
黑龙江	1	17	46.6	11.2	3.1	1.2	9.5	9.6	0.8
上海	1.1	5.8	27.8	9.5	5.8	1.5	17.5	26.3	4.8
江苏	3.5	16	36.8	11.2	5.5	2.2	13.4	10.6	0.9
浙江	3.3	16.7	36.5	11	3.8	1.3	13.5	12.9	1
安徽	12	23.8	40.7	6	3.1	0.9	7.5	5.5	0.4
福建	4.9	25.9	33.3	9	6	1.1	10	9.2	0.6
江西	4.1	26	42.8	10.5	4.2	1.2	6.8	4.2	0.3
山东	4.2	18.2	45.2	9.7	6.1	1.2	8.8	6.1	0.6
河南	3.9	18.1	47.9	11.7	3.6	1.3	8.1	5.1	0.4
湖北	4.7	22.4	38.6	10.7	5.4	1.2	9.3	6.7	1

地区	未上过学	小学	初中	高中	中等职业教育	高等职业教育	大学专科	大学本科	研究生及以上
湖南	2.8	19.7	41.6	13.6	4.2	1.3	9.3	6.9	0.5
广东	1.3	14.5	41.6	14.5	6.8	2	11.6	7.2	0.5
广西	2.5	24	46.4	7.7	4.8	1.1	8.1	5.1	0.4
海南	4.1	17	50.4	8.5	5.7	0.9	7.2	6	0.2
重庆	4.1	29.8	31.2	10.4	3.8	1.3	11.2	7.5	0.8
四川	5.7	32.7	36.1	7.8	3.4	1.2	7.8	5	0.3
贵州	16.2	35.7	30.5	4.7	2.8	0.5	4.8	4.8	0.1
云南	8.4	37.6	35.6	5	3.3	0.6	5	4.2	0.4
西藏	30	39	12.4	3.6	2.5	0.5	7	5	0.1
陕西	3.9	15.8	41.9	12.9	3.9	1.6	11	8.2	0.8
甘肃	8.5	31.7	33.6	8.2	3.6	0.8	7	6	0.4
青海	10.5	27.9	30.4	7.7	2.9	0.7	10.7	9	0.2
宁夏	9.5	19.2	35.1	8.4	3.8	0.8	11.9	10.7	0.6
新疆	2.3	19.4	38.8	8.9	4.8	1	12.1	11.6	1

表 22 2005—2016 年按年龄分组的城镇就业人员调查周平均工作时间(小时)

年龄	2005	2006	2007	2008	2009	2010	2011	2012	2013	2014	2015	2016
16~19	51.8	49.94	48.1	45.8	46.8	49.1	48.0	47.6	49.3	49.3	48.4	48.4
20~24	49.4	48.41	46.9	45.6	46.1	47.8	46.8	47.0	47.6	47.7	46.2	46.7
25~29	48.6	48.14	46.5	45.7	45.9	47.1	46.6	46.7	47.0	47.2	45.8	46.3
30~34	48.6	48.42	46.9	46.0	46.1	47.5	47.0	46.8	47.2	47	45.7	46.4
35~39	48.4	48.32	46.7	45.9	46.1	47.8	47.2	47.2	47.6	47.5	45.9	46.4
40~44	47.7	47.68	46.1	45.4	45.4	47.6	46.9	47.0	47.6	47.5	46.1	46.6
45~49	46.9	46.54	45.2	44.5	44.5	46.8	46.0	46.0	46.8	46.7	45.7	46.3
50~54	45.9	45.22	43.9	43.3	42.9	45.8	44.8	44.7	45.5	45.6	44.9	45.6
55~59	44.8	43.89	41.8	41.0	41.1	44.7	43.4	42.6	43.8	44.1	43.9	44.7
60~64	42.9	41.75	38.4	37.3	37.8	42.6	40.1	40.6	41.2	41.2	42.4	42.8
65+		36.82	33.4	32.7	33.4	38.5	35.0	34.9	35.7	35.6	37.2	38.4

表 23　2005—2016 年按职业分组的城镇就业人员调查周平均工作时间（小时）

职业	2005	2006	2007	2008	2009	2010	2011	2012	2013	2014	2015	2016
单位负责人	47.2	47.26	47.7	47.5	47.5	47.1	47.7	48.2	48.4	48.4	46.9	47.8
专业技术人员	43.2	44.13	43.4	43.0	42.8	43.1	43.7	43.7	43.9	43.9	42.9	43.4
办事人员和有关人员	44.4	44.38	43.8	43.5	43.3	44.0	43.9	44.0	44.0	43.8	43.1	43.7
商业、服务业人员	52.0	51.97	50.3	49.1	49.0	49.8	49.5	49.6	49.9	49.9	47.7	48.4
农林牧渔水利业生产人员	43.0	41.93	38.2	37.7	37.7	41.5	38.2	38.3	38.2	37.6	38.9	39.4
生产、运输设备操作人员及有关人员	51.4	50.81	49.8	48.2	48.9	49.7	48.7	48.8	49.5	49.5	47.9	48.5
其他	48.9	48.42	46.7	46.8	46.3	47.8	47.7	49.8	49.2	44.0	44.6	50.6

表 24　2005—2016 年按教育程度分组的城镇就业人员调查周平均工作时间（小时）

教育程度	2005	2006	2007	2008	2009	2010	2011	2012	2013	2014	2015	2016
未上过学	44.4	41.48	37.3	36.4	36.9	43.5	40.1	39.8	39.6	40.1	42.1	41.9
小学	47.8	46.42	43.4	41.7	42.3	47.2	45.0	44.5	44.8	44.6	45.3	46.1
初中	50.0	49.25	47.3	46.1	46.1	48.9	48.1	48.2	48.8	48.7	48.1	48.6
高中	47.8	47.72	46.8	46.0	46.1	47.2	47.1	47.4	47.6	47.8	46.2	47.0
大学专科	43.2	43.75	42.9	43.0	42.9	43.7	43.8	44.0	44.3	44.5	45.6	46.1
大学本科	41.9	42.12	41.7	41.7	41.5	42.1	42.4	42.4	42.5	42.6	44.6	45.2
研究生及以上	41.3	42.21	41.4	41.1	41.1	41.1	41.7	41.6	41.8	41.4	43.2	43.8

表 25　2005—2016 年按性别分组的城镇就业人员调查周平均工作时间（小时）

分组	2005	2006	2007	2008	2009	2010	2011	2012	2013	2014	2015	2016
男	48.7	48.3	46.8	45.7	45.9	47.7	47.0	47.0	47.5	47.5	46.1	46.8
女	46.7	45.9	44.0	43.1	43.2	46.1	45.2	45.2	45.5	45.5	44.7	45.2
男、女周工时差距	2.0	2.4	2.8	2.6	2.7	1.6	1.8	1.8	2.0	2.0	1.4	1.6

表 26　2016 年按就业身份、性别分的城镇就业人员周工作时间构成(%)

就业身份	城镇就业人员	1～8 小时	9～19 小时	20～39 小时	40 小时	41～48 小时	48 小时以上
总计	100	1.1	1.1	5.4	42.4	18.4	31.5
雇员	100	0.9	0.5	3.3	49	19.5	26.8
雇主	100	1	0.9	3.8	29.3	14.8	50.3
自营劳动者	100	1.8	3.1	12.3	23.8	15.6	43.4
家庭帮工	100	1.7	3.1	14.7	22.5	13.6	44.2
男	100	1	0.9	4.7	41.4	18.1	33.9
雇员	100	0.9	0.5	3.1	47.5	19	29
雇主	100	0.9	0.8	3.5	29.5	14.8	50.5
自营劳动者	100	1.4	2.3	9.8	23.4	16.1	47
家庭帮工	100	2.5	3.6	15.1	23.3	13.4	42.1
女	100	1.2	1.4	6.5	43.9	18.7	28.3
雇员	100	0.9	0.5	3.6	50.9	20.1	23.9
雇主	100	1.1	0.9	4.5	28.8	14.8	49.9
自营劳动者	100	2.3	4.3	16.1	24.5	14.9	37.9
家庭帮工	100	1.5	2.9	14.6	22.2	13.7	45

表 27　2007—2015 年按户口性质分的城镇就业人员周工作时间构成(%)

年份	户口性质	城镇就业人员	1～8 小时	9～19 小时	20～39 小时	40 小时	41～48 小时	48 小时以上
2007	总计	100.0	0.4	1.7	11.1	31.2	16.1	39.6
	农业	100.0	0.7	2.8	16.5	15.8	16.8	47.4
	非农业	100.0	0.2	0.5	5.1	48.2	15.2	30.9
2008	总计	100.0	0.6	2.2	12.8	33.0	17.1	34.4
	农业	100.0	1.0	3.5	19.4	17.6	18.1	40.3
	非农业	100.0	0.3	0.6	5.3	50.2	15.9	27.7
2009	总计	100.0	0.6	2.3	14.8	33.3	18.3	30.8
	农业	100.0	0.9	3.7	22.2	19.2	19.2	34.7
	非农业	100.0	0.2	0.6	6.2	49.5	17.2	26.3
2010	总计	100.0	0.6	2.1	14.2	34.2	18.5	30.5
	农业	100.0	0.9	3.4	20.3	20.6	18.7	36.1
	非农业	100.0	0.3	0.5	6.6	50.8	18.1	23.6

续表

年份	户口性质	城镇就业人员	1～8 小时	9～19 小时	20～39 小时	40 小时	41～48 小时	48 小时以上
2011	总计	100.0	0.4	1.0	7.6	37.9	15.3	37.7
	农业	100.0	0.5	1.6	10.6	23.4	16.9	47.0
	非农业	100.0	0.2	0.3	4.2	54.6	13.6	27.1
2012	总计	100.0	0.7	1.4	8.5	37.8	18.7	32.9
	农业	100.0	1.0	2.4	13.4	21.1	20.2	42.0
	非农业	100.0	0.4	0.5	4.3	52.0	17.5	25.3
2013	总计	100.0	0.5	1.3	8.4	36.0	19.9	33.9
	农业	100.0	0.8	2.3	13.1	20.6	20.4	42.8
	非农业	100.0	0.3	0.4	4.3	49.5	19.4	26.0
2014	总计	100.0	0.6	1.4	8.0	36.1	20.2	33.7
	农业	100.0	1.0	2.5	12.1	20.3	21.2	42.9
	非农业	100.0	0.2	0.4	4.4	49.9	19.3	25.8
2015	总计	100.0	1.5	1.4	6.5	42.8	17.3	30.4
	农业	100.0	1.8	2.6	10.6	24.5	18.5	41.9
	非农业	100.0	1.4	0.8	4.6	51.5	16.8	24.9

表 28 2010—2015 年城镇女性就业人员调查周平均工作时间(小时)

分组	2010	2011	2012	2013	2014	2015
全部	46.1	45.2	45.2	45.5	45.5	44.7
一、按年龄分组						
16～19	48.8	48.1	47.4	49.2	48.5	47.6
20～24	47.0	46.1	46.3	46.7	46.7	45.4
25～29	46.1	45.8	45.7	46.0	46.1	44.8
30～34	46.6	46.1	46.0	46.3	46.2	44.8
35～39	46.9	46.2	46.4	46.6	46.6	45.2
40～44	46.7	45.8	46.2	46.6	46.6	45.2
45～49	45.8	45.0	45.0	45.6	45.5	45.1
50～54	44.2	43.1	43.5	43.7	44.0	44.0
55～59	42.2	40.1	40.1	40.2	40.8	42.0
60～64	39.3	36.6	37.2	36.9	37.0	39.1
65＋	35.3	31.2	31.8	31.4	31.9	33.9

分组	2010	2011	2012	2013	2014	2015
二、按职业分组						
单位负责人	47.2	47.8	48.2	48.1	48.2	46.7
专业技术人员	42.7	43.2	43.2	43.3	43.4	42.3
办事人员和有关人员	42.8	43.0	43.1	43.0	42.8	42.3
商业、服务业人员	49.5	49.0	49.1	49.4	49.5	47.2
农林牧渔水利业生产人员	39.6	35.7	35.8	35.6	34.9	37.1
生产、运输设备操作人员及有关人员	49.5	48.4	48.6	49.0	49.1	47.7
其他	47.1	44.9	49.2	49.6	42.0	43.9
三、按受教育程度分组						
未上过学	42.6	38.9	37.7	38.0	38.4	41
小学	45.9	43.1	42.6	42.9	42.9	44.3
初中	47.9	47.1	46.9	47.5	47.3	47.3
高中	46.5	46.5	46.7	46.8	47.3	45.6
大专	43.2	43.0	43.6	43.8	44.0	44.7
大学本科	41.7	42.0	42.0	42.1	42.0	43.8
研究生	40.7	41.4	41.1	41.0	41.2	42.7

表29 2016年按行业、性别分的城镇就业人员周工作时间(小时)

行业	2016	性别	
		男性	女性
总计	46.1	46.8	45.2
农、林、牧、渔业	39.4	41.3	37.4
采矿业	45.5	46.3	42.5
制造业	47.7	47.8	47.5
电力、热力、燃气及水生产和供应业	43.1	43.6	41.8
建筑业	48.1	48.5	45.4
批发和零售业	48.9	49.6	48.3
交通运输、仓储和邮政业	47.7	48.3	44.5
住宿和餐饮业	50.5	51.2	49.9
信息传输、软件和信息技术服务业	43.4	43.8	42.8
金融业	42.7	42.9	42.4
房地产业	45.7	46.6	44.2

续表

行业	2016	性别	
		男性	女性
租赁和商务服务业	44.9	45.8	43.6
科学研究和技术服务业	42.8	43.1	42.3
水利、环境和公共设施管理业	45.3	45.6	44.9
居民服务、修理和其他服务业	47.6	48.6	46.6
教育	41.8	42.1	41.6
卫生和社会工作	44.1	45	43.7
文化体育和娱乐业	45.4	45.6	45.2
公共管理、社会保障和社会组织	41.8	42.1	41.1
国际组织	44.8	46.5	40

表 30　2016 年城镇按受教育程度、性别分的失业人员寻找工作方式构成(%)

受教育程度	合计	在职业介绍机构登记	委托亲友找工作	直接与单位或雇主联系	应答或刊登广告	浏览招聘广告	参加招聘会	为自己经营做准备	其他
总计	100	5.8	46.7	6.8	0.6	13.5	7.3	5.8	13.5
未上过学	100	0.5	61.4	6.7	0.8	6.5	0.1	2.9	21.1
小学	100	2.5	58.4	7.4	0.5	6.2	1.5	4.9	18.7
初中	100	4.1	55.7	7	0.5	8.9	2.3	5.8	15.8
高中	100	5.1	50.5	6.6	0.5	13.5	4.6	5.7	13.6
中等职业教育	100	7.5	41.6	8.3	0.6	17	7.2	6.8	11.1
高等职业教育	100	10.7	38.7	7.1	0.8	16.6	7.1	7.4	11.7
大学专科	100	8.6	34.6	5.3	1.1	20.2	14.4	6.2	9.5
大学本科	100	8.3	24.4	7.5	0.9	20.6	23.1	4.8	10.4
研究生	100	13.8	7.8	3.5		23.2	33.9	8.1	9.7
男	100	6	45.3	8	0.6	12	7.4	7.5	13.1
未上过学	100		46.1	12.9	1.8	4.5		5.1	29.5
小学	100	2	58	8.3		4.5	1.5	6.6	19.1
初中	100	4.3	54.6	8.1	0.3	7.4	2.1	7.5	15.8
高中	100	5.5	48	7.5	0.8	12.8	4.8	6.9	13.8
中等职业教育	100	6.8	42	9.8	0.5	15.5	7.7	8.3	9.5

受教育程度	合计	在职业介绍机构登记	委托亲友找工作	直接与单位或雇主联系	应答或刊登广告	浏览招聘广告	参加招聘会	为自己经营做准备	其他
高等职业教育	100	13.4	38.3	8.9	0.1	10.5	10.2	12.5	6.2
大学专科	100	9.7	32.4	6.4	0.9	18.2	15.8	8.2	8.4
大学本科	100	7.7	24.4	9.3	1.2	19.3	22	6.6	9.5
研究生	100	20	4.7	1.8		26.9	16.8	15.5	14.3
女	100	5.5	47.8	5.8	0.7	14.7	7.2	4.3	13.9
未上过学	100	0.7	68.1	4	0.4	7.3	0.1	1.9	17.4
小学	100	2.9	58.7	6.6	0.9	7.7	1.5	3.3	18.3
初中	100	4	56.6	6.1	0.6	10.2	2.4	4.4	15.8
高中	100	4.6	52.9	5.8	0.3	14.1	4.4	4.6	13.4
中等职业教育	100	8.1	41.2	6.9	0.8	18.4	6.7	5.3	12.6
高等职业教育	100	8.5	38.9	5.6	1.3	21.5	4.7	3.3	16.2
大学专科	100	7.7	36.4	4.4	1.2	21.9	13.2	4.5	10.5
大学本科	100	8.8	24.4	5.8	0.7	21.7	24.1	3.3	11.2
研究生	100	9.1	10.2	4.8		20.3	47.1	2.4	6.2

表 31　2016 年城镇按年龄、性别分的失业人员寻找工作方式构成（%）

年龄	合计	在职业介绍机构登记	委托亲友找工作	直接与单位或雇主联系	应答或刊登广告	浏览招聘广告	参加招聘会	为自己经营做准备	其他
总计	100	5.8	46.7	6.8	0.6	13.5	7.3	5.8	13.5
16～19	100	5	50.4	6	0.3	14.5	7.7	2.7	13.3
20～24	100	8.8	34.1	8	0.7	15.7	18.6	3.8	10.3
25～29	100	6.7	39.5	7.9	0.8	17.1	9.2	6.5	12.3
30～34	100	4.8	44.1	6	0.9	17.1	5.1	8.6	13.4
35～39	100	4.7	47.2	5.9	0.8	14.6	3.9	7.7	15.2
40～44	100	5.2	53.4	6.6	0.5	10.7	2.8	6.5	14.2
45～49	100	5.2	55.7	5.7	0.5	10.2	3	5.8	13.9
50～54	100	3.9	58.7	6.3	0.3	7.7	2.3	4.8	16
55～59	100	4.7	58.6	8.5	0.3	6.8	1.5	3.6	16
60～64	100	1.6	59.5	6.1	1.1	6.2	0.7	3.9	21
65＋	100	0.3	58.3	4	0.3	5.8	0.7	2.1	28.5

年龄	合计	在职业介绍机构登记	委托亲友找工作	直接与单位或雇主联系	应答或刊登广告	浏览招聘广告	参加招聘会	为自己经营做准备	其他
男	100	6	45.3	8	0.6	12	7.4	7.5	13.1
16～19	100	1.7	55.1	5.5	0.4	13.5	6.7	2.2	14.7
20～24	100	8.9	34.7	9.1	0.6	15.4	17	4.2	10.1
25～29	100	6.9	38.4	8.8	0.9	15.4	9.8	8.8	11
30～34	100	6.8	42.1	7.5	0.7	13.6	5.3	14	10
35～39	100	5.5	44.9	7.3	0.8	12.4	3.1	12.1	13.9
40～44	100	5.3	49.1	8.8	0.5	8.7	2.4	9.6	15.6
45～49	100	5.1	51.7	6.8	0.4	9.4	3.5	8.3	14.7
50～54	100	4.4	56.4	6.9	0.1	7.8	2.7	6.4	15.2
55～59	100	5.2	56.4	9.2	0.5	6.5	1.8	4.3	16.2
60～64	100	1.9	57.4	8.3	0.7	7.1	1	3.6	20
65＋	100		56.8	3.4	0.4	7.5	0.7	2.4	28.8
女	100	5.5	47.8	5.8	0.7	14.7	7.2	4.3	13.9
16～19	100	10.2	43	6.8		16.1	9.4	3.4	11.1
20～24	100	8.7	33.3	6.8	0.8	16.1	20.6	3.2	10.6
25～29	100	6.5	40.4	7.1	0.7	18.4	8.8	4.7	13.3
30～34	100	3.7	45.1	5.3	1	18.9	5.1	5.7	15.2
35～39	100	4.3	48.5	5.1	0.8	15.9	4.3	5.1	15.9
40～44	100	5.1	56.1	5.3	0.5	12	3.1	4.5	13.3
45～49	100	5.2	58.7	4.9	0.6	10.7	2.6	4	13.3
50～54	100	3.2	61.8	5.5	0.5	7.6	1.6	2.6	17.2
55～59	100	3.2	64.5	6.9		7.6	0.6	1.5	15.6
60～64	100	0.9	63.8	1.6	1.9	4.2	0.1	4.4	23.1
65＋	100	1.1	61.4	5		2.4	0.8	1.5	27.9

表32　2016年城镇按受教育程度、性别分的失业人员未工作原因构成（％）

受教育程度	合计	正在上学	毕业后未工作	因单位原因失去工作	因个人原因失去工作	承包土地被征用	离退休	料理家务	其他
总计	100.0	2.0	16.1	16.2	29.0	1.1	3.4	19.6	12.5
未上过学	100.0			7.0	22.5	2.9	2.3	44.3	20.9
小学	100.0	0.2	1.6	12.8	25.8	3.8	4.6	32.2	19.1
初中	100.0	0.1	6.0	17.7	30.5	1.7	3.8	25.2	15.0
高中	100.0	1.2	10.4	20.5	29.4	0.7	5.9	19.6	12.4

受教育 程度	合计	正在上学	毕业后 未工作	因单位 原因失 去工作	因个人 原因失 去工作	承包土地 被征用	离退休	料理家务	其他
中等职业 教育	100.0	1.9	17.5	19.4	32.0	0.4	2.0	16.0	10.8
高等职业 教育	100.0	4.4	20.6	16.2	32.0	0.3	2.0	13.5	10.9
大学专科	100.0	3.4	31.7	13.0	29.4	0.3	1.7	11.3	9.3
大学本科	100.0	9.0	47.4	7.9	21.9	0.1	0.9	6.7	6.1
研究生	100.0	15.0	51.7	6.7	16.4		1.1	4.2	4.8
男	100.0	2.4	19.1	21.4	32.3	1.5	3.0	3.0	17.2
未上过学	100.0			16.3	31.2	1.7	1.2	9.2	40.5
小学	100.0	0.1	1.2	20.0	33.4	4.9	5.4	7.5	27.6
初中	100.0	0.2	7.7	24.3	36.2	2.6	3.7	3.8	21.7
高中	100.0	1.5	13.8	26.5	31.9	0.8	4.3	3.6	17.5
中等职业 教育	100.0	2.2	22.1	23.9	36.1	0.6	1.4	1.0	12.7
高等职业 教育	100.0	5.7	27.3	20.6	31.7	0.8	0.5	0.7	12.6
大学专科	100.0	4.1	37.6	15.6	28.7	0.1	1.6	1.2	11.2
大学本科	100.0	9.3	49.5	9.0	21.9	0.2	0.9	1.4	7.9
研究生	100.0	22.1	51.2	11.4	10.1		1.1	1.3	2.8
女	100.0	1.7	13.5	11.7	26.1	0.8	3.8	34.1	8.4
未上过学	100.0			3.0	18.7	3.5	2.8	59.7	12.3
小学	100.0	0.2	1.9	6.6	19.3	2.9	3.8	53.5	11.8
初中	100.0	0.0	4.5	12.2	25.6	1.0	4.0	43.4	9.3
高中	100.0	0.9	7.2	14.7	27.1	0.6	7.4	34.8	7.4
中等职业 教育	100.0	1.5	13.3	15.3	28.2	0.1	2.5	29.8	9.1
高等职业 教育	100.0	3.4	15.2	12.8	32.3		3.2	23.6	9.6
大学专科	100.0	2.8	26.6	10.7	30.0	0.5	1.8	20.0	7.7
大学本科	100.0	8.7	45.6	7.0	22.0		0.9	11.5	4.3
研究生	100.0	9.5	52.1	3.1	21.3		1.1	6.5	6.4

表33　2016 年按年龄、性别分的就业人员就业身份构成（%）

年龄	合计	雇员	雇主	自营劳动者	家庭帮工
总计	100.0	56.4	2.8	37.7	3.0
16～19	100.0	73.9	0.6	20.3	5.2
20～24	100.0	79.3	1.2	16.6	2.9
25～29	100.0	73.7	2.5	20.9	2.9
30～34	100.0	68.4	3.5	25.6	2.5
35～39	100.0	62.6	4.1	30.9	2.5
40～44	100.0	57.2	3.8	36.4	2.6
45～49	100.0	53.3	3.3	40.6	2.8
50～54	100.0	46.3	2.9	47.8	3.0
55～59	100.0	37.3	1.9	57.0	3.8
60～64	100.0	21.4	1.2	73.1	4.3
65＋	100.0	11.2	0.7	82.7	5.4
男	100.0	59.2	3.5	35.9	1.5
16～19	100.0	72.0	0.6	22.2	5.2
20～24	100.0	78.8	1.4	17.1	2.7
25～29	100.0	74.4	2.9	20.9	1.8
30～34	100.0	69.1	4.4	25.6	0.9
35～39	100.0	63.3	5.1	30.9	0.7
40～44	100.0	59.0	4.7	35.6	0.8
45～49	100.0	56.8	4.2	38.0	0.9
50～54	100.0	54.2	3.6	41.1	1.2
55～59	100.0	48.2	2.5	47.5	1.8
60～64	100.0	28.9	1.7	67.0	2.5
65＋	100.0	14.6	1.0	80.9	3.5
女	100.0	52.8	2.0	40.1	5.1
16～19	100.0	76.7	0.5	17.6	5.2
20～24	100.0	80.1	0.8	15.9	3.2
25～29	100.0	72.7	1.9	21.0	4.3
30～34	100.0	67.5	2.5	25.6	4.4
35～39	100.0	61.7	2.8	30.8	4.7
40～44	100.0	55.1	2.7	37.5	4.7
45～49	100.0	48.9	2.2	43.7	5.2
50～54	100.0	34.1	1.8	58.2	5.9
55～59	100.0	19.3	1.0	72.6	7.0
60～64	100.0	11.3	0.5	81.4	6.8
65＋	100.0	6.2	0.4	85.3	8.1

表 34　2016 年各地区基层以上工会职业介绍机构情况

地区	工会开办职业介绍机构（个）	#获得政府有关部门资质认定的机构	本年度工会职业介绍机构成功介绍人次数（人次）	#农民工	#下岗失业人员
全国	1 634	709	1 201 136	514 533	340 880
北京	9	2	1 605	921	663
天津	24	4	13 839	9 771	2 947
河北	95	64	34 715	19 311	11 996
山西	52	19	22 897	11 063	5 444
内蒙古	27	6	12 369	2 386	2 741
辽宁	139	71	52 238	13 322	24 819
吉林	30	10	12 297	4 524	7 480
黑龙江	59	25	16 156	4 099	8 019
上海	5	2	1 974	114	382
江苏	50	33	62 693	34 487	22 874
浙江	34	10	21 941	10 047	10 945
安徽	45	9	30 041	14 755	13 982
福建	23	9	29 124	16 307	4 732
江西	21	8	14 544	5 870	3 144
山东	86	30	80 790	41 461	25 277
河南	84	46	328 363	87 121	43 860
湖北	57	27	59 632	30 925	24 797
湖南	81	55	42 921	26 250	12 420
广东	393	128	27 647	4 674	5 431
广西	47	11	30 478	14 912	6 315
海南	1	1	1 375	493	814
重庆	29	16	46 875	29 356	15 695
四川	70	37	80 466	40 232	32 777
贵州	51	22	54 092	25 075	16 464
云南	12	8	12 386	8 787	3 408
西藏			55	52	
陕西	65	28	65 788	34 044	22 136
甘肃	21	17	25 507	15 715	6 137
青海	3	2	945	644	241
宁夏	14	5	12 755	5 740	3 534
新疆	7	4	4 628	2 075	1 406

表 35　2016 年各地区劳动能力鉴定情况（人）

地区	申请鉴定人数						评定伤残等级人数				存在生活自理障碍人数
	小计	初次申请	再次申请	#改变结论	复查申请	#改变结论	小计	一至四级	五至六级	七至十级	
全国	616 205	594 232	14 266	3 366	7 707	2 495	535 415	17 022	17 533	500 860	5 876
北京	14 639	14 055	123	7	461	408	12 175	874	778	10 523	156
天津	8 628	8 164	203	61	261	63	8 051	164	376	7 511	80
河北	25 764	24 785	402	109	577	248	23 859	681	803	22 375	347
山西	15 167	14 760	253	73	154	50	14 014	1 461	960	11 593	432
内蒙古	6 654	6 374	184	64	96	56	5 969	274	329	5 366	144
辽宁	20 303	18 499	475	86	1 329	161	17 128	672	628	15 828	265
吉林	6 863	6 477	224	71	162	53	6 023	265	257	5 501	108
黑龙江	12 158	11 617	402	73	139	62	10 674	469	505	9 700	290
上海	43 125	40 211	981	383	1 933	369	38 973	228	392	38 353	164
江苏	75 496	74 301	799	59	396	88	66 236	657	1 170	64 409	368
浙江	79 983	78 124	1 822	528	37	14	73 449	565	1 268	71 616	311
安徽	15 646	15 026	508	145	112	53	13 874	552	534	12 788	157
福建	15 815	15 063	648	183	104	78	12 677	656	480	11 541	239
江西	10 381	9 859	472	78	50	8	9 297	308	425	8 564	150
山东	36 348	35 218	844	152	286	104	28 614	908	1 481	26 225	398
河南	14 572	13 943	500	108	129	40	11 073	444	523	10 106	270
湖北	11 963	11 176	622	170	165	75	10 461	457	429	9 575	230

续表

地区	申请鉴定人数						评定伤残等级人数				存在生活自理障碍人数
	小计	初次申请	再次申请	#改变结论	复查申请	#改变结论	小计	一至四级	五至六级	七至十级	
湖南	20 456	20 044	336	89	76	22	19 088	581	554	17 953	214
广东	71 158	69 747	1 244	133	167	66	60 409	658	1 212	58 539	293
广西	4 689	4 562	121	33	6	1	3 460	103	155	3 202	49
海南	434	414	16	11	4	4	425	28	19	378	22
重庆	26 256	24 916	1 013	223	327	211	23 452	1 259	505	21 688	245
四川	28 785	27 608	932	221	245	76	22 255	955	822	20 478	344
贵州	13 632	13 252	263	77	117	42	12 676	632	531	11 513	122
云南	8 293	8 204	66	16	23	12	6 777	522	263	5 992	119
西藏	554	545	6	3	3	1	473	19	56	398	11
陕西	8 141	7 937	67	19	137	63	6 662	308	317	6 037	142
甘肃	4 334	4 200	73	22	61	18	3 818	442	196	3 180	55
青海	1 170	1 148	14	8	8	4	1 129	59	63	1 007	19
宁夏	4 682	4 511	141	43	30	19	3 590	745	219	2 626	43
新疆	8 622	8 031	495	104	96	23	7 327	1 046	1 230	5 051	61
新疆兵团	1 494	1 461	17	14	16	3	1 327	30	53	1 244	28

表36　2012—2016 年各地区养老金社会化发放人数(万人)

地区	2012	2013	2014	2015	2016
全国	6 865.5	7 201.0	8 093.2	8 383.9	8 620.5
北京	210.7	212.6	228.9	236.7	242.8
天津	152.6	15.8	171.2	176.2	180.7
河北	268.8	286.8	313.7	317.3	312.5
山西	167.5	159.5	174.2	171.8	180.0
内蒙古	148.9	168.7	188.9	200.0	213.7
辽宁	478.4	524.6	572.1	604.6	642.4
吉林	234.6	242.9	260.5	273.7	286.7
黑龙江	378.1	397.7	423.5	445.5	459.2
上海	376.6	388.1	407.7	415.4	421.9
江苏	512.0	557.0	607.0	610.0	648.7
浙江	321.5	328.9	444.1	541.0	612.5
安徽	201.2	204.8	228.8	238.0	248.0
福建	97.1	102.7	119.9	105.0	103.4
江西	184.6	202.4	216.9	228.5	241.5
山东	332.7	363.9	435.7	457.0	501.9
河南	277.3	295.8	316.3	294.9	243.0
湖北	351.4	373.7	404.2	420.5	439.5
湖南	243.6	259.9	296.0	304.9	182.1
广东	333.5	383.4	430.4	457.5	504.1
广西	162.4	170.2	180.2	186.5	192.2
海南	44.2	47.7	52.8	50.7	60.3
重庆	244.1	270.3	290.0	302.3	316.3
四川	500.3	561.8	614.9	614.6	649.0
贵州	77.0	81.3	86.4	94.1	98.8
云南	106.7	112.6	114.1	113.8	95.1
西藏	3.4	3.4	3.6	3.8	3.9
陕西	160.6	174.7	185.3	189.0	193.4
甘肃	92.5	100.0	104.9	109.2	113.5
青海	26.2	27.6	28.8	30.1	31.1
宁夏	40.3	40.7	43.8	46.4	48.7
新疆	81.3	84.9	88.9	85.3	95.9
新疆兵团	55.7	56.4	58.5	59.6	57.7

表 37　2016 年城镇按就业身份、性别分的就业人员受教育程度构成(%)

受教育程度	合计	雇员	雇主	自营劳动者	家庭帮工
总计	100.0	100.0	100.0	100.0	100.0
未上过学	1.0	0.4	0.6	2.8	2.6
小学	8.1	4.9	6.4	18.9	16.9
初中	34.4	29.1	41.2	50.4	49.6
高中	16.3	16.3	22.3	15.1	16.5
中等职业教育	7.2	8.1	6.5	4.2	5.2
高等职业教育	2.1	2.3	2.5	1.2	1.4
大学专科	15.9	19.4	13.2	5.1	5.5
大学本科	13.7	17.6	7.0	2.3	2.2
研究生	1.5	1.9	0.5	0.1	0.1
男	100.0	100.0	100.0	100.0	100.0
未上过学	0.5	0.3	0.5	1.3	1.3
小学	7.2	4.7	5.8	15.7	14.2
初中	35.6	30.5	41.1	51.7	46.1
高中	17.9	17.7	22.9	17.2	19.6
中等职业教育	7.1	7.9	6.3	4.5	5.8
高等职业教育	2.1	2.3	2.5	1.3	1.7
大学专科	15.3	18.3	13.0	5.5	7.6
大学本科	12.9	16.4	7.4	2.6	3.5
研究生	1.4	1.9	0.5	0.1	0.1
女	100.0	100.0	100.0	100.0	100.0
未上过学	1.5	0.6	0.7	4.9	3.0
小学	9.3	5.1	7.8	23.6	17.9
初中	32.7	27.2	41.3	48.3	50.9
高中	14.1	14.3	20.8	12.1	15.3
中等职业教育	7.2	8.3	6.9	3.7	5.0
高等职业教育	2.0	2.3	2.5	0.9	1.3
大学专科	16.8	20.9	13.4	4.5	4.7
大学本科	14.8	19.3	6.2	1.9	1.8
研究生	1.5	2.0	0.4	0.1	0.0

表 38 2016 年各地区就业人员受教育程度构成（%）

地区	合计	男	女	未上过学	小学	初中	普通高中	中等职业教育	高等职业教育	大学专科	大学本科	研究生
全国	100.0	56.9	43.1	2.6	17.5	43.3	12.3	4.9	1.3	9.6	7.7	0.8
北京	100.0	60.0	40.0	0.2	2.4	22.0	12.1	7.5	1.7	19.7	27.6	6.8
天津	100.0	58.3	41.7	0.5	8.5	33.7	11.3	9.9	1.8	14.5	17.6	2.2
河北	100.0	58.3	41.7	1.1	12.9	50.4	12.8	5.3	1.1	9.5	6.2	0.5
山西	100.0	61.5	38.5	1.3	11.6	46.2	13.2	5.5	0.9	11.4	9.2	0.7
内蒙古	100.0	59.6	40.4	2.1	16.0	45.7	11.8	3.6	0.7	11.5	8.0	0.5
辽宁	100.0	57.4	42.6	0.5	12.6	49.7	9.6	5.4	1.5	10.4	9.5	0.8
吉林	100.0	55.5	44.5	0.9	17.7	46.6	14.0	3.9	1.1	7.7	7.5	0.5
黑龙江	100.0	58.7	41.3	0.7	15.2	50.1	12.1	3.1	1.1	8.8	8.2	0.7
上海	100.0	58.3	41.7	0.6	4.7	29.4	12.4	6.4	1.8	16.5	23.4	4.7
江苏	100.0	55.5	44.5	2.1	13.1	38.4	13.5	6.0	2.2	13.3	10.3	1.0
浙江	100.0	57.2	42.8	2.1	16.0	38.2	13.4	3.7	1.4	12.4	11.8	1.0
安徽	100.0	56.9	43.1	7.1	20.3	45.8	8.7	3.4	0.9	7.7	5.6	0.5
福建	100.0	59.3	40.7	2.7	21.6	38.8	11.3	5.7	1.1	9.4	8.7	0.6
江西	100.0	56.9	43.1	2.3	20.5	46.3	13.7	4.1	1.2	7.1	4.5	0.3
山东	100.0	56.9	43.1	2.5	14.3	48.1	12.2	6.4	1.3	8.4	6.2	0.6
河南	100.0	55.1	44.9	2.5	15.3	50.1	13.9	3.7	1.3	8.1	4.7	0.4
湖北	100.0	55.3	44.7	2.9	17.8	42.3	13.4	5.7	1.5	9.0	6.5	1.0
湖南	100.0	58.6	41.4	1.6	16.9	44.2	16.3	4.1	1.3	8.6	6.4	0.6

续表

地区	合计	男	女	未上过学	小学	初中	普通高中	中等职业教育	高等职业教育	大学专科	大学本科	研究生
广东	100.0	57.7	42.3	0.7	11.1	42.9	17.7	6.8	2.2	11.0	7.1	0.5
广西	100.0	55.5	44.5	1.5	19.8	49.9	9.5	5.0	1.2	7.8	4.9	0.5
海南	100.0	56.0	44.0	2.2	13.0	51.4	12.4	5.6	1.0	8.0	6.2	0.2
重庆	100.0	55.6	44.4	2.4	27.4	33.5	11.8	4.1	1.4	10.9	7.8	0.8
四川	100.0	54.7	45.3	3.9	29.4	39.1	9.6	3.7	1.1	7.8	5.1	0.4
贵州	100.0	53.9	46.1	9.7	32.5	37.8	6.2	3.0	0.5	5.2	4.8	0.2
云南	100.0	54.4	45.6	5.5	34.0	41.3	5.7	3.4	0.7	4.7	4.3	0.4
西藏	100.0	59.5	40.5	23.1	46.5	12.8	3.2	2.0	0.3	6.3	5.6	0.2
陕西	100.0	58.5	41.5	2.5	13.4	45.1	14.7	3.9	1.5	10.6	7.6	0.7
甘肃	100.0	56.0	44.0	5.3	26.7	38.1	11.4	3.5	0.9	7.3	6.4	0.4
青海	100.0	56.7	43.3	6.9	26.0	35.0	9.1	3.0	0.8	10.5	8.4	0.2
宁夏	100.0	57.7	42.3	6.4	17.0	40.4	10.3	3.9	0.8	11.0	9.7	0.6
新疆	100.0	56.7	43.3	2.1	17.5	41.5	10.0	5.0	1.0	11.8	10.4	0.9

表 39　2012—2016 年按行业划分的月工作收入中位数（澳门元）

行业	2012	2013	2014	2015	2016
总数	11 300	12 000	13 300	15 000	15 000
制造业	7 500	8 500	9 000	10 300	11 300
水电及气体生产供应业	16 000	18 000	21 000	26 000	23 000
建筑业	11 700	12 000	13 000	13 000	15 000
批发及零售业	9 000	10 000	10 000	12 000	12 000
酒店及饮食业	8 300	8 800	10 000	10 000	10 000
运输、仓储及通信业	11 000	12 300	13 000	14 000	14 000
金融业	14 000	16 000	17 000	18 000	20 000
不动产及工商服务业	8 000	9 000	9 500	9 500	10 000
公共行政及社保事务	25 000	27 200	30 000	34 800	35 000
教育	16 000	19 000	20 000	22 000	22 000
医疗卫生及社会福利	15 000	18 200	16 000	20 000	20 500
文娱博彩及其他服务业	14 500	15 300	17 000	18 000	19 000
家务工作	3 100	3 400	3 500	3 800	4 000

表 40　2016 年各地区基层工会开展合理化建议和劳动竞赛活动情况

地区	本年度职工提出合理化建议件数（件）	本年度已实施的合理化建议件数（件）	本年度开展了劳动竞赛的基层工会（个）	本年度参加劳动竞赛的职工（人次）
全国	10 913 451	6 456 654	935 721	96 833 883
北京	303 807	198 675	5 852	1 709 367
天津	799 204	560 577	16 246	4 589 334
河北	587 376	304 242	41 514	5 067 714
山西	393 699	226 553	18 485	2 639 213
内蒙古	132 679	87 327	41 409	3 633 135
辽宁	421 376	282 047	14 286	1 787 095
吉林	628 194	415 146	13 443	1 221 155
黑龙江	119 266	79 604	10 484	1 209 269
上海	1 521 395	1 214 762	12 362	2 741 090
江苏	879 807	503 633	56 119	5 954 771
浙江	362 616	182 664	77 079	9 185 344
安徽	351 600	205 128	51 927	3 345 348
福建	170 456	103 566	28 883	1 655 101
江西	133 683	25 830	24 924	2 233 848
山东	1 080 853	524 932	84 142	8 948 117
河南	269 537	165 401	25 501	2 688 987
湖北	381 091	195 417	32 569	3 593 802

续表

地区	本年度职工提出合理化建议件数（件）	本年度已实施的合理化建议件数（件）	本年度开展了劳动竞赛的基层工会（个）	本年度参加劳动竞赛的职工（人次）
湖南	389 735	170 127	108 839	6 637 276
广东	589 589	125 390	64 742	5 792 997
广西	94 791	62 386	20 225	1 930 310
海南	15 385	11 650	5 573	475 319
重庆	478 969	324 887	24 823	3 037 646
四川	340 036	183 071	76 634	8 109 958
贵州	55 131	37 075	17 804	1 746 947
云南	78 101	52 326	22 885	1 524 094
西藏	254	196	97	7 935
陕西	117 529	71 545	15 164	1 460 209
甘肃	123 536	87 247	9 560	961 646
青海	8 986	5 150	3 176	274 470
宁夏	40 249	21 940	5 571	428 663
新疆	42 067	26 927	5 351	2 231 088
国家机关	2 429	1 208	50	12 110
中直机关	25	25	2	525

表 41　1989—2016 年社会保险基金收入

年份	合计	基本养老保险	失业保险	城镇基本医疗保险	工伤保险	生育保险
绝对数（亿元）						
1989	153.6	146.7	6.8			
1990	186.8	178.8	7.2			
1991	225.0	215.7	9.3			
1992	377.4	365.8	11.7			
1993	526.1	503.5	17.9	1.4	2.4	0.8
1994	742.0	707.4	25.4	3.2	4.6	1.5
1995	1 006.0	950.1	35.3	9.7	8.1	2.9
1996	1 252.4	1 171.8	45.2	19.0	10.9	5.5
1997	1 458.2	1 337.9	46.9	52.3	13.6	7.4
1998	1 623.1	1 459.0	68.4	60.6	21.2	9.8
1999	2 211.8	1 965.1	125.2	89.9	20.9	10.7
2000	2 644.9	2 278.5	160.4	170.0	24.8	11.2
2001	3 101.9	2 489.0	187.3	383.6	28.3	13.7
2002	4 048.7	3 171.5	215.6	607.8	32.0	21.8

年份	合计	基本养老保险	失业保险	城镇基本医疗保险	工伤保险	生育保险
2003	4 882.9	3 680.0	249.5	890.0	37.6	25.8
2004	5 780.3	4 258.4	290.8	1 140.5	58.3	32.1
2005	6 975.2	5 093.3	340.3	1 405.3	92.5	43.8
2006	8 643.2	6 309.8	402.4	1 747.1	121.8	62.1
2007	10 812.3	7 834.2	471.7	2 257.2	165.6	83.6
2008	13 696.1	9 740.2	585.1	3 040.4	216.7	113.7
2009	16 115.6	11 490.8	580.4	3 671.9	240.1	132.4
2010	19 276.1	13 872.9	649.8	4 308.9	284.9	159.6
2011	25 153.3	18 004.8	923.1	5 539.2	466.4	219.8
2012	30 738.8	21 830.2	1 138.9	6 938.7	526.7	304.2
2013	35 252.9	24 732.6	1 288.9	8 248.3	614.8	368.4
2014	39 827.7	27 619.9	1 379.8	9 687.2	694.8	446.1
2015	46 012.1	32 195.5	1 367.8	11 192.9	754.2	501.7
2016	53 562.7	37 990.8	1 228.9	13 084.3	736.9	521.9
比上年增长(%)						
1990	21.6	21.9	5.9			
1991	20.5	20.6	29.2			
1992	67.7	69.6	25.8			
1993	39.4	37.7	53.0			
1994	41.0	40.5	41.9	119.9	90.4	73.8
1995	35.6	34.3	38.9	206.3	77.5	99.4
1996	24.5	23.3	28.2	96.6	34.7	87.8
1997	16.4	14.2	3.7	175.1	24.6	34.9
1998	11.3	9.0	45.7	15.9	55.9	31.1
1999	36.3	34.7	83.1	48.3	—1.3	10.1
2000	19.6	15.9	28.1	89.2	18.7	3.8
2001	17.3	9.2	16.8	125.7	14.2	23.1
2002	30.5	27.4	15.1	58.4	13.2	58.9
2003	20.6	16.0	15.7	46.4	17.4	18.3
2004	18.4	15.7	16.6	28.1	55.1	24.4
2005	20.7	19.6	17.0	23.2	58.7	36.4
2006	23.9	23.9	18.2	24.3	31.7	41.8
2007	25.1	24.2	17.2	29.2	36.0	34.6
2008	26.7	24.3	24.0	34.7	30.9	36.0
2009	17.7	18.0	—0.8	20.8	10.8	16.4

续表

年份	合计	基本养老保险	失业保险	城镇基本医疗保险	工伤保险	生育保险
2010	19.6	20.7	12.0	17.3	18.7	20.5
2011	30.5	29.8	42.1	28.6	63.7	37.8
2012	22.2	21.2	23.4	25.3	12.9	38.4
2013	14.7	13.3	13.2	18.9	16.7	21.1
2014	13.0	11.7	7.1	17.4	13.0	21.1
2015	15.5	16.6	−0.9	15.5	8.6	12.5
2016	16.4	18.0	−10.2	16.9	−2.3	4.0

表 42　1989—2016 年社会保险基金支出

年份	合计	基本养老保险	失业保险	城镇基本医疗保险	工伤保险	生育保险
绝对数（亿元）						
1989	120.9	118.8	2.0			
1990	151.9	149.3	2.5			
1991	176.1	173.1	3.0			
1992	327.1	321.9	5.1			
1993	482.2	470.6	9.3	1.3	0.4	0.5
1994	680.0	661.1	14.2	2.9	0.9	0.8
1995	877.1	847.6	18.9	7.3	1.8	1.6
1996	1 082.4	1 031.9	27.3	16.2	3.7	3.3
1997	1 339.2	1 251.3	36.3	40.5	6.1	4.9
1998	1 636.9	1 511.6	51.9	53.3	9.0	6.8
1999	2 108.1	1 924.9	91.6	69.1	15.4	7.1
2000	2 385.6	2 115.5	123.4	124.5	13.8	8.3
2001	2 748.0	2 321.3	156.6	244.1	16.5	9.6
2002	3 471.5	2 842.9	186.6	409.4	19.9	12.8
2003	4 016.4	3 122.1	199.8	653.9	27.1	13.5
2004	4 627.4	3 502.1	211.3	862.2	33.3	18.8
2005	5 400.8	4 040.3	206.9	1 078.7	47.5	27.4
2006	6 477.4	4 896.7	198.0	1 276.7	68.5	37.5
2007	7 887.9	5 964.9	217.7	1 561.8	87.9	55.6
2008	9 925.1	7 389.6	253.5	2 083.6	126.9	71.5
2009	12 302.6	8 894.4	366.8	2 797.4	155.7	88.3
2010	15 018.9	10 755.3	423.3	3 538.1	192.4	109.9
2011	18 652.9	13 363.2	432.8	4 431.4	286.4	139.2

年份	合计	基本养老保险	失业保险	城镇基本医疗保险	工伤保险	生育保险
2012	23 331.3	16 711.5	450.6	5 543.6	406.3	219.3
2013	27 916.3	19 818.7	531.6	6 801.0	482.1	282.8
2014	33 002.7	23 325.8	614.7	8 133.6	560.5	368.1
2015	38 988.1	27 929.4	736.4	9 312.1	598.7	411.5
2016	46 888.4	34 004.3	976.1	10 767.1	610.3	530.6
比上年增长（%）						
1990	25.6	25.7	27.0			
1991	15.9	15.9	18.1			
1992	85.7	86.0	70.0			
1993	47.4	46.2	82.4			
1994	41.0	40.5	52.7	118.3	127.4	60.5
1995	29.0	28.2	32.9	150.2	92.4	95.3
1996	23.4	21.7	44.7	122.9	104.1	108.2
1997	23.7	21.3	33.1	149.5	64.5	49.4
1998	22.2	20.8	42.9	31.6	48.6	39.5
1999	28.8	27.3	76.6	29.6	70.5	4.1
2000	13.2	9.9	34.7	80.3	−10.5	17.1
2001	15.2	9.7	26.8	96.0	19.5	14.9
2002	26.3	22.5	19.2	67.7	20.6	33.3
2003	15.7	9.8	7.1	59.7	36.2	5.6
2004	15.2	12.2	5.8	31.9	22.9	39.3
2005	16.7	15.4	−2.1	25.1	42.6	45.7
2006	19.9	21.2	−4.3	18.4	44.2	36.9
2007	21.8	21.8	9.9	22.3	28.3	48.3
2008	25.8	23.9	16.4	33.4	44.4	28.6
2009	24.0	20.4	44.7	34.3	22.7	23.5
2010	22.1	20.9	15.4	26.5	23.6	24.4
2011	24.2	24.2	2.2	25.2	48.8	26.7
2012	25.1	25.1	4.1	25.1	41.9	57.6
2013	19.7	18.6	18.0	22.7	18.7	28.9
2014	18.2	17.7	15.6	19.6	16.3	30.2
2015	18.1	19.7	19.8	14.5	6.8	11.8
2016	20.3	21.8	32.6	15.6	1.9	29.0

表 43　2016 年农村居民分地区人均可支配收入来源(元)

地区	可支配收入	工资性收入	经营净收入	财产净收入	转移净收入
全国	12 363.4	5 021.8	4 741.3	272.1	2 328.2
北京	22 309.5	16 637.5	2 061.9	1 350.1	2 260.0
天津	20 075.6	12 048.1	5 309.4	893.7	1 824.4
河北	11 919.4	6 263.2	3 970.0	257.5	1 428.6
山西	10 082.5	5 204.4	2 729.9	149.0	1 999.1
内蒙古	11 609.0	2 448.9	6 215.7	452.6	2 491.7
辽宁	12 880.7	5 071.2	5 635.5	257.6	1 916.4
吉林	12 122.9	2 363.1	7 558.9	231.8	1 969.1
黑龙江	11 831.9	2 430.5	6 425.9	572.7	2 402.6
上海	25 520.4	18 947.9	1 387.9	859.6	4 325.0
江苏	17 605.6	8 731.7	5 283.1	606.0	2 984.8
浙江	22 866.1	14 204.3	5 621.9	661.8	2 378.1
安徽	11 720.5	4 291.4	4 596.1	186.7	2 646.2
福建	14 999.2	6 785.2	5 821.5	255.7	2 136.9
江西	12 137.7	4 954.7	4 692.3	204.4	2 286.4
山东	13 954.1	5 569.1	6 266.6	358.7	1 759.7
河南	11 696.7	4 228.0	4 643.2	168.0	2 657.6
湖北	12 725.0	4 023.0	5 534.0	158.6	3 009.3
湖南	11 930.4	4 946.2	4 138.6	143.1	2 702.5
广东	14 512.2	7 255.3	3 883.6	365.8	3 007.5
广西	10 359.5	2 848.1	4 759.2	149.2	2 603.0
海南	11 842.9	4 764.9	5 315.7	139.1	1 623.1
重庆	11 548.8	3 965.6	4 150.1	295.8	3 137.3
四川	11 203.1	3 737.6	4 525.2	268.5	2 671.8
贵州	8 090.3	3 211.0	3 115.8	67.1	1 696.3
云南	9 019.8	2 553.9	5 043.7	152.2	1 270.1
西藏	9 093.8	2 204.9	5 237.9	148.7	1 502.3
陕西	9 396.4	3 916.0	3 057.9	159.0	2 263.6
甘肃	7 456.9	2 125.0	3 261.4	128.4	1 942.0
青海	8 664.4	2 464.3	3 197.0	325.2	2 677.8
宁夏	9 851.6	3 906.1	3 937.5	291.8	1 716.3
新疆	10 183.2	2 527.1	5 642.0	222.8	1 791.3

表 44　2013—2016 年农村居民人均收支情况（元）

指标	2013	2014	2015	2016
农村居民人均收入				
可支配收入	9 429.6	10 488.9	11 421.7	12 363.4
1. 工资性收入	3 652.5	4 152.2	4 600.3	5 021.8
2. 经营净收入	3 934.9	4 237.4	4 503.6	4 741.3
3. 财产净收入	194.7	222.1	251.5	272.1
4. 转移净收入	1 647.5	1 877.2	2 066.3	2 328.2
现金可支配收入	8 747.1	9 698.2	10 577.8	11 600.6
1. 工资性收入	3 639.7	4 137.5	4 583.9	5 000.8
2. 经营净收入	3 378.0	3 620.1	3 861.3	4 203.9
3. 财产净收入	194.2	224.7	251.5	272.1
4. 转移净收入	1 535.2	1 715.9	1 881.2	2 123.8
农村居民人均支出				
消费支出	7 485.1	8 382.6	9 222.6	10 129.8
1. 食品烟酒	2 554.4	2 814.0	3 048.0	3 266.1
2. 衣着	453.8	510.4	550.5	575.4
3. 居住	1 579.8	1 762.7	1 926.2	2 147.1
4. 生活用品及服务	455.1	506.5	545.6	595.7
5. 交通通信	874.9	1 012.6	1 163.1	1 359.9
6. 教育文化娱乐	754.6	859.5	969.3	1 070.3
7. 医疗保健	668.2	753.9	846.0	929.2
8. 其他用品及服务	144.2	163.0	174.0	186.0
现金消费支出	5 978.8	6 716.7	7 392.1	8 127.3
1. 食品烟酒	2 038.8	2 301.3	2 540.0	2 763.4
2. 衣着	453.1	509.7	549.9	575.0
3. 居住	692.4	758.5	779.0	832.8
4. 生活用品及服务	451.0	500.1	538.3	589.7
5. 交通通信	874.7	1 012.5	1 162.6	1 357.8
6. 教育文化娱乐	754.4	859.2	969.0	1 069.9
7. 医疗保健	573.2	614.9	681.4	755.8
8. 其他用品及服务	141.2	160.5	172.0	183.0

表 45　2016 年各地区城镇居民人均可支配收入来源(元)

地区	可支配收入	工资性收入	经营净收入	财产净收入	转移净收入
全国	33 616.2	20 665.0	3 770.1	3 271.3	5 909.8
北京	57 275.3	35 701.1	1 291.9	9 309.8	10 972.5
天津	37 109.6	23 206.8	2 665.6	3 721.2	7 516.0
河北	28 249.4	18 031.9	1 983.3	2 512.6	5 721.6
山西	27 352.3	16 954.4	2 659.1	2 003.5	5 735.4
内蒙古	32 974.9	20 354.9	5 465.9	1 732.9	5 421.2
辽宁	32 876.1	18 315.8	3 950.8	1 832.6	8 776.9
吉林	26 530.4	15 837.8	2 518.9	1 388.1	6 785.7
黑龙江	25 736.4	15 008.6	2 670.7	1 305.3	6 751.8
上海	57 691.7	34 338.7	1 400.1	8 487.0	13 465.8
江苏	40 151.6	24 213.9	4 411.1	4 151.2	7 375.4
浙江	47 237.2	26 655.9	7 126.0	6 381.1	7 074.2
安徽	29 156.0	18 277.9	4 420.4	2 079.9	4 377.7
福建	36 014.3	22 213.4	4 919.4	4 199.4	4 682.1
江西	28 673.3	18 135.9	2 384.7	2 619.3	5 533.4
山东	34 012.1	21 812.3	4 778.4	2 740.2	4 681.2
河南	27 232.9	15 829.0	3 754.5	2 411.8	5 237.5
湖北	29 385.8	16 517.5	4 150.2	2 299.3	6 418.8
湖南	31 283.9	17 274.9	4 339.2	3 009.6	6 660.2
广东	37 684.3	27 965.3	4 203.9	4 374.8	1 140.3
广西	28 324.4	16 492.8	4 804.8	2 229.2	4 797.7
海南	28 453.5	18 891.9	2 914.6	2 170.3	4 476.7
重庆	29 610.0	17 043.1	3 347.8	2 221.5	6 997.7
四川	28 335.3	16 219.1	3 326.7	2 363.5	6 426.0
贵州	26 742.6	15 351.4	4 282.1	1 940.7	5 168.4
云南	28 610.6	15 543.9	3 490.5	4 021.5	5 554.8
西藏	27 802.4	22 398.0	723.3	1 706.0	2 975.1
陕西	28 440.1	16 876.8	2 013.9	2 056.5	7 492.9
甘肃	25 693.5	16 751.2	1 960.6	2 355.8	4 625.9
青海	26 757.4	18 740.9	2 007.6	1 451.0	4 557.8
宁夏	27 153.0	18 032.9	2 824.4	1 255.4	5 040.3
新疆	28 463.4	19 173.4	2 940.5	1 279.3	5 070.3

表 46　2013—2016 年城镇居民人均收支情况(元)

指标	2013	2014	2015	2016
城镇居民人均收入				
可支配收入	26 467.0	28 843.9	31 194.8	33 616.2
1. 工资性收入	16 617.4	17 936.8	19 337.1	20 665.0
2. 经营净收入	2 975.3	3 279.0	3 476.1	3 770.1
3. 财产净收入	2 551.5	2 812.1	3 041.9	3 271.3
4. 转移净收入	4 322.8	4 815.9	5 339.7	5 909.8
现金可支配收入	24 799.0	26 860.2	29 042.0	31 270.0
1. 工资性收入	16 509.9	17 821.3	19 214.8	20 541.7
2. 经营净收入	3 332.3	3 528.0	3 714.0	4 032.3
3. 财产净收入	831.8	977.8	1 072.8	1 139.6
4. 转移净收入	4 125.0	4 533.1	5 040.4	5 556.4
城镇居民人均支出				
消费支出	18 487.5	19 968.1	21 392.4	23 078.9
1. 食品烟酒	5 570.7	6 000.0	6 359.7	6 762.4
2. 衣着	1 553.7	1 627.2	1 701.1	1 739.0
3. 居住	4 301.4	4 489.6	4 726.0	5 113.7
4. 生活用品及服务	1 129.2	1 233.2	1 306.5	1 426.8
5. 交通通信	2 317.8	2 637.3	2 895.4	3 173.9
6. 教育文化娱乐	1 988.3	2 142.3	2 382.8	2 637.6
7. 医疗保健	1 136.1	1 305.6	1 443.4	1 630.8
8. 其他用品及服务	490.4	532.9	577.5	594.7
现金消费支出	15 453.0	16 690.6	17 887.0	19 284.1
1. 食品烟酒	5 461.2	5 874.9	6 224.8	6 627.7
2. 衣着	1 551.5	1 626.6	1 700.5	1 738.4
3. 居住	1 579.9	1 625.6	1 665.9	1 810.4
4. 生活用品及服务	1 124.0	1 225.6	1 298.7	1 417.8
5. 交通通信	2 313.6	2 631.5	2 889.8	3 166.5
6. 教育文化娱乐	1 986.3	2 140.7	2 381.0	2 636.3
7. 医疗保健	954.8	1 038.5	1 153.7	1 298.7
8. 其他用品及服务	481.7	527.1	572.6	588.3

表 47　2016 年城镇按未工作原因、性别分的失业人员年龄构成(%)

年龄	合计	正在上学	毕业后未工作	因单位原因失去工作	因个人原因失去工作	承包土地被征用	离退休	料理家务	其他
总计	100.0	100.0	100.0	100.0	100.0	100.0	100.0	100.0	100.0
16～19	4.0	26.2	13.8	0.6	2.0			0.4	3.9
20～24	18.9	63.8	63.8	4.6	13.1	3.5		4.4	15.2
25～29	15.8	9.2	17.8	9.6	21.2	8.4		14.6	16.5
30～34	12.5	0.6	2.3	10.1	17.3	14.7		19.6	11.9
35～39	10.4		1.3	12.0	12.3	5.3		16.6	11.2
40～44	12.8	0.1	0.6	19.9	13.4	17.3	0.6	18.4	13.8
45～49	11.1	0.1	0.3	20.9	10.4	17.4	7.4	14.1	11.9
50～54	8.4		0.1	14.7	6.9	17.9	38.0	6.8	9.3
55～59	3.5			6.6	2.4	9.3	18.1	2.8	3.5
60～64	1.9			0.8	0.7	4.9	26.4	1.8	1.7
65＋	0.7			0.3	0.4	1.2	9.4	0.6	1.0
男	100.0	100.0	100.0	100.0	100.0	100.0	100.0	100.0	100.0
16～19	5.2	31.6	15.7	0.6	2.3			2.7	3.0
20～24	22.3	61.4	63.3	5.0	14.8	3.3		2.8	16.3
25～29	15.1	6.7	18.0	9.1	20.6	8.3		4.9	15.2
30～34	9.3		1.4	9.6	14.9	15.5		8.7	9.7
35～39	8.1		0.9	10.4	10.9	4.6	0.1	10.6	10.2
40～44	10.6	0.2	0.2	16.3	11.8	18.5	1.1	18.9	13.9
45～49	9.9	0.2	0.2	18.4	10.1	13.9	0.3	15.6	11.6
50～54	10.3		0.2	19.4	9.4	20.1	13.2	12.9	11.5
55～59	5.4		0.1	9.9	3.8	9.5	19.6	15.2	5.1
60～64	2.7			1.0	1.1	4.9	49.2	4.9	2.2
65＋	1.0			0.4	0.5	1.4	16.5	2.9	1.2
女	100.0	100.0	100.0	100.0	100.0	100.0	100.0	100.0	100.0
16～19	2.9	19.7	11.3	0.5	1.6			0.2	5.4
20～24	15.9	66.7	64.5	3.9	11.2	4.0		4.5	13.3
25～29	16.4	12.3	17.5	10.3	21.9	8.7		15.4	18.9
30～34	15.4	1.3	3.5	10.9	20.0	13.2		20.4	15.8
35～39	12.5		1.7	14.5	13.8	6.6		17.1	13.1
40～44	14.6		1.1	25.6	15.2	15.3	0.3	18.3	13.8

续表

年龄	合计	正在上学	毕业后未工作	因单位原因失去工作	因个人原因失去工作	承包土地被征用	离退休	料理家务	其他
45～49	12.2		0.4	25.0	10.7	23.4	12.4	14.0	12.3
50～54	6.7		0.1	7.1	4.1	14.1	55.4	6.4	5.1
55～59	1.8			1.3	0.9	9.1	17.1	1.8	0.7
60～64	1.1			0.6	0.2	5.0	10.4	1.5	0.8
65+	0.4			0.2	0.2	0.8	4.4	0.4	0.6

表 48　2016 年城镇按就业身份、性别分的就业人员工作时间构成（％）

就业身份	合计	1～8 小时	9～19 小时	20～39 小时	40 小时	41～48 小时	48 小时以上
总计	100.0	1.1	1.1	5.4	42.4	18.4	31.5
雇员	100.0	0.9	0.5	3.3	49.0	19.5	26.8
雇主	100.0	1.0	0.9	3.8	29.3	14.8	50.3
自营劳动者	100.0	1.8	3.1	12.3	23.8	15.6	43.4
家庭帮工	100.0	1.7	3.1	14.7	22.5	13.6	44.2
男	100.0	1.0	0.9	4.7	41.4	18.1	33.9
雇员	100.0	0.9	0.5	3.1	47.5	19.0	29.0
雇主	100.0	0.9	0.8	3.5	29.5	14.8	50.5
自营劳动者	100.0	1.4	2.3	9.8	23.4	16.1	47.0
家庭帮工	100.0	2.5	3.6	15.1	23.3	13.4	42.1
女	100.0	1.2	1.4	6.5	43.9	18.7	28.3
雇员	100.0	0.9	0.5	3.6	50.9	20.1	23.9
雇主	100.0	1.1	0.9	4.5	28.8	14.8	49.9
自营劳动者	100.0	2.3	4.3	16.1	24.5	14.9	37.9
家庭帮工	100.0	1.5	2.9	14.6	22.2	13.7	45.0

表 49　2016 年各地区生育保险基本情况

地区	享受待遇人次（万人次）	基金收入（亿元）	基金支出（亿元）	累计结余（亿元）
全国	914	521.9	530.6	675.9
北京	51.9	56.7	53	36.8
天津	28.1	9.1	11.4	17.7
河北	33.8	12.8	14.2	22.0

地区	享受待遇人次 （万人次）	基金收入 （亿元）	基金支出 （亿元）	累计结余 （亿元）
山西	8.9	7.6	5.6	21.6
内蒙古	8.5	8.4	5.4	17.1
辽宁	31.7	20.3	20.0	14.6
吉林	17.1	7.4	5.8	13.9
黑龙江	9.4	6.3	6.9	15.0
上海	28.2	65.1	50.6	31.6
江苏	170.3	38.9	60.1	45.6
浙江	62.1	37.8	36.7	41.4
安徽	21.8	12.0	12.9	14.0
福建	20.9	13.1	15.4	23.1
江西	7.8	4.7	4.4	10.5
山东	73.4	35.8	45.9	33.8
河南	24.5	14.8	14.6	30.5
湖北	30.2	11.6	10.6	24.8
湖南	27.4	12.6	9.5	26.9
广东	117.8	73.3	60.8	117.8
广西	13.0	8.6	8.1	18.0
海南	6.0	2.6	2.4	5.4
重庆	24.3	8.3	13.6	2.1
四川	31.8	16.2	22.7	19.0
贵州	10.8	5.5	4.9	9.1
云南	16.2	8.6	12.3	9.3
西藏	0.9	1.7	1.0	2.0
陕西	9.1	4.4	4.6	15.0
甘肃	6.8	4.0	3.6	8.7
青海	3.7	1.6	2.0	4.0
宁夏	4.4	2.4	2.8	2.4
新疆	13.0	9.7	9.0	22.3

表50 2010—2016年各地区失业保险参保人数(万人)

地区	2010		2011		2012		2013		2014		2015		2016	
	年末参保人数	年末领取失业保险金人数	年末参保人数	年末领取失业保险金人数	年末参保人数	年末领取失业保险金人数	年末参保人数	年末领取失业保险金人数	年末参保人数	年末领取失业保险金人数	年末参保人数	年末领取失业保险金人数	年末参保人数	年末领取失业保险金人数
全国	13 376	209	14 317	197	15 225	204	16 417	197	17 043	207	17 326	227	18 089	230
北京	774.2	1.6	881	2	1 006.7	2.3	1 025.1	2.4	1 057.1	3	1 082.3	3.4	1 115	3.7
天津	246.1	3.5	258.8	2.8	268.7	2	278.7	2	287.6	2.6	295.3	7.1	302.5	7.4
河北	493.4	9	498.7	8.4	501.7	7.9	505	7.1	508.7	7.1	511	8	515.9	7.9
山西	305.7	4.6	309.4	4.3	391	3.8	400.7	3.1	407.7	3	411.3	3.1	415.2	3
内蒙古	230.9	2.1	232.5	2.5	232.8	2.5	233.4	2.3	236.3	2.4	242.1	2.9	241.1	3
辽宁	626.9	11.4	632.3	9.7	660.7	7.4	663.2	7.6	664.3	8.5	665.3	9.7	665.4	10.7
吉林	245.1	7.8	247.2	5.1	251.5	4.6	258.8	6	258.7	2.2	261.2	2.2	262	2.7
黑龙江	472.9	8.8	474.5	7.1	476.2	7.7	477.4	7.1	478.4	4.8	312.8	3.7	313.2	3.9
上海	556.2	11.6	604.2	11.2	617.4	10.9	625.7	9.9	634.1	9.8	641.8	9.5	947.3	10.5
江苏	1 153.8	19.7	1 238.2	29.9	1 332.2	32.7	1 389.3	29.9	1 442.7	32.1	1 490.9	34.2	1 538.1	34
浙江	875	5.8	980.6	7.4	1 065.6	7	1 144.3	7.8	1 210.3	8.2	1 260.2	9	1 317	9
安徽	384	7.8	397.7	6.7	402.2	6.1	409	6.1	422	6.5	436.6	7.7	448.5	8.8
福建	374.2	3.2	430.9	3.6	459.1	4.6	496.7	4.2	524.1	4.5	546.3	5	575.5	5.2
江西	265.3	8.2	263.5	5.4	272.2	3.3	271.1	1.5	271.8	1.3	281.5	1.4	282.6	1.6
山东	931.2	20.7	964.9	19.8	1 009.8	19.1	1 089.6	17.8	1 154.3	19.9	1 203.8	21.6	1 222.9	22
河南	696.7	14.7	701.2	13.3	724.2	11.4	741.3	10.5	773.3	10.2	783.3	8.3	788.1	7.6
湖北	469.7	6.4	498.2	5.1	508.6	4.8	511.3	5.9	519	5.6	528.4	6	541.9	6.9

续表

地区	2010 年末参保人数	2010 年末领取失业保险金人数	2011 年末参保人数	2011 年末领取失业保险金人数	2012 年末参保人数	2012 年末领取失业保险金人数	2013 年末参保人数	2013 年末领取失业保险金人数	2014 年末参保人数	2014 年末领取失业保险金人数	2015 年末参保人数	2015 年末领取失业保险金人数	2016 年末参保人数	2016 年末领取失业保险金人数
湖南	399.5	6.9	415.6	7	449.9	6	461.7	6.1	509.5	6.9	521.2	6.7	537.5	7
广东	1 627.3	10.6	1 875.4	10.5	2 008.7	9.8	2 702.2	8.8	2 840.2	10.9	2 930.1	13.9	3 020.1	15.4
广西	238.4	6.2	240.8	5.2	243.4	5.5	253.4	5.6	259	6.1	273.2	6.2	283.7	5.9
海南	112.5	1.6	126	1.8	139.5	1.8	150.8	2.1	157.5	2	164.8	2	170.2	2.2
重庆	237.4	3.7	268.6	2.9	323.5	2.8	389.7	3.4	439.1	2.8	439.5	3.5	447.1	4.2
四川	464.7	9.1	536.8	8.1	585.5	24.5	613.5	24.1	635.8	29.8	661	33.2	702	29.8
贵州	152.5	1.2	160.5	1.1	173.5	1	185.2	1.3	191.9	1.5	205.3	1.7	218.1	2.4
云南	209.6	3.2	216.8	3.3	224.7	3.8	232.5	4.5	236.9	5.3	243.3	5.9	251.2	5.6
西藏	9.3		9.6		10.6		11		12.5		11.4		15.2	
陕西	331.6	7.5	332.2	4.5	339.1	3.5	339.7	3.2	344.3	2.9	347.7	3	352.2	2.8
甘肃	164.2	2.4	163.8	1.5	163.6	1.2	163.1	1	162.4	1	162.8	1	164.3	1.1
青海	36.6	0.4	37.3	0.6	37.9	0.7	38.5	0.5	39.3	0.4	40.1	0.4	40.8	0.4
宁夏	47.6	1	60	1.2	70.5	1.1	71.3	1.1	73.5	1.3	76.6	1.3	95.6	1.3
新疆	242.9	8.3	260.2	5	273.7	4.2	283.9	4.8	290.2	4.7	294.9	4.9	298.7	4.5

表 51　2012—2016 年各地区养老金社会化发放人数(万人)

地区	2012	2013	2014	2015	2016
全国	6 865.5	7 201.0	8 093.2	8 383.9	8 620.5
北京	210.7	212.6	228.9	236.7	242.8
天津	152.6	15.8	171.2	176.2	180.7
河北	268.8	286.8	313.7	317.3	312.5
山西	167.5	159.5	174.2	171.8	180.0
内蒙古	148.9	168.7	188.9	200.0	213.7
辽宁	478.4	524.6	572.1	604.6	642.4
吉林	234.6	242.9	260.5	273.7	286.7
黑龙江	378.1	397.7	423.5	445.5	459.2
上海	376.6	388.1	407.7	415.4	421.9
江苏	512.0	557.0	607.0	610.0	648.7
浙江	321.5	328.9	444.1	541.0	612.5
安徽	201.2	204.8	228.8	238.0	248.0
福建	97.1	102.7	119.9	105.0	103.4
江西	184.6	202.4	216.9	228.5	241.5
山东	332.7	363.9	435.7	457.0	501.9
河南	277.3	295.8	316.3	294.9	243.0
湖北	351.4	373.7	404.2	420.5	439.5
湖南	243.6	259.9	296.0	304.9	182.1
广东	333.5	383.4	430.4	457.5	504.1
广西	162.4	170.2	180.2	186.5	192.2
海南	44.2	47.7	52.8	50.7	60.3
重庆	244.1	270.3	290.0	302.3	316.3
四川	500.3	561.8	614.9	614.6	649.0
贵州	77.0	81.3	86.4	94.1	98.8
云南	106.7	112.6	114.1	113.8	95.1
西藏	3.4	3.4	3.6	3.8	3.9
陕西	160.6	174.7	185.3	189.0	193.4
甘肃	92.5	100.0	104.9	109.2	113.5
青海	26.2	27.6	28.8	30.1	31.1
宁夏	40.3	40.7	43.8	46.4	48.7
新疆	81.3	84.9	88.9	85.3	95.9
新疆兵团	55.7	56.4	58.5	59.6	57.7

表 52　2016 年各地区公共就业服务工作情况（人）

地区	本期单位登记招聘人数	本期登记求职人数	#女性	#城镇登记失业人员	#应届高校毕业生	#农村劳动者	本期接受职业指导人数	#女性	本期接受创业服务人数	#女性	本期介绍成功人数	#女性	#城镇登记失业人员	#应届高校毕业生	#农村劳动者
总计	53 014 723	40 425 739	17 159 037	10 076 086	4 326 686	14 705 742	16 845 696	7 063 066	4 098 124	1 376 686	16 749 835	7 260 677	4 914 916	1 900 062	6 788 653
北京	1 055 887	310 761	150 684	23 245	56 964	16 073	270 133	15 037	42 155	16 700	49 381	22 783	12 477	9 440	7 181
天津	1 146 903	1 015 086	456 633	196 002	65 207	143 109	716 683	268 914	74 753	34 917	497 588	240 376	219 225	68 039	134 208
河北	1 179 492	1 050 780	427 902	233 406	303 990	338 724	500 351	200 866	140 517	30 170	462 916	188 036	109 626	111 457	212 487
山西	1 057 826	1 071 249	531 911	242 262	205 496	274 082	315 353	126 539	99 027	38 287	482 250	171 982	110 014	67 734	143 711
内蒙古	537 706	464 200	197 555	159 476	36 348	92 765	198 063	101 417	46 470	21 085	227 354	95 261	104 007	28 269	59 478
辽宁	2 695 754	2 597 403	986 545	969 651	340 126	397 496	750 960	288 631	59 792	37 794	1 159 564	524 724	569 146	148 382	233 595
吉林	693 296	575 951	253 241	211 175	35 881	187 794	267 493	132 275	36 005	18 890	278 049	119 684	133 598	11 939	82 966
黑龙江	957 491	1 237 739	505 236	658 717	98 447	236 539	461 827	207 035	79 571	42 744	620 249	264 336	345 609	62 655	116 755
上海	1 408 742	466 660					46 981		113 603		223 437				
江苏	5 728 710	5 394 638	2 472 978	1 240 602	622 220	2 107 901	2 150 882	990 053	503 249	204 294	1 768 189	798 049	491 067	286 330	753 241
浙江	4 083 328	2 435 200	1 006 515	350 870	207 764	1 227 383	1 305 325	465 738	301 358	112 485	977 166	404 571	180 467	82 130	481 022
安徽	2 172 012	1 715 073	748 738	494 730	212 089	508 011	744 451	330 720	89 486	40 109	779 916	341 279	247 215	89 408	296 079
福建	4 393 599	3 490 183	1 519 914	536 976	119 678	2 831 954	334 607	161 895	8 864	4 085	1 093 220	490 202	163 775	64 894	883 080
江西	2 016 367	779 765	376 825	213 726	45 724	354 527	370 045	187 473	103 513	46 850	424 090	210 618	109 108	35 680	202 131
山东	2 575 069	1 993 516	926 207	683 679	335 365	707 306	858 141	405 664	311 999	109 588	940 572	430 588	327 680	154 934	343 348
河南	2 012 803	1 595 913	660 712	577 800	154 099	533 462	1 063 985	434 958	186 186	82 207	790 319	330 210	308 963	63 373	255 861

续表

地区	本期单位登记招聘人数	本期登记求职人数	#女性	#城镇登记失业人员	#应届高校毕业生	#农村劳动者	本期接受职业指导人数	#女性	本期接受创业服务人数	#女性	本期介绍成功人数	#女性	#城镇登记失业人员	#应届高校毕业生	#农村劳动者
湖北	1 731 730	1 421 865	632 556	112 083	96 104	603 675	972 496	380 981	189 861	87 014	881 426	403 609	59 710	83 061	362 597
湖南	802 040	1 645 240	785 106	661 248	202 581	423 598	1 322 021	423 654	667 142	27 482	766 346	336 072	272 216	63 772	187 124
广东	6 606 302	3 117 370	1 288 237	482 929	213 135	1 047 751	810 308	374 984	190 366	43 352	1 018 032	461 877	186 856	90 945	455 989
广西	2 363 547	1 377 530	553 982	141 635	195 167	265 488	236 040	93 127	61 363	23 051	435 872	158 061	73 059	54 269	167 370
海南	588 098	215 399	77 778	17 005	17 333	42 007	35 322	17 901	23 080	9 292	34 202	17 529	5 418	8 810	17 160
重庆	984 269	714 873	328 717	457 402	73 773	148 554	445 216	213 037	77 307	37 190	217 618	99 345	107 895	10 065	67 174
四川	1 336 782	1 231 524	538 128	400 804	74 179	451 174	840 985	391 343	266 915	118 123	499 908	227 278	247 586	48 586	191 982
贵州	1 782 453	1 025 687	219 228	82 862	141 385	191 816	267 189	122 896	74 647	36 541	247 341	114 586	37 845	43 963	135 061
云南	744 451	612 234	255 579	219 081	77 933	240 383	298 065	134 777	79 490	39 077	329 989	144 092	126 771	67 148	138 457
西藏	52 070	35 058	17 690	10 262	2 374	18 824	36 378	17 759	1 438	570	20 871	10 232	6 576	1 064	10 744
陕西	997 857	1 219 120	535 839	232 270	241 757	498 736	415 457	198 298	122 741	47 805	440 712	187 866	77 378	73 994	224 385
甘肃	391 563	405 668	194 260	188 333	61 986	78 222	168 837	83 791	38 902	19 368	164 388	75 538	67 409	29 099	51 025
青海	160 829	397 557	119 606	43 247	9 837	326 356	136 642	37 584	17 996	8 760	348 143	101 153	25 357	3 843	312 653
宁夏	202 055	267 054	102 322	12 733	25 119	218 985	114 669	48 118	13 682	5 436	149 806	60 241	7 337	2 280	126 876
新疆	449 034	392 052	200 943	186 063	46 111	132 414	326 561	174 046	73 896	31 245	292 226	143 104	141 776	28 594	85 843
新疆兵团	106 658	153 391	87 470	35 812	8 514	60 633	64 230	33 555	2 750	2 175	128 695	87 395	39 750	5 905	4 9070

后 记

本书是北京师范大学劳动力市场研究中心编写的第八本《中国劳动力市场发展报告》，主题是"高质量发展进程中的劳动力市场平衡性"。

20世纪50年代，发展经济学界对发展中国家的经济增长应该走平衡道路还是走非平衡道路，有过一场争论。以纳克斯和罗森斯坦·罗丹为代表的经济学家认为，由于资本稀缺，只有同时在各个部门进行投资，才能互为市场，实现工业发展，促进经济增长。以赫尔希曼为代表的经济学家则认为，在资源和企业家稀缺的情况下，发展中国家要集中有限资源发展一部分产业，并以此为动力逐步扩大对其他产业的投资，从而带动经济增长。今年是我国改革开放40周年，回顾过去的40年经济增长，应该说我国走了一条非平衡增长的路径。事实证明，这是成功的。但凡事都有个度，当非平衡超过了一定程度，它不仅不能继续成为发展的路径，而且还会阻碍发展。党的十九大报告明确指出，我国社会主要矛盾已经转化为人民日益增长的美好生活需要和不平衡不充分的发展之间的矛盾。发展的不平衡不充分体现在各个方面，与人们美好生活密切相关的劳动力市场当然是最重要的方面之一。因此，对劳动力市场的平衡性进行系统深入的探讨，是非常有意义的，本年度报告以此为主题，也是北京师范大学劳动力市场研究中心回应重大理论和现实问题的职责所在。

作为课题负责人，我要感谢所有为报告的撰写和出版做出直接贡献和间接贡献的人。首先要感谢报告的各位作者，他们在时间非常紧的情况下，克服困难，相互交流，精诚合作，保证了报告按期高质量完成。在这里我要特别感谢孟大虎教授，他协助我完成了相关的组织协调工作，表现非常出色。报告各章的作者如下：

第一章　陈建伟

第二章　王琦、高春雷、孟大虎

第三章　李长安、赖德胜

第四章　朱敏、韩丽丽、郑艳婷

第五章　李飚、欧阳任飞、孟大虎

第六章　张力、唐代盛、刘亚红、盛伟、邓力源

第七章　朱敏、纪雯雯、高春雷、孟大虎

第八章　李长安、陈建伟、高春雷

第九章　赖德胜、石丹淅

第十章　高曼、廖娟、常欣扬

第十一章　李飚

第十二章　张爱芹

附　录　苏丽锋

　　课题总顾问赵人伟先生和各位顾问，一如既往地指导和支持报告的写作，每想到此，内心就倍感温暖，责任感和使命感也油然而生。中国劳动经济学会会长、中国社会科学院人口与劳动经济研究所所长张车伟，国家人力资源和社会保障部就业促进司司长张莹，国家发展和改革委员会就业和收入分配司劳动就业处处长孙中震，国家人力资源和社会保障部就业促进司信息处处长郭成，中华全国总工会政策研究室主任吕国泉，中华全国总工会政策研究室政策处处长李奕，国际劳工组织中国就业政策高级官员王亚栋，国际劳工组织中国和蒙古局副局长戴晓初，国际劳工组织中国和蒙古局项目主任黄群，中国劳动关系学院院长刘向兵，中国教育电视台党委书记柯春晖，中国人事科学研究院院长余兴安，中国劳动和社会保障科学研究院原院长刘燕斌，中国劳动和社会保障科学研究院副院长莫荣，国家发展和改革委员会社会发展研究所所长杨宜勇，北京大学王大树教授，中国人民大学劳动人事学院院长杨伟国和曾湘泉教授，首都经济贸易大学劳动经济学院院长冯喜良和杨河清教授，光明日报评论部主编张雁，中国社会科学院人口与劳动经济研究所高文书研究员，北京首都创业集团有限公司党委副书记宋丰景，北京市工会干部学院副院长袁绪忠等，对报告提供了许多建设性意见和建议。

　　感谢我在北京师范大学的同事们。学校党办主任张朱博、校办主任朱生营、宣传部部长刘长旭、总会计师杜育红、科研院常务副院长范立双、财经处处长易慧霞等多年来一直无私地支持报告的研究和写作，并在报告的宣传推广中发挥了不可替代的作用。经济与工商管理学院分党委书记孙志军虽然没有参与具体的报告写作工作，但跟往年一样，全程参与了报告的研讨和审稿，报告里自然凝结着他的贡献。经济与工商管理学院学术委员会主任、中国收入分配研究院执行院长李实教授经常过问报告的进展情况，并给予具体指导和支持。社会发展与公共政策学院田明教授，经济与工商管理学院张平淡教授、崔学刚教授、曲如晓教授、罗楚亮教授、魏浩教授、杨娟教授、蔡宏波教授、焦豪教授、万海远副教授等，对本报告的研究给予了多方面的帮助。北京师范大学出版集团董事长吕建生、总编辑李艳辉、出版集团党委副书记江燕、高等教育与学术著作分社马洪立、文稿编辑中心戴轶等，一直以来都对这个报告系列高度重视，为保证报告按时、高质量出版，还采取了多种措施。本报告的影响力越来越大，跟出版社领导和编辑的工作密切相关，对此，我深表敬意。

2018年10月20日，中国劳动经济学会常务理事会决定，由我牵头成立中国劳动经济学会劳动力市场分会。这是一个新的起点。我们很愿意将本报告作为礼物，献给即将诞生的中国劳动经济学会劳动力市场分会。

赖德胜

2018年10月22日